거꾸로 배움,
교실에서 찾은 아이들의
행복열쇠

최경민 김규태 공저

양성원

서문

최근 우리 학생의 행복지수는 경제협력개발기구(OECD) 국가 가운데 최하위를 차지하고 있다. 또한 학생의 전반적 생활에 대한 만족감 역시 매우 낮은 것으로 나타났다. 이러한 상황에서 우리 교육은 꿈과 끼를 키우는 행복교육, 행복한 학교 구현을 목표로 여러 가지 노력을 경주하고 있다.

필자들은 행복교육이 학생 스스로 행복하다는 생각이 드는 교육이라고 믿는다. 행복교육은 멀리 있지 않다. 우리 학생들의 웃음소리가 가득한 교실, 학생들이 자신의 생각과 사고를 자유롭게 표현할 수 있는 교실, 친구들과 모여서 함께 생각을 교환하면서 그들 스스로 그들만의 정답을 찾아가는 교실, 학생들이 먼저 하고 싶어 하고 스스로 참여하는 수업 활동으로 이루어진 교실, 이러한 교실을 만들어가는 것이 바로 행복교육이라고 본다.

이러한 행복교육이 가능하려면 행복한 교실이 되어야 한다. 행복한 교실이 되려면 교실 안에서 이루어지는 수업 활동 또한 행복해야 한다. 행복한 교실에서의 수업은 학생들에게 많이 알게 하는 교육이 아니라, 학생들 스스로 배움을 좋아하고 나아가 배움을 즐길 수 있는 수업이라고 본다. 즉, 지식 위주의 수업을 통한 지식 축적을 목표로 하는 학습방법에서 벗어나 학생들이 삶을 살아가는 데 필요한 다양한 역량을 길러줄 수 있는 학습방법을 강조한다. 이러한 학습방법으로 협력학습, 토론학습, 액션러닝 등 학생 중심 참여 수업을 들 수 있다.

필자들은 학생 중심 참여 수업을 강조하는 다양한 학습방법을 모두 활용할 수 있는 교수 학습 방법이 바로 '거꾸로 배움'이라고 '본다. 이에 본서에서는 거꾸로 배움을 기반으로 교실에서 실제 활용할 수 있는 학생 중심 참여 수업의 다양한 교수 학습 방법을 소개하고자 하였다.

최근 우리 교육에 플립 러닝(flipped learning)이 소개되면서 일선 교사들은 수업모형의 교육적 의미를 고찰하고 새로운 수업 방법에 대한 관심을 보이기 시작했다. 플립 러닝은 기존 교육 방식을 '뒤집다(flip)'라는 의미로, 교실에서 수업을 하고 가정에서 과제를 해결하던 기존의 전통적인 수업 방식을 뒤집는 수업이다. 즉, 강의 영상을 통해 온라인으로 학생들이 스스로 학습을 하고, 학생들이 해결하지 못한 문제나 심화된 학습 활동을 동료 학습자들과의 토론이나 교사의 도움을 얻어 해결하는 수업 방식을 의미한다.

학교 현장을 고려할 때 거꾸로 교실의 장점에 동의하고 그러한 수업을 바라는 교사들이 여럿 있다. 그러나 교사들은 수업 동영상을 미리 촬영을 하거나, 관련 동영상을 제작해야 한다는 부담감으로 실제적으로 거꾸로 교실의 운영을 꺼리고 있다. 그렇다면, 동영상을 직접 제작할 수 있는 능력이 없으나 거꾸로 교실이 좋다는 것과 학생들에게 도움이 된다는 것을 아는 교사들은 어떻게 해야 하는가?

따라서 필자들은 거꾸로 교실이 꼭 동영상을 제작하거나, 동영상을 통해서만 가정에서 학습이 이루어지는 것이 아니라고 강조하고 싶다. 즉, 학생들에게 학습 차시와 관련된 내용을 스스로 공부하거나 다양한 생각이나 아이디어를 알아올 수 있도록 도움을 주고, 학교에서는 학생들이 미리 생각해온 아이디어를 바탕으로 다양한 학생 활동 중심의 교육 방법을 운영하는 것이 거꾸로 교실이며, 이것이 거꾸로 교실이 진정으로 추구하고자 하는 거꾸로 배움임을 강조하고 싶다. 또한 이러한 학습과정을 통해 학생들의 다양한 생각과 창의적인 사고를 이끌어내고, 동료 친구들과 함께 문제를 해결하도록 하며, 스스로 학습이 일어나도록 도와주는 것이 바로 거꾸로 교실임을 강조하고 싶다.

본서는 총 3부로 구성되어 있다. 제1부는 액션러닝, 팀 기반 학습, 토의·토론 학습, 프로젝트 학습, 융합인재교육(STEAM) 등 학생 활동 중심의 다양한 교수 학습 방법을 개발·적용하여 거꾸로 교실의 가능성을 제시한다. 그리고 제2부와 제3부는 거꾸로 교실의 새로운 방향성과 그것을 통하여 교실에서 어떻게 거꾸로 배움이 일어나는지에 대해서 다룬다.

하지만 막상 집필을 마치고 나니 거꾸로 배움에 대해 보다 상세하고 알찬 내용으로 구성하지 못하였다는 아쉬움도 들기도 한다. 이는 향후 계속 수정 보완해 나가야 할 의무라는 생각을 가지고 끊임없는 노력을 기울일 것을 필자들 스스로에게 그리고 독자들에게 약속을 드리며 아낌없는 조언과 지적을 부탁드린다.

끝으로 이 책이 출판되도록 허락해 주시고 여러 지원을 아끼지 않으신 양성원 강철원 사장님께 감사드리며, 출판 과정에서 졸고를 다듬어주신 편집부의 노고에도 감사드리는 바이다.

2016년 1월 성서 영암관에서

저자 최경민, 김규태 배상

차례

제1부

거꾸로 배움으로 행복한 교실 만들기: 이론편

제2부

거꾸로 배움으로 행복한 교실 만들기: 실제편

제3부
거꾸로 배움으로 행복한 교실 만들기: 적용편

부록

제 1 부

거꾸로 배움으로 행복한 교실 만들기 이론편

1장

행복교육이란?

학생들을 위한 행복교육에 대한 고민을 시작으로 본 저서의 이야기를 시작하려고 한다.

많은 사람들은 인생의 목표 중 하나로 행복을 중요시 여기고 있다. 인생의 목표가 행복이라는 것은 누구에게나 해당되는 것이며, 이렇듯 교육의 목표도 학생들의 행복이어야 한다. 하지만 우리나라 교육의 방향은 학생들의 행복보다는 높은 학업 성취와 입시가 중심이 되어 왔다. 그 예로 우리나라는 PISA 등의 다양한 학업 성취 관련 국제 대회에서 매우 우수한 평가를 받고 있지만, 우리나라 어린이와 청소년의 행복지수는 경제협력개발기구(OECD) 국가 가운데 3년 연속 꼴찌를 차지한 것으로 나타났다. 2011년 우리나라 어린이·청소년의 '주관적 행복' 지수는 66점으로 OECD 23개국 가운데 가장 낮았으며, 이 수치는 같은 아시아권이면서 공부 압박이 심한 것으로 알려진 일본이나 중국에 비해서도 크게 낮은 편이다. 또한 우리나라 청소년의 전반적 생활에 대한 만족감 역시 일본보다 낮은 것으로 나타났다(구정화 외, 2013).

이에 우리 정부에서는 턱없이 낮은 우리나라 학생의 행복지수로 행복교육을 국가 교육정책의 기반으로 삼게 되었다. 우리 정부는 꿈과 끼를 키우는 행복교육, 행복한 학교 구현을 교육정책의 방향으로 설정하였다. 이를 위하여 공교육 정상화를 통해 학생들이 꿈과 끼를 실현할 수 있는 자유학기제를 중점적으로 추진하고 있다. 또한 지역 교육청에서도 행복교육을 모토로 다양한 교육 시책을 실시 중에 있다. 한 예로, 대구광역시교육청은 유·초·중등학교 교육과정을 '대구행복교육과정'으로 개정하여 2014년부터 실시하고 있다(대구광역시교육청 고시 제2014-1호).

교육부(2013)는 행복교육을 다음과 같이 정의하고 있다. 첫째, 학생 개인의 행복한 삶을 위한 교육에 초점을 두는 교육으로 학생들이 스스로 자신의 미래 혹은 진로를 찾아갈 수 있도록 안내하는 교육이다. 둘째, 내용보다는 교육 방법과 환경의 개선이 중심이 되는 교육이며, 내용적인 측면은 학습 교과 내용이 아니라 학생들의 자존감과 타인에 대한 배려심을 길러줄 수 있는 내용이 중심이 되는 교육이다. 셋째, 하나의 교과 중심의 교육이 아니라 주제 중심의 다양한 교과를 통합한 교육이다.

하지만 행복교육에 대한 교육부에서 제시하는 다양한 정의들, 그리고 그것을 실현하기 위해 실천하고 있는 다양한 국가 및 지역 교육 시책들은 학생들의 행복지수를 높여줄 수 있을지에 대한 의문이 생긴다. 그 이유는 학생들의 행복은 학생들의 배움 터전인 교실에서 이루어져야 하며, 교실에서 이루어지는 선생님, 친구들과의 상호작용을 통해 이루어지는 수업, 그 자체에서 찾아야 한다고 생각하기 때문이다. 또한 학생들은 자신들이 중심이 되고, 학생 활동이 강조되며, 스스로 친구들과 함께 협력하며 창의적 사고를 함께 나누면서 답을 찾아가는 수업이 이루어지는 학교와 교실을 행복한 장소라고 생각할 것이기 때문이다.

필자들은 학생들 스스로 행복하다는 생각이 드는 수업, 이것이 바로 행복교육이라고 본다. 행복교육은 멀리 있지 않다. 우리 학생들의 웃음소리가 가득한 교실, 학생들이 자신의 생각과 사고를 자유롭게 표현할 수 있는 교실, 친구들과 모여서 함께 생각을 교환하면서 그들 스스로 그들만의 정답을 찾아가는 교실, 학생들이 먼저 하고 싶어 하고 스스로 참여하는 수업 활동으로 이루어지는 교실, 이러한 교실을 만들어가는 것이 바로 우리 학생들을 위한 행복교육 실현이 아닐까 한다.

2장

행복교육 실현을 위한 교수학습 방법

행복교육은 학생들에게 많이 알게 하는 교육이 아니라, 학생들 스스로 배움을 좋아하고 나아가 배움을 즐길 수 있는 교육을 말한다(박제윤, 2013). 이에 행복교육은 지식 위주의 수업을 통한 지식 축적을 목표로 하는 학습방법에서 벗어나 학생들이 삶을 살아가는 데 필요한 다양한 역량을 길러줄 수 있는 학습방법을 강조한다. 이러한 학습방법으로 협력 학습, 토론 학습 등 학생 중심 참여 수업을 강조하고 있으며, 학생 중심 참여 수업을 강조하는 다양한 학습방법을 모두 활용할 수 있는 교수 학습 방법이 바로 거꾸로 배움이라고 할 수 있다. 이에 거꾸로 배움을 기반으로 교실에서 실제 활용할 수 있는 학생 중심 참여 수업의 다양한 교수 학습 방법을 소개하고자 한다.

1. 거꾸로 배움

최근 우리 교육에 플립 러닝(flipped learning)이 소개되면서 일선 교사들은 수업모형의 교육적 의미를 고찰하고 새로운 수업 방법에 대한 관심을 보이기 시작했다. 플립 러닝은 기존 교육 방식을 '뒤집다(flip)'라는 의미로, 교실에서 수업을 하고 가정에서 과제를 해결하던 기존의 전통적인 수업 방식을 뒤집는 수업이다. 즉, 강의 영상을 통해 온라인으로 학생들이 스스로 학습을 하고, 학생들이 해결하지 못한 문제나 심화된 학습활동을 동료 학습자들과의 토론이나 교사의 도움을 얻어 해결하는 수업 방식을 의미한다.

흔히들 알고 있는 거꾸로 교실이란 이러한 플립 러닝이 우리나라에 들어오면서 재해석된 용어이다. 하지만, 그것은 하나의 수업 형태로써, 수업의 출발점이 되어야 하며 목표가 되어서는 안 된다. 즉, 단지 학생들이 영상을 통해 가정에서 스스로 공부를 하고, 학교에서는 관련 과제를 친구들과 함께 해결하였다고하여 거꾸로 교실이 이루어졌다. 그래서 '학생들을 위한 수업을 했다, 교실 수업 개선이 이루어졌다'고 여기지 않아야 한다. 거꾸로 교실에 대해, 교사들은 이렇게 생각할 수 있다.

"그렇다면 교사가 하는 역할은 뭐지? 단지 안내하는 역할, 조력자로써의 역할을 하는 것만으로 어떠한 의미가 있지? 그렇게 된다면 교사는 왜 필요한 거지? 단지 영상을 제작해주고 과제를 제시해주는 것이 교사인가?"

이러한 질문은 우리에게 거꾸로 교실에 대한 진정한 학습적 의미가 무엇인지 되새김질하게 한다. 그 의미가 무엇이든지 간에 분명한 것은 거꾸로 교실은 그 자체가 목표가 되어서는 안 된다는 것이다. 그것은 교사 중심이 아닌 학생들 중심의 거꾸로 배움이 일어나도록 도움을 주는 하나의 수업 방법에 불과하다는 것이다.

학교 현장을 고려할 때 거꾸로 교실의 장점에 동의하고 그러한 수업을 바라는 교사들이 여럿 있다. 그러나 교사들은 수업 동영상을 미리 촬영하거나, 관련 동영상을 제작해야 한다는 부담감으로 실제적으로 거꾸로 교실의 운영을 꺼리고 있다. 그렇다면, 동영상을 직접 제작할 수 있는 능력이 없으나 거꾸로 교실이 좋다는 것과 학생들에게 도움이 된다는 것을 아는 교사들은 어떻게 해야 하는가?

이에 필자들은 거꾸로 교실이 꼭 동영상을 제작하거나, 동영상을 통해서만 가정에서 학습이 이루어지는 것이 아니라고 강조한다. 즉, 학생들에게 학습 차시와 관련된 내용을 스스로 공부하거나 다양한 생각이나 아이디어를 알아올 수 있도록 도움을 주고, 학교에서는 학생들이 미리 생각해온 아이디어를 바탕으로 다양한 학생 활동 중심의 교육 방법을 운영하는 것이 거꾸로 교실이며, 이것이 거꾸로 교실이 진정으로 추구하고자 하는 거꾸로 배움임을 강조한다. 또한 이러한 학습과정을 통해 학생들의 다양한 생각과 창의적인 사고를 이끌어내고, 동료 친구들과 함께 문제를 해결하도록 하며, 스스로 학습이 일어나도록 도와주는 것이 바로 거꾸로 교실임을 강조한다. 다시 말하지만, 거꾸로 교실은 거꾸로 배움이 일어나기 위해 실시하는 하나의 학습 방법이며, 거꾸로 배움이 일어나도록 도움을 주는 출발점이자 시작점이라는 점을 반드시 기억해야 한다.

거꾸로 배움은 그 과정이 정해져 있지 않다. 이것은 모든 교실, 모든 교사, 모든 학생에게 적용할 수 있는 하나의 수업 전략은 정해져 있지 않다는 의미이다. 이것은 문제 기반 학습, 프로젝트 기반 학습, 탐구 학습, 액션러닝 학습, 팀 기반 학습, 협동 학습, 융합인재교육, 토의·토론 학습 등 다양한 학생 활동 중심의 교육방법을 교실과 학생들의 상황에 맞게 수정 및 보완하여 적용하고 활용하면 된다는 뜻을 포함한다. 그래서 교사들은 학생들 수준에 맞는 거꾸로 배움이 일어날 수 있도록 교수 학습 방법을 다양하게 계발하고 적용하는 노력 그 자체가 거꾸로 교실임을 알 필요가 있다.

이러한 취지에서 본서는 액션러닝, 팀 기반 학습, 토의・토론 학습, 프로젝트 학습, 융합인재교육(STEAM) 등 학생활동 중심의 다양한 교수학습 방법을 개발·적용하여 거꾸로 교실의 가능성을 확대하고자 한다. 본서의 2부와 3부에서는 거꾸로 교실의 새로운 방향성과 그러한 새로운 방향성을 통하여 교실에서 어떻게 거꾸로 배움이 일어나는지에 대해서 다루려고 한다.

2. 거꾸로 배움을 위한 다양한 교수학습 방법

1) 액션러닝과 문제 중심 학습

최근 학교에서는 학생들의 적극적인 참여와 다양한 경험을 통한 학생 중심의 교육에 대한 관심이 높아지고 있다. 학습자 중심의 교육은 토의, 경험, 문제해결, 발표 등 다양한 방법으로 이루어질 수 있다. 액션러닝은 이 모든 것을 포함하는 교수학습 방법이라고 할 수 있다(장경원, 고수일, 2015).

전통적 교육은 교실에서 학생들이 앉아서 선생님의 모습과 강의 내용을 들으면서 정보를 수동적이고 소극적으로 받아들이는 방식이다. 하지만, 학습자 중심의 교육은 학습자들이 능동적이고 주도적으로 참여하며, 교사는 학생들의 학습 환경이 될 실제적 맥락의 문제를 제공하는 안내자 혹은 촉진자 역할을 하는 방식이다. 또한 그것은 학생과 교사가 동등한 관계에서 서로 도움을 주고받으며, 서로의 역할이 유연하게 바뀌기도 하고, 학습과정에서 경험한 것을 스스로 또는 서로 성찰할 수 있는 기회를 제공하는 학습이 이루어지는 방식이다. 이러한 과정을 모두 포함하고 있는 학습방법이 액션러닝이라 할 수 있다(장경원, 고수일, 2015).

오늘날 학습자 중심의 수업을 운영하는 모델로 액션러닝과 문제 중심 학습이 많이 활용이 되고 있다. 문제 중심 학습과 액션러닝은 다음과 같은 측면에서 유사하다. 우선,

두 개의 학습법 모두 학습자들의 직접적인 경험을 통한 의미 있는 학습을 강조하며, 실제적 과제해결을 통해 학습이 이루어진다. 둘째, 학생들은 자기 주도적으로 과제를 해결하기 위해 필요한 자료를 수집, 분석, 종합, 적용하게 되며, 이때의 교사는 내용 전달자가 아니라 학습의 조력자 역할을 하게 된다. 셋째, 둘 모두 팀원의 협동을 중요하게 여기며, 협동하는 과정에서 과제해결 능력이 향상되며, 과제 활동 후 이루어지는 성찰 시간을 통해 진정한 의미에서의 학습이 이루어진다.

하지만 액션러닝과 문제 중심 학습은 차이가 있다. 그 차이점은 과제의 실제성, 과제해결 프로세스, 조력자의 역할을 들 수 있다. 첫째, 과제의 실제성의 경우 액션러닝은 학생들의 삶과 직접적인 관련이 있는 실제적인 과제인 반면, 문제 중심 학습은 학생들의 삶과 간접적으로 연관이 있는 문제를 학습상황에 적용시킨 실제적 과제이다. 교실에서는 학생들에게 실제 과제를 제공하고자 학생들 스스로 학습 문제(학습 과제)를 결정하고, 그 문제(과제)를 해결하기 위하여 개발된 다양한 교수학습 활동을 선정하여 운영할 수 있다. 둘째, 과제해결 프로세스의 경우 '과제의 명확화 ⇒ 과제해결을 위한 연구 ⇒ 해결안 모색 ⇒ 실행'의 단계를 보통 거치게 된다. 다만, 액션러닝의 경우에는 이러한 단계를 거칠 때 과제의 성격 및 맥락에 따라 다른 방식으로 세분화된 절차나 과제해결 도구 활용을 강조한다. 교실에서는 각각의 과제를 해결하기 위하여 다양한 과제해결 학습 도구를 개발하고 학생들이 각각의 과제 성격에 맞게 학습 도구를 활용할 수 있다. 셋째, 조력자(교사) 역할의 경우 문제 중심 학습에서는 교사의 역할이 축소되는 것이 아니라 학습이 얼마나 어떻게 이루어지고 있으며 학습하는 데 있어 필요한 사항이 무엇인지 스스로 깨달을 수 있도록 도움을 주는 조언자 혹은 동료학습자로서의 역할을 하게 된다. 반면 액션러닝에서는 적절한 과제해결을 위하여 프로세스와 학습 도구를 개발하고, 선택함으로써 학생들이 이를 잘 활용할 수 있도록 안내하는 역할이 포함된다. 지금까지 언급한 문제 중심 학습과 액션러닝 학습의 차이점을 정리하면 아래의 〈표 2-1〉과 같다.

표 2-1 문제 중심 학습과 액션러닝 학습 차이

	문제 중심 학습	액션 러닝 학습
실제성	학생들의 삶과 간접적으로 관련된 실제적인 과제	학생들의 삶과 직접적으로 관련된 실제 과제
과제해결 프로세스	과제의 명확화⇒과제해결을 위한 연구⇒해결안 모색⇒실행	문제 중심 학습과 동일한 과정을 거치지만 과제의 성격 및 맥락에 따라 다른 방식으로 세분화된 절차나 과제해결 도구 활용을 강조
조력자(교사) 역할	조언자, 동료학습자	안내자, 조력자

액션러닝을 활용한 교수학습 방법을 개발하기 위해서 중요한 것은 다양한 학습기회를 제공하는 것, 과제가 학생들에게 중요한 것, 실제적이며 비구조화된 과제 선정이다. 이를 위하여 교실에서는 비구조화된 과제를 통해 학생들이 스스로 실제적이면서도 중요한 과제를 선정하고, 팀별로 함께 그 과제를 해결하는 활동을 통해 유의미한 학습기회를 제공해주도록 노력할 필요가 있다. 액션러닝 학습법의 다양한 학습도구 및 방법들을 활용하여 개발한 교수학습 방법은 2부에서 자세히 소개할 것이다.

2) 팀 기반 학습

팀 기반 학습은 공동의 목표를 달성하기 위해 팀원이 서로 비전을 공유하고, 효율적인 의사소통 체계를 갖추고, 팀원 간의 활발한 상호작용을 통하여 성과를 달성하는 팀 체계에 바탕을 둔 교수학습 방법이다(Larry, Arletta, & Kningt, 2009). 이것은 최상의 성과를 산출하는 학습 팀이 되도록 지원하고, 그러한 팀들이 유의미한 학습 과업에 임할 수 있는 기회를 제공한다.

팀 기반 학습은 특별한 순서를 가지고 있는 학습활동의 집합이다. 준비 단계에서는 한 단원동안 해결해야 할 주요 개념에 대한 읽기 과제를 수행한다. 읽기 과제는 전문적 지식을 얻기 위한 것이 아니라 주제에 대한 주요 정보나 아이디어를 소개하는 정도이며, 심도 있는 이해는 다양한 교수학습을 통해 교실 내에서 이루어지게 된다. 그리고 읽기자료에 대한 학습정도를 확인하는 학습준비도 확인과정(RAP)을 반드시 거치게 된다. 학습

준비도 확인과정을 통해 읽기자료에 대한 학습 정도를 파악하고, 팀별로 팀원 간에 도움을 주고받으며 한 단원을 통해 학습해야 할 주요 개념이나 아이디어에 대하여 상호 도움을 주고받으며 스스로 학습을 하게 된다. 이러한 학습준비도 과정을 거친 후 본격적인 수업활동이 이루어진다. 이때는 단원 내 여러 가지 과제(주제)를 해결하기 위하여 팀별로 다양한 교수학습 방법을 활용하여 활동을 하게 되며, 이러한 활동을 통해 학생들이 스스로 학습이 이루어지게 된다. 또한 각각의 팀별 활동의 경우 개인별 평가와 팀별 평가가 반드시 포함이 되어 과제 활동에 대한 집중력, 몰입도, 흥미와 관심을 높이도록 한다. 마지막으로 어느 정도 학습이 이루어졌는지 상호 평가 단계를 거치게 된다. 이러한 일련의 과정은 〈그림 2-1〉과 같이 도식화 할 수 있다.

흔히들 팀 기반 학습과 협동학습을 혼동하여 사용을 하는 경우가 많다. 하지만, 팀 기반 학습과 협동학습은 팀을 기반으로 교실 내에서 집단의 과제를 수행하기 위해 운영이 된다는 공통점을 가지고 있지만 많은 차이점을 가지고 있다. 팀 기반 학습과 협동학습의 차이점을 정리하면 아래의 〈표 2-2〉와 같다.

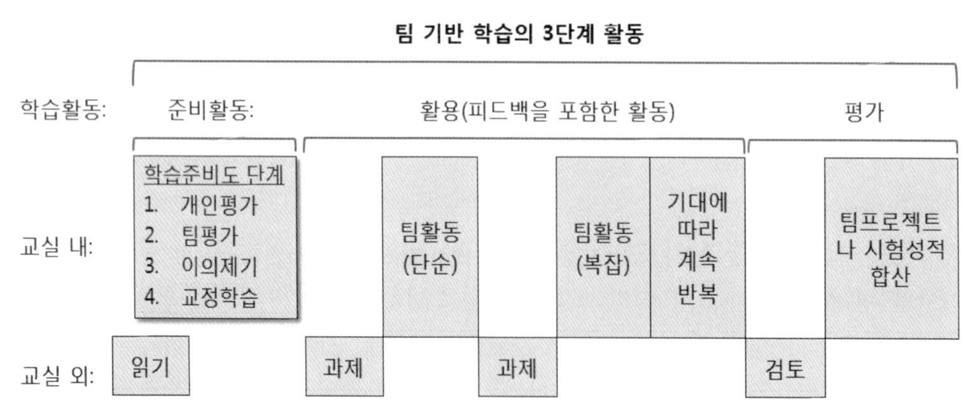

출처: 이영민, 전도근, 2009, p. 42

그림 2-1 팀 기반 학습의 활동 단계

표 2-2 팀 기반 학습과 협동학습의 차이

	협동학습	팀 기반 학습
집단 유지 기간	반 학기	전체 학기
집단의 크기	4명 이하	5~7명
역할 분담 활용	활용함	활용하지 않음 (오히려 역효과)
집단 활동 성적	때에 따라	매우 중요
집단 학습 과정 분석하고 설명하기 위한 시간 활용	매우 중요	좋은 생각이지만 매우 중요하지 않음
즉각적인 피드백 제공	좋은 생각이지만 매우 중요하지 않음	매우 중요
동료평가 사용	때에 따라	매우 중요

출처: Larry, Arletta, & Kningt, 2009, p. 47

위의 표에서 알 수 있듯이 팀 기반 학습과 협동학습은 서로 구별되는 점들이 있다. 그 중에서도 집단 활동에 대한 성적과 동료평가에 있어서 주요한 차이를 보인다. 집단이 효과적인 팀으로 변화하기 위해서는 보상이 필요하며, 얼마나 훌륭한 성과를 올렸는가에 대한 피드백 역시 중요하다. 그리고 동료평가를 통해 팀이 효과적이고 모든 구성원이 중요한 부분들에 대해 공헌을 한다면 동일한 점수를 받게 된다. 물론 개인별 공헌도가 다양할 경우에는 개인별 성적이 따로 제공되기도 한다. 그리고 협동학습보다 많은 팀원 구성으로 보다 다양한 생각과 아이디어를 산출하는 것을 중요시한다. 하지만 역할 분담은 오히려 역효과를 불러오기 때문에 활동에 따라 각각의 역할을 팀에서 스스로 결정하는 것을 강조한다. 또한, 협동학습의 경우에는 학습 내용보다는 학습 구조를 강조하나, 팀 기반 학습은 협동학습에 비해서 학습 내용적인 측면을 강조한다. 그리고 팀 기반 학습은 읽기자료를 기본으로 하여 학생들이 교실 외에서 학습을 하고, 개인별로 읽기자료를 통해 학습한 정도를 평가를 통해 확인하면서 단원별 수업이 진행된다.

팀 기반 학습은 읽기자료를 통해 가정에서 미리 학습을 하고, 학습한 정도에 대한 평가를 실시한 후 팀별로 다양한 활동이 이루어진다는 점에서 거꾸로 배움과 유사한 성격을 띠고 있다. 그래서 교실은 팀 기반 학습을 기초로 하여 단원별로 교육과정을 재구성하고 각 단원별 읽기자료를 제작하고, 본 수업 활동에서는 팀별로 이루어질 수 있는 다양한 교수학습 방법을 개발하고 적용할 수 있다. 또한, 교수학습 방법 개발에 있어서 다양한 학습 구조를 통하여 모든 팀원의 적극적인 참여를 유도할 수 있다는 협동학습의 장점을 적용하여 협동학습에서 사용하는 다양한 협동학습 구조를 활용할 수 있다.

거꾸로 배움에서 적용할 수 있는 팀 기반 학습의 주요한 원리를 살펴보면, 첫째, 수업 목표에 초점을 맞추어서 집단을 적절하게 형성하고 운영을 해야 한다. 이때 적절한 집단을 구성하기 위해서는 교사의 개입은 필수 조건이다. 둘째, 학생들은 개인별, 팀별 과제에 분명한 책임 역할을 가지고 있어야 한다. 셋째, 집단 과제를 통해 학습과 팀 개발 모두가 촉진되어야 한다. 넷째, 학생들의 성과에 대해 시의적절한 평가와 피드백을 제공해야 한다.

따라서 본서에서는 교실에서 팀 기반 학습을 기반으로 하여, 단원별로 교육과정을 재구성하여, 협동학습의 다양한 구조를 수정·보완하고 거꾸로 배움에 필요한 다양한 교수 학습 방법을 적용할 수 있는 방법을 제시할 것이다.

3) 토의·토론 학습

토의·토론 학습은 토의를 통하여 학생들의 창의력을, 토론을 통해 학생들의 논리력을 키우기 위해 사용되는 교수학습 방법이라고 할 수 있다. 즉, 토의·토론 학습은 토의의 특성을 통해 다양한 아이디어를 얻고, 토론의 특성을 통해 다양한 아이디어 중 가장 효과적이며 효율적인 생각을 논리적으로 판단하도록 도와주는 학습법이라고 할 수 있다(정문성, 2013). 토의와 토론은 서로 다른 개념이지만, 엄격히 구분하기는 힘들다. 특히 학교 학습 상황에서는 수업목표를 달성하기 위해 수단으로 사용하는 것이 토의와 토론이기 때문에 구태여 분리할 필요는 없다. 그래서 토의·토론 학습이라고 사용하고자 한다(정문성, 2013).

학생들은 수많은 의사결정 과정을 통해 학습을 하게 되며, 앞으로 살아가게 될 삶 역시 수많은 의사결정의 과정을 거치게 될 것이다. 그래서 학교에서는 다양한 토의·토론 학습을 통하여 학생들에게 의사결정 능력을 길러주어서 학생들 스스로 현명한 삶을 영위할 수 있도록 해주어야 한다(정문성, 2013). 또한 학생 활동 중심의 토의·토론 학습방법 적용을 통해 토의·토론 활동에 대한 흥미와 관심을 높여주어야 한다.

거꾸로 배움에서 토의·토론 학습이 필요한 이유는 다음과 같다. 우선, 토의·토론 수업은 함께 공부하고, 서로 가르쳐주는 토의·토론 학습으로 학생들이 지식과 경험을 풍부하고 정확하게 이해할 뿐만 아니라, 다양한 고급 사고력을 향상할 수 있는 기회를 제공한다(정문성, 2013). 이는 인지발달이론과 인지 정교화이론으로 설명할 수 있다. 인지발달이론은 활발한 상호작용이 지적 자극을 일으켜 인지가 발달한다는 이론이고, 인지 정교화이론은 자기의 생각을 발표할 때 인지가 더욱 정교화된다는 이론이다. 따라서 거꾸로 배움을 실천하는 교실에서는 동료친구들과 함께 서로 가르쳐주고 배우는 다양한 상호작용을 통해 사고를 확장시켜줌으로써, 각자의 인지를 더욱 정교화하는 토의·토론 활동이 주를 이루게 된다.

둘째, 토의·토론 수업은 학생들의 자발적인 학습을 유도하고, 상호작용에 의해 인지적, 정의적 피드백을 받아 객관적인 일반화된 사고로 발전시킬 수 있다. 또한 학생 스스로 자신의 지식을 구성해나가며, 서로에게 긍정적인 상호작용을 제공할 수 있다. 그래서 학생들은 다양한 토의·토론 과정을 통해 자신의 생각보다는 집단이 함께 생각해낸 아이디어 및 결과가 더욱 정확하고 다양하며 합리적이고 창의적임을 알게 되면서, 집단 사고에 대한 중요성을 스스로 인식하게 된다. 팀별로 이루어지는 다양한 교수학습 활동 속에서 서로의 상호작용으로 스스로 지식을 구성해간다. 아울러 학생들은 다양한 토의·토론식 수업을 통해 상대방의 생각이나 아이디어를 분석하고, 평가하고, 종합하고, 적용해보는 과정을 통해 비판적 사고, 문제해결력, 창의력, 논리력, 의사결정력, 메타인지와 같은 고급 사고력을 경험하고 배양한다.

특히, 토의·토론 수업은 학생들의 수업 몰입도를 높일 수 있다. 아래의 그래프는 설명식 수업과 토의·토론식 수업을 받을 때의 학생들의 맥박수를 비교한 것이다. 맥박수가 높다는 것은 그만큼 학생들이 수업에 몰입을 하고 있다는 의미이다(정문성, 2013). 그래프를 보면 설명식 수업은 수업이 진행될수록 맥박수가 줄어드는 것에 비해서, 토의·토론식 수업은 수업이 진행되는 동안 전반적으로 높은 맥박수를 지속적으로 유지하고 있음을 알 수 있다. 이를 통하여 토의·토론 수업은 학생들의 높은 수업 몰입도를 이끌어내며, 이를 통해 수업 효과가 더욱 높아질 수 있는 교수학습 방법임을 알 수 있다.

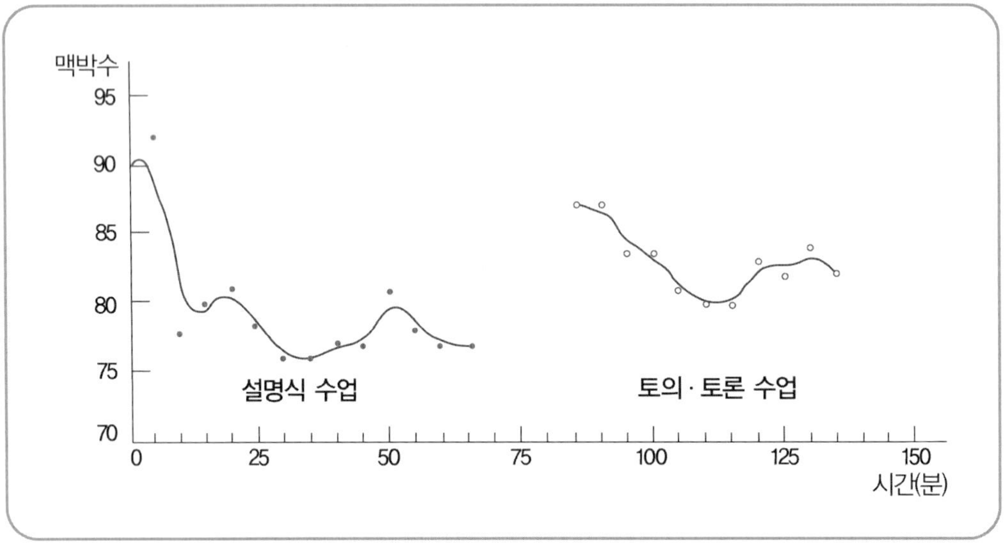

그림 2-2 설명식 수업과 토의 · 토론 수업의 맥박수 비교

위의 〈그림 2-2〉를 통해 학습자들의 높은 수업 몰입으로 수업 효과를 이끌어내는 토의·토론 학습은 거꾸로 배움 교실에서 필수적인 학습법이라고 할 수 있다. 본서에서는 거꾸로 배움에서 학생들의 적극적인 참여태도, 수업 시간 동안 학습에 대한 높은 몰입도, 학생들이 동료 학습자들과 함께 스스로 만들어가는 활동으로서의 토의·토론 학습을 수정·보완한 방법을 소개한다. 이에 대한 자세한 내용은 2부에서 소개한다.

4) 프로젝트 학습

프로젝트 학습이란 프로젝트에 의한, 프로젝트를 통한 학습을 의미한다. 프로젝트 학습은 학습자가 학습의 전 과정에 주도적으로 참여를 하며, 다양한 탐구활동의 결과에 대해 표현하는 활동을 포함한다. 즉, 학생들이 스스로 만들어가는 학습의 과정이 바로 프로젝트 학습이라고 할 수 있다(김대현 외, 1999).

학생들은 프로젝트 학습으로 학습 내용을 전체적으로 볼 수 있는 안목을 키울 수 있으며, 협동 및 의사소통 능력을 신장할 수 있다(박혜옥, 최완식, 2007). 또한 프로젝트 학습은 학습자의 내적 동기를 유발시킴으로써 학습의 효과를 높이고 후속 학습에 대한 의욕을 고취할 수 있다. 그리고 학습자 자신의 책임감, 긍정적 자아개념, 협동심, 다양한 사회적 기술, 문제해결력, 탐구활동과 표현활동 능력, 사고의 유연성을 길러줄 수 있다. 여기에 교사의 준비와 노력, 학습자들의 헌신이 뒷받침되고 적극적인 참여가 더해질 때 비로소 진정한 의미의 프로젝트 학습이 실현될 수 있다. 이러한 의미에서 프로젝트 학습은 거꾸로 배움이 추구하는 학습과정과 매우 유사하다고 할 수 있다.

그래서 본서에서는 학생들의 책임감, 긍정적 자아개념, 협동심, 다양한 사회적 기술을 바탕으로 팀별로 여러 과제를 함께 노력하여 해결하게 되며, 그러한 과정에서 문제해결력, 탐구활동과 표현활동 능력, 사고의 유연성이 저절로 길러질 수 있는 거꾸로 배움을 위한 교수학습 방법을 소개한다. 또한, 프로젝트 학습은 준비하기, 주제 결정하기, 활동계획하기, 탐구 및 표현하기, 마무리하기, 평가하기 등으로 팀 기반 학습과 연계하여 프로젝트형 수업 및 교수학습 방법을 소개한다. 이에 대한 자세한 내용은 2부에서 다룰 것이다.

5) 융합인재교육

기존의 교육이 각 교과목별로 정립된 지식과 개념, 이론을 교과서 중심으로 전달하는 것에 주력하였다면, 융합인재교육은 학생들과의 관련성을 강조하여 어디에 쓰이는지 왜 배우는지 이해하고 실생활에 활용되는 경험을 제공하는 것을 강조하는 학습방법이다. 융합인재교육 측면에서의 학교교육은 학생들이 어렵다고 생각하는 과학이나 수학 과목을 공학, 기술, 예술 등과 접목시킴으로써, 이론적인 과학, 수학을 실생활과 연계하여 활용하고, 공학, 기술과 예술의 감성을 다른 관련 내용과 연결하는 것을 강조하게 된다(조향숙, 김훈, 허준영, 2012). 특히, 과학, 공학, 기술, 예술, 또는 수학의 연결이 실생활과 연계하는 부분에서 자연스럽게 이루어지도록 한다. 이를 통해 학생들이 스스로 왜 공부를 해야 하고, 교실에서 왜 이 문제를 풀어야 하는지, 또 어떻게 해결해야 하는지 여러 관점에서 바라보게 함으로써, 학생들의 창의적인 사고력이 자라나도록 한다.

융합인재교육은 상황 제시, 창의적 설계, 감성적 체험 등 세 단계를 거치며, 이러한 세 단계를 강조한다. 첫째, 상황 제시는 학생들이 주어진 상황의 실생활 문제를 자기 문제로 인식하도록 동기부여하기 위한 증거로써, 학생 중심 수업으로의 전환을 의미하며 이를 통해 학생들이 수업에 몰입하도록 해준다. 둘째, 창의적 설계는 주어진 상황에서 문제를 해결하기 위하여 창의적으로 설계하는 과정을 의미한다. 설계 과정에서는 여러 교과의 지식이 필요하고, 팀원들 간의 협동이 문제해결에 중요한 역할을 하게 된다. 셋째, 감성적 체험(혹은 성공의 경험)은 학생의 흥미와 동기를 유발한다. 학생들은 학습에 대한 성공을 경험하면 새로운 문제에 도전할 수 있는 용기가 자라나게 되며, 문제에 몰입하는 능력도 자라나게 된다. 학생들의 활동에 대한 피드백, 성과에 대한 보상이나 격려를 통해 학생들의 감성적 체험을 강화할 수 있다.

이러한 융합인재교육의 준거(틀)는 거꾸로 배움에서 그대로 적용될 수 있다. 즉, 거꾸로 배움은 학생들의 실제적 문제를 통해 수업에 대한 몰입과 동기를 높여주고, 팀원들이 스스로 문제를 해결하기 위해 계획을 세우며, 다른 팀과 함께 협력하여 과제를 해결하는 과정을 중요시한다. 또한 그러한 과정과 결과에 대한 평가와 피드백을 제공해줌으로써 성취동기와 과제에 대한 도전감, 끝까지 해결하기 위한 집중력과 책임감을 길러준다. 이러한 측면에서 본서는 거꾸로 배움을 위해 융합인재교육의 다양한 형태 중에서 국어, 수학, 통합교과를 모두 융합한 교과 내 융합인재교육을 소개한다. 그 내용은 다음과 같다.

수업 도입부에서는 학생들의 실생활과 관련된 문제 상황을 제시하여 학생들의 감성적 체험을 유도하고, 교과내용은 학습하는 과정에서 창의적 설계 과정이 가능한 범위에서 도입하였다. 교육과정 설계는 계절별 학생 활동 중심의 체험학습을 교실에서 실시하기라는 큰 주제를 가지고, 분기별 1회씩 주제를 선정하였으며, 각 주제별 5차시로 구성하였다. 또한, 상황 제시, 창의적 설계, 감성적 체험의 준거 틀이 순서에 따라서 고정적으로 정해져서 제시되지 않고, 학습 내용 및 각 차시별 주제에 따라 다양하게 구성하였다. 그리고 학생들에게 흥미로운 주제, 실생활에서도 적용이 될 수 있는 주제를 통하여 하루 종일 융합인재교육을 실천하는 STEAM-DAY를 운영하였다. 이에 대해서는 2부에서 상세하게 소개한다.

6) 성찰활동

지금까지 소개한 교수학습 방법과 함께 자기 성찰활동과 팀 성찰활동은 거꾸로 배움의 하나의 수업 방식이 될 수 있다. 그 이유는 교사의 강의를 통한 정리보다는 성찰활동을 통하여 스스로 혹은 팀별 토의·토론 활동으로 내용을 정리한다면 학생들에게 보다 진정한 의미에서의 학습 기회를 제공해주게 되기 때문이다(주영주, 이광희, 이지현, 2011). 일정한 주기를 두고 자신의 학습경험과 학습과정 속에서 발생하는 질문이나 생각들을 정리하여 글로 작성하는 성찰일지 작성을 통해 학생들은 자신들의 학습과정을 되돌아보게 된다. 이때 초보 학습자의 경우에는 자신이 무엇을 학습하였는지에 대해 성찰할 수 있는 경험을, 숙달된 학습자의 경우에는 학습과정에서 발생하는 문제를 비판적으로 정리할 수 있는 경험을 하게 된다(주영주, 이광희, 이지현, 2011).

성찰활동의 실천을 위한 전략은 우선, 학습자의 동기 수준을 지속적으로 모니터링하는 것이다. 즉, 자기 조절적 학습과 관련된 동기요소들(자신감, 책임감, 내적인 학습욕구 등)에 대한 자기-점검을 실천함으로써 학습에 미치는 심리적 방해요소를 찾아내는 것이다. 두 번째 전략은 초인지적 실천에 대한 자기 성찰로서 전략적인 접근방식을 활용하는 것이다. 전략적인 접근방식이란 초인지적 지식과 초인지적 조절을 연결하기 위해 적용될 질 수 있는 체계적인 절차로서 비교, 분석, 수정 등과 같은 일련의 실행 전략들이다. 세 번째 전략은 상호작용에 대한 자기 성찰로서, 이는 적절한 질문 도출을 통해 효과적으로 이루어질 수 있다. 학습자는 동료 학습자와의 상호작용을 통해 자신이 현재 가지고 있는 지식의 구성과 이해를 점검해야 할 필요가 있다. 또한, 자신의 인적 자원을 확대하기 위하여 정보나 도움을 요청해야 할 필요가 있다. 따라서 동료 학습자들과의 다양한 질문과 답변활동을 통하여 상호작용을 효과적으로 관리하도록 돕는 것이 필요하다.

이러한 전략에 따라 거꾸로 교실에서는 학생들이 자기 성찰을 작성하면서 과제해결 과정에서 무엇을 배웠는지, 어떤 과정을 통해 학습을 하였는지, 학습한 내용을 자신의 생활에 어떻게 적용을 할 것인지에 대해 스스로 질문을 던지고 생각해본 뒤, 직접 글로 표현해보는 기회를 가질 수 있다. 또한 학습 내용을 정리하는 것과 함께 부정 정서를 긍정 정서로 바꾸어보는 활동, 매일 매일 감사하기 활동 등도 함께 실천함으로써 자신의 감정을 스스로 코칭할 수 있도록 학생 감정 중심의 인성 함양 활동도 이루어질 수 있다.

자기 성찰활동과 함께 팀 성찰활동도 이루어질 수 있다. 팀별 활동에 대한 팀 성찰은 ERRC라는 블루 오션 전략을 활용하여 활동지를 만들고 성찰하는 것을 예로 들 수 있다. ERRC(블루 오션 전략)은 경쟁이라는 고정관념에서 벗어나 새로운 가치를 찾아내는 도구로 Eliminate(제거)·Reduce(감소)·Raise(증가)·Create(창조)의 단어 첫 글자를 따서 만든 용어이다(김위찬, 2005). 학생들은 다양한 팀 활동을 하면서, 팀별로 과제를 해결함에 있어서 다음과 같은 질문을 함께 던지고 해결책을 찾아본다. '하면 안 되는 행동인데 과제를 해결하면서 했던 행동으로 우리 팀에서 제거해야 하는 행동은 무엇인지?', '필요한 행동이기는 한데 너무 많이 해서 과제를 해결함에 있어서 어려움을 주어서 감소해야 하는 행동은 무엇인지?', '많이 해야 하는데 적게 해서 더 해야 하는 행동은 무엇인지?', '해야 하는 행동인데 우리가 하지 않아서 앞으로 창조를 해야 하는 행동은 무엇인지?' 등에 대한 질문을 함께 던지고 팀별 토의·토론 활동으로 스스로의 답을 찾아보는 성찰의 기회를 제공한다. 팀별로 이루어지는 이러한 성찰활동을 통해 함께 반성하고, 앞으로 팀이 나아가야 할 방향을 스스로 정하게 되면서 보다 적극적으로 참여하는 팀, 더욱 발전된 팀으로 만들어가도록 할 수 있다. 자기 성찰 활동지와 팀 성찰 활동지 및 활동 방법에 대한 내용은 제5장에서 소개한다.

7) 러닝 포트폴리오

러닝 포트폴리오는 학습과정과 결과를 모아놓은 결과 모음집이라고 할 수 있다. 러닝 포트폴리오를 통해 학생들 혹은 각 팀들은 스스로 공부를 하면서 무엇을 배웠는지, 과제는 무엇이었는지, 어떻게 해결했었는지 등과 같은 질문에 스스로 생각해보고, 학습한 내용과 과제 결과물을 정리하여 시각화를 함으로써 학습에 대한 설계도를 작성하게 된다. 그리고 자신 혹은 팀별 포트폴리오에 대한 친구들의 피드백을 통하여 성찰의 기회도 함께 제공하게 된다.

러닝 포트폴리오는 과거의 결과지향적인 교수학습 방법을 지양하고 학습과정을 강조하는 구성주의적 학습으로 현장에서 활발하게 활용되고 있다(조용개, 이은화, 2013). 러닝 포트폴리오는 효율적인 평가도구로서 작용을 하며, 학생 중심의 교수학습 전략도구 역할을 한다. 또한 학생들 스스로 지식의 적용, 자기 평가, 능력 인지, 가치 개발을 하는 데 도움을 준다.

또한 러닝 포트폴리오는 학습활동에 대한 반성과 자기 주도적 학습능력 향상에 도움을 준다(조용개, 이은화, 2013). 러닝 포트폴리오를 작성하고 과제물들을 저장하면서, 학습과정과 그 결과에 대해서 스스로 반성을 하게 되는데, 이러한 과정이 바로 성찰의 한 과정이기도 하다. 원래 하고자 했던 학습활동은 무엇인지, 잘한 점은 무엇이고 잘못한 점은 무엇인지 등과 같이 자신의 학습을 스스로 되돌아보고 성찰함으로써 자기 주도적으로 학습활동에 대한 반성을 할 수 있다. 이처럼 자신의 학습활동에 대해서 스스로 되돌아봄으로써 자신에게 부족한 것이 무엇인지 파악할 수 있고, 자신이 잘하는 것이 무엇인지 스스로 파악하게 되며, 파악하는 것에서 그치는 것이 아니라 단원별로 러닝 포트폴리오를 전시하고 함께 감상하는 피드백 활동을 거치면서 다음 학습계획을 세움에 있어서 도움을 줄 수 있다. 이러한 과정 중에서 자기 주도적 학습능력도 함께 향상이 될 수 있다.

교실에서는 자기 러닝 포트폴리오와 팀별 러닝 포트폴리오를 각각 만들 수 있다. 각각의 러닝 포트폴리오에는 개인 혹은 팀별 정보, 학습활동 과정과 결과물, 성찰활동 등을 각 단원별로 묶어서 만들 수 있다. 러닝 포트폴리오의 구성요소 및 세부 내용은 2부에서 자세히 소개한다.

memo

3장

거꾸로 배움의 이론적 기반

앞에서는 행복교육을 위한 거꾸로 배움과 관련된 다양한 교수학습 방법에 대하여 살펴보았다. 그러나 독자들은 그러한 거꾸로 배움 관련 교수학습 방법이 행복교육 실현을 위해서 필요한 것인지, 거꾸로 배움에 어떻게 실질적으로 기여할 것인지, 그리고 학생들에게 어떠한 긍정적인 영향을 미치고 있는지 의문이 생길 수 있다. 이 장에서는 거꾸로 배움의 지식 기반과 그 실천적 방법 근거를 선행연구에 기초하여 제시하면서 그 의문에 대한 답을 제시해보고자 한다.

1. 거꾸로 배움의 지식 기반

흔히 알고 있는 거꾸로 교실이란 학생들이 수업 영상을 집에서 본 뒤에, 교실에서 다양한 활동을 통해 과제를 해결하는 수업방식을 의미한다. 하지만 이러한 거꾸로 교실 학습 방법은 새로운 교수 학습을 위한 출발점일 뿐이며, 목표나 멈춰야 할 지점이 아니다. 흔히들 거꾸로 교실을 운영하기 위해 학생들에게 질 높은 영상을 제공하는 데 치중하는 편이 높다. 하지만 거꾸로 교실에서 중요한 것은 영상, 비디오가 아니다. 가장 중요한 것은 면대면 수업 시간을 어떻게 활용하는가에 대한 근본적인 물음에 대한 대답이다. 즉, 거꾸로 교실의 가장 중요한 목적은 면대면 수업의 질을 높이는 것이다(Bergmann & Sams, 2015).

거꾸로 교실에 대한 논의는 학교교육의 개혁과 관련되어 있고, 모든 개혁이 항상 위험을 안고 있듯이 거꾸로 교실에 대한 논의 역시 활동의 핵심적인 목적이나 지향점에 대한 논의가 아니라 동영상 제작과 같은 당장 해야 할 일이나 그것의 효과성에 대한 논의로 집중되고 있다(방진하, 이지현, 2014). 이로 인하여 거꾸로 교실이라고 하면 이전에 교실에서 가르쳤던 교과지식을 사전에 동영상으로 가르치는 것이라고 여기고, 거꾸로 교실에서 가장 추진력을 얻을 수 있는 것이 사전 동영상을 제작하는 일로 간주되어 왔다. 하지만 거꾸로 교실에서의 '거꾸로'라는 이름은 그러한 의미가 아니다. 거꾸로 교실에서의 거꾸로는 기존의 면대면 수업이 교사의 일방적인 강의를 중심으로 이루어져 왔다는 점을 비판하는 것일 뿐, 면대면 수업 자체의 가치를 부인하는 것이 아니다. 즉, 면대면 수업이 가지고 있는 가능성과 강점을 최대한 끌어내는 방법을 모색하고 찾아내는 것이 거꾸로 교실의 핵심이다(박태정, 차현진, 2015).

Bergmann과 Sams(2015)은 거꾸로 교실을 하고 난 뒤 더 좋은 방법이 있다는 것을 깨달았다고 한다. 바로 거꾸로 교실에서 거꾸로 배움으로 나아가는 것이다. 거꾸로 배움이란 전달식 강의를 전체 배움 공간에서 개별 배움 공간으로 옮기고, 그 결과 남겨진 전체 배움 공간을 역동적이고, 서로 배움이 가능한 환경으로 바꾸는 교육 실천을 의미한다. 거꾸로 배움에서 교사는 학생이 학습 주제와 관련하여 개념을 적용하고, 창의적으로 참여할 수 있게 안내자 역할을 수행해야 한다. 거꾸로 배움에서는 '학생들과 마주하는 시간을 최선으로 사용하는 법은 무엇인가'라는 단 하나의 질문에 대해서 교사들 각자 스스로의 독자적인 답을 가지고 있어야 함을 강조하고 있다.

이로 인하여 거꾸로 배움 아래에서는 거꾸로 교실에서 보다 더욱 다양한 학습 방법을 적용할 수 있게 되었다. 그 예로 거꾸로 완전학습, 거꾸로 협동학습, 거꾸로 프로젝트 기반 학습, 거꾸로 탐구학습, 거꾸로 토론학습을 들 수 있다. 거꾸로 배움에 이르는 과정은 정해져 있지 않다고 한다. 따라서 아주 다양한 학습방법이 열려 있다고 할 수 있다. 이러한 측면에서 거꾸로 배움의 근본적인 발상은 전혀 새로운 것이 아닐 수도 있다. 학교가 가르침이 아닌 배움을 위해 존재하는 공간이라는 인식에 자리 잡은 '협동학습, 토론학습, 배움의 공동체, 배움 중심 수업, 학생 활동 중심 수업'에 대한 하나의 실천적인 흐름과 비슷하기 때문이다. 하지만 한 가지 분명한 사실은 거꾸로 배움은 학생 중심의 배움이 일어나야 한다는 것이다. 또한 면대면 수업의 질을 높이기 위하여 기억, 이해 수준의 학습 자료를 통해 미리 학습을 하게 하고, 보다 고차원 수준의 수업이 가능하다는 점에서 차이점을 가지고 있다. 거꾸로 배움에서의 교사는 배움의 촉진자가 되어야 하며, 교실이라는 공간이 학생에게 맞춘 배움 공간으로 바뀔 수 있다면 그것이 바로 거꾸로 배움의 출발점이 될 것이다.

거꾸로 배움은 교사가 가장 잘하는 일을 할 수 있게 해준다. 그것은 바로 학생들의 배움을 돕는 일이다. 거꾸로 배움에서의 교사들은 수업 진도표에 따라 융통성 없이 수업을 하지 않아도 되며, 학생의 선택, 흥미, 자율성을 통하여 모든 학년, 모든 수준의 학생들이 학습 욕구를 가질 수 있도록 수업에 유연성을 부여할 수 있다. 거꾸로 배움에서 교사들은 학생들이 선택할 수 있는 교육 방법 메뉴를 다양하게 개발할 수 있다. 교사들은 학생들의 나이, 감당할 수 있는 선택, 자율성의 수준, 학습 자료 등을 고려하여 학생들이 다양한 방법(수업 영상, 교과서 혹은 웹사이트, 온라인 시뮬레이션, 직접 참여하는 활동, 프로젝트, 진짜 세상 문제 풀기 등)을 선택할 수 있도록 해야 한다. 또한 거꾸로 교실에 대한 선행 연구를 살펴보면 거꾸로 교실 수업 방식이 가지는 학습 구조와 과제에는 불만족을 드러냈지만, 협력적인 활동과 혁신적인 교수 방법에는 만족감을 보이고 있었다(Chiappetta & Koballa, 2006). 이에 학생들은 과제에 대한 부담감을 가지고는 있지만, 거꾸로 교실에서 행해지는 다양한 학습 방법에 대해서는 만족감을 가지고 있음을 알 수 있었다. 이를 통하여 본 저서에서는 학교의 어느 교실에서도 활용이 가능한 거꾸로 배움을 위한 다양한 교수학습 방법을 소개하고자 한다.

거꾸로 배움에서 중요한 것은 실제 수업 시간에 어떠한 배움이 일어나는가이다. 이를 위하여 학생 중심의 다양한 학습 이론 및 학습 방법을 학생들의 수준과 흥미에 적합하게 적용함으로써 학생 중심의 배움 활동이 일어나도록 해야 한다. 거꾸로 교실을 운영하는 많은 학급 및 교사들은 대부분의 시간을 수업 동영상을 제작하는 데 할애하게 된다. 하지만 거꾸로 교실에 대한 개념적 정의를 살펴보면 이동엽(2013)은 '교실 수업에 앞서 학습자 스스로 선행학습을 수행한 다음 수업에 적극적으로 참여하는 방식'이라고 하였다. 또한 Hamdan 등(2013)은 '학생들이 수업 전 교과서 및 관련 학습자료를 미리 예습해 오고 수업에서는 강의 방식이 아닌 토론 학습, 보충/심화학습을 진행하는 것'이라고 하였다. 이러한 다양한 정의를 통해서도 반드시 수업 전 동영상을 제작하고, 그것을 통해 미리 학습을 해오는 것이 거꾸로 교실이 아니라는 것을 알 수 있다. 학생들이 학습하게 될 내용에 대해 미리 사고해볼 수 있도록 도와주는 자료, 다양한 아이디어를 생성할 수 있도록 도와주는 과제를 통해 학생 개인의 수준과 흥미에 따라 학습 내용을 미리 학습할 수 있는 기회를 제공해주는 것이 중요하다. 그리고 미리 학습할 수 있는 기회를 제공한 뒤에 이루어지는 실제 수업 시간의 다양한 협력적인 활동과 혁신적인 교수 방법이 더욱 중요하다고 할 수 있다.

이러한 의미에서 거꾸로 교실의 수업 동영상 자료는 단지 수업 목표를 달성하기 위한 준비단계를 학생들이 스스로 갖추기 위해 필요한 것이다(방진하, 이지현, 2014). 이에 본서는 동영상 제작을 위해 많은 시간을 할애해야 하며, 제작을 위해 또 다른 컴퓨터 기술을 습득해야 한다는 단점을 해결하고자 하였다. 또한 학생들의 학습 수준에 맞도록, 학생들이 수업을 위한 준비단계를 갖추기 위한 방법으로 수업 동영상이 아닌 다양한 읽을 자료와 학습 활동지로 구성된 소책자를 제작 활용하였다. 이러한 소책자 형식의 읽을 자료 제공은 기존의 팀 기반 학습에서 착안하여 실천하는 학습방법이라고 할 수 있다. 팀 기반 학습은 길게는 한 학기, 짧게는 한 단원을 기준으로 학습이 이루어지며, 각 학습별로 학생들이 미리 읽어보고 학습해야 하는 자료를 읽을 자료로 미리 제공하면서 학습이 시작된다. 이때 제공하게 되는 읽을 자료가 바로 거꾸로 배움의 출발점이 되는, 학생들의 학습 자료가 된다. 미리 제공되는 읽을 자료는 한 단원을 학습하면서 기본적으로 알아야 하는 지식과 스스로 생각하고 사고해야 하는 것에 대해 미리 안내를 해주는 기본적인 수준으로 제작이 되며, 가정에서 스스로 해결할 수 있도록 제공하였다. 여기에서 지식이나 읽을 자료는 심화된 내용이 아니라 단원을 학습하면서 미리 알아야 하는 기본 지식이며, 단원을 기준으로 학습을 하면서 어떠한 활동이 이루어지는지 미리 스스로 생각해보고 알 수 있는 수준에서 제작 활용하였다. 이러한 자료를 통해 학생들은 팀별로 이번 단원에서 우리가 함께 생각·토론하면서 알아야 하는 학습 내용이 무엇이고, 활동이 무엇인지 알 수 있게 되었다. 또한 저학년 수준에서도 프로젝트 학습이 가능하다는 점을 확인하였다.

읽을 자료를 통해 학습에 대한 준비단계를 갖춘 학생들을 대상으로, 실제 면대면 수업에서는 학생 활동 중심, 학생 배움 중심의 학습이 일어나도록 액션러닝, 팀 기반 학습, 토의·토론 학습, 프로젝트 학습, 협동학습 등 다양한 학습방법을 결합한 거꾸로 배움 학습방법을 다양하게 개발하고서, 학생들의 수준과 흥미에 따라 적합하게 선정하여 실천하였다. 이로 인하여 거꾸로 배움을 위해 우리 교실에서 개발하고 실천한 다양한 교수학습 방법은 학생들의 배움이 중심이 되는 학생 활동 중심 수업과도 매우 밀접한 연결고리를 가지게 되었다. 이러한 관점에서 고려한 교실에서 수행할 수 있는 거꾸로 배움 과정은 아래 〈그림 3-1〉과 같다.

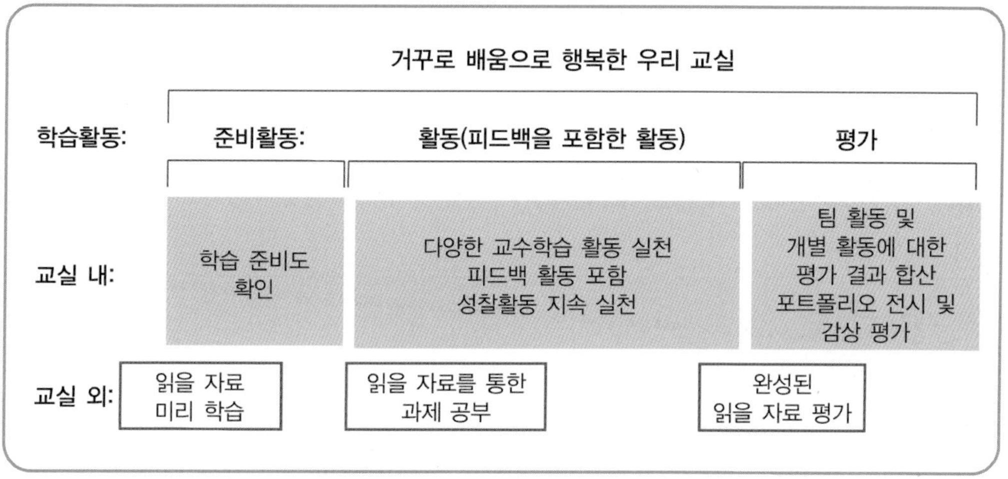

그림 3-1 우리 반 거꾸로 배움 과정

위의 그림처럼 거꾸로 배움으로 행복한 교실을 만드는 학습은 한 단원을 단위로 하여 운영할 수 있다. 단원에서 학습을 해야 하는 주요 아이디어 및 개념, 그리고 활동을 하면서 학생들이 미리 생각해야 할 부분에 대한 활동지로 구성이 되는 읽을 자료(소책자)를 제공하여 스스로 가정에서 미리 학습을 할 수 있도록 한다. 학습한 정도를 확인하기 위하여 단원 도입 첫 시간에는 학습 준비도 확인(RAP) 과정을 거치게 되며, 이때의 방법은 학생들에게 평가에 대한 부담감과 거부감을 주지 않기 위하여 재미있는 방법으로 활동하게 된다. 그리고 각 차시별로 읽을 자료를 통해 다양한 아이디어 및 생각을 가져오게 하며, 우리 교실에서 개발한 다양한 교수학습 방법으로 차시별 수업을 진행하게 된다. 단원 마무리 시간에는 각자가 작성한 읽을 자료에 대하여 상호평가가 이루어지고, 한 단원동안 개별과 팀별로 만든 포트폴리오를 전시하고 함께 감상하고 평가하는 시간도 가진다. 거꾸로 배움 활동은 차시별(혹은 활동별)로 팀과 개별 평가 시간을 가지게 된다. 이때의 평가 방법은 기존의 교사 중심의 결과 지향적 평가가 아닌 즐겁고 재미있는 활동으로 이루어지는 과정 중심의 상호평가활동으로 운영하였다.

이상에서 살펴보았듯이 교실에서의 거꾸로 배움은 교사의 가르침에 중심을 두었던 기존의 전통적 수업 방식에서 벗어나서, 학생의 배움과 학습에 중점을 둔 학생 활동 중심 수업이라고 할 수 있다. 2부와 3부에서는 교실에서 이루어진 다양한 거꾸로 배움 활동 방법에는 무엇이 있었는지, 그리고 교육과정을 어떻게 재구성하여 활동을 실제적으로 실천하였는지에 대하여 자세히 소개한다.

2. 거꾸로 배움 관련 선행연구

1) 행복교육

명지원(2014)은 2009 개정 교육과정에 기반한 현 교육과정의 지표인 '꿈과 끼를 기르는 행복교육'의 의미를 홀리스틱 교육의 시각에서 접근하여 연구를 하였다. 그는 홀리스틱 교육, 관계성을 근본으로 하여 자기가 속한 지역공동체와 전 지구적 공동체 그리고 자기 내면세계와의 관계성의 중요성과 그 영향을 학생에게 인식하게 하고 실천하게 하는 교육이라고 하였다. 그리고 '꿈과 끼를 기르는 행복교육'의 특징은 이타실천을 통한 더불어 함께 사는 정신을 가진 심력과 실력 있는 존재를 위한 홀리스틱 교육이라고 하였다. 이를 위하여 자유학기제를 통한 창의・인성교육, 진로교육을 실시하며, 학생 주도형 자기 주도 학습, 동아리활동, 융・복합교육(STEAM), 배움 중심 수업과 평가 등이 필요하다고 하였다.

그리고 구정화 외(2013)는 행복교육을 위해 가르칠 필요가 있는 것은 내용보다는 교육 방법과 환경의 개선이라는 점을 들었다. 이와 더불어 내용 측면에서는 개인의 자존감과 타인 배려를 길러줄 수 있는 내용을 들었다. 그리고 행복교육의 교수방법에 대해서는 지식 전달식의 방식보다는 다양한 활동을 경험해야 한다고 하였다. 이외에도 내용 구성 시에는 실생활과 관련된 내용을 가르치거나 학생들의 삶과 관련된 내용을 가르쳐야 하며, 공동체의 구성원으로서의 삶을 다루어야 한다고 하였다.

이러한 점에서 행복교육은 학생들의 삶과 관련된 학습 내용을 학생 배움 중심의 다양한 활동으로 학습이 이루어져야 함을 알 수 있다. 이는 거꾸로 배움의 다양한 교수학습 방법을 통해 학생들의 행복을 추구하는 행복교육을 실천할 수 있다는 점을 시사한다.

2) 액션러닝 기반 학습

액션러닝 기반 학습은 학생들의 정서지능, 수업 몰입도, 창의성 향상, 바른 인성 함양에 효과적인 학습방법이다. 장승희(2010)는 액션러닝을 기반으로 한 도덕수업 결과 액션러닝의 수업은 재미있고 감동적인 수업 방법을 모색하고, 학생들의 현실을 반영하는 동시에 상상력을 자극할 수 있는 수업내용으로 구성이 되어 있어야 성공할 수 있다고 하였다. 고은현, 양성수(2012)는 성공적인 액션러닝 기반의 수업을 위해서는 학생들의 성취목표 지향성과 적극적인 학습태도를 통한 높은 수업 몰입도가 필요하다고 하였다. 장금성, 김남영, 박현영(2014)은 액션러닝을 기반으로 한 수업이 학생들의 창의적 문제해결력, 창의성, 팀원과의 교환관계 능력 향상에 효과적임을 밝혀내었다. 홍광표(2014)는 창의·인성 함양을 위해 사회과 교과에 액션러닝 프로그램을 개발하고 적용하였다. 효과성 검증 결과 문제를 창의적으로 해결하는 힘을 길러줄 수 있었고, 바람직한 의사소통 능력을 기를 수 있었다. 이를 통해 학생들의 창의성, 바른 인성 함양에 액션러닝 기반 학습이 효과적인 학습방법이라고 하였다. 윤남미(2013)은 학습자 중심의 액션러닝 기법을 활용한 독서 프로그램을 설계하고 적용한 결과 학생들의 자기효능감에 긍정적인 영향을 준다고 하였다. 액션러닝 기법을 활용한 독서 학습은 학생들 스스로 의사소통 과정을 거치면서 정서 지능 향상에 긍정적인 효과를 주게 되었으며, 공감능력을 비롯하여 자기효능감을 높여주는 데 효과적이라고 하였다.

이러한 점에서 액션러닝 학습은 팀 활동을 강조하고, 팀원과의 다양한 사회적 상호작용을 통해서 실제 문제를 해결하도록 해주는 학생 활동 중심의 수업을 위한 교수학습 방법이라고 할 수 있다. 이는 능동적이고 경험적인 배움을 통해 팀 활동을 통한 공동의 문제해결을 강조하는 거꾸로 배움을 위해서 필요한 교수학습 방법임을 시사한다.

3) 팀 기반 학습

팀 기반 학습은 학생들의 긍정적인 정서지능, 자기효능감, 학습동기 유발, 협력능력, 학업 성취, 자기주도적 학습 능력 향상에 효과적인 학습방법이다. 하채연, 이수영(2014)은 팀 기반 학습은 팀을 단위로 체계적으로 문제를 해결해나가는 협력학습이며 토론을 기반으로 한다는 점을 강조하였다. 그리고 정서지능에 미치는 효과를 분석한 결과 정서인식, 정서표현, 정서활용 등 정서능력 개발에도 긍정적인 영향을 미친다고 하였다. 이경희, 손은경(2012)은 팀 기반 학습을 적용한 학습을 통해 학생들의 학습동기 변화, 상호작용 효과, 학습동기 유발, 자기 효능감에서 학생들에게 긍정적인 영향을 준다고 하였다. 김민정(2014)은 팀 기반 학습에서 중요시하고 있는 평가활동이 학생들에게 미치는 영향을 분석한 결과, 동료평가를 실시할 때 수업에 대한 흥미도가 높으며, 팀을 기반으로 한 협력학습을 할 때 학업성취도도 더 높게 나타났다고 하였다. 이지연, 김영환, 김영배(2014)는 플립 러닝에 대한 학습자들의 인식을 조사한 결과 학생들의 인식이 전반적으로 긍정적이었으며, 수업 전(前) 학습이 학습내용 이해에 도움이 된다고 하였다. 그리고 플립드 러닝을 경험한 학생들은 수업 중 다양한 상호작용을 통해 과제를 해결하고, 수업 후에도 지속적으로 함께 학습을 이어가고 있다는 것을 발견하였다. 진영훈, 손정우(2011)는 팀 기반 학습은 짜임새 있는 팀활동이 중심이 되기 때문에 학생들의 의사결정 능력, 조정능력, 협동심, 문제해결력 향상에 효과적이라고 하였다. 특히 창의적 문제해결력 향상에 매우 효과적이라고 하였다. 한혜숙(2013)은 팀 기반 학습에서 동료평가를 시행하고 각 활동에 대한 점수를 반영한 결과 학생들은 스스로 학습내용을 준비하는 태도를 보였으며, 팀활동에 더 많은 기여를 하기 위하여 자기 주도적으로 학습하는 태도를 가지게 되었다고 하였다.

이러한 점에서 팀 기반 학습은 공동의 목표를 달성하기 위해 팀원이 서로 목표를 공유하고, 다양한 의사소통을 강조하는 활동을 통해 학습에 대한 주인의식과 책임감을 길러주는 교수학습 방법이라고 할 수 있다. 이는 배움에 대한 주도권과 주인의식을 길러주고 강조하는 거꾸로 배움을 위해서는 필요한 교수학습 방법이라고 할 수 있다.

4) 토의 · 토론 학습

토의 · 토론 학습은 학생들의 의사소통 능력, 자기 주도적 학습능력, 협동심, 사고력 증진에 효과적인 학습방법이다. 이용숙(2004)은 협동학습 구조를 가지고 다양하게 활용한 토의 · 토론 학습과정을 개발하고 적용한 결과 학생들 모두 적극적인 상호작용을 통한 효과적인 토의 · 토론 학습이 이루어질 수 있었다고 하였다. 그리고 이러한 토의 · 토론 학습의 성공에는 교사들의 충분한 사전 준비, 융통성 있는 학습 시간 운영이 필요하다고 하였다. 임천택, 김은경(2013)은 토의 · 토론 학습이 초등학생들의 자기 주도적 학습능력 향상에 긍정적인 영향을 준다고 하였으며, 이를 위해서는 쉽고 흥미있는 주제를 활용하고 수업에 적합한 유형과 기법을 적용해야 한다고 하였다. 김백희, 김병홍(2014)은 학생들의 활발한 참여를 위한 효율적인 수업 방안을 모색한 결과, 플립 러닝을 기반으로 한 토의수업을 고안하였다. 이들은 플립 러닝을 기반으로 한 토의수업은 가정에서 습득한 내용들을 바탕으로 학생들이 직접 활동(토의, 글쓰기, 확인학습 등)을 할 수 있는 기회를 제공하는 수업으로 보았다. 플립 러닝을 기반으로 한 토의수업을 적용한 결과 효율적인 토의 수업을 진행할 수 있었고, 학생들의 사고력 증진, 의사소통 능력 향상, 자신감 향상, 지식과 교양의 습득, 협동심 상승에 효과적임을 밝혀내었다. 박상민(2013)은 일반적인 토의·토론 수업은 학생들이 수동적으로 토론에 참여를 한다는 단점을 보완하고자 협동학습을 기반으로 토의·토론 수업을 진행하였다. 그 결과 학생들은 자신의 주장을 결정하는 방법을 스스로 익히고, 주장을 수정하거나 철회하는 방법도 터득하게 되었다. 그 결과 주제에 대한 깊이 있는 인식을 하게 되었으며, 학생들 모두 보다 적극적으로 토의·활동에 참여를 하게 되었다.

이러한 점에서 토의·토론 학습은 학생들의 창의력과 논리력을 함께 키워주는 교수학습 방법이라고 할 수 있다. 이는 비판적 사고와 협력적 문제해결력을 강조하는 거꾸로 배움을 위해서 필요한 교수학습 방법이라고 할 수 있다. 또한 토의·토론 학습은 자발적인 학습을 유도하고, 상호작용에 의해 인지적·정의적 영역 모두를 발전시켜나가는 교수학습 방법으로, 이러한 면에서도 동료 친구들과 함께 서로 가르쳐주고 배우는 상호작용을 통해 사고를 확장시켜주는 활동을 강조하는 거꾸로 배움을 위해 필요한 교수학습 방법이라고 할 수 있다.

5) 프로젝트 학습

프로젝트 학습은 학생들의 의사소통 능력, 비판적 사고력, 자기 효능감, 학습 참여도, 창의성 향상에 효과적인 학습방법이다. 장선영(2014)은 프로젝트 중심 학습이 학생들의 반성적 사고에 미치는 영향을 분석한 결과, 프로젝트 학습이 학생들의 의사소통 능력, 비판적 사고력에 긍정적인 영향을 주고 있으며, 프로젝트 학습의 중간 반성단계를 통해 학생들의 반성적 사고 향상에도 정적인 영향을 미치고 있음을 밝혀내었다. 양영선, 허희옥, 김영수(2014)는 팀 프로젝트 학습이 학습자의 효능감과 학습참여도에 미치는 영향을 분석한 결과, 팀 프로젝트 학습이 학생들의 효능감, 학습참여도에 긍정적인 영향을 주었다고 하였다. 그리고 여기서 말하는 팀 프로젝트 학습은 프로젝트 학습을 기반으로 하여 팀 활동으로 다양한 과제들을 해결하는 교수학습 방법을 의미하였다. 김헌운, 엄우용(2012)은 미술과 감상 중심의 프로젝트 학습에서 학생들의 창의성 및 감상능력의 차이를 분석한 결과, 프로젝트학습이 학생들의 창의성 향상에 효과적이었으며, 창의성의 정의적 영역 중 모험심과 개방성에 유의한 차이가 있다고 하였다. 이미경, 이춘식(2010)은 프로젝트 학습을 적용한 초등학생들의 집단과 그렇지 않은 집단을 비교한 결과, 창의성의 하위요인인 유창성, 융통성, 정교성, 독창성 등 모든 영역에서 프로젝트 학습을 적용한 집단이 유의미하게 높은 수치를 보인다고 하였다. 이를 통해 프로젝트 학습이 학생들의 창의성 향상에 긍정적인 영향을 줌을 알 수 있다.

이러한 점에서 프로젝트 학습은 학생들이 학습 내용을 전체적으로 볼 수 있는 안목을 키워줄 수 있으며, 그러한 활동을 통하여 다양한 사회적 기술이 저절로 향상될 수 있는 교수학습 방법이라고 할 수 있다. 이에 학습 내용을 전체적으로 바라볼 수 있는 능력을 요구하는 거꾸로 배움을 위해 필요한 교수학습 방법이라 할 수 있다.

6) 융합인재교육(STEAM)

융합인재교육(STEAM)은 학생들의 창의성, 수업 흥미도, 수업 몰입도, 통합적인 사고력, 학습에 대한 긍정적 태도 향상에 효과적인 학습방법이다. 김기열 외 4명(2011)은 개발된 STEAM 프로그램을 적용한 후 학생들의 창의적 성향 검사지(CPI-C)를 사용하여 사전, 사후 검사를 실시한 결과, STEAM 프로그램은 학생들의 인내, 동기, 호기심, 모험심, 자신감 등에 유의미한 영향을 주고 있다고 하였다. 즉, 융합인재교육은 학생들의 창의적 성향에 효과적인 영향을 주고 있다고 검증하였다. 김덕호 외 3명(2014)은 STEAM 프로그램이 학생들의 창의성과 수업 흥미도에 미치는 영향을 분석한 결과, STEAM 프로그램은 학생들의 창의성과 수업 흥미도에 긍정적인 효과가 있다고 하였다. 또한 수업 만족도 측면에서도 강의식 수업보다 높은 만족도를 보인다고 하였다. 이부연(2013)은 STEAM 교육을 통한 두뇌발달의 중요성에 관한 연구를 통해, STEAM 교육은 학생들이 흥미로워하는 과목을 통하여 이해하기 어려운 수학 과목의 근접발달영역을 파악하고 이를 쉽게 접근할 수 있는 교육이 가능하다고 하였다. 그리고 STEAM 교육을 통해 학생의 두뇌기능을 극대화할 수 있는 기회를 제공하여 통합적이고 폭넓은 사고력을 두루 갖춘 미래지향적인 두뇌를 보유한 인재양성이 가능하다고 하였다. 최영재, 이철현(2013)은 STEAM 교육이 초등학생의 정의적 영역에 미치는 영향에 대한 효과 분석을 실시한 결과, 자기효능감, 학습에 대한 긍정적인 태도, 긍정적인 사고에 통계적으로 유의미한 영향을 주고 있다고 하였다.

이러한 점에서 융합인재교육은 하나의 주제로 여러 교과를 통합하여 다양한 활동을 학생들이 스스로 계획하고 실천하도록 하여 학생들의 창의성과 수업에 대한 몰입도를 높여줌으로써 학습에 대한 긍정적인 태도를 향상시켜주는 교수학습 방법이라고 할 수 있다. 또한 학생들에게 활동을 완수하는 데 필요한 활동과 공간을 선택할 권리를 제공하고, 함께 프로젝트를 하는 공동체 시간을 강조하는 거꾸로 배움을 위해서 필요한 교수학습 방법이라고 할 수 있다.

7) 성찰활동

성찰활동은 학생들의 반성적 사고, 메타인지적 사고, 긍정적인 학습 태도 형성에 효과적인 학습방법이다. 엄미리, 박인우(2011)는 성찰일지 작성활동이 학습효과, 학습참여도, 반성적 사고 수준, 학습만족도에 미치는 영향이 어떠한가를 알아본 결과, 성찰일지 작성활동은 모든 변인들에 유의미한 정적인 영향을 주고 있음을 밝혀내었다. 이를 통해 성찰일지 작성은 학습자들의 유의미한 학습에 도움을 줄 수 있는 교수학습 방법이라고 하였다. 김경현, 도은경(2009)은 반성적 성찰활동은 초등학생의 학습동기에 해당하는 주의집중, 관련성, 자신감, 만족감의 향상에 긍정적인 효과가 있으며, 학습습관 변화에도 긍정적인 효과가 있다고 하였다. 송수지(2012)는 성찰활동을 실시한 예비 교사들이 성찰활동을 실시하지 않은 집단보다 긍정적인 학습태도를 보인다고 하였으며, 학업성과 측면에서도 유의미한 차이가 있다고 하였다.

이러한 점에서 성찰활동은 자신의 학습에 대하여 스스로 반성을 하는 활동이기도 하며, 또래 친구들과 함께 팀 학습에 대해 반성도 하고 앞으로 더 발전하기 위한 활동이기도 하다. 이는 메타인지적 사고를 길러주는 배움일지 작성을 강조하는 거꾸로 배움을 위해서 필요한 교수학습 방법이라고 할 수 있다. 그리고 성찰일지 작성은 학습 내용을 스스로 유의미화하는 과정인 동시에 개별화 학습이 가능한 교수학습 방법이다. 이에 완전학습, 개별화 학습을 강조하는 거꾸로 배움을 위해 필요한 교수학습 방법이라고 할 수 있다.

8) 러닝 포트폴리오

러닝 포트폴리오는 자기 반성적 사고, 자기 주도적 학습 능력, 학습에 대한 적극성 향상에 효과적인 학습방법이다. 이안수(2012)는 러닝 포트폴리오는 자기 반성과 학습의 증거로 수업 시간동안 모은 작품을 수집, 선택, 조직하는 것이라고 정의를 내리며, 이를 통해 학생들은 자신이 얼마나 발전을 했고, 개선해야 할 점이 무엇인지 볼 수 있어서 동기유발을 강하게 갖게 된다고 하였다. 그리고 학생들의 자부심을 증진시킴으로써 참여와 성취를 지속시키게 된다고 하였다. 즉, 러닝 포트폴리오는 학생들 스스로 문제를 헤쳐나갈 수 있는 능력을 길러줄 수 있게 된다. 정진현(2009)은 평가는 학생들의 창의력 신장에 영향을 미치는 중요한 과정 중의 하나라고 하면서, 그동안의 평가는 주어진 답지에서 수동적으로 선택하는 경향이 생겨서 사고의 폭을 좁히고 포괄적인 평가가 이루어지지 못했다고 하였다. 하지만 러닝 포트폴리오는 일회적 평가가 아니라 개개인의 변화 및 발달과정을 종합적으로 평가하기 위해 전체적이면서도 지속적으로 평가할 수 있는 방법으로서, 학생의 학습에 대한 풍부한 이해, 학생 개개인의 장점과 약점에 대한 정보를 제공할 수 있다고 하였다. 또한 러닝 포트폴리오는 학생 스스로 학습과정을 되돌아보고 학습의 향상 정도, 학습성향의 장단점 등을 지속적이고 종합적으로 수집, 정리하는 일종의 자료모음집으로 학습과 성장을 도모할 수 있는 구성주의적이고 자기 주도적인 교수학습 방법의 하나라고 하였다(김은영, 2013).

이러한 러닝 포트폴리오의 장점은 학습자의 장단점 파악과 목표 성취여부에 대한 판단, 다음 단계로의 목표 수립 등을 위한 참고자료 제공, 자기 성장 및 발달, 능력, 성취, 노력 등의 가시적 자료의 총체를 제시한다는 점이다. 또한 학습자 중심의 학습을 유도함으로써 학습자 스스로 자기 성찰을 촉진하는 기회를 제공하게 되며, 학습자의 적극성을 지지하여 학습능력의 개발을 촉진하게 된다(황복선, 2014).

이러한 점에서 러닝 포트폴리오는 학생들의 다양한 학습 결과물을 수집하는 것에서 그치는 것이 아니라 스스로 자신의 학습 정도를 확인하는 자기 반성적 사고와 스스로 학습의 내용을 구성해가는 자기 주도적 학습능력을 길러주는 데 효과적인 교수학습 방법이라고 할 수 있다. 이는 학생들 스스로의 동기부여와 자기 주도적 학습능력, 그리고 학생들에 대한 지속적인 형성 평가를 강조하고 있는 거꾸로 배움을 위해서 필요한 교수학습 방법이라고 할 수 있다. 참고로 실제 거꾸로 배움의 교실에서는 학습 유인물 모음을 활용하고 있다.

4장

학습 및 인성 함양을 위한 거꾸로 배움 검증 도구

학생들의 행복교육은 거꾸로 배움을 실천하기 위하여 다양한 교수학습 방법을 개발 적용하는 것이 목표이다. 거꾸로 배움을 통해서 학습자들은 창의성, 긍정적인 학습태도, 높은 수업 몰입도, 학업적 자기 효능감, 타인을 먼저 배려하는 긍정적인 정서 지능, 자기 주도적 학습능력, 학습동기, 메타인지적 사고능력, 주관적 행복감이 높아질 수 있다. 그렇다면 거꾸로 배움을 통해 행복교육이 이루어지고 있는지를 어떻게 검증할 수 있는가? 그래서 본서에서는 거꾸로 배움으로 학생이 행복을 만들어가는 교실의 학습효과를 분석하기 위해 교실 상황에서 교사가 직접 활용할 수 있는 측정도구를 다음과 같이 소개하고자 한다.

1. 집단 창의성

Guilford와 Hoepfner(1971)는 창의성을 확산적 사고로 정의를 내리면서, 확산적 사고란 상상력을 동원하여 다양하면서도 많은 해결책을 만들어내는 사고라고 하였다. 또 그 주요 요인을 많은 답을 산출하도록 하는 유창성, 다양한 범주의 답을 산출하도록 하는 융통성, 남과 다른 독특한 해결책을 제시하는 독창성으로 보았다. 거꾸로 배움에서 이루어지는 대부분의 활동이 팀별로 이루어지고, 팀별로 창의적인 사고를 할 수 있도록 유도하는 활동이 많기 때문에 거꾸로 배움으로 학생들이 행복을 만들어가고 있는가를 집단 창의성을 통해서 검증할 수 있다.

집단 창의성 측정은 브레인스토밍을 통해 실시할 수 있으며, 아래의 검사지와 같은 창의성 검사 방법은 집단 창의성을 연구한 다양한 논문들(민세기, 최유현, 2009; 최보배, 최훈석, 2008; 홍순천, 2013)에서 사용한 창의적 아이디어 산출 기법이다.

> 팀별로 마주 앉습니다. 종이 위에 자신의 이름과 우리 팀의 이름을 적어주세요.
> 창의성 과제는 '어떻게 하면 아침에 일찍 일어날 수 있을까?'입니다.
>
> 단, 다음의 사항을 꼭 지켜주세요.
>
> ① 기록하는 데 시간이 걸리기 때문에 자신이 말한 아이디어는 각자 자신의 포스트-잇에 적어주세요.
> ② 팀별활동이므로 아무 말 없이 적으면 안 되고, 반드시 다른 팀원에게 말한 아이디어만 적어야 합니다.
> ③ 다른 팀원이 말한 아이디어를 적으면 중복이 되므로 꼭 자신이 말한 아이디어만 적어야 합니다.
> ④ 과제를 해결할 수 있는 창의적인 아이디어를 친구들과 함께 최대한 많이 생각해보세요.
> ⑤ 종이에 적을 때 다른 사람이 읽고 이해할 수 있도록 자세히 기록해주세요.
>
> 주어진 시간은 10분이고, 그만 소리가 나면 멈추고 자신이 적은 포스트-잇 종이를 각 팀별 종이에 모두 붙여주세요.

집단 창의성은 새로운 해결책인가에 대한 독창성의 정도와 쓸모 있고 실행할 가치가 있는가에 대한 유용성의 측면에서 채점을 하게 된다.

2. 학습태도

학습태도는 학습성취를 예언하는 주요 변인으로, 긍정적인 학교에 대한 태도, 원만한 교사와의 관계, 긍정적 학문적 자아개념과 동기, 학업가치와 원만한 자기조절 등 학습태도에 의해 학업성취가 높아질 수 있다고 하였다(안도희, 김옥분, 2009). 거꾸로 배움에서는 학생에게 초점을 맞춘 배움 공간으로 교실에서 학생들이 갖는 학습태도와 동기가 내재적으로 이루어지고 있는가를 강조하고 있다. 이에 학생 중심의 배움이 일어나고 있는지 학습태도를 통해 검증할 수 있다. 본서에서는 안도희, 김옥분(2009)이 개발한 청소년 학업관련 태도 척도(SAAS-R)를 소개하고자 한다.

영역	질문					
		1	2	3	4	5
학문적 자기지각	1. 나는 똑똑하다.					
	2. 나는 학교에서 새로운 교과 내용을 빠르게 배울 수 있다.					
	3. 나는 학교공부가 쉽게 느껴진다.					
	4. 나는 학교에서 배우는 어려운 개념을 이해할 수 있다.					
	5. 나는 모든 교과목에서 '수'(90점 이상)를 받을 수 있는 능력을 갖추고 있다.					
	6. 나는 학교에서 새로운 것을 배우는 것에 익숙하다.					
	7. 나는 총명한 학생이다.					
교사에 대한 태도	8. 선생님께서 가르쳐 주시는 수업내용이 재미있다.					
	9. 나는 학교 선생님들과 잘 지낸다.					
	10. 나는 학교 선생님들을 좋아한다.					
	11. 학교 선생님들은 내가 공부하는 데 흥미를 갖게 해주신다.					
	12. 학교 선생님들은 나에게 관심을 보이신다.					
	13. 우리 학교의 대다수 선생님들은 좋은 선생님이시다.					
	14. 나는 우리 반이 좋다.					
학교에 대한 태도	15. 나는 우리 학교에 다니게 되어 기쁘다.					
	16. 우리 학교는 좋은 학교이다.					
	17. 우리 학교 분위기는 나의 성향과 잘 맞는다.					
	18. 나는 우리 학교가 좋다.					
	19. 나는 우리 학교가 자랑스럽다.					

영역	질문	1	2	3	4	5
목적적 가치	20. 학교에서 공부를 잘 하는 것이 미래에 직업을 갖는 데 큰 영향을 끼친다.					
	21. 학교에서 좋은 성적을 받는 것은 중요하다.					
	22. 학교에서 공부를 잘하는 것은 나에게 중요한 일이다.					
	23. 나는 학교에서 우수한 성적을 받고자 한다.					
동기/ 자기조절	24. 나는 학교에서 공부를 열심히 한다.					
	25. 나는 학교 숙제를 (부모님께서 말씀하시기 전에) 자발적으로 한다.					
	26. 나는 학교 숙제를 대체로 다 해간다.					
	27. 나는 책임감 있는 학생이다.					
	28. 나는 집중해서 숙제를 한다.					
	29. 나는 숙제를 선생님께 제출하기 이전에 점검해본다.					

3. 수업 몰입도

Csikszentmihalyi(2004)는 몰입을 행위에 깊게 빠져 시간의 흐름이나, 공간, 더 나아가서는 자신에 대한 생각까지도 잊어버리게 될 때를 일컫는 심리적 상태로 보았다. 이러한 정의를 적용하여 박성익, 김연경(2006, p. 96)은 학습몰입을 학습과제 해결이나 어떤 학습 활동에 완전히 빠져들어 오로지 과제해결을 위하여 모든 정신과정과 활동을 하나로 모으는 최상의 집중경험으로 보았다. 거꾸로 배움은 수업이 학생 중심으로 바뀌게 되며, 학생들의 활동을 돕는 교사의 역할을 강조하게 된다. 그리고 교실은 가르치기 위한 공간이 아니라 배우기 위한 공간으로 바뀌게 되므로, 학생들의 수업 몰입도가 매우 중요하다고 할 수 있다. 이에 거꾸로 배움이 잘 일어나고 있는지 어느 정도 이루어지고 있는지 수업 몰입도를 통해 검증할 수 있다. 본서에서는 석임복(2007)이 개발한 수업 몰입 측정 도구를 소개하고자 한다.

영역	질문	1	2	3	4	5
명확한 목표	1. 나는 내가 무엇을 하고 싶은지 강하게 느낀다.					
	2. 나는 내가 하고 싶은 것을 분명하게 알고 있다.					
	3. 나는 내가 해야 할 일이 무엇인지 분명하게 알고 있다.					
	4. 나는 장래에 대한 분명한 목표가 있다.					
	5. 나는 모든 활동에서 분명한 목표를 가지고 있다.					
	6. 나는 공부를 할 때 내가 나아가야 하는 방향을 정확하게 알고 있다.					
	7. 나는 수업시간에 지금 무엇을 해야 하고 다음에는 무엇을 해야 할지 분명히 알고 있다.					
과제에 대한 집중력	1. 나는 문제를 해결하는 동안 그 문제만 생각한다.					
	2. 나는 공부를 하는 동안 그 공부 내용에만 신경을 쓰는 편이다.					
	3. 나는 수업시간에는 수업내용에 관심을 둔다.					
	4. 나는 수업시간에 친구들이 수업내용과 관계없는 잡담을 하는 것에 관심을 두지 않는다.					
	5. 나는 수업을 들을 선생님 말씀에 주의를 기울인다.					
	6. 나는 수업시간에 집중할 수 있다.					
	7. 나는 공부할 때 그 공부 내용에만 관심을 기울인다.					
자기 목적적 경험	1. 나는 수업내용이 재미있어서 수업에 열중한다.					
	2. 나는 공부하는 그 자체가 만족스럽다.					
	3. 나는 배우는 것 자체가 즐겁다.					
	4. 나는 문제를 해결하는 것을 좋아한다.					
	5. 나는 공부하는 것이 즐겁다.					
	6. 나는 학교에서 공부하는 것이 즐겁다.					
	7. 나는 문제의 정답을 풀어나가는 과정이 즐겁다.					
	8. 나는 공부를 할 때 행복하다.					
	9. 나는 주어진 과제를 해결하는 과정 그 자체가 재미있고 즐겁다.					
	10. 나는 수업시간에 새로운 내용을 배우는 그 자체가 즐겁다.					
	11. 나는 새로운 것을 배우는 것을 좋아하기 때문에 열심히 공부한다.					
	12. 나는 공부에 열중할 때 그 느낌을 좋아한다.					

(1점은 매우 그렇지 않다, 2점은 그렇지 않다, 3점은 보통, 4점은 그렇다. 5점은 매우 그렇다고 생각하고 답하세요.)

4. 학업적 자기효능감

학업적 자기효능감은 학습자가 학업적 과제의 수행을 위해 필요한 행위를 조직하고 실행해 나가는 자신의 능력에 대해 내리는 판단이다(김아영, 박인영, 2001, p. 97). 학업적 자기효능감이 높은 학습자는 높은 학업성취, 도전적 과제 선택, 과제의 성공적 수행을 위한 노력, 끈기 있는 과제 수행, 낮은 불안감, 수업에 대한 집중도와 참여도, 교과에 대한 흥미와 가치, 과제 수행에 대한 인식, 효과적인 학습전략 선택, 높은 자기조절 능력, 학교생활 적응도, 진로결정 수준을 보이는 것으로 알려져 있다(권재환, 김경희, 2013; 김아영, 박인영, 2001; 이경희, 김지연, 2014; 차명호, 이정애, 2012; 홍애순, 조규판, 2014).

거꾸로 배움은 가정에서 스스로 학습을 어느 정도 해오는지, 학습에 대한 내용을 얼마나 잘 습득하고 있는지에 따라 배움의 질이 결정된다고 할 수 있다. 이에 학업과제의 수행에 필요한 행위를 조직하고, 얼마나 잘 실행해나가고 있는지를 학업적 자기효능감을 통해 검증할 수 있다. 본서에서는 김아영, 박인영(2001)이 개발한 학업적 자기 효능감을 소개하고자 한다.

영역	질문	1	2	3	4	5
과제 난이도 선호도	1. 나는 복잡하고 어려운 문제에 도전하는 것이 재미있다.					
	2. 가능하다면 어려운 과목은 피해가고 싶다. (R)					
	3. 나는 깊이 생각해야 하는 문제보다는 쉽게 풀 수 있는 문제를 더 선호한다. (R)					
	4. 비록 실패하더라도 다른 친구들이 풀지 못한 문제에 도전하는 것이 즐겁다.					
	5. 시간이 많이 들더라도 깊이 생각하게 만드는 과목이 더 재미있다.					
	6. 만약 여러 과목 중 몇 과목만 선택할 수 있다면, 쉬운 과목만을 선택할 것이다. (R)					
	7. 학교 공부는 무조건 쉬울수록 좋다. (R)					
	8. 쉬운 문제보다는 조금 틀리더라도 어려운 문제를 푸는 것이 더 좋다.					

영역	질문	1	2	3	4	5
	9. 나는 쉬운 문제를 여러 개 푸는 것보다 어려운 문제 하나를 푸는 것을 더 좋아한다.					
	10. 나는 쉬운 과목보다는 어려운 과목을 좋아한다.					
자기조절 효능감	11. 나는 수업시간에 새로 배운 것들을 이미 알고 있는 것과 쉽게 연결시킬 수 있다.					
	12. 나는 보통 공부를 시작하기 전에 계획을 세우고, 거기에 맞추어 공부한다.					
	13. 나는 수업시간 중에 중요한 내용을 잘 기록할 수 있다.					
	14. 내가 싫어하는 수업시간에도 주의집중을 잘 할 수 있다.					
	15. 나는 복잡하고 어려운 내용을 기억하기 쉽게 바꿀 수 있다.					
	16. 나는 수업시간에 배운 내용을 잘 기억할 수 있다.					
	17. 나는 어떻게 공부하는 것이 효과적인 방법인지를 잘 안다.					
	18. 나는 정해진 시간 안에 주어진 과제를 잘 마칠 수 있다.					
	19. 나는 수업시간에 배운 내용 중 내가 무엇을 알고, 무엇을 모르는지 정확히 판단할 수 있다.					
	20. 나는 수업시간에 배운 내용 중 중요한 것이 무엇인지를 잘 파악할 수 있다.					
	21. 선생님과 친구들 앞에서 발표하는 것은 내게 너무 큰 스트레스를 준다. (R)					
자신감	22. 시험을 치르기 전에는 시험을 망칠 것 같은 생각이 든다. (R)					
	23. 수업시간 중에 선생님이 문제를 풀라고 시킬까봐 불안하다. (R)					
	24. 토론을 할 때, 혹시 창피를 당할까봐 내 의견을 제대로 발표하지 못한다. (R)					
	25. 수업시간에 발표를 할 때, 실수를 할 것 같아 불안하다. (R)					
	26. 선생님이 모두에게 질문을 할 때, 답을 알아도 대답하지 못한다.(R)					
	27. 시험이 다가오면 불안해서 잠을 이룰 수가 없다. (R)					
	28. 나는 시험 때만 되면 우울해진다. (R)					

*(R): 역채점 문항

5. 정서지능

정서지능은 자신과 타인의 감정을 알고 그것들의 차이를 구분하여, 생각하고 행동하는 것과 같은 정서정보를 이용하는 능력이다(Salovey & Mayer, 1990). Salovey와 Mayer(1990)는 정서지능은 사회성과 상관관계가 높다고 하였으며, 정서지능이 높은 학생들은 타인의 감정을 재빨리 인식하고 이를 적절한 말로 표현할 수 있고 상황에 맞는 행동이나 표정으로 나타내는 능력이 우수하다고 하였다. 거꾸로 배움은 또래 친구들과의 다양한 협력학습과 상호작용을 통한 학생 스스로의 배움을 중요시 여기고 있다. 이에 또래 친구들과 얼마나 잘 학습을 하고 있으며, 친구들의 생각과 감정을 얼마나 잘 파악하고 있는지를 정서지능을 통해 검증할 수 있다. 본서에서는 권형자, 이정숙(2005)의 정서지능 검사 중 학생들의 교실상황과 관련된 문항만 추출하여 제시한다.

번호	교실에서 나의 모습과 일치하는 정도는?	1	2	3	4	5
1	나는 친구의 표정을 보면 친구가 무엇을 원하는지를 알 수 있다.					
2	나는 선생님께서 웃어주시면 기분이 좋아짐을 알 수 있다.					
3	나는 감사한 마음을 여러 사람들에게 나타낼 수 있다.					
4	나는 친구를 좋아하고 있다고 그 친구에게 표현할 수 있다.					
5	나는 친구가 우울해할 때 위로의 말을 해줄 수 있다.					
6	나는 친구가 즐거워하면 나도 즐겁다.					
7	나는 친구가 고마워하는 사람에게 나도 고마움을 느낀다.					
8	나는 친구가 힘들어하면 나도 마음이 무겁다.					
9	나는 주위 사람들이 즐거워하면 나도 즐겁다.					
10	나는 친구가 화를 내는 일에 대해 나도 속상해진다.					
11	나는 친구가 우울해할 때 위로의 말을 해줄 수 있다.					
12	나는 친구들의 좋은 일에 함께 어울려 즐거워할 수 있다.					
13	나는 친구가 상을 받으면 내 일처럼 축하해줄 수 있다.					
14	나는 늘 즐거운 감정을 유지할 수 있다.					
15	나는 슬픈 일이 있더라도 즐거운 기분으로 바꿀 수 있다.					
16	나는 우울해도 우울한 기분에 빠지지 않을 수 있다.					

번호	교실에서 나의 모습과 일치하는 정도는?	1	2	3	4	5
17	나는 창피스러운 기분을 오랫동안 기억하지 않을 수 있다.					
18	나는 나쁜 시험 결과를 오랫동안 기억하지 않을 수 있다.					
19	나는 화가 나도 잘 참을 수 있다.					
20	나는 나에게 쌀쌀맞은 친구에게도 친절하게 대해줄 수 있다.					
21	나는 선생님의 꾸중을 들어도 긍정적으로 받아들일 수 있다.					

(1-매우 아니다, 2-아니다, 3-보통이다, 4-그렇다, 5-매우 그렇다)

6. 자기 주도적 학습능력

자기 주도적 학습은 학습자 스스로가 책임감을 가지고 자신의 학습 전 과정을 주도하는 것이다(정옥분, 임정하, 저운화, 김리진, 윤정은, 2012). 자기 주도적 학습은 개별 학습자가 학습에 주도권을 가지고 자신의 학습요구와 동기를 진단하고, 학습목표를 설정하며, 학습에 필요한 인적, 물적 자원을 확보하고, 인지적, 행동적, 동기적 학습전략을 선택하여 지식을 구성하고, 성취한 학습결과를 스스로 평가하게 된다(홍기칠, 2014). 거꾸로 배움은 완전학습, 개별화 학습을 중요시 여기고 있다. 완전학습과 개별화 학습은 학습자 스스로 얼마나 책임감을 가지고 학습을 하느냐가 중요하다고 할 수 있다. 이에 자기 주도적 학습능력을 통해 검증할 수 있다. 본서에서는 이석재 외(2003)가 개발한 중·고등학생용 자기 주도적 학습능력 척도를 초등학생에게 적합하도록 수정·보완한 측정도구를 소개하고자 한다.

번호	문항 내용	1	2	3	4	5
1	전에 몰랐던 것을 알게 되면 즐겁고 재미있다.					
2	스스로 책을 빌려서 읽는다.					
3	잘 모르는 것이라면 처음부터 피한다. (R)					
4	새로운 것을 배우면 힘들고 피곤하다. (R)					
5	함께 학습할 수 있는 능력을 갖기 위해 노력한다.					
6	알고 싶은 것이 있으면 잠을 늦게 자더라도 끝까지 마친다.					

번호	문항 내용	1	2	3	4	5
7	실패를 하더라도 어려운 과제를 풀려고 도전한다.					
8	모르는 것을 새롭게 알아가는 즐거움 때문에 공부한다.					
9	과제를 할 때 시간을 정해두고 한다.					
10	매일 해야 할 일의 계획을 세운다.					
11	내가 세운 계획대로 실천한다.					
12	학습을 할 때 다양한 자료를 찾아보면서 한다.					
13	모르는 것이 있으면 친구들에게 잘 질문한다.					
14	배우고 싶은 것이 있으면 동료친구들에게 물어보고 함께 공부한다.					
15	과제 수행을 위해 필요한 다양한 자료들을 적극적으로 수집한다.					
16	내 일을 스스로 알아서 한다.					
17	과제를 잊어버리고 교실에 온 적이 없다.					
18	수업 중 선생님의 질문에 다양한 생각을 하도록 노력한다.					
19	공부할 때 중요한 내용이 무엇인지 스스로 생각하면서 공부한다.					
20	친구들과 함께 중요한 내용을 찾아가며 공부한다.					
21	과제나 해야 할 일은 끝까지 한다.					
22	무슨 일이든 시작한 일은 끝까지 한다.					
23	성적이 안 나오면 노력을 하지 않아서라고 생각하고 더 노력한다.					
24	노력만 하면 언제든지 성적을 올릴 수 있다고 생각한다.					
25	나쁜 습관이 무엇인지 스스로 찾고 고치려고 한다.					
26	과제 수행 결과를 친구들과 비교분석하여 더 잘하려고 노력한다.					
27	끝난 과제라도 다음에 더 잘할 수 있는 방법을 생각해본다.					
28	처음에 좋아서 시작한 일이라면 그만두지 않고 지속적으로 한다.					
29	과제의 결과가 좋으면 친구들과 함께 열심히 노력한 결과라고 생각한다.					
30	수업 후에도 함께 공부한 내용을 다시 한 번 이야기 나누어 본다.					

㈜ *(R): 역채점 문항 (1-매우 아니다, 2-아니다, 3-보통이다, 4-그렇다, 5-매우 그렇다)

7. 학습동기

학습동기는 어떠한 학습을 하느냐 결정하는 데 있어서 스스로의 의지가 얼마나 반영되어 있는가 하는 것이며, 학습동기가 높은 학생은 자신이 공부하는 이유를 스스로 선택하는 정도가 높다(정지영, 김희화, 2010). 거꾸로 배움은 학생들이 스스로의 배움을 책임지면서 능동적인 학습자가 되기를 강조하고 있다. 능동적인 학습은 학습에 대한 동기에서 비롯된다고 할 수 있으며, 이는 학습동기를 통해 검증할 수 있다. 본서에서는 Ryan과 Deci(2004)가 개발한 '학업적 자기조절 질문지'를 우리나라 실정에 맞게 타당화 연구를 실시한 학습동기 측정도구를 제시한다. 단, 측정문항 중 초등학생에게 적합하도록 문항을 재구성 및 수정·보완한 측정도구를 소개하고자 한다.

번호	내가 공부하는 이유는...	1	2	3	4	5
1	학교에서 배우는 과목은 내가 공부해야만 하는 중요한 것이기 때문에					
2	문제를 푸는 것이 흥미롭기 때문에					
3	어려운 도전들로부터 기쁨을 얻기 때문에					
4	공부하는 것을 삶의 한 부분으로 필요하다고 생각하기 때문에					
5	공부를 하는 것이 즐거우니까					
6	새로운 것을 알아가는 것이 좋아서					
7	다양한 생각을 하는 것을 좋아하기 때문에					
8	공부하는 것이 미래의 나를 위해 필요하니까					
9	나의 지식을 스스로 키우는 것이 재미있어서					
10	내가 공부하고 싶은 과목이라서					
11	실패와 실수를 극복하는 것에 보람을 느끼기 때문에					

(1-매우 아니다, 2-아니다, 3-보통이다, 4-그렇다, 5-매우 그렇다)

8. 메타인지

성찰일지와 러닝 포트폴리오를 통하여 학습자들은 스스로 혹은 동료들과 함께 학습을 계획, 점검, 조절하는 메타인지 전략을 사용하였다. 거꾸로 배움은 학생들 스스로의 깊이 있는 성찰활동을 강조하고 있고, 자기 학습에 대한 성찰이 바로 메타인지적 사고라고 할 수 있으므로, 이는 메타인지를 통해 검증할 수 있다. 따라서 본서에서는 메타인지 척도를 양명희(2000)의 자기조절 학습 도구 중 '메타인지 전략의 사용' 요인을 초등학생에게 적합하도록 수정・보완한 측정도구를 소개하고자 한다.

번호	문항 내용	1	2	3	4	5
1	나는 공부하기 전에 무엇을 어떻게 공부할지 미리 생각해본다.					
2	공부를 하다가 내가 배워야 할 내용이 무엇인지 스스로에게 물어본다.					
3	책을 읽을 때 시간이 부족하면 중요한 부분만 읽는다.					
4	무엇부터 공부할지 스스로 순서를 정한 후 시작한다.					
5	공부하는 도중에 내용을 이해하고 있는지 스스로 점검해본다.					
6	학습 내용과 양에 따라 시간을 분배하여 공부한다.					
7	공부를 시작하기 전에 공부할 양을 미리 정한다.					
8	책을 읽을 때 중요치 않은 부분은 건너뛴다.					
9	공부를 한 후 모르는 부분은 스스로 복습을 한다.					
10	숙제를 잘 했는지, 숙제를 하고 난 후 확인한다.					
11	잘 못하는 부분은 시간을 많이 할애하여 공부한다.					
12	공부하는 시간과 노는 시간을 따로 정해놓고 실천한다.					
13	시험을 풀고 나서 다시 한 번 확인해본다.					
14	나는 미리 계획을 세워서 시험 공부를 한다.					
15	시간이 모자라면 중요한 부분만 찾아서 공부한다.					
16	문제가 잘 안 풀리면 다른 방법으로 생각해서 풀어본다.					

번호	문항 내용	1	2	3	4	5
17	문제를 풀 때 잘 모르면 친구들에게 물어본다.					
18	이해가 잘 되지 않는 내용은 스스로 찾거나, 친구들과 함께 해결한다.					
19	나는 과목별로 시간계획을 달리 세워서 공부한다.					
20	시험 후 틀린 문제를 집중적으로 공부한다.					
21	어려운 과목은 더 주의를 기울여서 공부한다.					
22	수업시간에 배운 내용을 이해하고 있는지 한 번쯤 더 생각해본다.					
23	효과적으로 공부하기 위해 시간계획을 세워서 공부한다.					
24	계획대로 공부하고 있는지 스스로 반성을 한다.					
25	잘 이해되지 않는 부분은 표시를 해두었다가 다시 공부한다.					

(1-매우 아니다, 2-아니다, 3-보통이다, 4-그렇다, 5-매우 그렇다)

9. 행복감

행복은 사전적으로 즐거움으로 가득 찬 만족에서 생긴 정서에 의해 특정지어진 심리적 안녕 상태에서 경험하는 정서, 즉 주관적인 심리상태라고 할 수 있다. 김종백, 김태은(2008)은 학교조직의 행복이 친구관계, 교사관계, 학습활동 즐거움, 자기효능감, 환경만족, 심리적 안정 등으로 구성되어 있다고 보았다. 김신영, 백혜정(2008)은 한국 청소년 행복 지수로서 경제적 안녕, 자신에 대한 만족, 안전, 학업성취, 사회적 관계, 정서적 안녕 등 여섯 요인을 측정하였다. 강영하(2012)는 초등학교 행복의 구성요인을 낙관주의, 친구관계, 자기존중감, 배려심 등으로 제시하였다.

거꾸로 배움의 궁극적인 목적은 학생들이 스스로 행복을 만들어가는 교실, 행복교육을 실현하기 위한 것이다. 학생들이 수업을 통해 얼마나 행복감을 느끼고 있는지, 학교와 교실에서 얼마나 행복한지를 학생들의 행복감을 통해 검증할 수 있다. 본서에서는 강영하(2012)가 제작한 초등학교 행복 척도를 소개하고자 한다.

변인	번호	문항 내용	전혀 그렇지 않다	그렇지 않다	보통이다	그렇다	매우 그렇다
낙천주의	1	나는 학교에서 배우고 싶은 게 많다.					
	2	나는 학교에서 하는 일마다 잘 된다.					
	3	나는 학교에 오면 마음이 편하다.					
	4	나는 학교에서 긍정적으로 생활한다.					
	5	나는 학교에서 하는 일이 모두 재미있다.					
	6	나는 학교에서 기쁠 때가 많다.					
	7	학교에는 좋은 사람이 많다.					
친구관계	8	나는 학교에 친구가 많다.					
	9	나는 학교에서 인기가 많다.					
	10	나는 학교에서 어떤 친구하고도 잘 어울린다.					
	11	나는 학교에서 터놓고 이야기할 친구가 있다.					
	12	학교에서 놀이나 회의를 할 때 많은 친구들이 나를 따른다.					
	13	나는 학교에서 무시당하지 않는다.					
자기 존중감	14	나는 부모님이나 선생님을 기쁘게 한다.					
	15	나는 학교에서 사람들과 잘 어울린다.					
	16	나는 학교에서 하고 싶은 일을 할 수 있다.					
	17	학교에서 선생님이나 친구들이 나를 믿는다.					
	18	나는 학교에서 시험을 보면 좋은 성적을 받을 수 있다.					
	19	나는 학교에서 마음만 먹으면 무엇이든 할 수 있다.					
	20	나는 학교에서 모든 것을 잘 한다.					
	21	나는 똑똑하다.					
	22	나는 공부를 잘 한다.					
	23	내가 학교에서 하는 일은 잘 해결된다.					
	24	나는 학교에서 친구나 선생님의 인정을 받는다.					
	25	나는 학교에서 하는 모든 일에 자신 있다.					
	26	나는 맡은 일을 잘 해낸다.					

변인	번호	문항 내용	전혀 그렇지 않다	그렇지 않다	보통 이다	그렇다	매우 그렇다
배려심	27	나는 학교에서 다른 사람들과 다투지 않는다.					
	28	나는 학교에서 남을 먼저 생각한다.					
	29	나는 학교에 감사한 마음을 가지고 있다.					
	30	나는 학교에서 다투었을 때 먼저 사과한다.					
	31	나는 다른 학생이 교과서나 준비물을 가져오지 않으면 함께 사용하거나 빌려준다.					
교사관계	32	나는 마음속의 비밀을 선생님과 이야기한다.					
	33	나는 선생님과 놀거나 이야기하는 것이 즐겁다.					
	34	나는 선생님을 만나면 즐겁고 편하다.					
	35	나는 선생님께 하고 싶은 말을 언제나 마음 놓고 한다.					
	36	선생님이 나를 정답게 대한다.					

memo

5장

인성 함양을 위한 거꾸로 배움 활동 도구 및 활용

행복교육을 제대로 구축하기 위해서는 자유학기제, 교과서 완결 학습 체제, 그리고 인성 중심의 교육 등 세 가지 측면이 중요하다(교육부, 2013). 구정화 외(2013)는 행복교육과 인성 교육은 매우 밀접한 관련이 있으며, 행복교육 관련 연구 중 대부분이 인성 교육 분야와 연계하여 진행이 되고 있다고 하였다. 따라서 행복교육을 위해선 학생들의 바른 인성 함양 교육이 반드시 선행되어야 한다. 이에 행복교육을 실천하고자 인성 함양을 위한 거꾸로 배움 활동 도구를 개발하여 실천 중심의 인성 교육을 제시한다. 즉, 행복교육 실현을 위한 인성 함양 중심 거꾸로 배움 활동 도구와 그것을 활용하는 방법을 제시한다.

1. 인성 함양을 위한 거꾸로 배움 활동 도구

1) ABCDE 진술하기 활동

"학생들은 나쁜 일을 겪으면 이런저런 생각을 하게 된다. 그리고 그 생각들은 금세 믿음으로 굳어지게 되는 습관을 가지고 있다. 습관에 따라 행동을 하게 되며 어느새 이런 믿음에 따라 행동을 결정하고, 결과도 크게 달라지게 된다." (우문식, 2014)

학생들이 가지고 있는 믿음이 올바른 것이라면 문제가 되지 않지만, 잘못된 믿음을 가지고 있게 된다면 크게 문제가 될 수 있다. 아직 믿음과 습관이 완전히 자리 잡지 않은 초등학생들에게 올바른 믿음과 긍정적으로 생각하는 습관을 길러주는 것은 매우 중요하다고 할 수 있다. ABCDE-진술하기 활동을 통하여 바른 믿음과 습관, 긍정적으로 사고하는 방법을 알려 줄 수 있다.

사람들은 나쁜 일을 겪으면 그것에 관해 이리저리 생각을 한다. 그리고 그 생각은 금세 믿음으로 굳어지게 된다. 이런 믿음이 습관처럼 굳어지면 의식적으로 주의를 기울이지 않으면 자기가 그런 믿음을 갖고 있다는 사실조차 깨닫기 어렵다. 이에 악순환의 고리를 끊고, 낙관적으로 사고하고 긍정적으로 생각하는 것을 돕기 위하여 ABCDE 진술하기 활동을 실천할 수 있다.

ABCED 진술하기 활동이란 역경(Adveristy), 생각(Beliefs), 결과(Consequences), 반박(Disputation), 활력(Energization)의 약자를 따서 만든 것이다. 학생들은 자신에게 힘이 드는 일이 생길 경우 먼저 역경을 적고, 그 역경에 대한 자신의 생각을 적은 뒤 드는 감정이나 느낌을 결과에 적게 된다. 그러고 나서 기존의 생각에 반박하는 글을 적고, 그것에 따라 어떠한 활력적인 기분이나 감정이 드는지, 그에 대한 결과는 어떠할지 상상을 하여 적는다.

거꾸로 배움으로 학생들이 행복을 만들어가는 교실에서는 학생들의 일기쓰기, 독후활동 그리고 팀 반성하기 활동을 ABCDE 진술하기를 통해 할 수 있다. 이를 통해 비관적인 생각에 반박하고 활력을 줌으로써 긍정적으로 사고할 수 있는 힘과 능력을 줄 수 있다. 그리고 ABCDE에 적은 진술내용의 설명양식을 긍정적 변화가 가능한 요인으로 바꾸는 활동도 함께 실시할 수 있다. 이를 통해 학생들은 자신의 잘못을 긍정적으로 해석하고, 변화해갈 수 있는 힘을 신장할 수 있다.

2) 성찰활동

"타인에게 진심으로 관심을 가질 줄 알고 언제나 감사할 줄 아는 사람은 반드시 더 큰 행복을 얻게 된다. 타인을 돕는 것은 사람을 사람답게 하는 가장 큰 미덕이며, 이 세상을 아름답게 만드는 비밀이다. 기꺼이 타인을 도울 마음을 갖고 있다면 당신은 이미 행복한 사람이다."(장샤오헝, 2014)

감사는 선물이나 인정, 도움을 받았을 때 고마워하는 긍정 정서이다. 감사는 행복과 가장 밀접하게 관련된 특성을 가지고 있으며, 우리 반 친구들은 자기성찰 활동으로 감사의 마음을 가지게 될 것이다. 이와 함께 그날의 학습 내용을 친구들과 함께 서로 도움을 주고받으면서 스스로 의미화를 하게 될 것이며, 팀 성찰 활동으로 각각의 팀 활동에 대해 자기 스스로 의미를 찾게 되면서 더욱 적극적으로 참여하게 될 것이다.

자기-성찰과 팀-성찰 활동은 거꾸로 배움을 통해서 학생들이 진정한 의미에서의 학습을 할 수 있도록 도와주는 교수학습 방법이다. 구성주의에서 교사의 역할은 지식을 전달해주는 것이 아니라 학습자가 지식을 형성해갈 수 있는 기회를 제공해주는 것이 중요하다. 학습자가 학습상황에서 새로운 내용을 자신의 지식구조에 스스로 통합하기 위해서 요구되는 것이 바로 성찰이라고 할 수 있다(von Glasserlele, 1996). 성찰은 의미 있는 지식을 구성하기 위하여 학습자가 과거의 경험을 재검토해보는 개인의 내적 사고 과정인 것이다. 거꾸로 교실에서는 자기-성찰과 팀-성찰로 구분하여 성찰활동을 운영할 수 있으며, 자기와 팀 성찰일지를 작성하는 동시에, 고마움의 글 한 줄 쓰기와 오늘 하루를 정리하는 마음의 한 줄 쓰기 활동이 함께 이루어질 수 있다. 이를 통해 학습 내용을 정리함으로써 학습의 참 의미를 스스로 찾을 수 있다.

3) REACH 용서하기 활동

"용서는 개인의 내적 변화뿐만 아니라 동시에 관계 변화를 불러온다. 용서는 가까운 사람들과의 관계를 회복하고 억울함과 화 같은 부정정서의 소용돌이에 휘말리는 것을 피할 수 있게 한다. 또한 용서는 부정정서를 긍정정서로 바꾸어주기 때문에 조직 내에서 긍정정서를 확장하고 구축하는 효과를 가져온다."(우문식, 2014)

용서하기 활동은 사소한 것이라도 친구에 대한 부정적인 감정, 안 좋았던 감정을 드러내고 함께 이야기를 해봄으로써 친구에 대한 감정을 고쳐보는 활동이다. 타인에 대한 분노와 같은 부정정서는 나를 더욱 힘들게 할 뿐 아니라, 주변사람과 나의 관계에 해를 끼치기 때문에 빨리 해소하는 것이 좋다(우문식, 2014). 그리고 이러한 부정정서는 학교폭력의 한 원인이 되기도 한다. 용서는 고통을 완화시키거나 심지어 긍정적인 기억으로 전환시키기도 해서 더 큰 생활 만족도를 얻게 해준다. 용서하지 않는다고 해서 가해자에게 복수하는 것이 아니며, 용서할 경우 자기 자신을 고통에서 해방시키는 동시에 더욱 건강한 삶을 살아갈 수 있고, 인간관계 또한 더욱 좋아질 수 있다.

거꾸로 교실에서는 REACH 용서하기 활동으로 친구들에 대한 분노, 부정정서를 해소하여 학생들 스스로 행복한 삶을 살아갈 수 있도록 할 수 있다. REACH 용서하기 활동은 사소한 것이라도 나를 힘들게 하였던 친구를 공개적으로 용서하고, 용서하는 마음을 굳게 지키도록 돕는 것이다. REACH란 서로의 상처를 돌이켜 생각해보는 Recall, 그때의 감정을 이입해보는 Empathize, 용서는 이타적인 선물임을 기억하는 Altruistic gift, 팀별 상호작용을 통하여 공개적으로 용서를 밝히는 Commit, 마지막으로 용서하는 마음을 굳게 지키고 앞으로 더욱 열심히 하겠다고 다짐을 하는 Hold단계를 각각 의미하는 약자이다. 평소 관계에서 나를 힘들게 하였던 친구들, 팀 활동에서 나를 힘들게 하였던 친구들을 용서하는 것은 결코 쉬운 일이 아니지만, REACH 용서하기 활동으로 사소한 것부터 용서를 실천하면서 용서를 할 줄 아는 아이, 행복한 아이들을 만들 수 있다.

4) 좋은 하루 만들기

우리는 누군가와 헤어질 때 으레 "좋은 하루 보내세요"라고 말을 한다. 특별한 의미를 부여하지 않고 하는 "좋은 하루를 보내기"는 크리스토퍼 피터스닝이 착안하여 많은 사람의 실험을 통해 입증된 행복 연습 도구이다(우문식, 2014). 이에 우리 교실에서도 좋은 하루 만들기 활동을 실천할 수 있다. 좋은 삶은 어떠한 상태나 기질, 습관들이 보다 쉽게 표출될 수 있는 사회적, 제도적 환경뿐 아니라 종종 그것을 가능하게 하는 심리학적 상태와 기질 그리고 습관의 관점에서 논의된다(우문식, 2014). 어쩌면 진부해 보일 수도 있으나 기분 좋은 하루를 보내기 위해 무엇을 해야 하는지 생각하게 하는 아주 좋은 활동이다. 매일 매일 좋은 하루를 만들기 위해서 노력하고, 좋은 하루를 만들기 위해서 긍정적으로 생각할 수 있는 우리 반 친구들을 만들기 위해 좋은 하루를 실천할 수 있다.

2. 인성 함양을 위한 거꾸로 배움 활동 도구 활용

1) ABCDE 진술하기 활동

ABCDE 진술하기 활동은 독후활동, 일기쓰기 활동, 팀 반성하기 활동으로 구분되며, 각 활동별 활동 방법을 간략히 제시하면 〈그림 5-1〉과 같다.

ABCDE! 독후활동

ABCDE 진술하기 활동으로 타인의 생각을 본받아요!

ABCDE - 독후활동은…

단계	활동 내용
A	책을 읽고 등장인물이 겪은 어려운 사건을 적기
B	어려운 사건에 대해 나라면 어떠한 생각을 했을까?
C	나의 생각에 의해 나는 어떻게 행동했을까?
D	어려운 사건에 대해 등장 인물의 생각은 어떠한가?
E	사건을 해결하는 인물의 생각에서 내가 배울 점

ABCDE! 일기쓰기

ABCDE 진술하기 활동으로 긍정적으로 생각을 해보아요!

ABCDE - 일기쓰기 활동은…

단계	활동 내용
A	일주일간 집이나 학교에서 힘들었던 경험 적기
B	힘들었던 경험에 대해 나는 어떠한 생각을 했나?
C	그러한 생각으로 나는 어떻게 행동을 했나?
D	지금의 생각과는 다른 방식으로 생각할 수 있을까?
E	다르게 생각하고 행동하면 나는 어떻게 변할까?

ABCDE! 팀 반성

ABCDE 진술하기 활동으로 타인의 생각을 본받아요!

ABCDE - 팀 반성 활동은…

단계	활동 내용
A	일주일간 팀활동을 하면서 힘들었던 경험 적기
B	힘든 경험에 대해 팀원은 어떻게 생각할까?
C	팀원의 생각에 따라 나는 어떻게 행동했을까?
D	힘든 경험에 대해서 다른 팀원은 어떻게 긍정할까?
E	다른 생각과 믿음을 통해 앞으로의 나는 어떻게?

그림 5-1 ABCDE로 진술하기 활동 간략 소개

(1) ABCDE 진술하기 활동으로 독후활동 하기

ABCDE 진술하기 활동으로 독후활동 하기는 책을 함께 읽고 책에 등장하는 인물 중에서 역경을 이겨낸 인물을 정해서 그 인물의 행동을 본받도록 할 수 있다. 역경을 이겨낸 인물을 선정하여 그 인물이 겪은 어려운 사건(A)을 적고, 내가 만약 그 인물이라면 그러한 상황에서 어떻게 생각(B)을 하였을지 적고, 그 생각으로 어떠한 행동 결과(C)가 나타났을지 상상하여 적는다. 그에 반해 등장인물은 어떠한 생각(D)을 하였는지 적어보고, 그 인물의 행동과 결과를 본받아 앞으로 나는 어떻게 생각하고 행동하게 될 것인지 자신의 다짐(E)을 적는다. ABCDE 진술하기로 독후활동하기의 활동지는 〈그림 5-2〉와 같다.

'ABCDE'를 통해 등장인물을 본받아봅시다!~

이름:

1. 책을 읽고서, 등장인물이 겪었던 힘든 일은 무엇이었는지 적어보세요. (역경(A) 적기, 누가, 언제, 무엇을 등 경험만 자세히 적으세요.)

2. 내가 만약 1번에서 적은 등장인물의 경험을 겪었다면 어떠한 생각이 들었을지 적어보세요.(B)

3. 내가 만약 2번에서 적은 것처럼 생각을 하거나 느낌이 들었다면 어떤 행동을 하거나 결과를 얻게 되었을지 적어보세요.

4. 하지만 등장인물은 그러한 힘든 일에 대해 어떻게 생각을 하였는지 적어보세요.(D-반박하기)

5. 등장인물의 긍정적인 사고를 따라서 나도 생각하고 행동을 한다면 나의 앞으로의 삶은 어떻게 변화하게 될지 적어보세요.(E-활력 불어넣기)

그림 5-2 ABCDE로 독후활동하기 활동지

(2) ABCDE 진술하기 활동으로 일기쓰기

ABCDE 진술하기 활동 순서에 맞게 팀별 활동을 하면서 자신에게 있었던 힘들었던 경험을 떠올려서 적고(A), 그 경험에 대한 자신의 생각(B)을 적은 뒤, 그러한 생각으로 어떻게 행동을 하였는지 결과(C)를 적는다. 그러고 나서 자신의 안 좋았던 생각에 대해 반대로 생각을 해서 적어보고(D), 그렇게 긍정적으로 생각을 할 경우 어떠한 결과가 나올지 예상하고 자신의 다짐(E)을 적어본다.

이를 위해서는 먼저 다음과 같은 학습지를 제공해서 ABCDE 진술하기 활동에 익숙해지도록 한 후 일기장에 일기를 ABCDE 진술하기의 순서에 맞게 쓰도록 하는 것이 좋다. 익숙하지 않은 친구들에게는 지속적으로 학습지를 제공하여 익숙해지도록 한 뒤에 일기장에 쓸 수 있도록 한다. 활동지는 〈그림 5-3〉과 같으며, 학생들의 실제 일기를 예시자료로 제시한 것은 〈사진 5-1〉과 같다.

'ABCDE'로 일기를 써서 내 삶에 활력을 불어넣어보자!

이름:

1. 일주일간 나를 힘들게 했던 경험에 대해 적어보세요.
   (역경(A) 적기, 누가, 언제, 무엇을 등 경험만 자세히 적으세요.)

2. 1번의 경험을 통해 어떠한 생각이 들었을지 적어보세요.

3. 3번에서 적은 생각들로 인해서 나는 각각 어떠한 감정들이 생겼었는지 적어보세요.(C, 감정, 결과)

4. 3번에서 적은 감정에 대해 다른 쪽으로 생각을 할 수 있도록 고쳐보세요.(D-반박하기)

5. 4번처럼 다른 쪽으로 생각을 해보니 어떠한가요? 앞으로는 힘든 일이나 경험이 있을 때 어떻게 생각을 하면 좋을까요?(E-활력 불어넣기)

그림 5-3 ABCDE로 일기쓰기 활동지

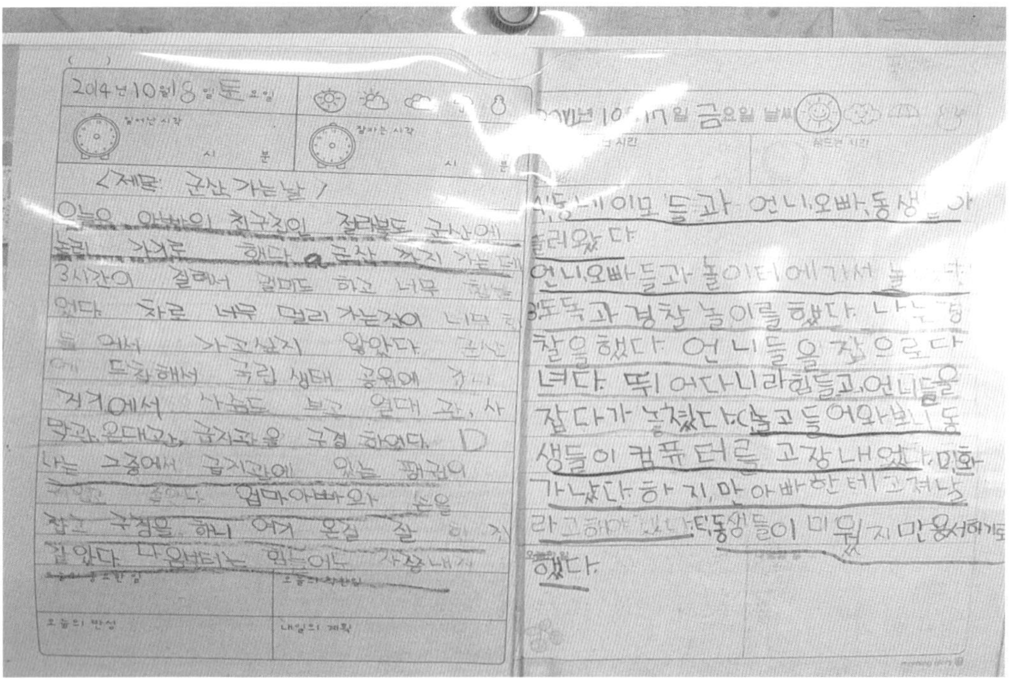

사진 5-1 실제 ABCDE를 활용하여 쓴 일기

(3) ABCDE 진술하기 활동으로 팀 반성하기

ABCDE 진술하기 활동으로 팀 반성하기는 ABCDE 진술하기 활동을 통해 우리 팀의 안 좋았던 활동을 함께 반성하고 더 나은 팀으로 나아가기 위한 계기를 제공하게 된다. 지난 일주일간 있었던 팀 활동 중에서 내가 생각하기에 서로 의견이 맞지 않거나 서로의 의견 충돌로 인해 다투었던 경험(A)에 대해 내가 적은 뒤, 라운드 로빙으로 자신의 글을 팀원이 읽고 그러한 경험에 대한 각자의 생각(B)을 적는다. 그리고 팀원들이 적은 생각을 보면서 나는 어떠한 감정(C)이 들었는지 적은 뒤, 다시 그러한 감정에 대하여 라운드 로빙으로 다른 쪽으로 생각할 수 있도록 팀원이 다른 생각(긍정적인 사고, D)을 적어준다. 팀원이 적어준 긍정적인 생각을 보면서 앞으로는 그러한 부정적인 경험이나 생각을 할 때는 상대방을 먼저 배려하고 긍정적으로 생각하고 행동하겠다는 자신의 다짐(E)을 적는다. 활동에 사용할 활동지는 〈그림 5-4〉와 같다.

'ABCDE'를 통해 팀 활동에 활력을 불어넣자!

이름:

1. 일주일간 팀 활동을 하면서 잘 따라주지 않는 팀원들 때문에 힘들었거나 어려웠던 경험을 적어보세요.(역경(A) 적기, 누가, 언제, 무엇을 등 경험만 자세히 적으세요.)

2. 내가 만약 1번에서 작은 친구 혹은 경험을 겪었다면 어떠한 생각이 들었을지 적어보세요.(B)
   - 돌려가며 적기(라운드 로빙)

3. 2번에서 팀원이 적은 생각으로 인해 나는 각각 어떠한 감정들이 생겼었는지 적어보세요.(C)
   - 내가 적기

4. 3번에서 적은 친구의 감정에 대해 다른 쪽으로 생각을 할 수 있도록 고쳐보세요.(D - 반박하기)
   - 돌려가며 적기(라운드 로빙)

5. 4번에서 친구들이 적어준 글을 보고, 앞으로는 오늘과 같이 안 좋은 경험이 있을 때 어떻게 생각하고 느끼면 좋을까요? 그리고 내가 어떠한 생각을 하고 감정을 가지면 우리 팀에 활력을 불어넣어 줄 수 있을까요?(E - 활력 불어넣기) - 내가 적기

그림 5-4 ABCDE 진술하기로 팀 반성하기 활동지

2) REACH로 친구 용서하기

REACH로 용서하기 활동은 일주일간 팀 활동을 하면서 나를 힘들게 했던 친구, 혹은 나에게 상처를 준 친구를 떠올려보고 그 친구를 직접 용서하는 활동이다. 우선 나에게 상처를 주거나 팀 활동을 할 때 열심히 하지 않아서 나를 힘들게 했던 친구를 떠올리면서 그때의 경험(R)을 적어본다. 그리고 그 친구가 왜 그렇게 행동을 했을지 감정이입을 하여 그 친구의 입장에서 생각(E)을 하고 적어보고, 그 친구를 용서하게 된다면 그 친구와 앞으로 어떻게 지낼 수 있을지 용서를 했을 때의 좋은 점(A)을 적는다. 그러고 나서 그 친구에게 용서를 하는 말을 직접 글로 써보고(C), 앞으로도 이러한 경험이 있을 때는 어떻게 생각하고 행동을 할 것인지 자신의 마음을 굳건히 하는 다짐의 글(H)을 적는다.

단계	활동 내용
R	친구에게 받은 상처를 돌이켜 생각하고 적기
E	상처를 준 친구가 왜 그랬을지 감정이입하여 적기
A	내가 용서를 받았을 때의 기분을 떠올려서 적기
C	친구들에게 공개적으로 용서할 것을 밝혀서 적기
H	용서마음을 굳건히 다지면서 매일 좋은 하루 만들기

REACH로 우리 함께 용서해요

용서는 하고 싶어도 뜻대로 잘 되지 않습니다. 사소한 것부터 용서를 하는 습관을 길러서 정말 힘든 기억이나 용서하기 힘든 누군가를 용서할 수 있는 힘을 길러 보세요. 용서에 이르는 길을 REACH라고 합니다.

단계	단계 이름	나의 생각을 적으세요
1	Recall (돌이켜 생각)	
2	Emphathize (감정이입)	
3	Altruistic gift (용서는 선물)	
4	Commit (공개하기)	
5	Hoid (마음 다지기)	

1.Recall단계: 먼저 내가 받은 상처가 무엇인지 살펴보아야 합니다. 어떠한 상처를 받았나요?
2.Emphathize: 나에게 상처를 준 친구는 왜 그랬을까요? 이유가 무엇인지 친구의 입장에서 한번 생각해보고 적어보세요.
3.Altruistic gift: 나도 용서를 받은 경험이 있었죠? 어떤 기분이 들었나요? 용서를 하면서 친구에게도 용서라는 선물을 주어봅시다.
4. Commit: 용서를 한 사실, 어떠한 행동 때문에 힘들었고 이제는 어떻게 용서를 하기로 하였는지 공개적으로 밝혀보세요.
5. Hoid: 용서하는 마음을 굳게 합니다. 나를 힘들게 했던 친구에게 어떻게 대할 것인지, 용서하는 마음을 굳게 지키는 다짐 글을 써보세요.

그림 5-5 REACH로 친구 용서하기 활동지

활동 후에는 앞에서 발표도 해보고, 해당 친구에게 직접 용서하는 글을 주면서 미안함 마음과 용서의 마음을 직접 전달하는 시간도 가진다. 이를 통해 앞으로 둘의 관계 개선에 도움을 주도록 하였으며, 교실 뒷 게시판에 게시를 하여 자신의 마음을 더욱 굳건히 다질 수 있도록 하였다. 활동에 사용할 활동지는 〈그림 5-5〉와 같다.

3) 매일 좋은 하루 보내기

"선생님! 오늘도 좋은 하루 보내세요~!!"

이것은 하굣길에 우리 반 친구들이 나에게 하는 인사말이다. '좋은 하루 보내기'는 특별한 의미를 부여하지 않고 으레 하는 말이지만 우리는 이 말에 착안을 하여 친구를 용서하는 활동과 다양한 성찰활동과 함께 매일 매일 좋은 하루를 보내기 위하여 작은 실천을 할 수 있다. 이 활동으로 학생들은 기분 좋은 하루를 보내기 위해 무엇을 해야 하는지 스스로 알게 되며, 매일 좋은 하루를 보내기 위해 더 많이 용서하고 긍정적으로 사고할 수 있다. 학생 개인별 좋은 하루 만들기 활동지는 아래 〈그림 5-6〉과 같다.

그림 5-6 매일 좋은 하루 만들기 활동지

활동 방법은 "왜냐하면" 의 아래에 자신의 하루에 대해 평가를 하고 스스로 내용을 포스트-잇에 적어서 붙인다. 그리고 자신의 글을 팀 내에서 돌려 읽으면서, 다른 팀원은 친구들의 이야기에 대한 자신의 댓글을 포스트-잇에 적어서 직접 달아준다. 친구들의 댓글을 통해서 학생들은 자신의 매일 매일을 좋은 하루로 만들기 위해 스스로 노력하고 긍정적으로 사고하고 행동하는 아이들로 성장할 수 있도록 도움을 받게 된다. 매일 좋은 하루 만들기 활동은 이렇게 운영할 수 있다.

① 우선 자신의 지난 하루 혹은 지난 일주일간의 경험을 떠올리면서 가장 기억에 남은 경험을 생각한다. 그 경험이 좋은 기억이든 나쁜 기억이든 상관은 없다. 그 경험에 대해 간략하게 내용을 포스트-잇에 적고 아래의 〈사진 5-2〉와 같이 자신의 활동지에 붙인다.

사진 5-2 자신의 경험 적기

② 자신의 경험이 적혀있는 활동지를 팀별로 돌려가며 읽어보고, 친구의 경험에 나의 생각을 댓글로 달아서 붙인다. 이때 부정적인 경험이나 생각을 하는 친구에게는 긍정적인 사고를 할 수 있도록 긍정적 메시지를 아래의 〈사진 5-3〉과 같이 전달한다.

사진 5-3 친구의 경험에 댓글 달아주기

③ 댓글을 모두 달고 나면 게시판에 1~10단계 중 자신의 경험을 스스로 평가해서 단계에 맞게 활동지를 아래의 〈사진 5-4〉와 같이 붙이고 함께 공유한다. 이를 통해 앞으로의 매일 매일은 좋은 하루로 만들겠다는 스스로의 다짐을 하게 된다.

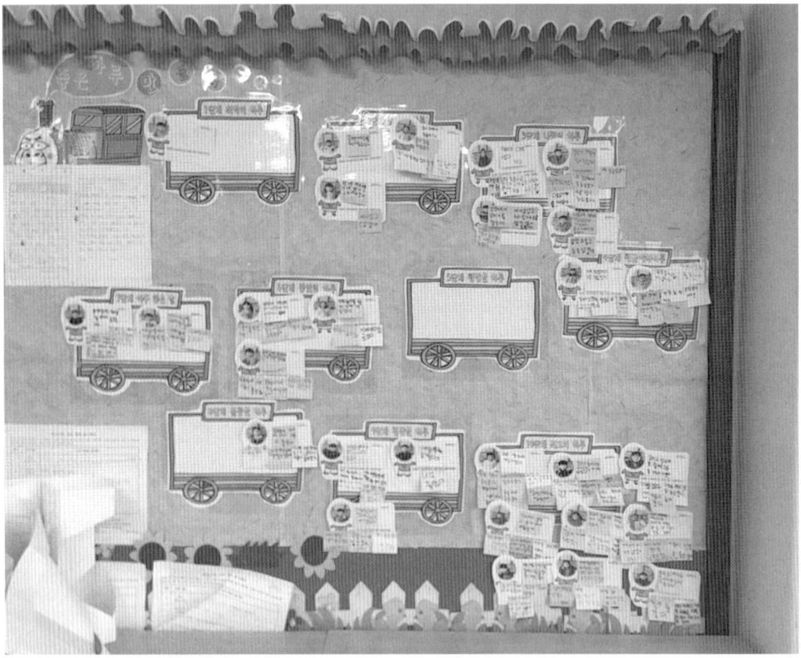

사진 5-4 매일 좋은 하루 만들기 게시 모습

3. 인성 함양 활동 후 학생들의 긍정성 확인 측정 도구

앞에서 제시한 다양한 도구들은 인성 함양을 위하여 개발하고 실천한 활동들이다. 인성 함양은 학생들의 긍정성과 관련이 깊으며, 인성 함양 활동을 통해 학생들의 긍정성이 얼마나 향상되었는지 다음과 같은 측정도구로 확인이 가능하다. Seligman(2014)은 행복은 바이올린 연주나 자전거 타기의 기술과 마찬가지로 꾸준히 연습하면 얻어질 수 있는 것이라고 하였으며, 사람마다 가지고 있는 자신의 강점과 미덕을 찾아 발휘한다면 '진정한 행복'이 깃든 삶을 살 수 있다고 하였다. 그는 학생들의 행복 역시 긍정적 사고에서 시작된다고 하였으며, 긍정적 사고의 검사지를 다음과 같이 제시하였다.

◇ 학생들의 긍정적 사고 정도 확인 척도 ◇

여러분의 솔직한 의견을 말하면 됩니다. 선생님과 함께 글을 읽어보면서 생각나는 대로 점수를 매겨보면 됩니다. 시험이 아니니, 솔직하게 답을 하세요.

문항	점수
1. 시험에서 A를 받았다(PVG)	
A. 나는 정말 똑똑하다	1
B. 나는 이 과목을 잘 한다	0
2. 친구들과 게임을 했는데 내가 이겼다(PSG)	
A. 내가 같이 논 아이들이 게임을 잘 못해서 그렇다	0
B. 나는 그 게임을 잘 한다	1
3. 친구 집에서 자면서 즐거운 시간을 보냈다(PVG)	
A. 그날 내 친구가 나에게 무척 친절히 대해 주었다	0
B. 친구 가족 모두가 나에게 무척 친절히 대해 주었다	1
4. 단체로 여행을 가서 재미있게 놀았다(PSG)	
A. 나는 정말 즐거웠다	1
B. 나랑 같이 간 사람들이 즐거웠다	0
5. 나만 빼고 친구들 모두가 감기에 걸렸다(PMG)	
A. 나는 요즘 건강한 편이다	0
B. 나는 원래 건강하다	1
6. 집에서 키우는 강아지가 자동차에 치였다(PSB)	
A. 나는 강아지를 잘 돌보지 못했다	1
B. 운전자들이 충분히 주의하지 않았다	0
7. 아는 아이들 몇 명이 날 싫어한다고 했다(PSB)	
A. 사람들은 가끔 나에게 못되게 군다	0
B. 나는 가끔 사람들에게 못되게 군다	1

8. 학교 성적이 매우 좋게 나왔다(PSG)	
A. 공부는 별거 아니다	0
B. 나는 열심히 공부하는 학생이다	1
9. 친구를 만났는데 그 친구가 나에게 멋져 보인다고 했다(PMG)	
A. 그날 내 친구는 사람들의 옷차림을 보고 칭찬하고 싶었나 보다	0
B. 내 친구는 원래 사람들의 옷차림을 보고 칭찬을 잘 한다	1
10. 친한 친구가 나에게 싫다고 말했다(PSB)	
A. 내 친구는 그날 기분이 안 좋았다	0
B. 나는 그날 내 친구에게 잘 해주지 못했다	1
11. 농담을 했는데 아무도 웃지 않았다(PSB)	
A. 난 농담을 잘 못한다	1
B. 많이 알려진 농담이라 이제 재미가 없다	0
12. 수업 내용을 잘 이해하지 못했다(PVB)	
A. 그날 어떤 것에도 집중하지 못했다	1
B. 선생님께서 말씀하실 때 집중하지 못했다	0
13. 시험을 망쳤다(PMB)	
A. 선생님은 늘 시험 문제를 어렵게 내신다	1
B. 지난 몇 주동안 선생님이 시험 문제를 어렵게 내셨다	0
14. 몸무게가 많이 늘어서 뚱뚱해 보이기 시작했다(PSB)	
A. 내가 먹는 음식은 점점 살찌게 하는 것들이다	0
B. 나는 살찌는 음식을 좋아한다	1
15. 어떤 사람이 당신 돈을 훔쳐갔다(PVB)	
A. 그 사람은 정직하지 못하다	0
B. 사람들은 정직하지 못하다`	1
16. 부모님이 내가 만든 것을 보고 칭찬해 주셨다(PSG)	
A. 나는 만들기를 잘 한다	1
B. 부모님은 내가 만든 것을 좋아하신다	0
17. 게임을 해서 돈을 땄다(PVG)	
A. 나는 운이 좋은 사람이다`	1
B. 게임을 할 때 나는 운이 좋다	0

18. 강에서 수영을 하다가 물에 빠져 죽을 뻔했다(PMB)	
A. 나는 조심성이 너무 없다	1
B. 가끔 나는 조심성이 없을 때가 있다	0
19. 많은 파티에 초대받았다(PSG)	
A. 요즘 많은 사람들이 나에게 친절하게 대한다	0
B. 요즘 나는 많은 사람들에게 친절하게 대한다	1
20. 어떤 어른이 나에게 고함을 질렀다(PVB)	
A. 그 사람은 그날 자기가 처음 본 사람에게 고함을 질렀다	0
B. 그 사람은 그날 자기가 본 많은 사람들에게 고함을 질렀다	1
21. 아이들과 같이 그룹 과제를 했는데 결과가 나쁘다(PVB)	
A. 나는 그룹의 다른 아이들과 과제를 잘 하지 못했다	0
B. 나는 그룹 과제를 한 번도 잘 해본 적이 없다	1
22. 새 친구를 사귀었다(PSG)	
A. 나는 좋은 사람이다	1
B. 내가 만난 사람은 좋은 사람이다	0
23. 가족들과 잘 지내고 있다(PMG)	
A. 나는 집에서 가족들과 잘 지내는 것이 쉽다	1
B. 가끔 나는 집에서 가족들과 잘 지내는 것이 쉽다	0
24. 사탕을 파는데 아무도 사주지 않는다(PMB)	
A. 요즘 물건을 파는 아이들이 많아서 사람들이 아이들에게 뭔가 사고 싶어하지 않는다	0
B. 사람들은 아이들에게 물건 사는 것을 좋아하지 않는다	1
25. 게임을 해서 이겼다(PVG)	
A. 가끔 나는 최선을 다해 게임을 한다	0
B. 가끔 나는 최선을 다한다	1
26. 학교에서 나쁜 점수를 받았다(PSB)	
A. 나는 멍청하다	1
B. 선생님들은 점수를 불공평하게 주신다	0
27. 문으로 걸어가다가 부딪쳐서 코피가 났다(PVB)	
A. 앞을 제대로 보지 않았다	0
B. 요즘 나는 부주의할 때가 많다	1

28. 내가 공을 놓치는 바람에 팀이 경기에서 졌다(PMB)	
A. 그날 경기를 할 때 열심히 노력하지 않았다	0
B. 나는 경기를 할 때마다 열심히 노력하지 않는 편이다	1
29. 체육시간에 손목을 삐었다9PSB)	
A. 지난 몇 주 동안 우리가 체육시간에 한 운동들은 모두 위험했다	0
B. 지난 몇 주 동안 나는 체육 시간마다 둔하게 굴었다	1
30. 부모님을 따라 해변에 가서 즐거운 시간을 보냈다(PVG)	
A. 그날 해변에서는 모든 것이 좋았다	1
B. 그날 해변의 날씨가 좋았다	0
31. 기차를 탔는데 늦게 도착해서 영화를 보지 못했다(PMB)	
A. 지난 며칠 동안 열차의 정시 운행에 문제가 있었다	0
B. 기차는 원래 시간을 지키는 법이 없다	1
32. 저녁 때 엄마가 내가 제일 좋아하는 음식을 만들어 주셨다(PVG)	
A. 우리 엄마는 날 기쁘게 해주기 위해 하는 몇 가지 일이 있다	0
B. 엄마는 날 기쁘게 하는 것을 좋아하신다	1
33. 내가 속한 팀이 경기에서 졌다(PMB)	
A. 팀 동료들은 평소에 서로 협력해서 경기를 하지 않는다	1
B. 그날 팀 동료들이 제대로 협력하지 못했다	0
34. 숙제를 일찍 마쳤다(PVG)	
A. 요즘 나는 뭐든 일찍 마친다	1
B. 요즘 나는 학교 공부를 일찍 끝낸다	0
35. 선생님께서 질문을 하시는데 틀린 답을 말했다(PMB)	
A. 질문에 답을 할 때는 늘 신경이 곤두선다	1
B. 그날 질문에 대답할 때 신경이 예민해져 있는 상태였다	0
36. 버스를 잘못 타서 길을 잃었다(PMB)	
A. 그날 나는 주변이 어떻게 돌아가는지 신경을 쓰지 않았다	0
B. 나는 늘 뭐가 어떻게 돌아가는지 신경을 쓰지 않는다	1
37. 놀이공원 가서 재미있게 놀았다(PVG)	
A. 나는 놀이공원에 가면 늘 재미있다	0
B. 나는 늘 즐겁다	1

38. 나보다 나이가 많은 형이 내 뺨을 때렸다(PSB)	
A. 내가 그 형 동생을 놀렸다	1
B. 그 형 동생이 내가 자기를 놀렸다고 형에게 말했다	0
39. 생일날 갖고 싶던 장난감을 모두 받았다(PNG)	
A. 사람들은 늘 생일날 내가 갖고 싶어 하는 장난감을 잘 알아맞힌다	1
B. 이번 생일에 사람들은 내가 갖고 싶어 하던 장난감을 잘 알아맞혔다	0
40. 방학 때 시골에 가서 즐겁게 지냈다(PMG)	
A. 시골은 정말 아름다운 곳이다	1
B. 우리가 갔던 때가 매우 아름다웠다	0
41. 이웃 사람이 저녁 식사에 초대를 했다(PMG)	
A. 가끔은 사람들이 친절할 때가 있다	0
B. 사람들은 친절하다	1
42. 임시 선생님이 오셨는데 그 분이 나를 좋아하신다(PMG)	
A. 나는 그날 수업 내내 바르게 행동했다	0
B. 나는 수업 시간에 늘 바르게 행동한다	1
43. 내가 친구를 행복하게 해주었다(PMG)	
A. 나는 같이 있기에 재미있는 사람이다	1
B. 가끔 나는 같이 있기에 재미있는 사람이다	0
44. 공짜로 아이스크림을 먹었다(PSG)	
A. 그날 아이스크림 가게 아저씨에게 친절하게 행동했다	1
B. 그날 아이스크림 가게 아저씨가 기분이 좋았다`	0
45. 친구의 생일파티에 갔는데 마술사가 나에게 도와 달라고 부탁했다(PSG)	
A. 내가 뽑힌 것은 그저 운 때문이었다	0
B. 마술사가 하는 행동에 정말 관심이 많았다	1
46. 친구에게 같이 영화 보러 가자고 설득하는데 친구가 가지 않으려고 한다(PVB)	
A. 그날 친구는 뭐든 하고 싶어 하지 않았다	1
B. 그날 친구는 영화를 보러 가고 싶어하지 않았다	0
47. 부모님이 이혼했다(PVB)	
A. 사람들은 결혼을 하면 잘 지내는 것을 어려워한다.	1
B. 부모님은 결혼을 하고 잘 지내는 것을 어려워했다.	0

48. 동아리에 가입하려고 노력했는데 그러지 못했다(PVB)	
A. 나는 다른 사람들과 잘 지내지 못한다.	1
B. 나는 그 동아리 사람들과 잘 지내지 못한다.	0

점수표	
PMB :	PMG :
PVB :	PVG :
HoB :	PSG :
PSB :	
B총점 :	G총점 :
G－B :	

***점수 산출법**

1. PMB(permanent-bad events): 영구적인 원인의 나쁜 일, 13,18,24,28,31,33,35번 해당.
2. PMG(permanent-good events): 영구적인 원인의 좋은 일. 5,9,23,39,40,41,42,43번 해당
3. PVB(pervasive-bad events): 포괄적인 원인의 나쁜 일. 12,15,20,21,27,46,47,48번 해당
4. PVG(pervasive-good events): 포괄적인 원인의 좋은 일. 1,3,17,25,30,32,34,37번 해당
5. HoB(hopelessness-bad events): 무기력감과 나쁜 일. PMB와 PVB점의 합산을 넣음
6. PSB(personal-bad events): 개인적 원인의 나쁜 일. 6,7,10,11,14,26,29,38 해당
7. PSG(personal-good events): 개인적 원인의 좋은 일. 2,4,8,16,19,22,44,45 해당
8. B총점: 나쁜 일에 대한 총점. PMB + PVB + PSB
9. G총점: 좋은 일에 대한 총점. PMG + PVG + PSG

1) 긍정성 검사 척도 결과 해석 방법

우선 남자아이와 여자아이의 점수가 다르다는 것을 알아두어야 한다. 여자아이들은 사춘기가 될 때까지 남자아이들보다 뚜렷하게 낙관적인 모습을 보인다. 결과적으로 G-B 점수가 높을수록 아이는 더욱 낙관적인 성향을 보이는데, 8세부터 12세 사이 여자아이의 평균 G-B 점수는 6.5인 반면 같은 또래 남자아이의 평균 점수는 5.05로 남자아이들이 더

비관적인 성향을 가진다.

여자아이가 5.0이하의 점수를 기록했다면 다소 비관적이라고 볼 수 있다. 3.0미만은 매우 비관적인 상태이며 우울증에 빠질 위험도 상당히 높다. 그리고 남자아이가 3.0미만을 기록했다면 다소 비관적이라고 볼 수 있고, 1.5미만은 매우 비관적으로 역시 우울증에 빠질 위험이 높다.

아래의 표는 8세부터 12세 사이 아동들의 기준치이다. B는 총점이 높을수록 더 비관적이다. B총점에서 여자아이들의 평균 점수는 7.1이고, 남자아이들의 평균 점수는 좀 더 비관적인 8.7점이다. B총점이 평균치보다 1.5이상 높으면 매우 비관적이라고 봐야 한다.

B총점은 아이가 살면서 나쁜 일을 겪을 때 어떤 식으로 반응할지를 말해준다. 여기서 비관적이라는 것은 아이가 시련에 부딪쳤을 때 잘 극복하지 못하고, 한 가지 영역의 문제를 다른 영역으로까지 확대시키며, 안 좋은 일이 생길 때마다 자기 자신을 너무 자주 탓하는 성향이라고 해석할 수 있다.

G-B점수 통계

백분위수	여자아이	남자아이
90번째(아주 낙관적)	11.31	10.30
80번째	9.67	8.16
70번째	8.35	7.14
60번째	7.22	6.07
50번째(평균)	6.50	5.05
40번째	5.86	4.04
30번째	5.00	2.86
20번째	3.80	1.46
10번째(아주 비관적)	2.21	0.43

memo

6장

거꾸로 배움을 위한 환경 조성

거꾸로 배움을 위한 교실 환경은 학습관련 환경과 인성 함양 관련 환경을 모두 고려할 필요가 있다. 아래의 사진처럼 학습관련 환경조성은 거꾸로 배움을 실천하기 위한 단원별 활동 안내 공간, 나만의 소책자를 소개하는 공간, 팀별 성적을 확인할 수 있는 공간을 고려할 수 있다. 그리고 인성 함양 관련 환경조성은 ABCDE 진술하기 활동 결과물 게시 공간, REACH 용서하기 활동 결과물 게시 공간, 좋은 하루 만들기 활동 결과물 게시 공간으로 구성될 수 있다. 또한 학부모와의 소통공간을 마련하기 위하여 온라인(클래스팅) 환경을 구성할 수 있으며, 학생들의 효과적인 팀 활동을 위하여 팀빌딩 활동을 통한 학생 활동 환경도 함께 조성할 수 있다. 이렇게 구성을 할 경우 학기 초 교실환경을 꾸미기 위해 다양한 물품을 구입하고, 어떻게 만들고 꾸며야 할지 고민을 하는 시간이 줄어들게 된다. 대신 그 시간에 거꾸로 배움을 위한 다양한 교수학습 방법과 활동지를 개발하는 데 시간을 활용할 수 있는 장점이 있다. 게시판의 환경조성 모습은 아래의 〈사진 6-1〉과 같다.

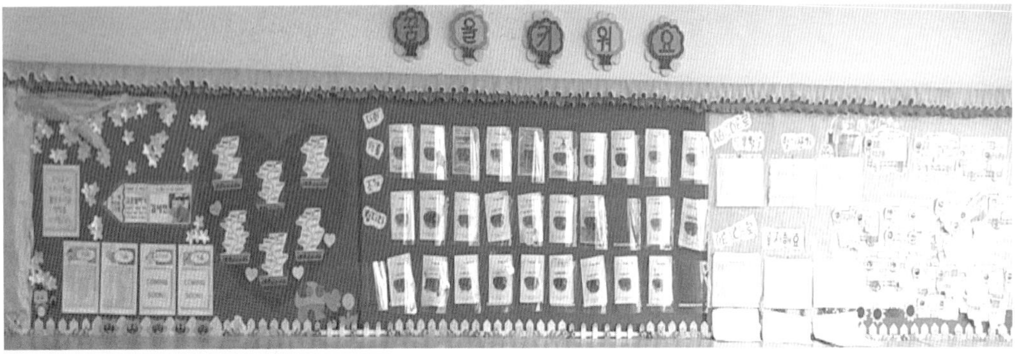

사진 6-1 우리 반 게시판 전체 모습

1. 거꾸로 배움을 위한 학습 관련 환경 조성

거꾸로 배움을 위한 학습 관련 환경 조성은 학생들의 활발한 활동을 방해하지 않기 위한 좌석 배치하기, 학습 결과물을 전시할 수 있는 공간 마련하기, 학습 활동과 과정을 안내할 수 있는 공간 제공하기, 팀별 활동 결과를 표시할 수 있는 공간 부여하기 등을 고려할 수 있다.

1) 교실 좌석 배치도

거꾸로 배움 교실은 팀 활동이 필수적이며, 팀 활동을 수행하고 다양한 의견을 교환함에 있어서 불편하지 않은 교실 좌석 배치가 중요하다. 팀별 책상이 완벽히 독립적일 수는 없지만, 최소한의 간격을 유지할 수 있도록 교실 전체를 활용할 수 있으며, 팀별 의견 교환 활동을 위해 이동이 편하도록 팀별 간격을 최대한 유지할 수 있다. 그리고 각 팀별로 의견을 모으고 함께 토의할 수 있는 이젤패드를 각 팀별로 제공하였으며, 팀별 의사소통이나 팀 간 의견 교환에 최대한 방해가 되지 않도록 배치할 수 있다. 교실 좌석 배치도는 아래의 〈그림 6-1〉과 같다.

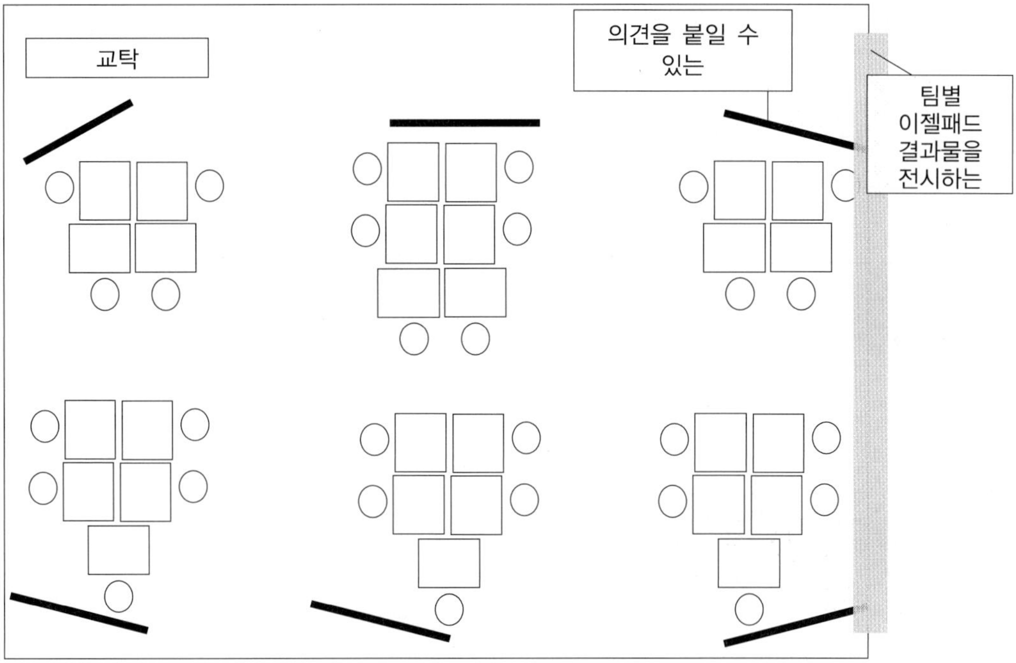

그림 6-1 교실 좌석 배치도

학생들은 다양한 의사소통을 위하여 포스트-잇을 크기별로 준비를 하게 되며, 활동에 필요한 다양한 활동지는 교실 옆면 책장 위에 배치를 하여 필요할 때 언제든지 활용하도록 할 수 있다. 고학년의 경우에는 온라인을 통한 환경도 함께 구성을 한다면 더욱 효율적일 수 있다. 온라인 게시판이나 토의실을 이용하여 교실에서 부족한 자료를 함께 공유하고 토의할 수 있는 온라인 환경이 구성된다면 더욱 효율적인 거꾸로 배움이 실천될 수 있을 것이다.

2) 거꾸로 배움을 위한 교육과정 재구성 및 활동 안내

매 단원별로 어떻게 교육과정이 재구성이 되는지 게시판을 통해 미리 안내를 해준다. 이를 통해 학생들은 읽기자료(소책자)를 통해 어느 순서로 어떻게 학습을 해야 하는지 도움을 받게 된다. 교육과정 재구성 안내 모습은 아래의 〈사진 6-2〉와 같다.

사진 6-2 **게시판 구성 모습**

3) 나만의 소책자 소개

매 단원별로 제공되는 읽을 자료(소책자)의 완성 본에 대하여 상호평가를 실시하고, 모든 작품을 교실 뒤 게시판에 전시한다. 이를 통해 학생들은 자신의 학습 결과물에 대한 자신감을 가지게 되며, 스스로 자존감을 형성할 수 있다. 또한 서로의 학습 내용을 언제든지 확인이 가능하며, 언제든 상호 평가가 가능하여 동료학습자 간의 피드백이 저절로 이루어질 수 있다. 소책자 결과물 전시 모습은 〈사진 6-3〉과 같다.

사진 6-3 **게시판 구성 모습**

4) 팀 평가 결과

교실의 거꾸로 배움은 단원별로 다양한 팀 활동을 하게 된다. 각각의 팀 활동별로 참여정도, 완성도, 활동능력 등을 모두 고려하여 상호평가를 다양한 방법으로 하게 된다. 평가를 받은 팀은 평가 결과에 따라 상이한 스티커 개수를 받게 되고, 팀별 스티커 판을 활용하여 스티커를 모은다. 이렇게 모은 스티커의 개수는 단원 평가 시간에 팀별 성적으로 합산된다. 팀 평가 결과에 따라 스티커를 모으고 게시하는 모습은 아래의 〈사진 6-4〉와 같다.

사진 6-4 **팀별 활동 결과 스티커 게시 구성 모습**

5) 팀별 이젤패드 결과물 전시

교실에서의 거꾸로 배움은 팀별로 다양한 생각을 이끌어내고, 이렇게 이끌어 낸 다양한 아이디어를 서로 공유하고 공감하는 활동과 시간을 매우 중요시한다. 이를 위해 팀별로 이젤패드를 모두 제공하고 있다. 이젤패드는 전지크기의 포스트-잇으로 활동 결과물을 어느 곳이든 붙일 수 있다는 장점을 가지고 있다. 교실에서도 이젤패드 활동 결과물을 전시하기 위하여 복도 쪽 창문에 팀별로 공간을 제공하고, 각각의 이젤패드 활동 결과물을 전시할 수 있다. 팀별 이젤패드 결과물 전시 모습은 아래의 〈사진 6-5〉와 같다.

사진 6-5 이젤패드 결과물 전시 모습

2. 거꾸로 배움을 위한 인성 함양 관련 환경 조성

1) ABCDE 진술하기 활동 전시

아래의 그림처럼 ABCDE 진술하기를 활용한 독후활동과 일기쓰기 결과물을 게시판에 함께 전시할 수 있다. 이를 통해 역경을 이겨낸 책의 주인공을 본받고자 하는 자신의 다짐과 자신의 일상생활을 긍정적으로 살아가겠다는 긍정 정서를 더 많은 친구들과 함께 공유할 수 있다. 공간이 부족하여 모든 학생의 결과물을 전시하지 못한 점이 아쉽지만, 전시할 수 있는 결과물을 학생들끼리 토의·토론하여 결정하게 함으로써 ABCDE 진술하기 활동에 대한 관심과 흥미를 더욱 높일 수 있다. 또한 결과물을 선정하기 위하여 나의 ABCDE를 모두에게 공개도 하고, 전시도 함으로써 그러한 마음을 더욱 굳건히 다지는 기회를 제공할 수 있다. ABCDE 진술하기 활동 결과물 전시 모습은 아래의 〈사진 6-6〉과 같다.

2) REACH로 용서하기 활동 전시

REACH로 용서하기 활동 후에는 서로 발표를 하는 활동 혹은 직접 용서하는 친구를 찾아가서 자신의 마음과 지금의 용서하는 마음을 고백하는 활동 중 한 가지를 하게 된다. 발표하거나 고백을 하는 것에서 그치는 것이 아니라, 진심으로 친구를 용서하고, 부정적인 마음을 가진 것에 대해 진심어린 반성이 들어 있는 결과물을 교실에 게시함으로써 그 마음을 더욱 굳건히 가지게 되는 계기를 마련할 수 있다. REACH로 용서하기 활동 결과물 전시 모습은 아래의 〈사진 6-6〉과 같다.

사진 6-6 **ABCDE와 REACH 활동 결과물 전시 모습**

3) 좋은 하루 만들기 활동 전시

지난 일주일간의 경험 중에 가장 기억에 남은 것을 통하여 1~10단계 중 스스로 자신의 하루를 평가하여 점수를 주었다. 학생들은 자신의 점수에 따라 1에서 10단계로 구성된 게시판에 결과물을 자신의 평가결과에 따라 전시를 한다. 활동 결과물은 자신의 경험뿐 아니라 친구들의 댓글도 함께 전시된다. 이를 통해 전시된 내용을 보면서 학생들 스스로 자신의 하루가 어떠하면 좋을지 반성 및 평가를 하게 되었고, 앞으로는 매일 매일을 어떠한 마음가짐으로 보내야 하는지 깨닫는 기회를 주었다. 매일 좋은 하루 만들기 전시 모습은 아래의 〈사진 6-7〉과 같다.

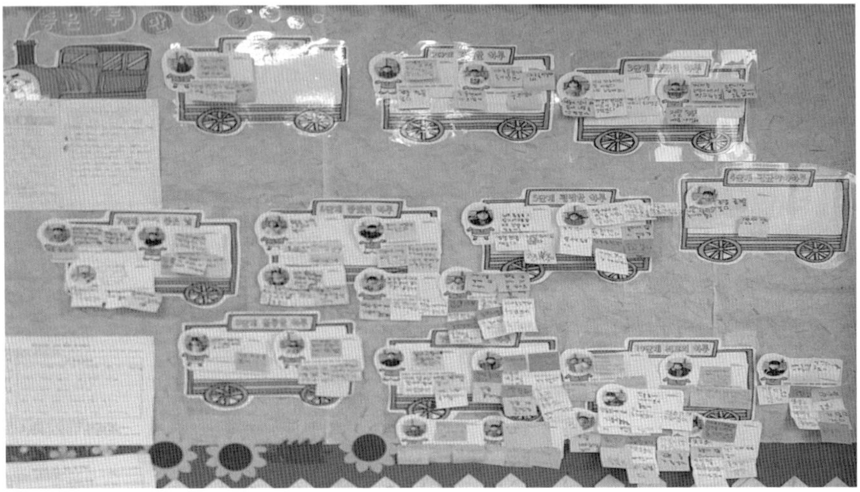

사진 6-7 **매일 매일 좋은 하루 만들기 게시판 구성 모습**

3. 클래스팅을 통한 학부모와 소통의 장 마련

클래스팅 사이트를 활용하여 우리 교실에서 이루어지는 다양한 교수-학습 활동에 대해 활동 모습과 함께 활동 내용 및 목적에 대해 안내를 함으로써 학부모와의 소통의 장을 마련할 수 있다. 교실에서는 알 수 없는 활동에 대한 학생들의 느낀 점이나 생각을 학부모의 댓글을 통해 알아보고, 활동 내용과 목적에 대한 학부모들의 생각도 함께 알아볼 수 있다. 학부모를 통한 다양한 의견을 수렴하여 부족하거나 수정을 해야 하는 활동이 있으면 함께 수정하는 방안을 모색하기도 하고, 학생들에게 도움이 되거나 학생들이 좋아하는 활동에 대해서는 그와 관련된 활동을 더욱 다양하게 개발하여 학생들이 즐겁게 몰입하여 참여하도록 할 수 있다. 클래스팅을 통한 학부모들의 다양한 의견과 댓글은 부록을 통해 자세히 안내하고자 한다. 클래스팅 구성은 아래의 〈사진 6-8〉과 같다.

사진 6-8 **클래스팅 구성**

거꾸로 배움으로 행복을 만들어가는 교실의 클래스팅의 예는 https://www.classting.com/cqqiaz을 참고하기 바란다. 본서의 2부와 3부에서 제시하는 거꾸로 배움을 위한 다양한 교수학습 방법은 2013학년도와 2014학년도에 개발하고 실천한 것들이다. 2015학년도에도 그동안 개발한 교수학습 방법을 수정·보완하여 지속적으로 실천하고 있다. 본서에서 안내하고 있는 다양한 활동의 실천 모습과 자세한 활동 방법 소개 및 수정·보완한 활동 방법이 궁금할 경우 우리 반 클래스팅에 가입을 희망하면 된다. 희망할 경우 자신의 소속과 이름을 정확히 기입하고, 본서를 통하여 거꾸로 배움 활동 방법에 대해 더 자세히 알고 싶다는 내용의 자기 소개 글을 적을 경우 누구라도 승인한다.

4. 팀 구성과 팀 빌딩 활동

팀 빌딩 활동은 한 학기동안 함께 할 팀을 구성하고 난 뒤 팀 이름 정하기, 팀 규칙 정하기, 팀 구호 정하기 등의 활동을 통해 팀 원간의 단결력과 친화력을 길러주기 위해 실시한 활동이다. 우리 반 친구들의 활동 모습과 활용한 학습지는 아래와 같다.

1) 팀 이름 정하기

팀 이름 정하기 활동은 창문을 열어라 활동을 수정 보완하여 활용할 수 있다. 팀 이름 정하기 활동 모습은 아래의 〈사진 6-9〉, 〈사진 6-10〉과 같으며, 활용한 활동지는 〈그림 6-2〉와 같다.

사진 6-9 각각의 창문에 동시에 나의 생각 적기

사진 6-10 토론을 통해 팀 이름 정하기

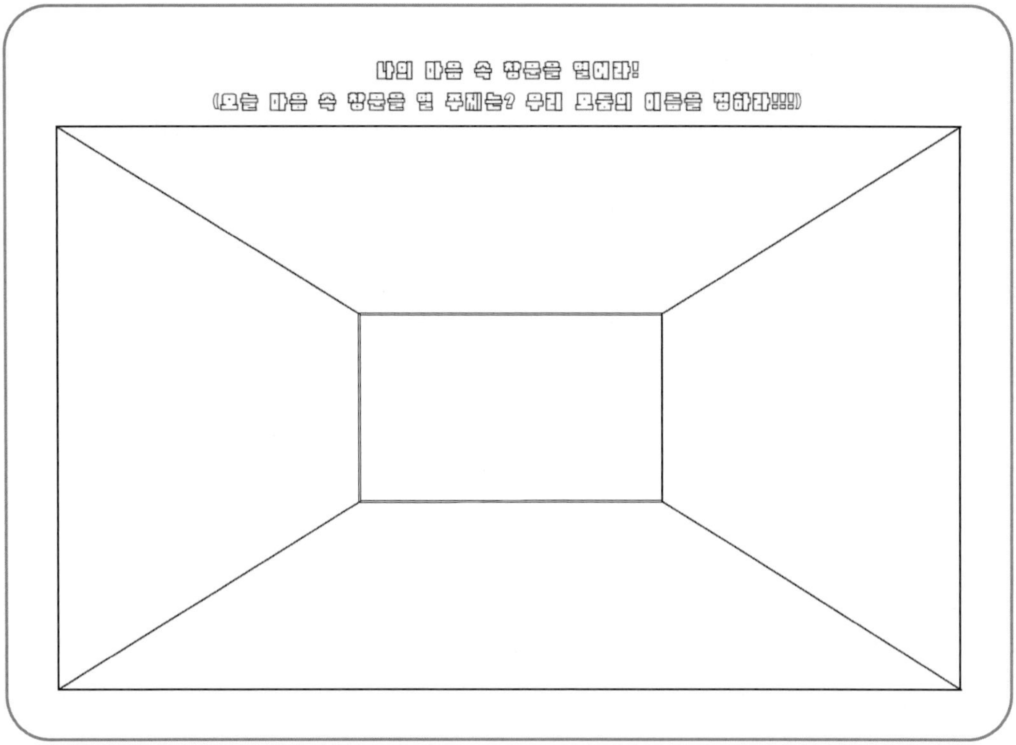

그림 6-2 팀 이름 정하기 활동지

2) 팀 규칙 정하기

팀 규칙 정하기 활동은 각자의 생각을 포스트-잇에 적어서 활동지에 붙이고, 토의·토론을 거쳐서 우리 팀의 규칙을 정하여 아래의 빈칸에 적는 활동을 할 수 있다. 팀 규칙 정하기 활동 모습은 아래의 〈사진 6-11〉과 같다.

각자의 생각을 붙이고

함께 토의하며

우리 팀 규칙을 정해요

사진 6-11 **팀 규칙 정하기 활동 모습**

3) 팀 구호 정하기

ERRC 전략에 맞추어 사라지거나 줄여야 하는 행동, 발전시키거나 창조해야 하는 행동을 알아본다. 그리고 함께 알아본 우리 팀에서 사라지거나 증가해야 하는 행동에 따라 이번 학기 우리 팀의 다짐을 적은 뒤 다짐에 따라 구호를 정하는 활동을 할 수 있다. 팀

사진 6-12 **이렇게 구호를 연습하고 발표해요**

구호를 정하고 발표하는 모습은 ⟨사진 6-12⟩와 같으며, 활동지는 ⟨그림 6-3⟩과 같다.

우리는 입니다!

우리팀에서 사라지거나 줄여야 하는 행동은?

우리팀을 발전시키는 행동에는 무엇이 있을까요?

2015년에 꼭 이러한 팀이 되겠습니다.

우리팀의 구호를 정해봅시다! 우리는 최고의 팀입니다!

그림 6-3 팀 구호 정하기 학습지

제 2 부

거꾸로 배움으로 행복한 교실 만들기 실제편

1장

거꾸로 배움에서 해답을 찾다

1. 나, 아이들을 알아가다

"선생님, 김○○ 때문에 모둠활동을 하기가 싫어요.
설명 듣고 저 혼자 하고 싶어요."

혼자가 편하고 좋은 나

2012년, 학기 초 첫 모둠활동 후 몇몇의 학생이 나에게 다가와서 공통적으로 한 말이었다. 이 말을 듣고 큰 고민에 빠지게 되었다.

'모둠활동이 더 재미있을텐데 왜 그러지?'

학생들과의 대화를 통해 알게 된 사실은 30명 학생들 중 1학년 때 모둠활동을 경험한 학생이 없다는 것이었다. 1학년 때부터 일제식 수업, 교사 중심의 암기식 수업에 익숙해져 버린 것이다.

선생님의 설명을 듣고, 혼자서 문제를 해결하는 전통적인 기존의 수업 방식에 익숙해져서 함께 하는 활동을 어떻게 해야 하는지 모르는 학생들에게 함께하는 즐거움, 나눔과 배려를 통한 행복감을 느끼게 해주면 어떨까라는 생각을 하게 되었다. 학생들에게 팀을 기반으로 한 학생 활동 중심의 다양한 교수학습 방법을 제공함으로써 혼자서 공부할 때보다 함께했을 때 더 많은 것을 알게 된다는 사실을 스스로 알게 해주고 싶었다. 이렇게 한다면 함께하는 즐거움, 나눔과 배려를 통한 행복감을 스스로 느끼게 될 것이라고 생각하였다.

하나, 둘. 집중력을 잃어가요

이러한 고민을 하고 있던 3월 초, 수업을 하면서 또 다른 고민에 빠지게 되었다. 재미있는 동기유발로 수업을 시작하면 대부분의 학생들이 집중하지만, 5분이 지나고, 10분이 지나고, 15분이 지나가면서 점차 집중하는 학생들의 수는 줄어들고, 수업이 마칠 때 쯤 보면 제대로 집중하는 학생은 5명도 되지 않는다는 것을 알게 되었다. 학생들의 집중력을 높이기 위해서는 재미있고, 흥미로운 동기유발보다는 수업시간 전체가 즐겁고, 재미있어야 함을 깨달았다. 동기유발이 수업에 대한 관심을 높이지만, 한 차시 수업에 대한 집중력, 몰입도를 지속시키기 위해서는 수업시간에 이루어지는 활동이 어떠한지가 더욱 중요하다는 사실을 알게 되었다.

수업에 대한 흥미와 관심이 부족한 아이들을 위해서, 학생 활동 중심의 다양한 학습

활동들을 개발해서 제시해주어야겠다는 생각을 하게 되었다. 주제와 차시별로 다양한 학습 활동을 제공하고, 활동 중심의 교수학습을 통해 모든 학생이 참여할 수 있는 수업이 한 차시동안 지속된다면 수업에 대한 몰입과 집중력을 계속 유지할 수 있을 것이다.

혼자서 공부하는 것에 익숙한 아이들, 집중력이 떨어지는 아이들, 어떻게 수업을 설계해야 할까?

나는 자기 성찰을 시작하였다.

2. 나, 자기 성찰을 하다

"야! 너희들 정말 자꾸 떠들래! 정말 크게 혼난다!"

선생님한테 혼나니까 조용히 해!

이는 교사 새내기 시절, 수업시간에 집중하지 않고 떠들기만 하는 학생들이 많았던 3월의 어느 날, 내가 학생들에게 큰 목소리로 던진 한마디였다. 큰 소리로 학생들을 조용히 시킨 뒤, 나 스스로 반성을 하게 되었다. 고학년을 위주로 그동안 담임을 맡은 나는, 어느새 나도 모르게 학급을 공포의 상황으로 만들어서 학생들을 위협함으로써 집중시키고 다스리려는 경향이 높다는 것을 알게 되었다. 이러한 교사의 성향을 Hart(1994)는 다운-시프팅(down-shifting)[1]이라고 부르면서 위협이나 공포스러운 상황에서 학생들은 고차적인 기능이나 창의적인 사고를 하지 않고 옛날의 행동으로 돌아가려 한다고 하였다.

'어떻게 하면 혼을 내지 않으면서,
학생들의 수업 집중력을 높일 수 있을까?'

이러한 고민을 하던 나에게 새롭게 다가온 것이 2013년부터 바뀌게 되는 통합교과였다. 개정 통합교과 교육과정은 바른 생활, 슬기로운 생활, 즐거운 생활 등 세 교과목의 교육과정 주제를 통일하여 통합하였다. 통합교과 교육과정이 추구하는 주제 학습은 모든 학생들이 중심이 되어 성공적인 경험을 쌓게 하는 활동, 상호 협동하고 민감하게 반응하여 학습할 기회를 제공하는 활동을 중시하는 학습법이라고 할 수 있다. 그리고 올바른 주제 학습을 위해서는 친구들과의 팀 활동, 수업에 대한 지속적인 집중력, 다양한 활동이 필요하다는 것을 알게 되었다. 올바른 주제 학습을 위해서 이런 저런 고민도 하고, 다양한 학습 방법 및 활동을 공부하였다. 이러한 고민을 하고, 공부를 하던 중 내가 찾아낸 답은 바로 거꾸로 배움이었으며, 거꾸로 배움이 일어날 수 있도록 여러 학습 방법(액션러닝, 팀기반 학습, 토의 · 토론 학습, 프로젝트 학습, 융합인재교육)을 다양하게 융합하게 되었다. 다양한 학습 방법을 학생들의 학년에 맞게 창의적으로 수정 및 고안하여 수업의 전 단계에서 지속적으로 제시하고, 학생들 모두가 몰입하여 적극 참여할 수 있도록 학습 방법을 만들어서 제공한다면 한 차시동안 학생들이 즐겁고 재미있게 집중력을 가지고 수업에 참여를 하게 될 것이다.

학생들의 집중력을 높이기 위해 다운-시프트에 익숙해져 있는 나 자신, 거꾸로 배움을 위한 다양한 학습 방법 적용으로 나 자신을 새롭게 변화시켜볼까? 이렇게 거꾸로 배움을 시작하게 되었다.

---

1) Hart & Caine (1994). 학생들이 위협이나 공포의 상황에서 고차적인 사고를 하지 않고, 생존 지향적인 기능으로 돌아가려 하는 현상

3. 나, 행복교육을 위해 거꾸로 배움을 교실에 적용하다

제1부와 제2부에서 언급한 행복교육 실현을 위해 필요한 여러 교수학습 방법과 그 이론적 기반과 도구들을 토대로 교실에서 거꾸로 배움을 위해 적용가능한 점을 아래와 같이 도출하였다.

우선, 행복교육을 실현하기 위해 거꾸로 배움을 실천하는 교실을 위해 학생 주도형의 자기 주도학습, 융·복합교육, 배움 중심 수업, 상호 평가가 강조되는 다양한 교수·학습 방법을 개발·적용하였다. 그 예로 배움 중심 수업과 자기 주도적 학습을 위하여 액션러닝 학습, 팀 기반 학습, 프로젝트 학습을, 융·복합교육을 위하여 융합인재교육을, 긍정적인 상호 평가 활동을 위하여 토의·토론 학습, 성찰활동, 러닝 포트폴리오를 개발·적용하였다.

둘째, 거꾸로 배움은 다양한 토의·토론 활동으로 행복감을 느끼고 학습 만족으로 이어지도록 하였다. 또한 학생들의 의사소통 능력, 자신감 향상, 협동심 상승을 이끌어내고자 하였다. 구체적인 예로 팀 기반 학습을 통해 수업 전 학습내용 이해와 이번 단원에 대한 학생들의 생각과 아이디어를 정리할 수 있도록 단원별 읽기자료를 제공하였다. 학생들은 미리 주어진 자료를 이해하고 그것에 대해 미리 생각해봄으로써 본 수업에서는 적극적인 수업 참여를 보였다.

셋째, 거꾸로 배움으로 다양한 팀별 활동을 통해 창의적 문제해결력과 단결력 및 협업력을 함양할 수 있도록 액션러닝 중심 학습을 적용하였다. 이를 위해 학생들의 흥미와 관심을 높일 수 있는 다양한 수업 방법을 모색하고, 상상력을 자극할 수 있는 다양한 학습내용을 구성하였다.

넷째, 교실은 팀 활동 중심의 다양한 상호작용으로 과제를 해결하게 되는데, 이러한 과정에서는 팀원들 각자의 긍정적인 정서표현과 정서활용이 중요하다고 할 수 있다. 이에 팀 기반 학습을 기반으로 하는 다양한 교수학습 방법이 적용되었다. 이를 통해 학생들에게 학습에 대한 긍정적인 동기와 높은 몰입도를 이끌어내고, 긍정적인 자기효능감과 자존감을 길러주었다.

다섯째, 토의·토론 학습은 동료학습자 간의 다양한 상호작용을 이끌어내는 데 있어서 필수적인 교수학습이라고 할 수 있다. 거꾸로 배움으로 행복을 만들어가는 우리 교실에서도 친구들과 다양한 상호작용과 의사소통을 이끌어내기 위하여 다양한 토의·토론 학습방법을 개발하였으며, 상호 평가 활동에 다양하게 적용하였다. 또한 이러한 상호 평가는 개인별 혹은 팀별로 즉각적인 피드백을 주게 됨으로써 팀별 활동의 질을 효율적으로 향상시킬 수 있었다.

여섯째, 거꾸로 배움으로 행복을 만들어가는 교실 활동은 팀원 간의 개방적 의사소통으로 과제를 해결하도록 하여 저절로 배움이 일어나도록 하였다. 또한 읽을 자료를 통해 스스로 학습을 미리 하고, 미리 학습한 내용 및 각자의 아이디어를 바탕으로 팀원이 함께 과제를 해결하는 과정을 거치도록 하였다. 이러한 과정을 통해 스스로 학습과 다양한 학습 능력이 자라날 수 있도록 하였다. 이러한 일련의 과정들이 프로젝트 학습이라고 할 수 있다. 또한 프로젝트 학습을 적용한 다양한 교수학습 방법을 통해 학습자들의 높은 의사소통 능력, 비판적 사고력, 창의적 사고력을 길러줄 수 있었다.

일곱째, 거꾸로 배움을 기반으로 하는 다양한 교수학습 활동을 통해 학습자들 스스로 유의미한 학습이 일어나도록 도와주고, 스스로 학습에 대해 반성하고, 학습에 대한 높은 집중력, 만족감, 자신감을 키워주고자 성찰활동을 함께 실천하였다.

여덟째, 성찰을 하는 활동에서 그치는 것이 아니라, 작성한 개인 성찰일지와 팀별 성찰일지를 포함한 다양한 과제 해결 결과물을 함께 모아서 모음집으로 만들 수 있도록 개인 러닝 포트폴리오와 팀별 러닝 포트폴리오를 사용하였다. 학생들은 개인별 혹은 팀별로 완성한 다양한 과제 결과물과 성찰일지로 자료집을 만들고, 상호 평가를 하도록 하였다. 이를 통해 거꾸로 배움은 학습하게 된 내용에 대한 이해력, 성취정도, 학습태도와 학습동기, 자기성장 측면에서 긍정적인 영향을 주었다. 또한 자기성찰을 촉진하는 기회를 제공하여 학습자의 자기주도성과 학습능력이 촉진되도록 하였다.

4. 나, 행복한 아이들을 위한 우리 반 행복 도구를 설계하다

3월 초 나는 학생들에게 '나의 뇌 구조' 그리기 활동을 하였다. 학생들의 그림을 보고 나는 깜짝 놀랐다. 적은 내용을 보면 대부분에 '공부'와 '돈'이 적혀있었다. 아직 초등학교 저학년인 아이들의 뇌 속에 '돈'이라는 단어가 들어있음을 알고는 충격에 휩싸였다.

"왜 돈을 적었니?"라는 나의 질문에 많은 학생들은 "엄마, 아빠가 공부를 잘하면 성공해서 돈을 많이 벌 수 있다"고 답했다.

과정보다는 결과를 중요시 여기는 삶, 성공이 목표인 삶, 그리고 돈을 많이 벌기 위한 삶을 살고자 가르치고 강요하는 어른들의 세대로 인해 학생들의 행복은 점차 사라지고 있는 것은 아닐까하는 걱정이 들었다.

사회가 풍요로워지고 오락과 여가거리가 많아지면서 학생들의 생활여건은 점차 좋아지고 있다. 하지만 학생들의 우울증 지수는 점차 높아지고 있으며, 행복 지수는 좋아지는 물질세계를 따라가지 못하고 있다. 이제는 학교에서도 행복을 가르쳐야 하는 시기가 왔다. 우울증 증가, 부정적 정서 만연, 증가하지 않는 행복 지수 등에 대한 해결책을 학교 수업에서 찾아야 할 것이다. 행복의 증가는 학습능력의 향상을 가져올 것이며, 아이들이 성공적인 삶을 준비하는 데 큰 도움이 될 것이다.

제니 후퍼(2013)는 아이들의 심리적 행복을 위해서는 긍정적으로 사고하고 다양한 의사소통을 통한 관계형성이 중요하다고 하였으며, 마틴 셀리그만(2010)은 이러한 긍정적인 사고는 긍정 정서와 긍정 언어로 설명양식을 바꾸어주고, 스스로 삶의 의미를 찾게 하고, 성취감을 제공하는 것이 중요하다고 하였다. 이에 교사들은 학생들에게 학교라는 공간과 수업이라는 활동은 모두가 행복한 삶을 살기 위한 것임을 알려주어서, 심리적으로 행복한 아이로 길러주어야 한다. 그래서 교실에서는 ABCDE 진술하기 활동과 REACH 용서하기 활동, 좋은 하루 만들기 활동을 통해 학생들 스스로 긍정 정서를 가질 수 있도록 하였다.

첫째, ABCDE로 진술하기 활동을 통해 일기쓰기, 독후활동을 운영하였다. 성공만 하면 된다는 자기중심적이며 파괴적인 사고에서 긍정적인 사고로 바꾸어서 생각을 할 수 있도록 하였다.

둘째, REACH로 용서하기 활동을 통해 안 좋은 감정을 가지고 있던 친구의 입장에서 배려해서 생각하게 하였다. 이를 통해 학생들은 친구에 대한 분노, 화와 같은 부정 정서를 긍정 정서로 바꾸어보는 경험을 하였다.

셋째, 좋은 하루 만들기 활동을 통해 매일 매일 의미있고 좋은 하루를 만들기 위해 스스로 어떻게 생각하고 행동을 해야 하는지 생각하게 하였다. 이를 통해 학생들은 매일 매일 좋은 하루를 만들기 위해 긍정적으로 사고하고 행동하는 방법을 알게 되었다.

memo

2장

거꾸로 배움을 실현하기 위한 다양한 교수학습 활동

1. 읽기자료를 통한 거꾸로 배움의 시작

1) 읽기자료를 통해 스스로 학습 내용 의미화하기

읽기자료는 팀 기반 학습에서 가져온 학습 아이디어로서, 거꾸로 배움을 위해 가정에서 스스로 학습할 내용에 대해 미리 공부하고, 다양한 창의적인 생각을 수업 전에 이끌어내기 위하여 각 단원별로 학생들에게 제공하는 자료이다. 본 자료는 소책자 형식으로 학생들에게 제공이 되며 각 단원별로 학습을 해야 하는 주제에 대하여 주요 읽기자료, 미리 읽어볼 자료, 학습이 일어나는 동안 해결해야 하는 도움 학습지로 다양하게 구성되었다.

읽기자료로 인해 교과서가 필요 없는 학습, 거꾸로 배움이 가능하게 되었으며, 수업시간에 무엇을 어떻게 공부하고, 수업 후에는 무엇을 기억해야 하는지를 알려주는 학생들 개인의 수업 나침반 역할을 하게 되었다. 아래의 그림 자료는 실제 2학년 통합교과 봄 2. 1. 봄이 왔어요 단원에서 활용한 읽기자료이다. 읽기자료를 활용한 실제 수업 사례는 본서의 3부를 통해 자세히 안내한다.

가족을 사랑하는 우리들^^

나에게 가족이란?

1쪽

친척을 부르는 말을 알아봅시다.

☺ 친척을 부르는 말에는 여러 가지가 있습니다. 아래의 글을 읽어보면서 어떠한 말들이 있는지 찾아보고, 그 사람이 누구인지 적어보세요.

선생님은 선생님 아내와 딸을 데리고 가족 여행을 떠나게 되었습니다. 선생님 아버지, 어머니, 그리고 동생을 데리고 함께 경주로 1박2일 여행을 갔습니다. 경주에는 선생님의 할머니께서 살고 계십니다. 경주에 있는 할머니댁에서 할머니 생신파티를 하기로 하였습니다.

들뜬 마음으로 떠난 가족 여행, 할머니댁에 도착을 하니 이미 많은 친척들이 와있었습니다. 고모와 고모부, 그리고 선생님보다 한 살이 많은 고종 사촌 누나는 할머니와 함께 사과를 깎으며 맛있게 먹고 있었습니다. 그리고 큰아버지와 큰어머니는 취업준비로 바쁜 사촌 동생을 두고, 두분이서만 함께 오셨습니다. 이제 막 대학생이 된 사촌 동생은 작은 아버지와 함께 할머니댁 마당에서 자전거를 타기 위해서 자전거를 닦고 있었습니다. 작은 아버지 아내인 숙모는 부엌에서 점심을 준비하고 있었습니다.

가족이 함께 모여서 맛있는 점심을 먹으면서 그동안 어떻게 지냈는지 이야기를 나누었습니다. 점심식사 후 가족 모두 불국사와 석굴암을 구경하면서 즐겁고 행복한 시간을 보냈습니다.

2쪽

1. 왼쪽 선생님의 이야기에서 알 수 있는 친척을 부르는 말을 모두 찾아서 동그라미하세요

2. 친척을 부르는 말이 누구를 말하는 것인지 적어보세요

친척을 부르는 말	누구인가요?

3쪽

abcde로 친척의 소중함을 알아보아요!

1. A: 어렵거나 슬펐던 경험은?

2. B: 어떤 생각이 들었나요?

3. C: 어떤 느낌이나 감정이 들게 되었나요?

4. D: 친척이 어떠한 도움을 주었나요?

5. E: 앞으로 친척과는 어떻게 지낼 것 같나요?

4쪽

수수께끼 책 만들기로 친척을 부르는 말 게임하기

☺책을 만드는 방법은?

점선을 따라 위,왼쪽,아래를 가위로 오립니다.

문제를 앞쪽에 적습니다.

종이 안쪽에 정답을 적습니다.

☺ 친척을 부르는 말로 수수께끼 책을 완성하고, 친구들과 함께 게임을 합니다.

☞ 게임을 다 한 친구는 붙임카드 1,2를 활용하여 친척 명함 만들기 활동을 하도록 합니다.

5쪽

친척을 위해 내가 할 수 있는 일은?

☺ 친척을 위해 내가 할 수 있는 일을 생각해서 아래의 별 나무를 완성하세요

6쪽

친척 사랑 실천 카드를 완성해 보세요

☞ 커지는 눈덩이 활동, 즐거운 기차놀이, 일급비밀을 찾아라 활동으로 친척을 위해 우리가 할 수 있는 실천 카드를 완성해보았습니다.

☞ 완성된 실천 카드 중에서 내가 꼭 지키고 싶은 일을 골라서 아래의 실천카드를 완성하고, 친척을 사랑하는 마음을 직접 몸으로 표현해보아요^^

				실천 내용 / 실천한 날짜

7쪽

다양한 나라의 가족 문화 **탐방 계획을 해봅시다**

☺ **조사하고 싶은 나라를 선정하세요.**

☺ **어떠한 문화를 알아보고 싶은가요?**

팀 원 이름	의 견

☺ **우리 팀의 결정은?**

8쪽

다양한 가족을 알도록, 다음 노래를 개사하세요

9쪽

다양한 가족에 **대해서 알아봅시다.**

☺ **우리들 주변에는 다양한 형태의 가족이 있습니다.**

☞ 다양한 형태의 가족에는 무엇이 있을까요?

대가족, 핵가족, 조부모 가족, 한부모 가족, 다문화 가족, 외국인가족

☞ 위의 다양한 형태의 가족은 어떠한 가족인지 설명해보세요

가족 형태	어떤 가족인가요?

☞ 나는 이다음 어른이 되면 어떠한 가족을 만들고 싶은가요?

10쪽

다양한 나라의 가족 문화 **탐방을 해 봅시다**

☺ 조사한 내용을 아래의 빈칸에 정리해서 오세요

☺ 팀원과의 이야기로 새롭게 알게 된 내용을 간략하게 적으세요

11쪽

다양한 가족을 사진 혹은 그림으로 표현하고
그들과 친하게 지내는 방법을 적어보세요

12쪽

2) 읽기자료를 통한 거꾸로 배움의 첫 시작

읽기자료는 가정에서 스스로 학습이 일어나도록 하는 도움자료이지만, 학생들에게 얼마나 학습이 일어나고 있으며, 스스로의 학습이 어느 정도 이루어졌는지 확인을 하기 위한 활동도 함께 이루어진다. 읽기자료에 대한 스스로의 학습이 얼마나 이루어졌는지 확인을 하기 위하여 매 단원 첫 시간에는 학습 준비도 확인 과정(Readiness Assurance Process, 이하 RAP)을 거치게 된다. RAP과정은 다양한 방법으로 운영이 된다. 각각의 RAP과정 후에는 개별 점수 및 팀별 점수가 산출되며, 산출된 점수는 단원 전체의 팀별 점수에 합산이 된다.

RAP과정은 평가에서 그치는 것이 아니라, 평가 후에 서로 가르쳐주는 시간, 서로 질문을 하는 시간을 줌으로써, 학생들이 서로에게 피드백을 줄 수 있게 하였다. 이러한 과정을 거치면서 학생들은 수업 내용에 대해 미리 알게 되고, 학습에 관심과 흥미가 높아졌다. 또한 책자 형식으로 제작이 된 읽기자료는 친구들과 함께하는 의사소통 활동을 통하여 구성·완성하게 되면서 학습 내용을 스스로 의미화할 수 있도록 도움을 주었다.

RAP과정을 위해 우리 교실에서 활용한 수업 방법은 『함께 학습해요』, 『모두가 함께 골든벨을 모아요』, 『서로 가르쳐주기로 함께 학습하기』, 『짝의 이야기를 듣고 내가 말해요』 등이다. 각 활동에 대한 소개는 다음과 같다.

표 2-1 RAP과정에서 활용한 교수학습 활동에 대한 간략 설명

활동명	주요 설명	관련 교수법*				
		액	팀	토	융	프
서로 가르쳐주기로 함께 학습하기	미리 학습한 내용에 대해 팀별로 서로 돌아가며 발표하면서 스스로 학습하도록 하는 활동	○		○		
모두가 함께 골든벨을 모아요	기존 골든벨의 단점을 보완하여 모든 문제의 골든벨 개수를 합산하는 골든벨 활동	○	○			
짝의 이야기를 듣고 내가 말해요	짝이 설명하는 내용을 적고, 이해한 내용을 짝에게 다시 발표하는 활동	○	○			

*액: 액션러닝, 팀: 팀 기반 학습, 토: 토의 · 토론 학습, 융: 융합인재교육, 프: 프로젝트형 학습

(1) 서로 가르쳐주기로 함께 학습하기

① 이런 활동입니다.

『서로 가르쳐 주기로 함께 학습하기』 활동은 읽기자료를 통해 한 단원에서 학습해야 할 내용에 대해 스스로 공부한 내용을 활동지에 정리를 하고, 팀별로 서로 정리한 내용을 돌아가며 발표하기를 통해 자신이 공부한 내용을 서로에게 가르쳐주는 활동이다. 학생들은 스스로 공부한 내용을 다시 정리해보고 친구들에게 설명을 해보는 활동을 통해 학습한 내용을 재의미화하게 된다. 그리고 친구들의 설명을 들으면서 새롭게 알게 된 내용을 활동지에 적어보면서 새로운 지식을 친구를 통해 습득하게 된다. 이를 통해 이번 단원에서 학습해야 하는 내용에 대해 폭넓은 생각을 하게 되고, 스스로 학습한 내용을 의미화하게 되었다. 본 활동은 학생들이 스스로 공부를 하고, 얼마나 학습이 일어났는지 확인을 하는 학습 주제라면 언제라도 폭넓게 활용이 가능한 활동이다.

② 이렇게 활동을 하면 됩니다.

㉮ 미리 읽기자료를 통해 학습해온 내용을 살펴보면서 알게 된 내용을 다시 한 번 더 떠올린다.

㉯ 내가 학습한 내용을 간략하게 정리하여, 나만의 언어로 활동지에 정리해본다.

㉰ 팀별로 팀원들끼리 순서를 정하여, 자신이 정리한 내용을 돌아가면서 발표를 한다.

㉱ 각 팀원은 발표 내용을 들으면서 새롭게 알게 된 내용이나 중요하다고 생각이 드는 내용이 있으면 자신의 활동지에 내용을 적는다.

공부할 내용 확인하기

나의 학습 정리하기

돌아가며 발표하기

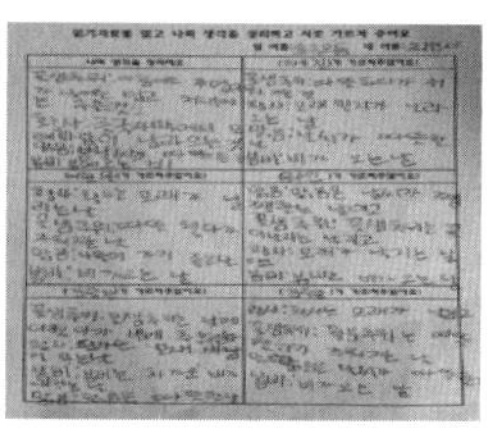
이렇게 완성하기!

③ 활동에 사용한 학습지는 이러합니다.

읽기자료를 읽고 나의 생각을 정리하고 서로 가르쳐주어요

팀 이름: 내 이름:

나의 생각을 정리해요	(　　　)가 가르쳐주었어요!
(　　　)가 가르쳐주었어요!	(　　　)가 가르쳐주었어요!

(2) 모두가 함께 골든벨을 모아요

① 이런 활동입니다.

『모두가 함께 골든벨을 모아요』 활동은 앞의 『서로 가르쳐주기로 함께 학습하기』 활동 후에 팀별로 학습이 잘 일어났는지 확인을 하기 위해 실시하는 활동이며, 개인별 점수를 합산하여 팀별 점수를 매기게 된다.

『모두가 함께 골든벨을 모아요』 활동은 기존 골든벨 활동이 정답자만 계속 참여를 할 수 있고, 틀린 학생은 더 이상 참여를 하지 못하여 몰입도와 참여율이 떨어진다는 단점을 보완한 골든벨 활동이다. 기존 골든벨 활동과의 차이점을 살펴보면 아래와 같다.

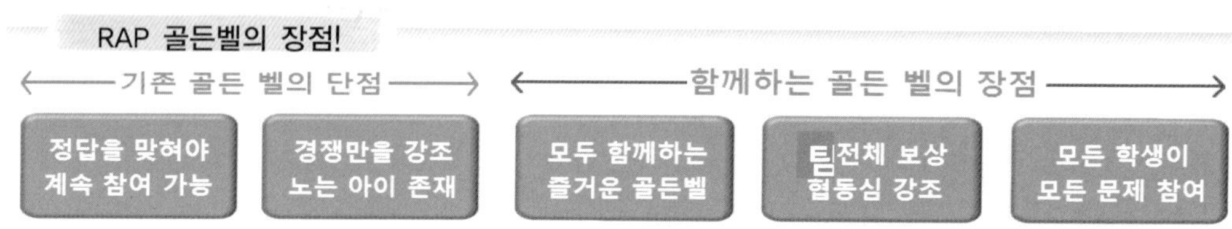

『모두가 함께 골든벨을 모아요』 활동은 정답을 맞힌 학생만 계속 참여할 수 있는 기존 골든벨 대회의 단점을 보완하여 모두가 함께 참여하고, 각 문제별로 정답을 맞힌 학생 수를 팀별로 모으는 골든벨로 변경을 하였다. 단, 우리 교실에서는 각 팀별로 팀원의 수가 달라서 오답수를 세고, 총 오답의 개수에 따라 팀 성적을 산출하였으며, 이때의 성적은 단원 전체 정리 시간에 팀 성적에 합산되도록 하였다. 또한 골든벨 활동을 하기 전에 학생들과 반 전체가 모아야 하는 골든벨의 개수를 정하고, 모든 골든벨 문제가 끝난 후 약속한 골든벨 개수를 넘을 경우 함께 정한 반 전체 보상을 주었다.

② 이렇게 활동을 하면 됩니다.

㉮ 반 전체가 모아야 할 골든벨 개수와 약속된 골든벨 개수를 모을 경우 우리 반 전체에게 줄 보상을 학생들과 함께 이야기를 하여 결정한다.
(우리 교실에서는 칭찬 골든벨이라는 플래시파일을 활용하였다.)

㉯ 각 문제별로 모든 학생이 골든벨 대회 문제를 풀며, 각 팀별로는 오답자의 수를 칠

판에 기록하고 전체 정답자수는 칭찬 골든벨 플래시 파일에 기록을 한다.

㉰ 모든 골든벨 활동이 끝난 후 각 팀별로 오답자수를 합산하여 팀별 점수를 부여한다.

㉱ 반 전체 정답수를 확인하여 미리 약속된 반 전체에 보상을 준다.

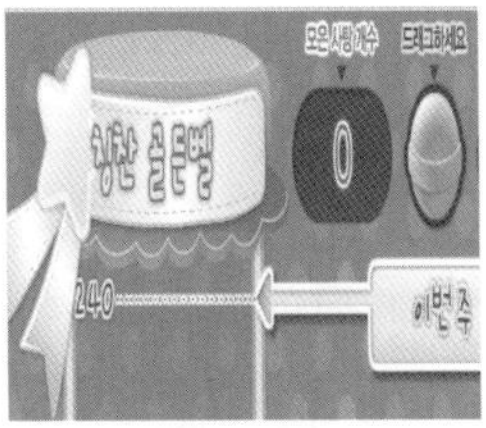

칭찬 골든벨(플래시)

골든벨 문제 풀기

정답자가 몇 명이지?

모두가 참여하는 시간

"저도 골든벨 대회에 끝까지 참여를 했어요!
다음에는 더 열심히 해야겠어요."

평소에 학습수준이 떨어지는 학생도 끝까지 참여하게 되어서 RAP활동에 대한 모든 학생의 집중력을 끝까지 유지할 수 있었다. 이로써 즐겁고 재미있는 평가시간이 될 수 있었다.

▶ 평가에 대한 거부감을 없애고, 평가도 즐거운 활동이라는 긍정적 생각을 하게 되었다.

함께하는 골든벨!

③ 더 나아가서

『모두가 함께 골든벨을 모아요』 활동은 사용 범위가 매우 넓은 활동이다. 매 차시별 학습 정도를 확인하기 위한 진단 평가, 공부를 하고 난 뒤 학생들의 성취 수준이 얼마인지 확인하기 위한 형성 평가 등 재미있고 즐겁게 학생들의 성취 정도를 평가할 수 있는 활동이다.

(3) 짝의 이야기를 듣고 내가 말해요

① 이런 활동입니다.

『짝의 이야기를 듣고 내가 말해요』 활동은 『모두가 함께 골든벨을 모아요』 활동 후에 이루어진다. 본 활동은 소책자를 통한 스스로 학습, 서로 가르쳐주어 함께 학습하기, 골든벨 대회를 통해 얼마나 잘 알고 있는지 확인하기 활동 후에, 새롭게 알게 된 내용에 대해서 다시 한 번 더 학습을 하도록 도움을 주는 활동이다.

다양한 RAP활동을 통하여 친구들의 도움을 받으면서 학습내용을 알게 되었으며, 함께하는 골든벨 활동을 통해 얼마나 잘 알고 있는지 확인을 하였다. 그러고 나서 『짝의 이야기를 듣고 내가 말해요』를 통해 새롭게 알게 된 내용, 혹은 잘 모르는 내용에 대해서 짝과 함께 서로 질문하고 답변도 해주었다. 잘 모르는 내용에 대해 질문을 하고, 대답을 해주고, 피드백을 해주는 과정을 통해 이번 단원에서 학습하게 될 배움의 내용에 대한 새로운 의미를 발견하게 되었다. 이러한 과정을 통해 학생들은 학습할 내용에 대해 스스로 의미화하게 되었으며, 앞으로 전개될 거꾸로 배움에 대한 관심을 더욱 높일 수가 있었다.

② 이렇게 활동을 하면 됩니다.

1. 내가 아는 것은?
읽기자료 공부와 RAP활동을 통해 내가 잘 이해하고 있는 학습 내용에 대해서 자세한 설명을 들어가며 공부한 내용을 적는다.

2. 짝의 이야기를 들어보자
짝의 이야기를 듣고 내가 이해하는 방법과 나의 말로 적어가면서 학습한 내용을 친구의 도움을 받아가며 스스로 의미화한다.

3. 짝의 이야기를 말해보자
짝의 이야기를 듣고 내가 정리한 내용을 발표할 때는 동시에 일어나서 발표한다. 발표 순서를 기다리는 지루함이 사라지게 되었다.

본 활동은...

자기 의견을 말하고, 들으면서 메모하고, 다시 발표하면서 고급사고를 하게 되는 시간

활동은 매우 간단하지만 매우 수준 높은 사고력을 경험하게 된다. 주어진 시간동안 계속 자기 의견을 말해야 하기 때문에 고급사고력을 경험한다. 반대로 듣는 학생은 나중에 발표해야 하기 때문에 짝이 한 말을 잘 듣고 정리를 하고, 대신 발표를 해주면서 매우 고급적인 사고를 하게 된다. 또 짝이 대신 발표해주는 것을 들으면서 원래 의견을 말했던 학생은 자신이 말한 것이 '저렇게 이해하게 되는구나.'라는 피드백을 얻게 된다. 이때의 발표도 절반의 학생이 일어나서 동시에 발표를 하게 되며, 원래 의견을 말했던 학생은 짝의 발표를 주의 집중하여 듣게 됨으로써 또 한 번의 고급사고력을 경험하게 된다. 발표가 다 끝난 뒤에는 서로 역할을 바꾸어서 활동을 하게 된다. 이러한 과정을 거치면서 학습 내용을 스스로 의미화하게 된다.

③ 더 나아가서

『짝의 이야기를 듣고 내가 말해요』 활동은 친구들과 서로 학습을 하도록 하는 학습에서 언제든지 활용이 가능한 활동이다. 특히 『동시에 발표하기』 활동은 평소 발표하기 활동의 경우에는 발표를 하는 학생을 제외하고는 집중을 하지 못하고, 잘 듣지 않는다는 단점을 보완한 활동이다. 『다 함께 발표해요』 활동은 팀 기반 학습에서 중요시 여기고 있는 활동으로, 비슷한 내용을 발표하는 학생들 혹은 반 전체가 발표를 하더라도 문제가 없는 학습활동의 발표시간에 활용을 하는 방법이다. 평소에 발표를 하라고 하면 잘 하지 않는 친구들이 많고, 발표를 하는 친구만 계속 발표를 한다는 문제점을 보완하기 위해 계발한 발표방법이다. 함께 일어나서 동시다발적으로 발표를 함으로써 발표에 대한 부담감을 줄여주고, 모두가 발표시간에 집중하고 재미와 흥미를 느끼면서 발표에 적극적으로 참여를 하게 도와주는 활동이다. 다양한 방법으로 발표가 필요한 수업시간에 활용하면 즐겁고 재미있게 발표에 참여하는 학생들의 모습을 확인할 수 있다(『다 함께 발표해요』 활동에 대한 자세한 안내는 130쪽에 있다).

④ 활동에 사용한 학습지는 다음과 같습니다.

짝의 이야기를 듣고 말해요!

1번 짝의 이름: 2번 짝의 이름:

1번 짝의 이야기를 듣고 2번이 말해요!	2번 짝의 이야기를 듣고 1번이 말해요!

*주어진 시간동안 짝의 이야기를 들으면서 이해한대로 자신의 생각을 적고서 발표해보세요. 그리고 역할을 바꾸어서도 해보세요!

2. 러닝 포트폴리오를 통한 개인과 팀 활동 저장

러닝 포트폴리오란 학습자들이 학습과정을 스스로 돌아보고 학습 향상정도와 학습 성향의 장단점을 지속적·종합적으로 수집 정리하는 자료모음집이다. 우리 교실에서는 자기 성찰일지 작성하기 활동을 통하여 스스로 반성하면서 학습하게 함으로써 학습에 대한 긍정적인 사고를 길러주기 위하여 러닝 포트폴리오를 만들고 전시 및 평가활동을 하였다.

우리 교실에서는 개인별 러닝 포트폴리오와 팀별 포트폴리오를 따로 만들었다.

개인별 러닝 포트폴리오에는 읽기자료를 통해 미리 조사한 내용이나 학습한 내용, 그리고 거꾸로 배움을 위해 실천하는 다양한 교수학습 활동 결과물 중에서 개인별로 작성한 활동지를 저장하였다. 그리고 개인별 성찰일지를 작성하여 모았다.

팀별 러닝 포트폴리오는 다양한 교수학습 방법 결과물 중에서 팀별 결과물과 팀별 대표 결과물을 저장하고, 상호평가 결과지, 팀별 성찰일지를 모았다.

한 단원이 마무리가 되면 개인별과 팀별 러닝 포트폴리오를 전시하고 함께 감상하고 상호평가를 해주는 시간도 함께 마련하였다. 전시하고 감상하는 모습은 아래와 같다.

〈개인별 포트폴리오〉

〈팀별 포트폴리오〉

〈감상하고 상호평가를 해주어요〉

포트폴리오의 상호평가에 사용한 활동지는 다음과 같으며, 각 팀의 활동지에 다른 팀원이 평가하여 기록을 해준다. 이 결과지 역시 팀별 러닝 포트폴리오에 함께 저장을 한다.

러닝 포트폴리오를 평가해주세요

아래의 평가 기준에 따라서 팀별 러닝 포트폴리오를 평가하면서, 우리 팀의 러닝 포트폴리오에 대해 스스로 반성해보는 시간을 가져봅니다.

평가기준	팀 이름	평가내용	평가점수
전체적인 포트폴리오 구성에 대한 완성정도, 팀이 단결하여 각 과제별 과제 결과물 완성정도, 성찰일지 작성에 대한 노력정도, 미리 학습한 내용에 대한 정보량, 활동에 대한 참여도 등을 고르게 평가합니다.			

평가 결과에 대한 우리 팀의 반성과 다음 단원에서는 어떻게 할 것인지 우리 팀의 다짐을 적어봅니다.

3. 성찰활동 실천하기

(1) 자기 성찰활동 실천하기

① 이런 마음에서 시작했어요

"글로 쓰는 것은 생각만 하는 것보다 행동을 변화시키는 데 더 효율적이라고 한다. 자신의 행동에 대해 혹은 자신이 학습한 내용에 대해서 머릿속으로 생각을 하고 반성을 하고 외운다고 하여도 곧 잊어버리는 것이 사람의 뇌라고 한다. 망각을 막을 수 있는 가장 좋은 방법은 글로 쓰는 것이며, 자신이 써놓은 글을 꾸준히 들여다보아야 한다고 한다." (배리 코빈, 2013)

자기 성찰활동은 학습 성찰의 한 방법으로 실천하였다. 학습 성찰의 한 방법으로서의 자기 성찰이란 학습자가 배운 내용을 뇌에 단단히 새겨두기 위해서 학습 과정과 내용을 곰곰이 살펴보는 과정을 뜻한다.

"감사는 행복과 가장 밀접하게 관련된 성격적, 정서적 특성을 갖고 있다. 사람들에게 감사하게 생각하는 일을 쓰는 활동을 통해 삶을 긍정적으로 수용하고 더 행복해진 것을 확인하였다고 한다." (심리학자 로버트 에먼스와 마이클 맥컬로, 2014)

이와 더불어 하루 동안 나의 마음을 되돌아보며 어떠한 심정이 들었는지 적는 '마음의 한 줄 쓰기' 활동과 하루 동안 사소한 것에라도 감사한 마음이 드는 분을 찾아서 마음을 전하는 '감사의 한 줄 쓰기' 활동이 함께 실천되었다.

- ☺ 자기 성찰활동을 통해 학생들은 학습한 내용을 키워드로 정리하고 기억함으로써 스스로 의미화하게 될 것이다.
- ☺ 자기 성찰활동의 마음 한 줄 쓰기와 감사의 마음 한 줄 쓰기 활동을 통해 하루 동안의 자기 마음을 되돌아보면서 부정적인 자기 마음을 반성하게 될 것이며, 사소한 것에도 감사하는 마음을 가지게 되어서 더 행복한 아이로 성장하게 될 것이다.

자기 성찰일지 활동지는 다음과 같다.

자기 성찰일지 활동지

___ 월 ___ 일 _ 요일 **날씨:** **번호:** **이름:**

생활관리			마음을 나누는 한 줄 쓰기(오늘의 성찰)
집	이부자리 정리	1	
	부모님께 인사	2	
	시간 지켜 등교	3	
학교	급식왕	4	
	발표	5	**감사의 마음 전하기(매일 감사하며 행복하게 사는 우리 반 친구들)**
	선행 하나	6	1.
집	독서	7	2.
	복습	8	3.
	선행 하나	9	**학습 정리(바로 복습으로 오래도록 기억하는 우리들)**
	운동	10	

나의 부정감정을 찾아봅시다
긍정감정으로 바꾸어봅시다!

학습 정리		
1		
2		
3		
4		
5		

② 자기 성찰활동은 이렇게 하면 됩니다.

마음 한 줄 감사 한 줄

오늘 하루 나의 마음을 한 줄로 표현하기!
- 오늘 하루 기뻤던 혹은 슬펐던 경험을 떠올린다.
- 그러한 경험으로 어떠한 마음이 들었는지 한줄로 표현하고, 부정적인 마음은 긍정적인 마음으로 바꾸어서 표현하도록 한다.

오늘 하루 3가지 감사한 일을 찾아서 적기!
- 오늘 하루를 지내면서 사소한 것이라도 감사한 일을 3가지 찾아서 적는다.

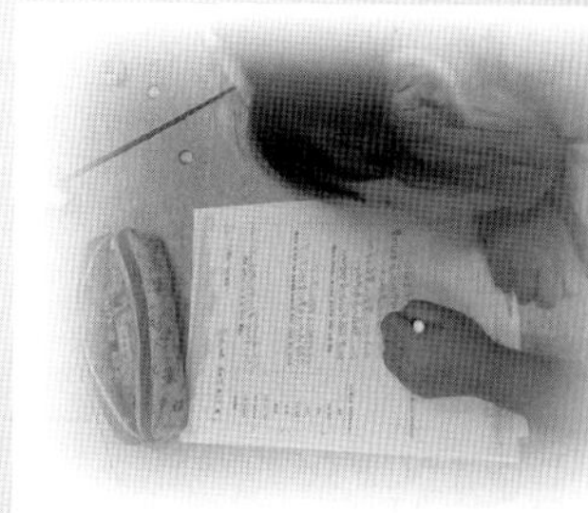

키워드로 내용 정리

키워드로 학습내용을 정리하기!

나의 성찰일지는 이렇게

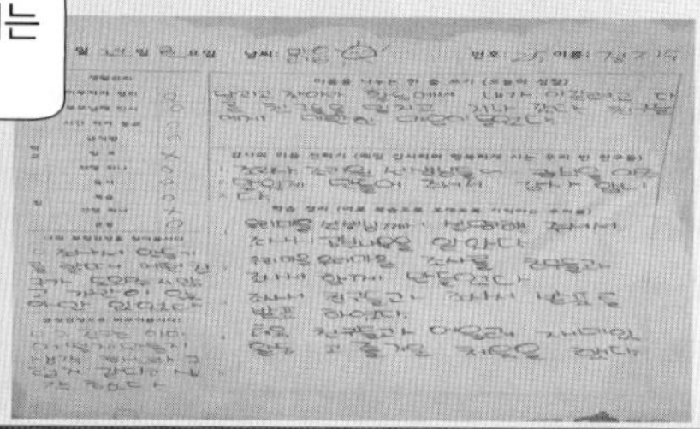

1. 오늘 학습한 과목과 주제를 팀별로 함께 토의하면서 적는다.
2. 각각의 시간에 배운 내용 중에서 가장 핵심되는 단어를 하나 선정하여 키워드로 적는다.
3. 팀별로 함께 토의하면서 키워드의 의미와 내용을 적어서 학습내용을 스스로 의미화한다.

③ 자기 성찰활동을 우리 교실에서는 이렇게 실천합니다.

마음 한 줄 쓰기

활동내용: 하루를 보내면서 부정적인 감정이 들었던 경험이 무엇인지 스스로 살펴보고, 그때의 자기의 마음을 한 줄로 표현한다.

활동목적: 부정적인 감정을 들게 했던 경험과 그때의 마음을 스스로 살펴보면서 긍정적인 생각을 알아보고 자신의 생활에 긍정적인 의미를 부여한다.

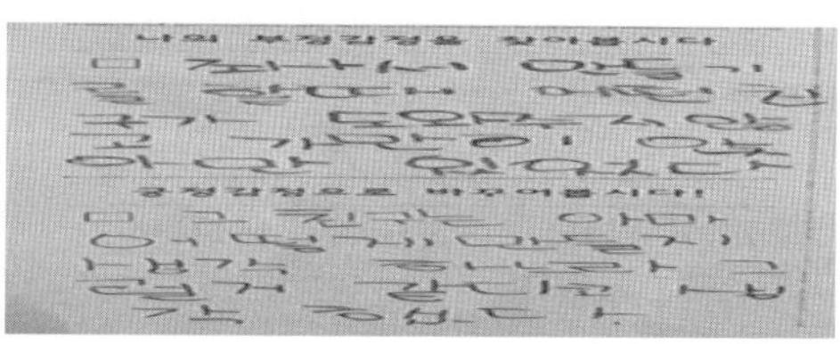

하루 중 부정적인 마음을 만들었던 경험을 떠올리고, 긍정적으로 바꾸어보는 한 줄 쓰기 활동으로 긍정적으로 생활하는 의미를 알게 되었다.

감사 한 줄 쓰기

활동내용: 하루를 보내면서 사소한 것이라도 감사한 일이 있었는지 생각해보고, 그 대상에게 감사의 마음을 글로 써서 표현하기

활동목적: 감사하는 마음을 직접 글로써 표현하여 현재의 생활을 긍정적으로 수용하고 더욱 행복한 아이로 성장할 수 있게 하였다.

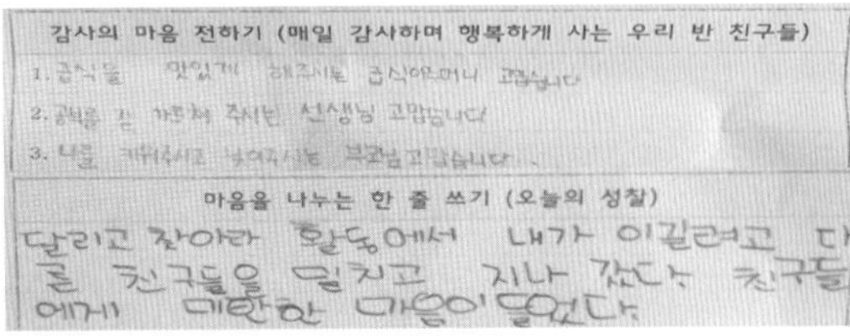

감사의 마음 전하기 (매일 감사하며 행복하게 사는 우리 반 친구들)

1. 급식을 맛있게 해주시는 급식아주머니 고맙습니다
2. 공부를 잘 가르쳐 주시는 선생님 고맙습니다
3. 나를 키워주시고 낳아주시는 부모님 고맙습니다.

마음을 나누는 한 줄 쓰기 (오늘의 성찰)

달리고 잡아라 활동에서 내가 이길려고 다른 친구들을 밀치고 지나 갔다. 친구들에게 미안한 마음이 들었다.

사소한 것 하나에도 감사할 줄 아는 마음을 가지게 되었다. 감사하는 마음과 행동이 습관화가 되어서 감사의 의미를 알고, 매일 기분이 좋아지고 행복해졌다.

스스로 의미화하기

활동내용: 오늘 하루 학습한 내용을 시간과 과목별로 알아보고, 각 시간별로 학습한 것 중에서 가장 핵심되는 단어를 찾아서 키워드로 적어서 기억하기

활동목적: 학습한 내용을 키워드로 기억하고, 키워드와 관련된 내용을 연계지어서 기억함으로써 학습한 내용을 스스로 의미화할 수 있게 하였다.

어떻게 복습해야 하는지 몰랐는데, 키워드를 함께 찾고서 다른 것들을 연계지어 기억하니까 훨씬 도움이 많이 되었다. 학습내용을 학생들 스스로 의미화하였다.

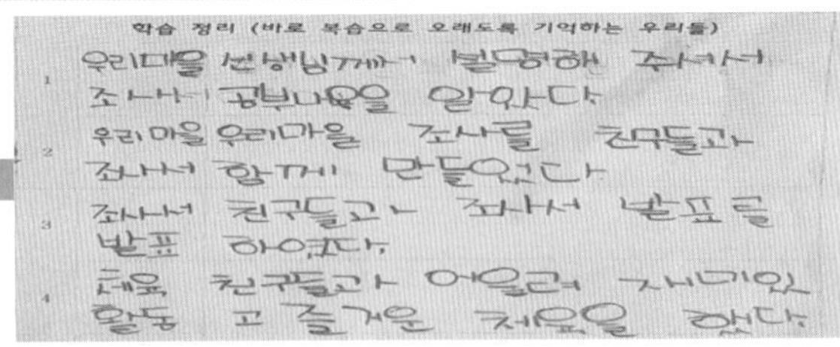

학습 정리 (바로 복습으로 오래도록 기억하는 우리들)

1 우리마을 선생님께서 설명해 주셔서 조사니 공부내용을 알았다.

2 우리 마을 우리마을 조사를 친구들과 조사서 함께 만들었다

3 조사서 친구들과 조사서 발표를 발표 하였다.

4 체육 친구들과 어울려 재미있 활동 고 즐거운 체육을 했다.

④ 더 나아가서 부정언어를 긍정언어로 바꾸어주는 활동하기

긍정언어로 설명양식 바꾸기

제거, 감소	원인 찾기	긍정언어로~!
일주일간 함께 지내면서 짝이 없애야 하거나 줄여야 하는 부정적인 감정이 무엇이었는지 찾기	부정적인 감정을 가지게 된 원인이나 이유에 대해서 짝과 함께 이야기를 나누기	원인을 긍정언어로 설명 양식을 바꾸어보고, 앞으로 긍정정서를 더 많이 가지도록 다짐하기

나의 부정감정은 무엇?

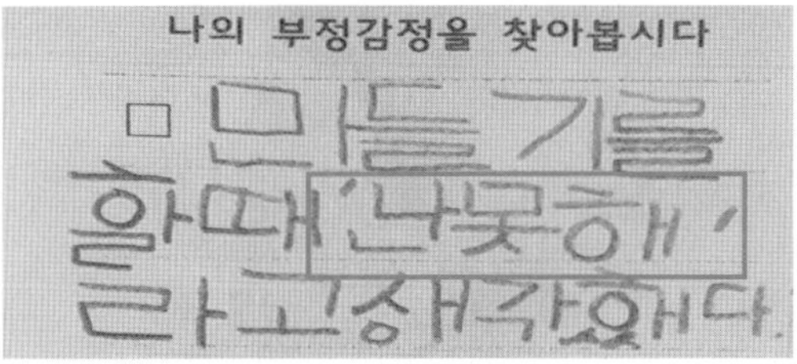

이렇게 생각하면 될까?!

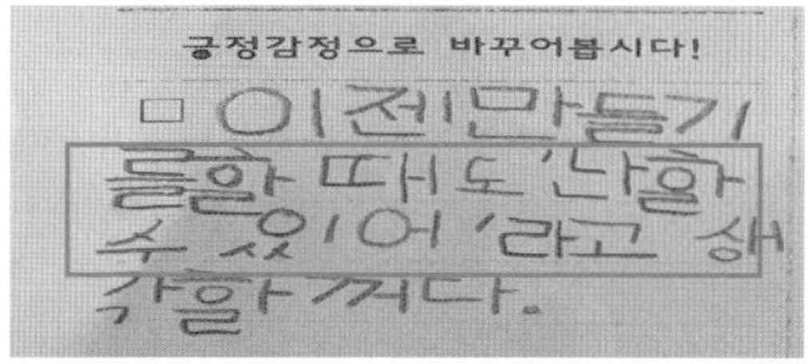

reflection 자기성찰

자기 성찰활동은 긍정과 감사의 마음, 스스로 의미화하는 행복 도구이다!

자기 성찰활동은 3가지 활동으로 이루어졌다. 마음 한 줄 쓰기 활동으로 아이들은 자신의 부정적인 마음의 잘못된 점을 깨닫고 긍정적으로 생각하는 의미를 찾게 되었다. 감사의 마음 한 줄 쓰기 활동으로 매사에 감사하며, 사소한 것 하나에도 감사의 마음을 표현할 줄 아는 매우 행복한 아이가 되었다. 학습내용을 키워드로 정리하는 활동으로 그날 배운 내용을 핵심단어를 중심으로 하여 자기 스스로 의미화하면서 복습하고 기억하게 되었다. 이 활동을 통하여 긍정정서가 더욱 자라났고, 감사의 마음을 길러주었으며, 학습내용을 스스로 의미화할 수 있게 되었다

*(참고) 자기 성찰일지는 개별 러닝 포트폴리오에, 팀 성찰일지는 팀별 러닝 포트폴리오에 각각 철을 한 뒤에, 각 단원별 러닝 포트폴리오 전시회 시간에 함께 살펴보면서 스스로 반성도 하고 서로에게 피드백을 제공해주는 자료로 활용하였다.

(2) 팀 성찰하기 활동 실천하기

① 이런 마음에서 시작했어요

누군가로 인하여 드는 분노, 화, 적대감과 같은 부정정서는 나를 더욱 힘들게 하고, 더 나아가 주변 사람들과 내가 포함된 조직에 해를 끼치게 되므로 빨리 해소하는 것이 좋다. 또한 부정정서를 참는 것 또한 자신에게 악영향을 끼친다고 하였다. 부정정서를 가장 올바르게 해결하는 방법은 서로 대화를 하고, 이해하고 용서를 하는 것이다. 팀 학습을 통하여 느끼게 된 서로의 부정정서를 해소하기 위한 방법이 바로 팀 성찰활동이었다.

② 팀 성찰활동은 이렇게 하면 됩니다

오늘 있었던 팀별 활동 중에서 해서는 안 되는 행동인데 했던 행동을 찾아 적기	팀별 활동 중에서 필요는 하지만 너무 많이 해서 힘들었던 행동 찾아 적기	팀별 활동 중 많이 해야 하는 활동임에도 불구하고 적게 했던 행동 찾아 적기	팀별 활동 중 해야하는 행동인데 불구하고 하지 않았던 행동 찾아 적기	활동을 하면서 가장 열심히 도움을 주고 적극 참여한 팀원 찾아 칭찬하기
제거(E)행동찾기	**감소(R)행동찾기**	**증가(R)행동찾기**	**창조(C)행동찾기**	**최고의 팀원은?**

제거, 감소, 증가, 창조는 블루오션의 ERRC전략[2]에 기초하여 개발한 팀 성찰활동 방법이었다. 제거와 감소해야 하는 행동은 팀 활동에 안 좋은 영향을 미치는 부정정서 및 행동이며, 증가와 창조해야 하는 행동은 좋은 영향을 주는 긍정정서 및 행동이다. 팀 성찰활동은 함께 부정정서와 긍정정서를 확인하고 더 나은 팀 성취를 이루는 데 매우 큰 도움이 될 수 있었다.

③ 팀 성찰활동은 이렇게 실천했어요

㉮ 매주 목요일 마지막 시간에 팀별로 성찰활동 시간을 제공하였다. 일주일간의 팀 활동 중에서 가장 힘들었거나 어려웠던 팀 활동을 하나 선정하여 성찰을 하였다.

㉯ 제거하거나 감소해야 하는 행동을 함께 찾아보면서 우리 팀의 부정정서를 확인하고, 증가하거나 창조해야 하는 행동을 찾아서 우리 팀의 긍정정서를 확인하였다.

㉰ 긍정정서를 더욱 키워갈 수 있도록 함께 다짐하고, 한 주 동안 최고의 팀원을 선정하였다.

"선생님! 이제는 팀 활동이 더 이상 힘들지 않고 재미있어요!"

열심히 참여를 하지 않는 친구 때문에 생기는 적대감, 괜히 나만 열심히 하는 것 같아서 드는 분노는 빨리 해결을 해야 앞으로 계속 이어지게 될 거꾸로 배움에서 더 좋은 결과를 이끌어 낼 수가 있다. 활동 후 팀성찰 일지 작성을 통하여 힘들었던 점, 아쉬웠던 점 등에 대하여 이야기를 나누면서 부정정서는 줄이고, 긍정정서는 더욱 높이도록 하였다.

2) Eliminate(제거), Reduce(감소), Raise(증가), Create(창조)를 의미하며, 사업 평가에 유용하게 활용되는 전략이다.

			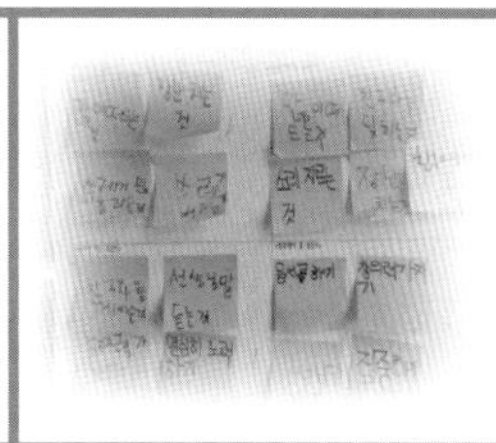
힘든 활동 서로 감상하기	성찰하는 우리 모습	성찰내용을 적어 붙여요	우리 팀 성찰 결과물

팀 성찰일지 활동지는 다음과 같았다.

팀 성찰일지 활동지

월 일 요일	우리 팀 활동 성찰하기	기록
오늘 함께한 활동은 무엇이 있었나요?	(친구들이 이야기하면 기록이가 받아 적습니다.) (기억나는 활동) (활동 주제)	
오늘 하루 동안 함께한 소감나누기 (주제에 맞게 팀별로 이야기를 나누고 적어보세요)	(우리 팀이 제거해야 할 행동은 무엇일까요?) (우리 팀이 감소해야 할 행동은 무엇일까요?) (우리 팀이 증가시켜야 할 행동은 무엇일까요?) (우리 팀이 창조해야 할 행동은 무엇일까요?)	
칭찬합니다	우리 팀을 위해 최선을 다한 팀원을 뽑아보자! 칭찬합니다	

오늘 하루 동안 우리 팀이 했던 활동에 대해 별점을 매겨봅시다.

4. 다양한 교수학습 활동으로 거꾸로 배움을 교실에서 실천하기

교실에서 학생 활동 중심의 거꾸로 배움이 일어나기 위하여 액션러닝, 팀 기반 학습, 토의·토론 학습, 융합인재교육, 프로젝트 학습법 등을 고르게 사용하여 다양한 교수학습 활동을 계발하고 적용하였다. 다양한 교수학습 활동은 학생들의 창의적 사고력을 키워주기 위한 생각교환 중심활동, 비판적 사고력과 의사소통 능력 향상에 도움을 주기 위한 토의·토론 중심활동, 학습에 대한 흥미와 재미를 높이기 위한 움직임 중심활동, 학생들의 감성을 높여주기 위한 음악·미술 중심활동, 평가에 대한 거부감을 없애고 친구들끼리 서로의 작품을 모두 감상할 수 있는 기회를 제공해주는 상호평가 중심활동으로 분류된다.

분류 기준에 따른 활동명과 활동에 대한 주요 설명 및 관련 교수법은 아래의 표와 같다.

표 2-2 거꾸로 배움을 위한 교수 학습 활동 소개

분류	활동명	주요 설명	관련 교수법*				
			액	팀	토	융	프
생각교환 중심활동	실타래로 엮어 봐요	실타래로 엮어가면서 팀별 이야기를 나누게 됨으로써 모두가 적극 참여하는 활동	○	○			
	짝과 함께 해결해요	짝과 함께 서로 질문을 통해 함께 스스로 학습하는 활동		○	○		
	눈덩이를 크게 키워요	사고의 발산과 수렴을 통해 창의적 사고력을 키우는 활동		○	○		
	기차로 주고받아요	팀별 생각을 주고받으며 사고의 확장을 경험하는 활동	○	○	○		
	섞여서 생각을 교환해요	팀원 각자 다른 팀원과 만나서 생각을 주고받아 창의적인 사고력을 키우는 활동	○	○	○		
	칠판을 나누고 공유해요	빠른 시간에 칠판을 활용하여 팀별 상호작용이 가능한 활동	○	○			
	생선뼈로 함께 정리해요	생각을 체계화하여 요약하도록 도와주는 활동	○		○		
	섞여서 함께 알아보아요	다른 팀원과 서로 섞여서 서로의 생각을 다양하게 알아보는 활동	○		○		
	다 함께 발표해요	동시다발적인 발표를 통해 지루한 발표 시간을 역동적으로 만들어주는 활동		○			

분류	활동명	주요 설명	관련 교수법*				
			액	팀	토	융	프
토의·토론 중심활동	최고의 생각을 찾아요	모두가 참여하여 우리 생각을 결정하는 활동	○	○	○		
	일급비밀을 찾아요	차시별 내용 정리를 팀별로 작성하는 활동	○		○		○
	가지 만들어 상상해요	부정가지와 긍정가지를 만들어 바른 생활 습관의 중요성을 스스로 알아가는 활동		○	○		
	우리 반 만다라트 완성하기	한 단원의 주요개념을 만다라트로 정리하는 활동	○	○	○		○
	우리 팀만의 문제 만들기	이번 시간에 학습할 내용을 우리 팀이 스스로 만들어가는 활동	○	○	○		○
	우리 팀 문제 해결하기	우리 팀의 문제를 다른 팀원과 함께 해결해보는 활동	○	○	○		○
움직임 중심활동	문제와 정답은 우리가 만들어요	달리고 찾아라 활동을 위한 문제와 정답 카드 만드는 활동	○	○			
	달리고 찾아요	문제카드를 찾고, 정답을 찾아서 달려오는 기본활동			○	○	
	외쳐서 찾고, 함께 수행해요	짝을 서로 찾고, 미션을 함께 수행하는 활동	○	○		○	
	달리고 짝을 찾아요	선택한 카드와 짝 카드를 들고 있는 친구를 찾는 활동	○	○		○	
	미션을 수행해서 찾아요	교과서에서 제시하는 다양한 활동을 수정·보완하여 미션으로 제시하는 활동	○	○		○	
	술래를 잡아 찾아와요	정답카드를 들고 있는 술래를 잡아서 달려오는 활동	○	○		○	
	게임활동으로 즐거운 시간	다양한 게임활동으로 즐겁게 즐기면서 학습하는 활동		○			

분류	활동명	주요 설명	관련 교수법*				
			액	팀	토	융	프
음악·미술 중심활동	음악과 함께 시로 표현해요	주제 관련 음악을 듣고, 관련 시를 지어 보고 평가하는 활동		○		○	
	팀 그림을 완성해요	팀별로 하나의 그림을 그리고 각자 따로 색을 칠하여 그림을 완성하는 활동		○	○		
	역할극으로 정리해요	역할극으로 공부한 내용을 정리하여 서로 가르쳐주고 배우는 활동	○	○			○
	노래를 개사해서 외워요	공부한 내용으로 관련 노래를 개사하여 학습하고, 동시에 발표하는 활동	○		○	○	
	동영상으로 흥미를 높여요	학생들이 만든 노래 가사 관련 그림을 영상책으로 만들어서 보여주는 활동		○		○	
	다양한 팀 책 만들기	다양한 방법으로 팀별 책을 만드는 활동	○	○	○		
	함께하는 융합교육	하루종일 융합인재교육하는 날을 운영하는 활동	○	○	○	○	○
	계절에 맞게 교실을 꾸며요	계절별로 교실의 환경을 팀별로 꾸며보는 활동		○	○	○	○
상호평가 중심활동	EDS로 서로 평가해요	EDS기법을 수정·보완하여 상호평가하는 활동	○	○	○		
	신호등으로 평가하기	자기 손 신호등을 활용하여 상호평가하는 활동	○	○			
	내 이름을 걸고 평가하기	자기 이름이 적힌 견출지를 활용하여 상호평가하는 활동	○	○			
	둘 가고 둘 남아서 평가해요	짝을 지어서 우리 반 모두의 작품을 상호평가하는 활동	○	○	○		
	PMI로 평가해요	PMI기법을 수정·보완하여 상호평가하는 활동	○	○	○		

*액–액션러닝, 팀–팀 기반 학습, 토–토의·토론 학습, 융–융합인재교육, 프–프로젝트형 학습

1) 분류1 : 생각교환 중심활동

(1) 실타래로 엮어 봐요

① 이런 활동입니다.

『실타래로 엮어 봐요』 활동은 팀별로 서로의 생각을 이야기 나눌 때 활용한 교수학습 방법이다. 『실타래로 엮어 봐요』 활동은 토의·토론 학습법 중 라운드 로빙 방법을 수정한 활동으로서, 백지에 서로의 의견을 돌아가며 적는 라운드 로빙 방법에서 실타래를 활용하여 팀별로 순서를 정하고 순서에 따라 서로의 이야기를 나눌 수 있도록 수정한 활동이 바로 『실타래로 엮어 봐요』이다.

팀별로 모여서 이야기를 나누라고 하면, 어떻게 참여를 해야 하는지 모르는 학생, 참여하기를 싫어하는 학생으로 인해 항상 무임승차를 하는 학생들이 생겨서 고민이었다. 그래서 찾은 활동이 바로 『실타래로 엮어 봐요』 활동이다. 이 활동은 팀원이 모여서 각자의 경험에 대한 이야기를 나누면서, 이야기를 한 학생은 손가락에 실을 한 번씩 감도록 하는 활동이다. 팀별로도 누가 얼마나 참여하고 있는지 바로 확인이 가능하며, 교사의 입장에서도 학생들의 손가락에 묶인 실 묶음의 개수를 통해 참여정도를 바로 확인이 가능하여 피드백이나 순시지도에 많은 도움이 되는 활동이다. 『실타래로 엮어 봐요』 활동을 통해 학생들은 각자의 손가락에 더 많은 실을 감기 위해 자신의 순번을 기다리고, 이야기 활동에 열심히 참여하며 친구들의 이야기에 더욱 경청하는 모습을 볼 수 있었다.

② 이렇게 활동을 하면 됩니다.

(예시차시: 통합교과 가족 2. 나의 친척을 소개하고 소중함을 이야기해요)

❶ 함께 팀별로 이야기를 나눌 주제 정하기

팀별로 이번 시간에 배울 주제와 관련되는 우리 팀만의 이야기 소재를 정한다.

● 이야기 소주제 결정하기

우리는 친척의 소중함을 어떻게 알 수 있을까?

음.. 주제가 조금 어려운 것 같아. 우선은 나는 친가와 외가 쪽 친척을 먼저 소개해야 할 것 같아.

그래! 유○이의 말대로 먼저 친척을 소개하고, 친척과 있었던 좋았던 일, 안 좋았던 일을 말하면서 소중함을 이야기하면 어떨까?

❷ 팀별로 소주제에 맞게 순서에 따라 이야기 나누기

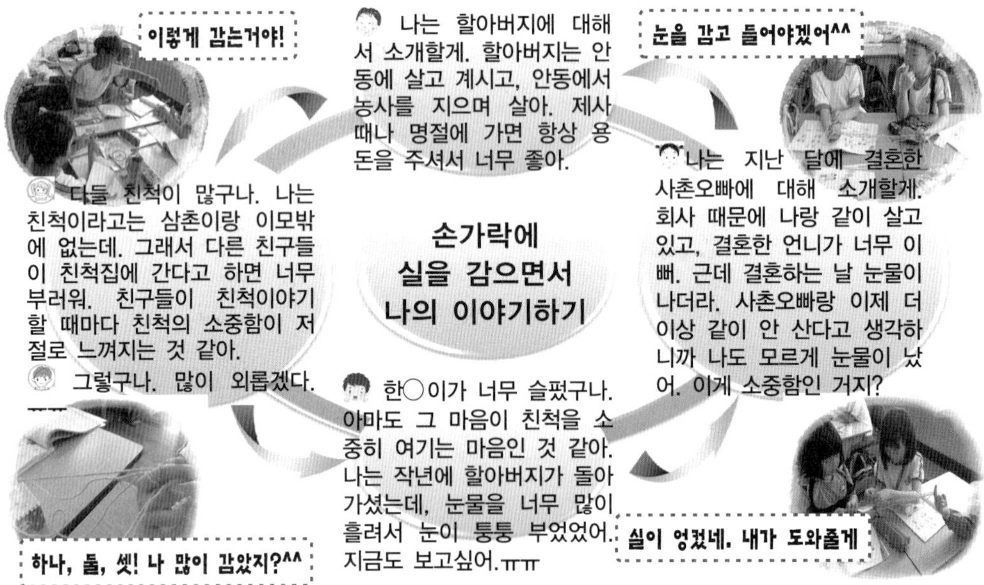

(2) 짝과 함께 해결해요

① 이런 활동입니다.

『짝과 함께 해결해요』 활동은 수업 도입 단계에서 주로 활용한 활동으로 지난 시간에 학습한 내용에 대한 복습을 위해 활용하였다. 지난 시간에 학습한 내용을 스스로 재학습하면서 궁금한 내용이나 잘 몰랐던 내용에 대해 짝에게 질문을 하고 짝이나 팀원은 그 질문에 각자의 생각으로 답변을 달아주었다. 이는 서로의 상호작용을 통해 자기주도적인 학습이 가능하도록 계발한 활동이다.

② 이렇게 활동을 하면 됩니다.

1 짝에게 궁금한 것 혹은 중요한 내용에 대해 질문하기

☞ **친구야! 이것이 궁금해**

지난 차시에 배운 내용 중에 내가 잘 모르는 내용이나 기억이 잘 나지 않는 내용에 대해 짝에게 질문을 한다. 질문은 포스트-잇에 적어서 "친구야! 이것이 궁금해" 칸에 붙인다.

☞ **친구야! 이것은 아니?!**

지난 차시에 공부한 내용 중에 선생님께서 중요하다고 한 부분이나 내가 생각하기에 중요하다고 생각되는 내용에 대해 짝에게 질문을 한다. 질문을 하는 방법은 포스트-잇을 활용한다.

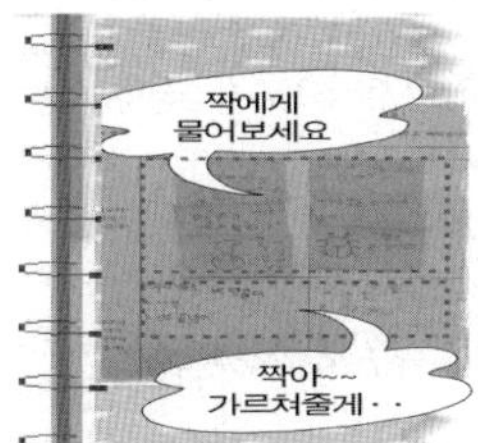

2 척척박사가 되어 짝에게 설명해주기

짝의 질문 중에 답을 아는 것에 대해서는 척척박사가 되어 질문이 붙어있는 아래의 칸에 설명을 적어준다.

3 모르는 내용은 함께 찾아가며 척척박사가 되기

짝의 물음과 질문 중에서 모르는 것은 함께 책을 찾아보거나, 선생님에게 질문을 하여 함께 답을 알도록 한다. 알게 된 답을 함께 적으면서 우리 모두 척척박사가 되어간다.

: "사라져가는 곤충에는 무엇이 있었나요?"
: "장수하늘소, 반딧불이, 물장군 등 다양하단다. 더 알아볼까?"

아이들이 만든 문제와 답변은 이러해요

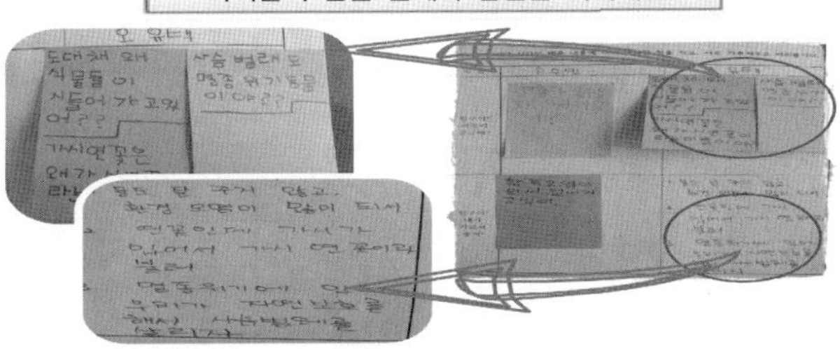

③ 활동에 사용한 활동지는 이러합니다.

우리는 무엇을 배웠을까? – 이것이 궁금해요!

짝과 함께 지난 시간에 배운 내용에 대해 궁금한 점을 적고, 서로 가르쳐주고 배워봅시다.

이름		
친구야! 이것이 궁금해?		
친구야! 내가 가르쳐 줄게!		

④ 이렇게 활동을 할 수 있어요.

미리 읽기자료를 통해 학습해온 내용을 짝과 함께 이야기 나누면서, 이번 시간에 우리가 함께 꼭 배우고 기억해야 할 학습 문제를 함께 이야기한다. 그리고 함께 학습을 하면서 짝끼리 만든 문제에 대한 해답을 찾아가도록 하는 활동도 가능하다. 아래와 같은 활동 순서로 적용이 가능하다.

활동 순서 및 방법

- **공부할 내용 확인(예시단원: 2학년 통합 여름2 맛있는 여름 음식 종류 알아보기**
  미리 학습해온 내용을 토대로 이번 시간에 공부할 내용에 대해 짝과 함께 이야기한다.

- **중요한 내용 골라서 함께 문제 만들기**
  짝과 생각을 교환하여 이번 시간에 함께 해결해야 할 가장 중요한 학습문제를 찾고 문제로 만든다

- **공부하면서 문제에 대한 해답을 함께 찾고 적기**

우리들이 만든 문제와 찾은 답은 이러해요!

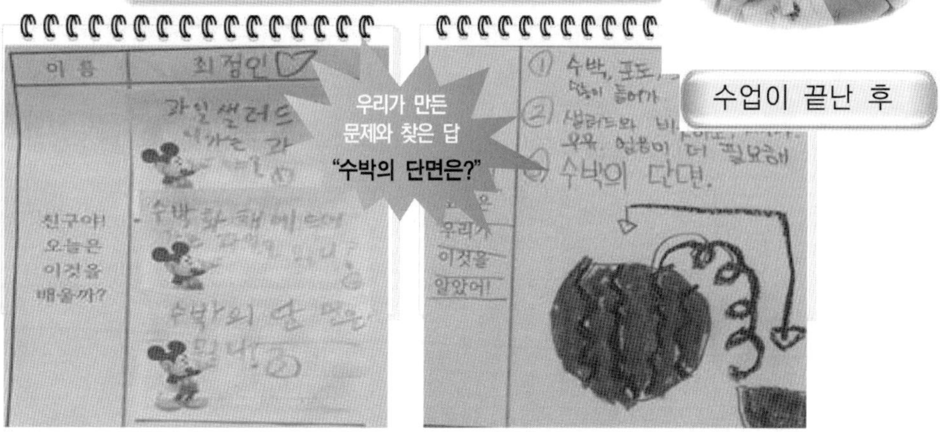

(3) 커지는 눈덩이

① 이런 활동입니다.

『커지는 눈덩이』 활동은 나의 생각, 짝과의 생각, 팀의 생각을 차례대로 알아보는 활동으로 학생들 스스로 사고의 발산과 수렴을 경험함으로써 창의적인 사고력을 키워주기 위해 계발한 활동이다. 학생들은 나 혼자의 생각을 적을 때보다, 짝과의 생각을 함께 적을 때 그리고 팀의 생각을 모두 모아서 함께 적을 때 더 많은 생각과 아이디어를 얻을 수 있음을 스스로 알 수 있게 된다. 학생들의 창의적 사고, 다양한 생각을 함께 모아야 하는 학습 주제에서 언제나 사용할 수 있는 교수학습 활동 방법이다.

본 활동은 공동의 목표를 위해 동시다발적으로 모두 참여함으로써 생각을 다양하게 확장하고 창의적으로 선택하는 활동으로, 팀 내 상호작용으로 창의적 사고력을 이끌어내는 활동이라고 할 수 있다.

② 이렇게 활동을 하면 됩니다.

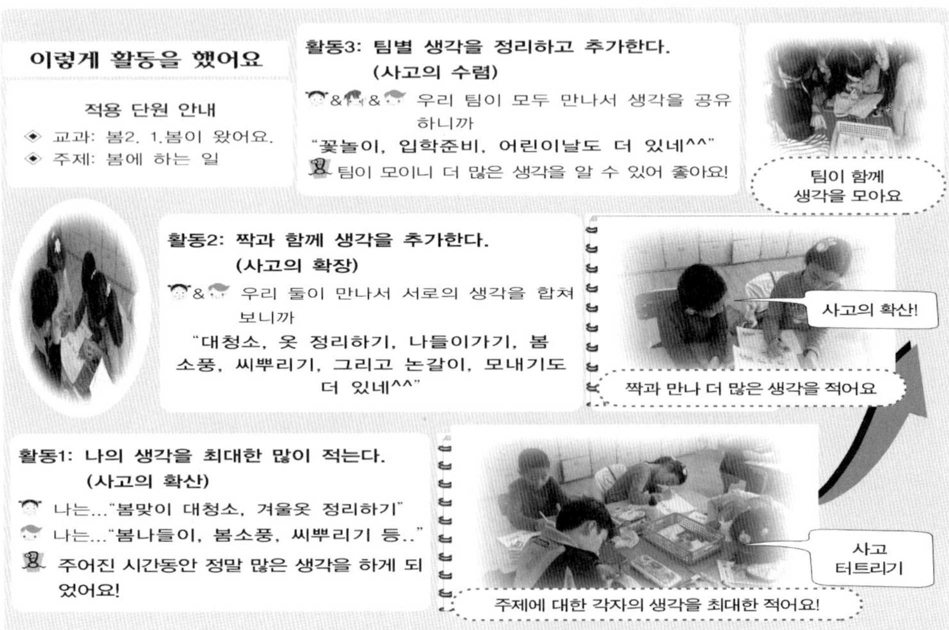

③ 활동에 사용한 활동지는 이러합니다.

커지는 눈덩이 (나+너+우리+ 함께 생각 나누기 하기)

나의 생각은?	짝과의 생각은?	우리 팀 생각은?

④ 커지는 눈덩이는 활용도가 매우 높습니다.

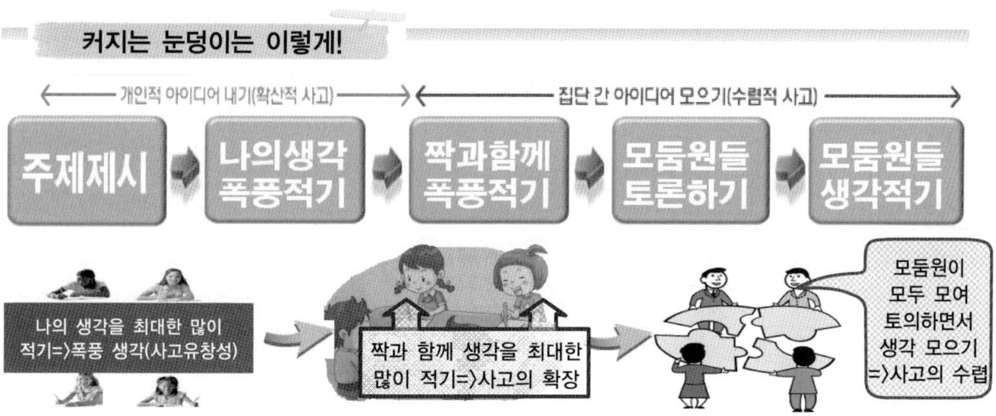

『커지는 눈덩이』 활동은 각자의 생각을 정리해서, 팀원별로 생각을 모아야 하는 학습 활동으로, 이와 관련된 학습 차시 주제에서는 언제나 활용이 가능한 매우 폭넓은 활동방법이다.

(4) 기차로 주고받아요

① 이런 활동입니다.

『기차로 주고받아요』 활동은 우리 교실에서는 커지는 눈덩이 활동 이후에 연달아 하게 되는 활동이다. 본 활동은 팀별로 서로의 생각을 교환해야 하는 학습 주제에서 활용이 가능한 활동이다. 저학년에 맞게 활동이 꾸며져 있으며, 같은 목적으로 고학년용으로 계발한 활동은 『섞여서 생각을 교환해요』 활동으로 다음 활동에서 소개한다.

『기차로 주고받아요』 활동은 교실은 앉아서 공부하는 공간이라는 학생들의 인식을 바꿔주고 싶은 마음에 계발한 활동이다. 교실에서 가능한 간단한 신체 활동으로 교실도 즐거운 활동 공간이라는 생각을 심어주고, 서로의 생각을 주고받으며 사고의 확장도 함께 가져올 수 있도록 활동을 만들어보았다.

② 이렇게 활동을 하면 됩니다.

㉮ '커지는 눈덩이'에서 완성한 팀원의 생각이 모두 포함된 학습지를 활용하여 다른 팀과 생각을 교환하고 싶은 것, 다른 팀에서는 생각을 하지 못했을 것 같은 우리 팀만의 생각을 10개에서 15개를 선정하여 포스트-잇에 옮겨적고서, 활동지 중 '하나 주고'라고 적힌 칸에 포스트-잇을 붙인다.

㉯ 팀별로 팀 내 순서에 맞게 기차대형으로 팀 기차를 만들고 지정된 노래를 부르면서 교실을 움직인다.

㉰ 그리고 교사의 "만나세요" 라는 외침이 들리면 가장 가까이에 있는 다른 팀 기차와 만나서 서로 동그라게 선 뒤에, 팀별 생각을 보고 서로 하나씩 생각을 교환한다. 모든 학생이 한 번씩 제일 첫 기차가 될 수 있도록 여섯 번을 반복한다.
(주의) 생각을 교환할 때 모든 학생이 함께 참여를 할 수 있도록 동그란 대형을 만들어서 함께 생각을 교환할 수 있도록 한다.

이렇게 활동을 했어요

적용 단원 안내

◈ 교과: 봄2. 1.봄이 왔어요.
◈ 주제: 봄에 하는 일

활동3: 노래 부르며 교실을 돌아다니다, 선생님 신호에 멈추고, 근처 기차와 만나 생각을 주고받는다.

&"모둠별로 모여서 신나게 공부해~♬"

선생님의 "만나세요" 라는 신호에 따라 가까운 기차를 만나서 생각을 하나씩 주고받는다.

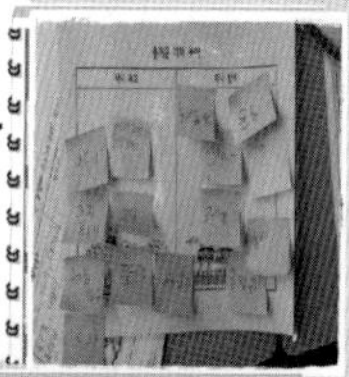

활동2: 팀별로 순서를 정하고 팀 기차를 만든다.

&"우리 팀은 팀원 번호대로 기차 만들자"

1번 기차는 학습지를 앞에 들어서 다른 팀에게 우리 팀의 생각이 잘 보일 수 있도록 한다.

활동1: 커지는 눈덩이(23쪽) 활동 후 다양한 생각 중 15개를 선정하여 포스트잇에 적고 붙인다.

다른 팀이 생각을 하지 못할 것 같은 아이디어 15개를 선정하고 포스트-잇에 적어서 학습지에 붙인다.

③ 활동에 사용한 활동지는 이러합니다.

☞ 즐거운 기차 놀이 학습지는 다음과 같았어요! ☜

즐거운 기차 놀이

하나 주고	하나 받기
	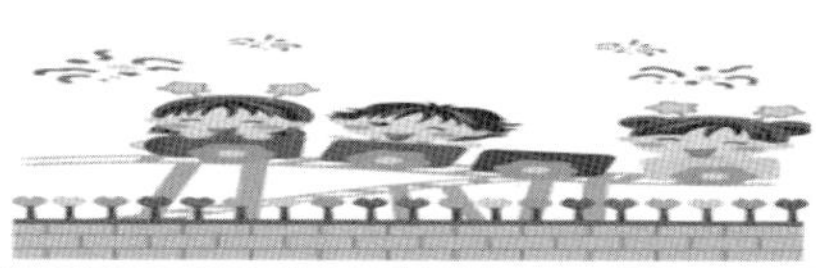

④『기차로 주고받아요』 활동은 이러했습니다.

"선생님~! 이거 정말 수업 맞아요? 이렇게 재미있을 줄이야^^"

활동 제목 그대로 학생들은 정말 즐거운 기차놀이를 하였다. 즐거운 활동 속에서 학생들이 먼저 충분히 생각하는 시간을 주고, 그 생각들을 서로 나누면서 상호작용하게 함으로써 창의성 신장에 도움을 줄 수 있었다. 모든 학생이 기차놀이에 반드시 참여하게 되면서 활발한 활동이 될 수 있었으며, 의사소통 능력도 더 높일 수가 있었다.

⑤ 더 나아가서

『기차로 주고받아요』 활동은 학생들이 매우 즐겁게 참여하는 활동이다. 서로의 생각을 교환하는 활동에서 두루 이용이 가능하며, 모든 교과에서 활용이 가능하다. 학생들이 가끔씩 지루해하거나 수업에 대한 참여도가 낮아질 때쯤, 서로의 생각을 교환해보는『기차로 주고받아요』 활동을 적용해보라. 놀라운 일이 벌어질지도 모를 것이다.

(5) 섞여서 생각을 교환해요

① 이런 활동입니다.

『섞여서 생각을 교환해요』 활동은『기차로 주고받아요』 활동의 고학년 버전이라고 생각을 하면 된다. 물론 저학년 학생의 경우에도 훈련만 잘 되어 있다면 충분히 활용이 가능하며, 우리 교실에서는 저학년임에도 불구하고 학생들이 매우 즐겁게 참여를 하는 활동이다.

활동은『커지는 눈덩이』 활동과 연계를 하여 운영이 된다. 하지만 기존의 커지는 눈덩이 활동은 팀원의 생각까지 함께 모은 것에 비해, 이 활동에서는 짝과의 생각을 나누는 활동까지 커지는 눈덩이 활동으로 하게 되며, 팀원의 생각을 모으는 활동은 이젤패드를 활용하여 포스트-잇으로 함께 모으게 된다.

모든 학생이 동시다발적으로 활동에 참여를 하게 되며, 다른 팀원과 섞여서 우리 팀의 생각을 서로 교환하는 활동이다. 거꾸로 배움을 위하여 집에서 각자 해당 주제에 대하여 스스로 공부를 해오고, 여러 가지 생각들을 가지고 와서 함께 팀원의 생각을 모은 뒤, 다른 팀원과 다양한 생각을 교환해보는 활동으로 학생들의 창의적 사고력, 의사소통 능력을 향상시켜줄 수 있는 학습 방법이다.

② 이렇게 활동을 하면 됩니다.

㉮ 2칸으로 이루어진 '커지는 눈덩이' 활동지를 이용하여, 우선 주제에 맞는 자신의 생각을 충분히 적도록 한다. 그리고 짝고 함께 모여서 짝과의 생각을 함께 모은다.

㉯ 2칸짜리 칸까지 완성된 활동지를 팀별로 모아서, 함께 생각을 교환하며 포스트-잇에 관련 생각들을 적고 이젤패드의 '우리 생각을 적어요'란에 붙이도록 한다.

㉰ 팀별로 1~6까지의 숫자를 가지고, 각 팀원은 각각 숫자를 정하고 각 팀별로 같은 숫자를 고른 친구들끼리 만나서 서로의 생각을 교환한다. 생각을 교환하러 갈 때 자기 팀에서 적은 생각 중에서 다른 팀에게 알려주고 싶은 생각이 적힌 포스트-잇을 하나씩 가지고 가서 생각을 교환한다. 이렇게 정해진 시간 혹은 정해진 횟수만큼 서로의 생각을 교환하도록 한다.

(팀원은 각자 숫자를 정해요)

(같은 숫자끼리 만나서 교환해요)

(이렇게 완성이 되어요)

(6) 칠판을 나누고 공유해요

① 이런 활동입니다.

『칠판을 나누고 공유해요』 활동은 팀별 상호작용 후 가장 빠른 시간에 그리고 동시에 서로의 생각을 공유하고 교환하는 방법이다. 앞에서 설명한 『커지는 눈덩이』, 『기차로 주고받아요』, 『섞여서 생각을 교환해요』 활동은 학생들에게 다양한 신체활동을 함께 제공하면서 생각을 교환하게 하는 장점을 가지고 있지만, 시간이 많이 걸린다는 단점을 가지고 있다. 이에 서로의 생각을 빠르게 공유하고 교환함으로써, 다음 활동을 바로 이어나갈 수 있도록 만든 활동이 바로 『칠판을 나누고 공유해요』이다.

주제에 대해 가정에서 각자의 생각을 가지고 와서 팀별로 이야기를 나눈 후, 팀별 아이디어를 바로 바로 칠판에 붙이고, 동시에 함께 공유할 수 있도록 하였다. 그리고 각 팀별로 서로의 생각을 살펴보고 가장 좋은 표현을 찾아보는 활동도 함께 이루어진다. 또한 가장 좋은 표현으로 뽑힌 아이디어는 우리 반 전체가 함께 실천해보는 활동으로 이어지게 된다.

② 이렇게 활동을 하면 됩니다.

이렇게 활동을 했어요

적용 단원 안내
- 교과: 봄2. 1.봄이 왔어요.
- 주제: 봄비

활동3: 팀별로 동시에 나와 다른 팀의 아이디어 중 좋은 것 15개를 골라서 함께 공유한다. (사고의 교환)

"탬버린을 세게 흔들어서 무서운 바람을 표현한다라는 생각이 좋아요!"

공유하고 좋은 표현 찾기!

활동2: 포스트-잇에 아이디어 15개를 골라서 적고, 칠판에 나누어진 각자 팀의 공간에 붙인다. (사고의 수렴)

"캐스터네츠를 경쾌하게 쳐서 봄바람을 표현하기"

"리듬막대로 봄비 오는 소리를 표현하기"

이렇게 붙였어요!

활동1: 함께 소통하며 팀 내에서 다양한 아이디어를 생산한다.(사고의 확산)

"우리 팀은 꽃샘 추위를 리듬악기로 표현하자!"

"우리 팀은 봄바람을 리듬악기로 표현할게~!"

다양한 아이디어 생산하고, 칠판에 붙여요!

③ 더 나아가서

『칠판을 나누고 공유해요』 활동은 협동학습에서도 제시를 하고 있는 활동으로서 학생들의 다양한 생각들을 이끌어내고, 동시에 공유를 할 수 있는 효과적인 방법이다. 학생들의 아이디어를 이끌어내고, 함께 공유해야 하는 어느 교과, 어느 차시에서라도 활용이 가능한 유용한 학습 방법이다.

(7) 생선뼈로 함께 정리해요

① 이런 활동입니다.

『생선뼈로 함께 정리해요』 활동은 마인드맵, 브레인스토밍, 브레인 라이팅 활동과 유사한 활동이지만 학생들의 생각을 체계화해서 요약할 수 있다는 점에서 차이점이 있는 활동이다. 학생들의 다양한 생각들을 정리할 수 있도록 도움을 주기 위하여 사용한 교수학습 방법으로, 토의·토론 수업에서도 활용이 되는 교수학습 방법이다.

② 이렇게 활동을 하면 됩니다.

이렇게 활동을 했어요!

활동1: 마인드맵으로 주제관련 다양한 아이디어 생성
활동2: 생선뼈 그리기 활동으로 아이디어를 체계화하기

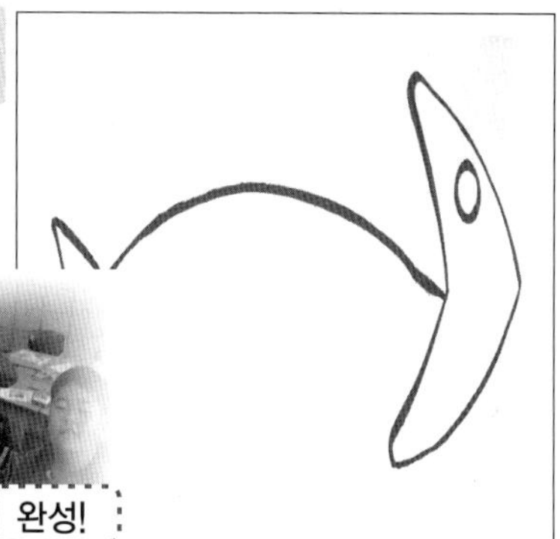

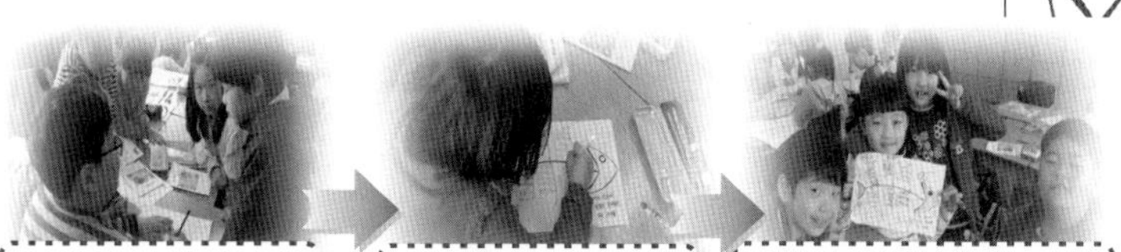

마인드맵하기 → 생선뼈로 체계화! → 짜잔~! 이렇게 완성!

〈학생들 활동 결과〉

③ 더 나아가서

우선 마인드맵 활동을 통해 학생들이 가정에서 학습해온 내용이나 각자가 가지고 있는 다양한 아이디어를 함께 공유한다. 그리고 각각의 아이디어를 알맞은 범주로 분류를 한다. 등뼈만 그려져 있는 생선의 그림을 제시해주고, 등뼈에서 뻗어나가는 가시는 학생들이 분류하는 주제에 따라서 그릴 수 있도록 한다. 어떤 문제가 주어지고 그것에 대한 해결책을 찾아가는 학습 주제나, 어떤 범주에 따라서 학습 내용을 구분지어야 하는 학습 주제에서 다양하게 활용할 수 있다.

(8) 섞여서 함께 알아보아요

① 이런 활동입니다.

『섞여서 함께 알아보아요』 활동은 학기 초에 팀원들 이외의 다른 친구들에 대해 알아보는 시간에 활용할 수 있으며, 수업 시간 중에는 서로의 경험에 대하여 반 전체 친구들을 조사해야 하는 학습 주제에 이용이 가능하다. 그리고 우리 교실에서는 우리 반 친구들의 경험에 대해 서로 서로 조사를 해야 하는 수업에서 주로 사용하였다.

『섞여서 함께 알아보아요』 활동은 교실에서 이루어지는 신체활동을 통한 생각교환 중심활동으로 교실에서 노래를 부르며 주위의 친구들과 섞여서 서로의 생각과 경험을 공유하고 이야기를 나누는 활동이다. 노래, 신체활동, 생각교환 활동이 두루 포함된 활동으로 즐겁고 재미있게 서로의 생각을 교환할 수 있는 활동이다.

② 이렇게 활동을 하면 됩니다.(예시자료는 통합교과 나2. 나는 특별해요)

㉮ 우선 교실 환경을 학생들이 충분히 움직일 수 있도록 공간을 최대한 크게 만든다. 그리고 우리 반 지정 노래를 부르면서 교실의 빈 공간에서 친구들과 함께 이야기를 나누고 몸동작도 함께 하면서 움직인다.

㉯ 노래 중간에 선생님이 제시하는 숫자(혹은 숫자에 해당하는 문제를 내기도 한다)에 해당하는 만큼의 친구들이 모여서 이야기를 나누고 활동지에 새롭게 알게 된 내용을 적는다. 이때 숫자에 맞게 모이지 못한 학생은 자리에 앉아 있는다.

㉰ 그렇게 활동을 반복하면서 우리 반 친구들에 대해 모두 새로운 내용을 알게 되었고, 활동지에 기록을 모두 한 친구는 지정된 위치에 순서대로 앉는다. 반 이상의 학생이 지정된 위치에 앉으면 활동을 멈추고, 자리에 다시 앉아서 후(後) 활동을 이어간다.

〈힌트 숫자에 맞게 짝을 찾아요!〉

〈함께 섞여서 취미와 특기를 알아보아요!〉

③ 활동에 사용한 활동지 결과물은 이러합니다.

서로 섞어서 찾아보아요!

이름: 김동우

이름	좋아하는 것	잘하는 것	장래희망
차성훈	태권도	줄넘기	의사
김동민	축구	피아노	축구선수
김영재	오락	달리기	경찰관
정지윤	축구	피구	축구선수
유강연	태권도	축구	축구선수
정예성	축구	피구	축구선수
백현찬	등산	달리기	농구선수
양주서	오락	줄넘기	래고만드는사람
정봉진	인라인타기	훌라후프돌리기	선생님
박준호	조종로봇	받아쓰기	과학자
김도연	그림그리기	청소	화가
서민주	그림그리기	공부	화가
이채린	그림그리기	피아노치기	피아니스트
최예은	청소	그림그리기	선생님
박현진	그림그리기	청소	요리사
김진호	피아노치기	그림그리기	화가
박지성	오락	퀼트	소방관
권나연	그림그리기	만들기	선생님
김지민	그림그리기	달리기	제빵사
신승연	햄스터	훌라후프	피아니스트
진찬호	오락	인라인스케이트	스케이트선수
최주혁	오락	발차기	태권도관장
이현지	인라인스케이트	운동	가수
김나희	만들기	색칠하기	선생님
이유빈	피아노	그림그리기	피아니스트
서민주	그림그리기	공부	화가
도이현	로봇과학	줄넘기	과학자

(9) 다 함께 발표해요

① 이런 활동입니다.

『다 함께 발표해요』 활동은 팀 기반 학습에서 강조하는 발표방법이다. 흔히들 교실에서는 순차적으로 발표하도록 하는데 이럴 경우 뒤에 발표하는 집단이나 개인은 좋은 평판을 받기 위해 자신의 의견을 바꾸기도 하며, 앞에 발표한 집단이나 개인은 발표 수업에 대한 집중과 흥미를 잃어버리게 된다. 이러한 문제점을 해결할 수 있는 방법이 동시다발적인 집단 발표이다. 비슷한 내용의 발표 내용이 순차적으로 이루어질 경우 발표 시간이 길어지고 지루해지는데 반해, 『다 함께 발표해요』 활동은 비슷한 학습 과제와 활동 결과에 대한 발표를 동시에 보고하게 되면서 반 전체의 발표활동이 활발해지게 된다.

② 이렇게 활동을 하면 됩니다.

〈우리 반에서는 이렇게 동시에 일어나서 함께 발표를 했어요!〉

③ 더 나아가서

우리 교실에서의 『다 함께 발표해요』 활동은 팀별로 노래를 발표하는 활동, 시를 발표하는 활동, 짝의 이야기를 듣고 발표하는 활동 등 다양한 활동에서 두루 활용을 하였다. 비슷한 내용의 발표를 지속적으로 해야 하는 경우나, 몇몇 아이들만 계속 발표를 하는 경우에 한 번 사용해본다면 더욱 활발한 발표시간이 될 것이다.

2) 토의 · 토론 중심활동

(1) 최고의 생각을 찾아요

① 이런 활동입니다

『최고의 생각을 찾아요』 활동은 아주 기본적인 토의·토론 활동이라고 할 수 있다. 팀별 토의·토론 활동을 운영하면서 무임승차를 하는 학생들이 많고, 참여를 어떻게 해야 하는지, 그리고 어떻게 발표를 해야 하는지 모르는 학생들이 많다는 문제점을 발견하게 되었다. 그래서 토의·토론 활동에 참여하는 방법에 대해 먼저 가르쳐주어야겠다는 생각을 하였다. 가르쳐준다고 하여 교사가 직접 지도하는 것이 아니라 팀별 활동을 통해 팀원들과의 의사소통을 통해 스스로 깨달을 수 있도록 하였다. 이에 대한 해결책으로 『최고의 생각을 찾아요』 활동을 개발하고, 적용함으로써 학생들의 기본적인 토의·토론 능력을 길러주고자 하였다.

② 이렇게 활동을 하면 됩니다.

㉮ 우선 팀원들이 서로 순서를 정하여 주제에 대한 각자의 생각을 정리하여 발표를 한다.
(주의) 이때 자신의 생각을 정리하거나 발표하는 능력이 부족한 친구들의 경우에는 발표를 할 수 있도록 기다려줄 수 있도록 지도하며, 목소리가 작거나 발표하는 것을 어려워하는 친구를 위해서 다른 친구들이 조용히 집중할 수 있도록 지도한다. 발표를 늦게 하거나 목소리가 작다고 다른 친구들이 재촉을 할 경우 그 친구는 더욱 발표하는 것을 힘들어하며, 위축이 될 수 있다. 주위의 친구들이 그 친구를 먼저 배려하는 마음을 가질 수 있도록 사전 지도를 반드시 해야 한다.

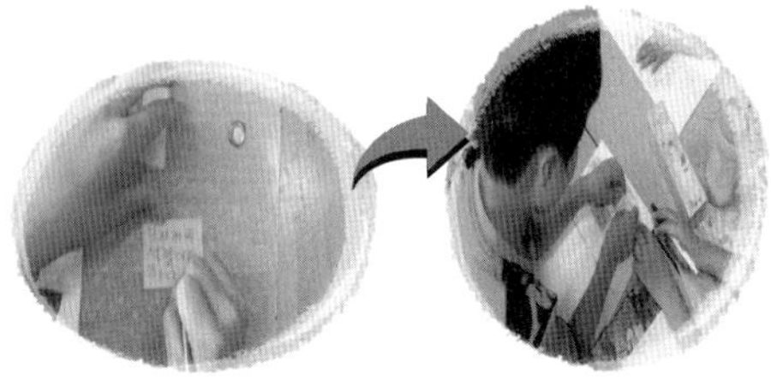

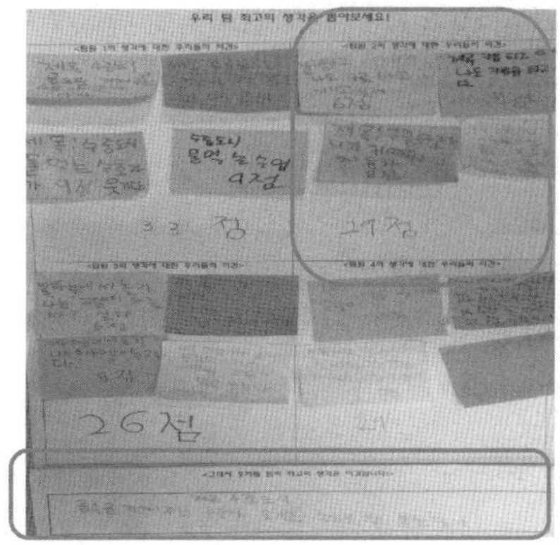

㉯ 발표를 들은 팀원은 친구들의 발표 내용에 대해 자신의 평가 내용을 포스트-잇에 적고 1~10점으로 친구의 생각을 평가하여 활동지에 붙인다.

㉰ 각 팀원들의 생각에 대한 다른 팀원의 서술형 평가와 평가 점수를 합산하여 최고의 생각을 찾고, 그 생각이 왜 최고의 생각인지 팀별 토론을 통하여 활동지 마지막에 적는다.

③ 활동에 사용한 활동지는 이러합니다.

우리 팀 최고의 생각을 뽑아보세요!

〈팀원 1의 생각에 대한 우리들의 의견〉	〈팀원 2의 생각에 대한 우리들의 의견〉
〈팀원 3의 생각에 대한 우리들의 의견〉	〈팀원 4의 생각에 대한 우리들의 의견〉

〈그래서 우리들 팀의 최고의 생각은 이것입니다!〉

④ 더 나아가서

『최고의 생각을 찾아요』 활동은 토론식 수업, 토의식 수업을 시작하기에 앞서 토의·토론 방법이 어떠한지 사전에 지도하기에 적합한 활동이다. 이 활동을 통해 학생들은 어떻게 발표를 해야 하고, 친구들의 발표 내용을 어떻게 듣고, 어떠한 자세로 들어야 하는지 활동을 통해 학습을 하게 된다. 그리고 서로의 생각이나 의견을 어떠한 방법으로 정리해서 결정을 지으면 좋을지 스스로 알 수 있게 된다.

나의 의견을 말하고, 팀원은 각 팀원의 의견을 들으면서 그 의견에 대한 자신의 생각을 적는 활동을 통해 토의하는 방법을 알게 될 것이다. 그리고 서로의 의견에 대한 팀원들의 생각을 함께 읽어보면서 팀별 최고의 생각을 찾아가는 과정을 통해 토론의 방법을 스스로 깨닫게 될 것이다.

(2) 일급비밀을 찾아요

① 이런 활동입니다.

『일급비밀을 찾아요』 활동은 차시별로 활동을 마무리할 때 주로 활용하는 활동이다. 각 차시별로 활동이 끝난 후 그 시간의 학습 주제 및 팀별 학습 문제에(○○쪽 참조) 해당하는 각자의 일급비밀을 찾아서 포스트-잇에 붙이고 함께 공유하는 활동이다.

공유한 후, 그 다음 수업 시간이 시작될 때 친구들이 뽑은 8개의 일급비밀 카드로 그 주제에 해당하는 만다라트(137쪽 참고)를 완성하는 활동이 함께 이어진다. 일급비밀을 찾으면서 그 시간에 공부한 내용을 각자의 생각으로 한 문장 혹은 하나의 단어로 정리해 보는 시간이 되는 동시에 함께 공유함으로써 이번 시간에 배운 내용에 대해 수업 후에 바로 복습도 가능하다. 그리고 다양한 일급비밀 중에서 가장 중요하다고 생각하는 일급비밀을 함께 토론활동을 통해 뽑아 봄으로써 이번 시간에 꼭 기억해야 하는 것이 무엇인지 스스로 학습을 하게 된다.

② 이렇게 활동을 하면 됩니다.

㉮ 각자 이번 시간에 배운 내용 중에서 가장 기억에 남는 내용이나 문장을 일급비밀

로 결정을 하여 포스트-잇에 간략하게 적은 뒤 함께 나누는 이젤패드에 붙인다.

㉯ 우리 반 친구들의 일급비밀이 모두 붙어있는 이젤패드 종이를 떼어서 교실 벽면에 전시를 하고 쉬는 시간 동안 함께 모여서 읽어보고, 오늘 배웠던 내용을 다시 생각해보면서 가장 잘 적은 일급비밀이 무엇인지 생각해보고 결정을 한다.

㉰ 그 다음 수업이 시작될 때, 함께 공유한 일급비밀 중에서 가장 잘 적은 일급비밀이 무엇인지 이야기를 하면서 8개를 선정한다. 선정된 일급비밀이 적힌 포스트-잇을 소주제 만다라트에 붙여서 함께 해야 할 행동, 꼭 기억해야 할 개념에 대해 함께 정리하고 공유하면서 기억한다.

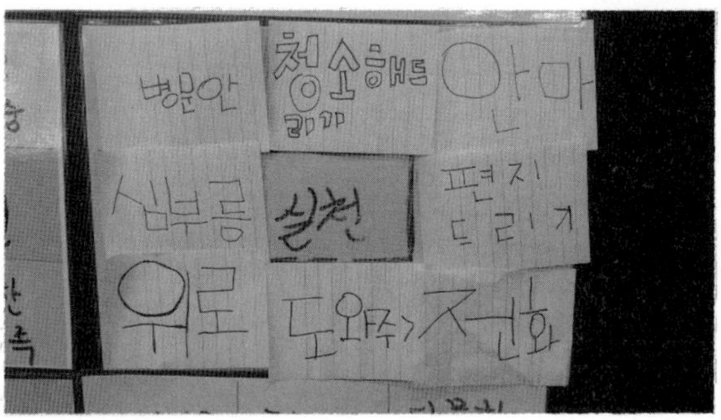

③ 이렇게도 활용할 수 있습니다.

㉮ 함께 공부한 학습 주제가 어떤 문제에 대한 해결책을 알아보는 경우에 우리 팀에서 가장 중요하게 생각하는 해결책을 찾아서 팀별 일급비밀을 작성한다.

㉯ 혹은 함께 공부한 학습 주제가 지켜야 할 행동을 알아보는 경우에 우리 팀에서 이것만은 오늘부터 꼭 지키겠다는 행동을 하나 찾아서 팀별 일급비밀을 작성한다.

<이렇게 팀별 토의를 한다>

<토의를 거쳐 일급비밀을 적고 발표한다>

(3) 가지를 만들어 상상해요

① 이런 활동입니다.

『가지를 만들어 상상해요』 활동은 도덕 수업에서 주로 활용을 할 수 있으며, 저학년의 경우에는 바른생활관련 차시에서 활용이 가능하다. 바르게 생활을 해야 하는 이유, 나쁜 습관을 버려야 하는 이유, 내 몸을 건강히 해야 하는 이유 등 생활습관과 관련된 논리적인 인과 관계를 찾아야 하는 학습 주제와 관련된 모든 차시에서 활용이 가능하다.

『가지를 만들어 상상해요』 활동의 학습지는 두 개의 가지로 구성이 되며, 하나의 가지는 바르지 않은 행동을 했을 때의 결과를, 다른 한 쪽의 가지는 바른 행동을 했을 때의 결과를 각각 팀별로 상상하여 적는 활동이다.

② 이렇게 활동을 하면 됩니다.

예시 단원은 2학년 통합교과 나2. 내 몸 깨끗이 해요

㉮ 팀별로 모여서 우선 각자 몸을 깨끗이 하는 방법과 몸을 깨끗이 해야 하는 이유에 대하여 서로의 생각을 이야기 나눈다. 이때 앞에서 설명을 한 『실타래로 엮어봐요』 활동을 이용한다면 팀별로 생각이나 경험을 이야기 나누는 데 모두가 적극 참여할 수 있도록 하는 방법이 될

수 있을 것이다.

㈏ 팀별로 각자가 생각하는 몸을 깨끗이 하는 방법과 그 이유에 대하여 충분히 이야기를 나누었다면, 이제는 가지를 만들어 상상해요 활동지를 시작하면 된다. 우선은 왼쪽의 부정적 가지부터 상상을 시작하도록 한다. 몸을 깨끗이 하지 않을 경우라고 이야기를 시작하면서 그 뒤로는 어떻게 나의 모습이 변화를 하고, 나의 생활에 어떠한 부정적인 영향을 주게 될지 상상하면서 함께 이야기를 통해 글을 적는다.

㈐ 부정적 가지에 대한 상상이 모두 끝난 후 팀별로는 내 몸을 깨끗이 하지 않을 경우의 잘못된 결과를 스스로 알게 된다. 이제는 그 반대로 내 몸을 깨끗이 할 경우의 긍정적 가지에 대하여 팀별로 이야기를 나누고 상상하여 글을 적는다. 부정적 가지와 반대로 긍정적 가지의 경우에는 그 결과가 모두가 원하는 매우 바람직한 결과가 나올 수 있음을 스스로 알고 바른 생활을 해야겠다는 다짐을 하게 된다.

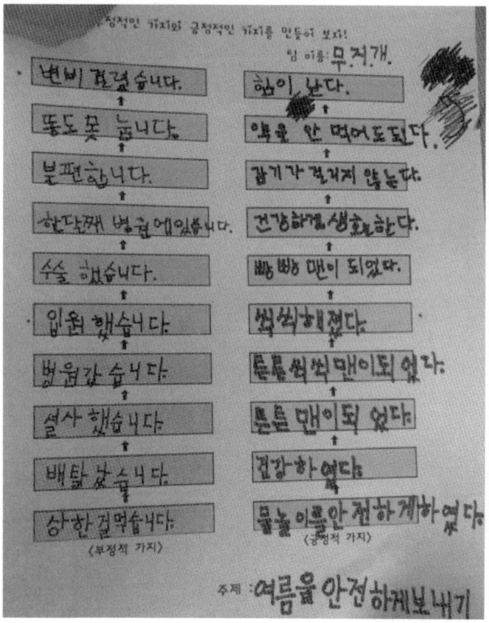

③ 활동에 사용한 활동지는 이러합니다.

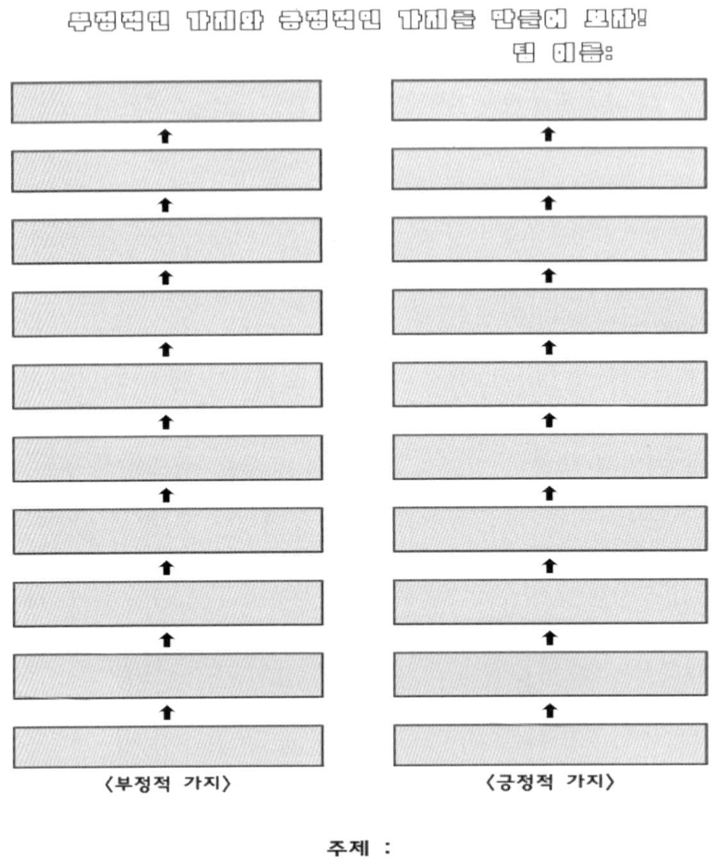

주의

이것만은 주의하세요!

활동지를 보면 긍정 가지와 부정 가지에 각각 10개의 칸으로 구성이 되어 있음을 알 수 있다. 꼭 반드시 10개의 칸을 모두 채우지 않아도 됨을 미리 안내를 해주어야 한다. 모든 칸을 채우고, 모자라면 더 채워서 최대한 많은 상상을 하도록 격려하기보다는 원인과 결과가 잘 이어지도록, 말의 연결이 매끄러울 수 있도록 상상하여 적는 것이 중요함을 지도해야 한다. 많은 생각을 적도록 지도할 경우 경쟁학습으로 흘러갈 가능성이 커지며, 엉뚱하고 이상한 상상으로 이어져 자칫 잘못하면 수업의 방향이 잘 못 흘러갈 수 있다. 원인과 결과가 잘 드러나게, 이야기의 흐름을 고려하여 상상할 수 있도록 꼭 지도해야 한다.

(4) 우리 반 만다라트 완성하기

① 이런 활동입니다.

『우리 반 만다라트 완성하기』 활동은 학교현장에서는 흔히 연꽃기법으로 알려져 있는 학습법을 우리 교실에 맞게 수정·보완한 교수학습 방법이다. 본 활동은 학생들의 다양한 아이디어에 대한 확산으로 창의적인 생각을 알아본 뒤, 9개의 칸으로 결정된 표에 학생들의 생각을 8개로 결정해서 기록하기 때문에 사고의 확산과 수렴의 균형을 잡을 수 있다. 그리고 항상 중심에는 기본 개념이 있고 그 주위를 그와 관련된 개념이 둘러싸기 때문에 체계적으로 학습한 내용을 정리할 수 있다.

우리 교실에서는 『우리 반 만다라트 완성하기』 활동을 주로 한 단원을 마무리하는 시간에 함께 학습한 내용을 정리하기 위하여 활용하였다. 또한 본 활동을 수정하여 『우리 팀만의 문제 만들기』(140쪽)와 『우리 팀 문제 해결하기』 활동(141쪽)에도 활용을 하였다.

② 만다라트는 이러한 활동입니다.

커다란 정사각형이 9개로 나누어져 있는 만다라트가 9개 있으며, 그 중 가장 가운데 만다라트의 제일 중간의 칸에는 이번 단원의 가장 중요한 주제를 적는다. 그리고 그 주위를 함께 학습하였던 차시별 주제를 범주화하여 적는다.

각각의 차시별 주제를 주위의 8개의 만다라트의 제일 중간 칸에 적고, 그 주위를 그와 관련된 핵심 용어 혹은 가장 중요한 개념을 학생들이 팀별로 선정을 하여 붙인다.

한 단원을 공부하고 난 뒤 무엇을 학습했고, 어떠한 내용을 주의 깊게 알고 있어야 하는지 한눈에 알아볼 수 있도록 하는 동시에 복습도 할 수 있는 매우 유용한 활동이다.

우리 교실에서는 제일 중간의 만다라트를 주제 만다라트, 그 주위를 돌아가면서 있는 8개의 만다라트를 개념 만다라트라고 이름을 지었다.

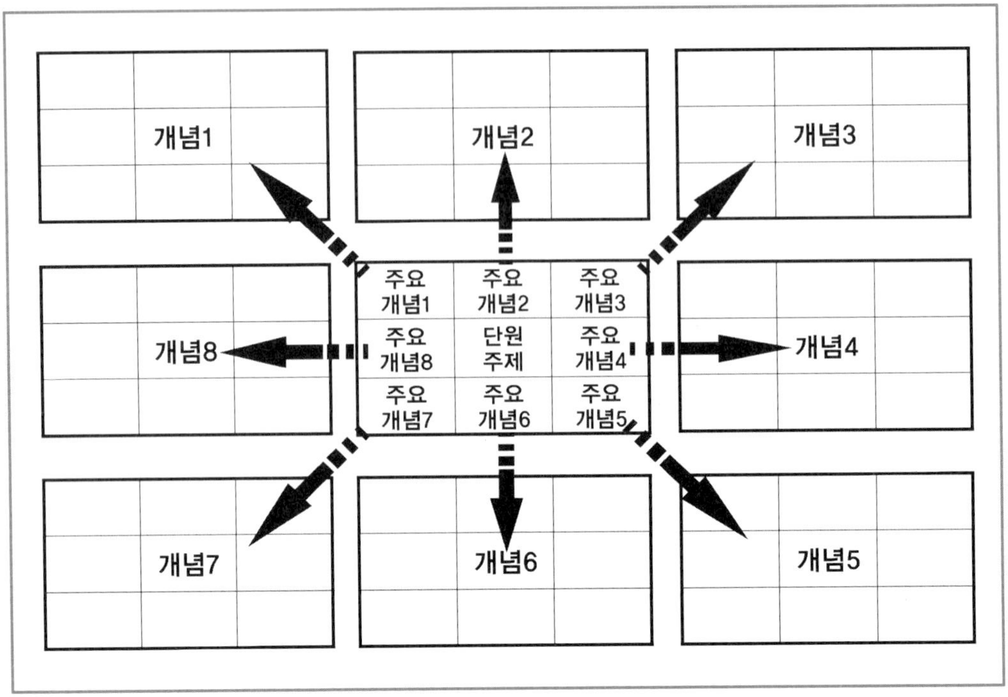

③ 이렇게 활동을 하면 됩니다.

㉮ 이번 단원에서 학습한 주요 개념을 교사가 학생들과 소통을 하여 주제 만다라트의 중간 네모칸에 적는다. 그리고 이번 단원에서 학습했던 내용 중에 중요하다고 생각되는 개념을 『일급비밀을 찾아요』 활동(133쪽)으로 찾도록 한다.
우리 교실의 팀은 총 6개인 관계로, 각 팀별로 찾은 일급비밀을 개념 만다라트의 중간 네모칸에 적는다. 그리고 적지 못한 칸은 함께 의사소통을 통해서 덜 찾은 부분, 혹은 기억하지 못한 부분의 개념을 찾아서 적는다.

㉯ 팀별로 각각의 개념 만다라트에 해당하는 핵심어를 확인하고, 각각의 개념 만다라트에 들어갈 수 있는 핵심 문장이나 개념을 하나씩 찾아서 발표를 한다.
이 활동에서도 각 팀의 발표로 채우지 못한 칸에 대해서는 함께 소통을 하여 주요

개념을 정하여 함께 적도록 한다.

㉰ 이렇게 해서 한 단원을 정리하는 만다라트를 완성한다.

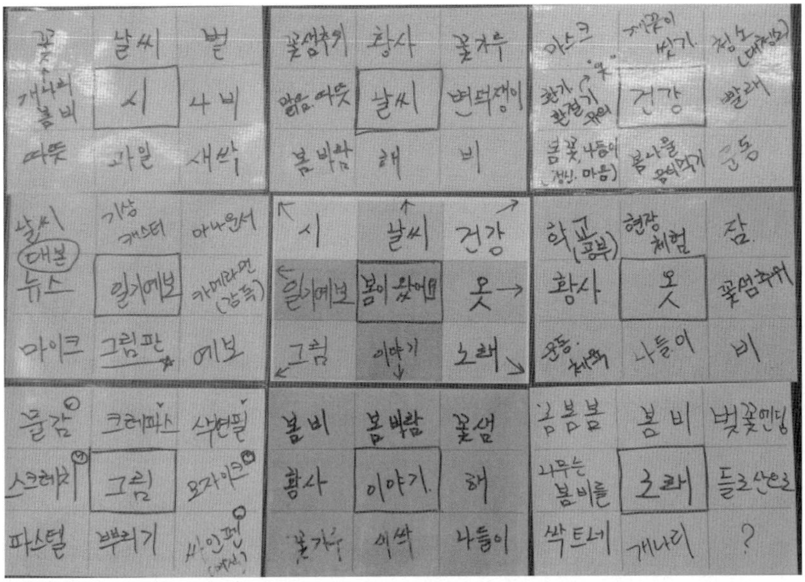

④ 더 나아가서 이러한 활동을 추가로 운영할 수 있습니다.

처음 만다라트를 도입할 때는 학생들에게 어떻게 하는지 하나씩 설명을 하면서 하느라 시간이 오래 걸렸다. 하지만 매 단원별로 학생들이 활동을 하면서 점차 활동 시간이 줄어들고 빠른 시간에 활동을 마무리지을 수 있었다. 이에 우리 교실에서는 만다라트를 완성하고 나서 『서로 가르쳐주기로 함께 학습하기』(98쪽) 활동을 추가로 실시했다.

㉮ 완성된 만다라트를 보고 소주제별로 돌아가며 말하기를 실시하였다.

㉯ 활동방법은 다음과 같다.

팀 내에서 팀원들은 설명할 순서와 핵심단어를 선정하는 순서를 정한다. 선정할 차례의 팀원이 임의의 핵심단어를 물어보면 설명할 순서의 팀원은 개념을 설명하거나, 예시를 이용하여 설명을 한다. 이렇게 모든 개념에 대하여 서로 질문하고 답변을 해주게 되면 활동을 멈추도록 한다.

(5) 우리 팀만의 문제 만들기

① 이런 활동입니다.

『우리 팀만의 문제 만들기』 활동은 팀별로 해결이 필요한 문제를 제공해야 한다는 팀 기반 학습 원리와 실제 문제를 제공해야 한다는 액션러닝의 원리를 적용한 활동이다. 흔히 교실에서는 교사가 제공하는 하나의 학습 주제 혹은 학습 문제를 가지고 활동을 하게 된다. 그러다 보니 어떤 학생들에게는 관심이 없는 주제이거나 문제일 수도 있으며, 또 다른 학생들은 다른 주제나 문제를 원할 수도 있겠다는 생각을 하게 되었다.

이에 거꾸로 배움을 통해 가정에서 차시 주제와 관련된 다양한 정보나 아이디어를 생각해내면서 이번 시간에 꼭 공부하고 싶은 내용을 학생들이 스스로 생각을 해오고, 팀별로 그 생각을 모아서 각 팀별로 이번 시간에 해결해야 할 우리 팀만의 문제를 만들도록 하였다.

② 이렇게 활동을 하면 됩니다.

㉮ 거꾸로 배움으로 이번 차시 주제에 대해 미리 알게 된 정보나 자신의 생각을 팀별로 모여서 이야기를 나누고, 모든 생각을 포스트-잇에 적고 이젤패드에 붙인다.

㉯ 팀별로 생각을 모두 모은 이젤패드를 보면서 이번 차시에 우리 팀에서 함께 해결하고자 하는 우리 팀만의 문제를 함께 결정한다.
우리 팀만의 문제를 정하고 해결하기 위하여 만다라트 활동을 응용하여 활용하였다. 기존의 9개의 만다라트를 7개로 줄이고, 제일 중간의 만다라트에는 이번 차시의 주제와 각 팀별 문제를 적는다. 그리고 나머지 6개의 만다라트는 각 팀

별로 그 팀의 문제와 해결책으로 만다라트를 완성하고 함께 공유하도록 하였다.

③ 이렇게 활동이 이어집니다.

『우리 팀만의 문제 만들기』 활동은 우리 팀만의 문제를 만드는 활동이며, 『우리 팀 문제 해결하기』 활동으로 우리 팀 문제를 해결하게 된다. 이에 대한 설명은 아래에서 계속하도록 하겠다.

(6) 우리 팀 문제 해결하기

① 이런 활동입니다.

『우리 팀 문제 해결하기』 활동은 팀별로 결정을 한 문제를 해결하는 활동이다. 해결하는 활동은 앞에서 설명을 한 다양한 학습활동을 활용하여 각 팀별로 문제를 해결하게 하면 된다.

그리고 각 팀별로 정한 팀별 문제와 그에 대한 해결책이나 주요 핵심 개념 정리는 만다라트를 활용하여 기록하고 포스트-잇으로 붙이게 하면 된다. 활동이 모두 끝난 후 팀별 해결책 혹은 팀별로 결정한 핵심 개념을 칠판에 붙여서 함께 공유하도록 한다.

② 이렇게 활동을 하면 됩니다.

㉮ 우리 교실에서는 주로 『섞여서 생각을 교환해요』(124쪽)활동을 통하여 각 팀별 문제를 해결하도록 하였다. 『섞여서 생각을 교환해요』 활동을 하러 갈 때 우리 팀 문제를 해결하는 데 필요한 생각이나 개념을 제외하고 다른 팀에게 필요할 것 같은 생각이나 아이디어를 골라서 다른 팀의 팀원과 함께 모인다. 그리고 함께 모여서 서로 가지고 온 생각을 살펴보면서 우리 팀의 문제를 해결하기 위해 필요한 생각이 있으면 서로 교환을 해서 온다.
(『섞여서 생각을 교환해요』 활동 방법은 124쪽을 참고하기 바라며, 여기서는 자세한 설명을 생략하도록 하겠다.)

㉯ 각 팀별로 『섞여서 생각을 교환해요』 활동이 끝나고 나면, 팀별로 다시 모여서 자

기 팀의 이젤패드에 붙어있는 기존의 우리 팀 생각과 새롭게 교환을 해서 알게 된 생각들을 살펴보면서 우리 팀 문제를 해결하기에 적합한 아이디어 8개를 골라서 우리 팀 문제 해결 만다라트를 완성한다.

③ 이렇게 우리 팀 문제를 해결해서 함께 공유합니다.

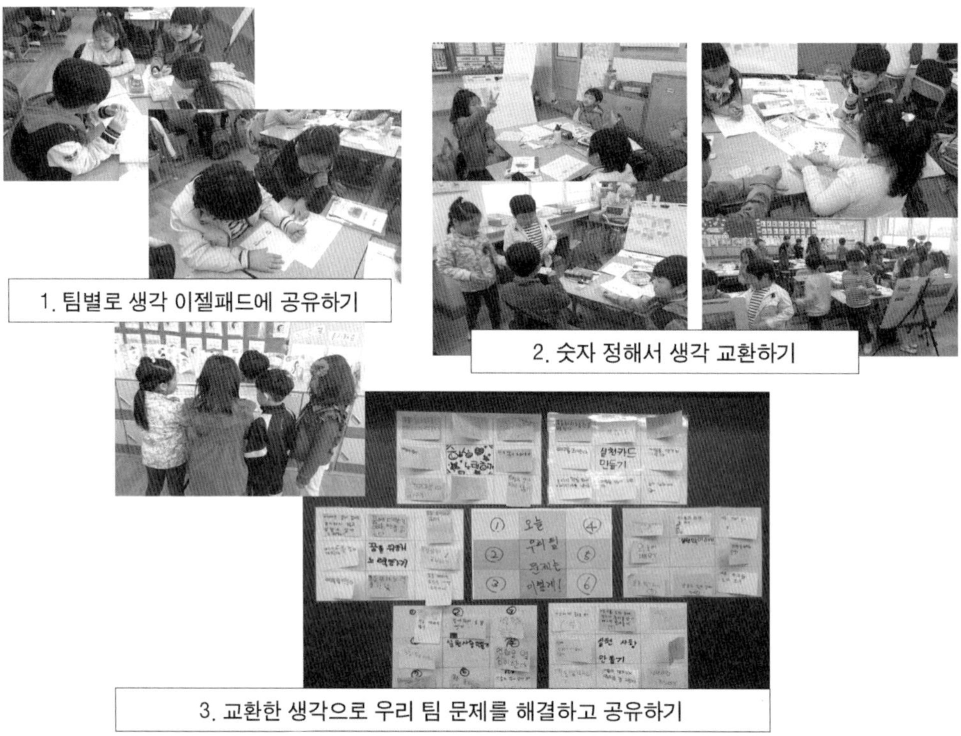

1. 팀별로 생각 이젤패드에 공유하기

2. 숫자 정해서 생각 교환하기

3. 교환한 생각으로 우리 팀 문제를 해결하고 공유하기

④ 이번 활동을 통해서

흔히 교사가 일제식으로 제시하던 학습 문제를 해결할 때와 달리, 함께 공부할 내용에 대해 이야기를 나누고 팀별로 각자가 해결하게 될 학습 문제를 결정하게 되면서 학습자의 흥미를 유발할 수 있었다. 액션러닝에서 중요시 여기는 것이 바로 과제의 실제성이었다. 하지만 초등학생들에게 모든 과제를 학생들의 실제성에 초점을 맞추어서 제시하는 것은

매우 어려운 일이다. 이에 대한 해결책으로 찾은 방법이 바로 이 활동이었다. 학생들이 스스로 공부를 해오고, 공부한 내용을 기초로 팀별로 이야기를 나누면서 학생들이 가장 해결하고 싶은 문제, 혹은 자신에게 가장 필요한 문제를 함께 결정할 수 있는 기회를 제공해줌으로써 학생들은 상황적 맥락 안에서 지식을 이해하고 적용할 수 있게 되었다.

이번 활동의 최종목표는 학생 개인별로 학습 문제를 만들고 해결하는 것이다. 교실 여건, 환경적인 여건, 학년적인 여건으로 저학년의 교실에서는 힘든 과제이지만, 고학년을 담당하고 계시는 선생님들께서는 한 번쯤 도전해볼 수 있는 과제라고 생각을 한다. 학생들이 스스로 만드는 학습 문제를 가지고 함께 해결해가는 활동을 통해 과제 해결에 대한 정당성과 도전감을 제공하고, 더욱 높은 학습 몰입을 위한 동기를 유발하게 될 것이다.

3) 움직임 중심활동

(1) 문제와 정답은 우리가 만들어요

① 이런 활동입니다.

『문제와 정답은 우리가 만들어요』 활동은 지금부터 설명을 하게 될 움직임 중심활동을 위해 학생들이 스스로 문제카드와 정답카드를 만드는 활동이다.

움직임 중심활동은 교과서에서 제시하는 다양한 신체활동을 수정·보완하여 활동과 함께 다양한 학습활동이 일어날 수 있도록 계발한 활동이다(이에 대한 자세한 설명은 다음 장부터 계속된다). 이 활동을 하기 위해서는 문제카드와 정답카드가 필요하며 이때 필요한 카드를 교사가 제시하는 것이 아니라 학생들이 직접 제작하도록 한다.

팀별로 만들게 되며, 자신이 만든 문제와 정답카드를 가지고 신체활동을 하게 되면서 학생들의 흥미를 유발하고, 활동에 더욱 몰입하게 할 수 있었다.

(주의) A4종이를 활용하여 카드를 만들어서, 강당에서 주로 활동을 하였으며 운동장에서 할 경우 바람에 종이가 날아가서 활동에 어려움이 많았다. 운동장에서 할 경우에는 정답카드를 박스에 넣어서 찾을 수 있게 해도 된다. 정답카드를 찾는 데 시간이 오래 걸릴 수 있지만, 활동의 역동성이 더 클 수 있으므로 운동장에서도 활동을 하기도 하였다.

② 이렇게 활동하면 됩니다.

㉮ 팀별로 해당 주제에 맞는 문제카드를 만들고, 짝이 되도록 정답카드를 만든다. 우리 반 학생의 경우에는 문제와 정답을 글로 쓰는 대신에 그림으로 표현을 하기도 하였다. 글로 쓸 때와 달리 그림으로 표현을 하면서 더욱 재미있게 카드를 만들 수 있다.

㉯ 그리고 활동에 맞게 미션카드가 필요할 경우에는 미션카드도 함께 제작을 하였다.

㉰ 카드를 모두 만들고 나면, 문제카드는 문제상자에 접어서 두고 정답카드는 종이를 접지 않고 따로 보관을 하여 활동에 사용할 수 있도록 한다.

카드 만들기

짝, 단어, 미션카드

그러면 이제 우리 반 움직임 중심활동을 알아보도록 하겠다.

(2) 달리고 찾아요

① 이런 활동입니다.

『달리고 찾아요』 활동은 움직임 중심활동의 가장 기본적인 형태의 활동이다. 이 활동을 기본으로 하여 함께 떠나서 해결해오기, 미션을 해결해서 오기, 짝을 찾아서 오기, 술래를 잡아서 오기 등 다양한 활동들이 파생된다.

처음으로 활동을 할 때 학생들이 어떠한 활동인지 말로는 설명하기 힘이 들어서 움직임 중심활동을 할 때 가장 먼저 실시하는 활동이다.

활동은 팀별로 순서를 정하여 문제카드를 뽑아오고, 문제카드에 해당하는 정답카드를 가지고 오면 된다. 이렇게 6개의 쌍으로 이루어진 카드를 먼저 가지고 오는 팀이 승리를 하는 활동이다.

② 이렇게 활동하면 됩니다.

㉮ 문제카드가 들어있는 상자를 출발선에서 멀리 떨어지게 놓아둔다. 그리고 정답카드는 매트위에 글 혹은 그림이 보이도록 펼쳐서 놓다. 팀별로는 순서를 정하여 문제카드를 뽑아오는 순서와 정답을 뽑아오는 순서대로 줄을 선다.

㉯ 신호에 맞춰서 달려가서 문제카드를 뽑은 사람은 팀으로 돌아와서 함께 문제카드를 펼쳐보고, 해당하는 정답카드가 무엇인지 함께 알아본다.

㉰ 그리고 정답카드를 뽑으러 가는 순서의 팀원이 정답카드가 놓여있는 곳으로 달려가서 정답카드를 뽑아서 돌아온다. 돌아올 때 교사에게 정답카드와 문제카드가 서로 짝이 맞는지 확인을 받는다. 이렇게 6개의 짝 카드를 완성하면 승리를 한다.

㉱ 첫 활동을 마친 후, 팀별로 모여서 활동방법에 대해 의논을 할 시간을 주면서 어떻게 하면 더 빠르게 문제와 정답카드를 가지고 올 수 있을지 전략회의를 하게 한다. 그리고 다시 한 번 더 활동을 하게 된다.

(3) 외쳐서 찾고, 함께 수행해요

① 이런 활동입니다.

『외쳐서 찾고, 함께 수행해요』 활동은 문제와 정답으로 이루어지는 활동이 아니라 짝을 서로 찾아야 하는 활동 주제에서 주로 활용한 교수학습 방법이다. 예를 들어서 통합교과 나2에서 꿈을 향해 혹은 꿈 찾아 달리기 활동과 같이 장래희망의 직업과 그 직업을 원하는 학생을 서로 찾아야 하는 활동과 같이 정답과 문제가 아니라 서로 짝을 지어야 하는 학습 주제에서 활용한다.

② 이렇게 활동하면 됩니다.

짝을 찾아 외쳐라

목표물 맞히기

짝과 함께 달려와요

㉮ 이번 활동은 특징카드와 짝카드로 카드를 만들게 된다. 나2. 꿈 찾아 달리기 활동의 경우에 특징카드는 각 직업에서 하는 일, 혹은 직업을 알 수 있는 표현 등으로 만들어진다. 이때 장래희망에 해당하는 직업은 우리 반 친구들을 대상으로 미리 조사한 장래희망을 친구들에게 안내를 해주고, 그 직업에 대한 것으로 특징카드를 만들도록 한다.
이때 친구들의 장래희망을 조사하는 활동은 『섞여서 함께 알아 보아요』(128쪽) 활동으로 진행을 하였다.

㉯ 그리고 강당으로 이동하여 활동을 한다. 팀별로 순서를 정하고 순서에 맞게 달려가서 특징카드를 뽑고, 카드를 뽑은 그 곳에서 짝을 찾기 위해서 큰 소리로 외친다. 그러면 그 특징에 해당하는 장래희망을 가진 친구가 달려가서 확인을 하고 짝이 되는지 확인을 한다.

㉰ 짝을 찾은 친구들은 돌아오는 길에(교과서에서 제시하고 있는 목표물을 향해 던지기 활동과 연계) 해당하는 목표물에 공을 던져 맞히는 활동을 완료하면 다시 돌아온다. 이렇게 모든 팀원이 돌아가면서 활동을 하고, 가장 먼저 활동을 마친 팀이 승리를 하게 된다.

③ 이런한 활동도 추가했습니다.

『섞여서 함께 알아보아요』 활동과 『외쳐서 찾고, 함께 수행해요』 활동으로 친구들의 장래희망에 대해 자세히 알게 되었다. 그리고 이어서 강강수월래 활동을 변형한 활동도 함께 하였다. 우리 반 지정 노래를 부르며 강강수월래를 하다가 교사의 신호(숫자 혹은 숫자를 알 수 있는 힌트)가 떨어지면 서로 장래희망이 비슷한 친구들끼리 숫자에 맞게 모인다. 모이지 못한 친구는 그 자리에 앉도록 한다.

강강수월래 후 짝이 되는 카드끼리 모이기!

(4) 달리고 짝을 찾아요

① 이런 활동입니다.

『달리고 짝을 찾아요』 활동은 앞의 『외쳐서 찾고, 함께 수행해요』 활동과 유사한 활동이다, 서로 짝이 있는 카드를 만들고 활동을 할 때 활용할 수 있는 또 다른 교수학습 방법이다.

단어 & 짝카드 고르기

② 이렇게 활동하면 됩니다.

㉮ 이번에는 단어카드와 짝 카드를 팀별로 팀원의 수만큼 만들게 된다. 그리고 단어카드와 짝카드를 모두 접어서 무엇인지 보지 못하도록 한다.

㉯ 단어카드와 짝카드를 한 번에 바닥에 펼쳐서 던지고, 학생들은 그 중에 하나를 고르게 된다.

짝카드를 찾아요

㉰ 고른 카드가 단어카드일 경우에는 질문만 할 수 있으

며, 짝카드를 고른 친구는 질문에 대한 답변만 할 수 있다. 친구와의 대화를 통해 해당하는 짝카드를 찾은 친구는 짝과 함께 달려와서 순서대로 앉으면 된다.

함께 달려와요!

(5) 미션을 수행해서 찾아요

① 이런 활동입니다.

『미션을 수행해서 찾아요』 활동은 움직임 중심활동에서 가장 폭넓게 사용한 활동방법이다. 여기서 제시하는 미션은 교과서에서 제시하는 활동을 수정・보완하여 학생들이 쉽게 수행할 수 있도록 하였다. 고학년의 경우에는 체육교과에서 제시하는 다양한 활동을 변형하여 활용을 한다면 신체활동과 함께 다양한 배움 활동이 이루어질 것으로 예상된다.

『미션을 수행해서 찾아요』 활동은 문제카드를 뽑으러 가면서 미션을 하나 수행하게 되며, 해당하는 정답카드를 뽑으러 가면서 또 다른 미션을 수행하게 된다. 통합교과에서 제시하는 다양한 활동들이 학생들의 흥미와 관심을 높일 수는 있지만, 학습 내용과는 동떨어진 경우가 많아서 배움이 일어남과 동시에 활동을 할 수 있도록 모든 통합교과에서 제시하는 신체활동은 이 활동으로 변형하여 운영하였다.

통합교과 봄2.에서 제시하는 '콩주머니 놀이'를 예로 들 수 있다. 통합교과서에서 제시하는 콩주머니 놀이는 네 개의 코너를 주고, 각각의 코너에 봄 날씨와 관련된 팻말을 놓는다. 그리고 각각의 코너에 콩주머니를 두고 신호가 떨어지면 다른 코너의 콩주머니를 가지고 오는 게임활동이다. 이 활동은 학생들에게 새로운 놀이에 대한 방법과 즐거움을 알게 하도록 하는 활동인 것은 알 수 있지만, 정작 이 활동을 하면서 학생들에게 어떠한 배움이 일어나는지 의문이 생겼다. 그래서 활동을 아래와 같이 변형하였다.

② 이렇게 활동하면 됩니다. (예시단원은 통합교과 봄2. 콩주머니 놀이)

㉮ 문제카드와 정답카드를 만든다. 문제카드는 봄 날씨와 관련된 특징을 글로 쓰거나, 그림으로 표현하였다. 그리고 해당하는 봄 날씨를 정답카드로 만들었다. 그리고 봄이 되어서 하고 싶은 운동으로 우리 반 친구들과 함께 훌라후프, 줄넘기, 제

기차기를 결정하였다. 정답카드는 각각의 날씨별로 종류를 나누어서 모은 뒤, 카드를 들고 있을 술래를 정한다(술래를 잡아 찾아와요에 대한 활동 방법은 149쪽에서 자세히 안내한다).

㉯ 그리고 각 팀별로 10개의 콩주머니를 주고, 팀별로 정해진 위치에 콩주머니를 놓고 정답카드에 적힌 개수만큼 다른 팀에서 콩주머니를 가져올 수 있도록 하였다.

- 팀별로 순서를 정하여 문제카드를 뽑으러 갈 때는 훌라후프, 줄넘기, 제기차기 중에 자신있는 종목을 선정하여 주어진 개수만큼 한다. 그리고 개수가 넘으면 문제카드를 뽑아서 돌아온다.
- 문제를 함께 읽고, 해당하는 정답카드를 가지고 있는 술래를 잡고 카드를 받아온다. 그리고 각각의 정답카드에 적힌 개수만큼 콩주머니를 옮길 수 있다. 다른 팀에서 콩주머니를 가지고 와도 되고, 콩주머니가 거의 없는 팀에게는 우리 팀 혹은 다른 팀의 콩주머니를 그 팀에게 줄 수도 있다.
- 팀원들 모두 한 번씩 활동을 한 후 각 팀이 보유한 콩주머니 개수에 따라 승리를 결정짓는다.
- 한 번의 활동 후, 각 팀별로 전략을 새롭게 짤 수 있는 시간을 주고 새로운 전략으로 다시 한 번 더 활동을 하도록 한다.

미션을 수행해요

준비~~ 출발~~!!

술래를 잡아요

콩주머니를 옮겨요

아싸 우리가 일등!

출발 -> 미션 수행하기 -> 정답 찾아보기 -> 미션 수행하기 -> 정답카드 찾기

(6) 술래를 잡아 찾아와요

① 이런 활동입니다.

『술래를 잡아 찾아와요』 활동은 달리고 찾아라 유형의 마지막 활동이다. 학습 주제 중에서 일정한 범주가 정해져 있는 개념과 그 개념에 따른 특징 및 내용들을 학습해야 하는 경우에 주로 사용한 활동이다.

예를 들어 나2. 병원 놀이의 경우 병원 놀이를 위해 만들고 준비해야 하는 상황이 많아서 본 활동으로 변형하여 운영하였다. 교육과정에 따라서 학습해야 하는 병원의 종류와 학생들이 자주 다니는 병원의 종류를 함께 고려하여 선정하고, 그 병원에서 일하는 의사가 하는 일 혹은 어디가 어떻게 아플 때 어느 병원에 가야 하는지에 대한 질문으로 문제카드를 만든다. 이때 만드는 문제는 친구들 혹은 자신의 이름을 넣어서 문제를 만들도록 하면 더욱 재미있게 문제카드를 만들게 된다. 우리 교실에서는 팀원의 이름을 넣어서 문제를 만들었다. 예를 들어 **"○○이가 어젯밤에 초콜릿을 먹고 양치를 안 하고 잠을 잤더니, 아침에 치아가 아픕니다, 어느 병원에 가야 할까요?"**라는 식의 문제를 만들었다. 친구들의 이름, 자신의 이름을 넣어서 문제를 만들었더니 활동에 대한 흥미와 관심이 더욱 높아지는 것을 알 수 있었다.

그러고 나서 정답에 해당하는 병원(혹은 의사) 종류 카드를 종류별로 모으고, 각 병원(혹은 의사) 종류에 따라 술래를 한 명씩 결정하였다.

② 이렇게 활동하면 됩니다. (예시단원은 통합교과 나2. 병원 놀이)

㉮ 활동하기에 앞서 병원에 자주 가지 않기 위해 필요한 것이 운동이라고 함께 이야기를 하고, 그 중에서 친구들이 가장 하고 싶어 하는 훌라후프를 문제카드를 뽑으러 가는 길의 미션으로 제시하였다.

㉯ 문제카드를 뽑은 팀원은 팀으로 돌아와서 문제카드를 열어보고, 정답에 해당하는 술래가 누구인지 함께 찾아본다. 그리고 정답카드를 뽑아야 하는 팀원이 달려가서 술래를 잡아서 정답카드 하나를 받아온다.

③ 이렇게 6개의 문제와 정답카드를 가지고 오

면 승리를 하게 된다. 이 활동도 역시 첫 활동을 마친 후 팀별로 모여서 전략회의를 거친 뒤 한 번 더 활동을 하게 된다.

한 차시동안 아이들이 계속해서 뛰어다니면서 즐겁게 신체활동을 하는 동시에 배움도 일어나는 행복한 수업 시간이었다.

(7) 게임과 함께하는 즐거운 시간

① 이런 활동입니다.

『게임과 함께하는 즐거운 시간』 활동은 많은 선생님들께서 교실에서 실제로 운영을 하고 있는 활동이다. 거꾸로 배움으로 행복한 우리 교실에서도 다양한 게임 활동으로 수업이 운영되었으며, 기존의 다양한 게임 활동을 변형하여 우리 반 친구들에게 맞게 활용하였다.

게임 활동을 다양하게 변형·개발하고 적용하면서 가장 중요하게 생각한 점은 게임 활동이라고 하여 경쟁성을 높여서는 안 된다는 것이었다. 경쟁 위주의 게임 활동으로는 학생들에게 즐거움과 재미를 줄 수 있을지는 몰라도 학생들에게 행복을 느끼게 하지는 못한다. 학생 모두가 적극 참여하고, 실력이 아니라 운이 작용할 수 있는 게임 활동으로 누구라도 이길 수 있고, 누구라도 참여할 수 있도록 기존의 게임 활동을 변형하여 운영하는 것이 중요하다.

우리 반에서 활용한 게임 활동에 대해 간략하게 소개하면 다음과 같다.

② 이러한 게임 활동을 했습니다.

㉮ 짝과 함께 스피드 게임을 해요

짝꿍아! 문제 낼 테니 맞춰봐

- 짝끼리 5개씩 문제를 만든다.
- 규칙을 정해서 다른 짝과 문제를 교환한다.
- 동시에 시작해서 가장 먼저 5개의 문제를 서로 돌아가며 묻고, 맞히면 이긴다.

이렇게 스피드 게임을 했어요!

어떤 문제를 만들어요?

이 물건이 뭔지 알아?

브이! 우리가 최고 짝꿍

오예! 정답 맞지?··

※ 스피드와 함께 커가는 우리들 협동심, 배려심 확인했지?^^

㉯ 팀별 스피드 게임을 해요

모든 팀이 함께 하기

- 팀별로 문제를 만들고, 규칙에 따라 다른 팀과 문제를 교환한다.
- 그리고 동시에 모든 팀이 교실 앞에 나와서 한 번에 스피드 게임을 실시한다.
- 우리 교실에서는 스피드 게임은 주로 몸동작을 이용해서 맞히는 게임으로 진행을 하였다.

문제가 뭐지?

내 몸짓 잘 봐

○○○ 맞아??!!

문제 만들어요

아싸! 우리 짱

우리 팀 문제를 맞혀봐

- 팀별로 문제를 만들고, 주제에 맞게 어떻게 표현을 할 것인지 함께 고민한다.
- 예시자료는 봄2, 봄 날씨를 악기로 표현하기이다.

활동1. 우리 교실에서는 봄 날씨를 악기, 몸 동작, 소리로 표현을 해보았다.

활동2. 각 팀별로 앞에 나와서 각각의 봄 날씨를 다양한 방법으로 표현을 하고 앉아 있는 팀들은 어느 봄 날씨를 표현한 것인지 이유와 함께 발표를 한다.

활동3. 정답을 맞힌 팀에게는 발표를 한 팀에서 만든 해당 봄 날씨 카드를 준다. 모든 활동이 끝난 후 각 팀별로 정답을 맞혀서 가지고 온 카드 개수와 표현을 잘 못해서 주지 못한 카드의 수를 빼서 팀별 점수를 계산한다.

봄 날씨 카드 만들기

팀별 연습하기

스피드 문제 내기

저요! 저요!

이러한 팀별 스피드 게임도 가능하다.
(통합교과 여름2. 여름에 찾은 보물들)

Ⓐ 팀별로 여름에 볼 수 있는 다양한 곤충을 알아보고, 그 곤충을 어떻게 몸짓과 소리로 표현하면 좋을지 토의한다. 그리고 스케치북에 여름에 볼 수 있는 곤충 10개를 한 장에 하나씩 적는다. 그리고 팀별로 서로 스케치북을 교환한다.

Ⓑ 팀별로 나와서 일렬로 선 뒤에 스피드 게임을 한다. 팀별로 연습한 몸짓과 소리에 따라 제일 앞에 선 친구가 곤충을 표현하면, 그 표현을 따라서 뒤의 친구들에게 전달하고 제일 마지막 친구가 어떤 곤충인지

이렇게 몸짓과 소리로 표현해보자

이렇게 전달을 해서 맞혀요!

답을 말하는 방식이다.

ⓒ 팀별로 5분의 시간을 주고 최대한 많이 맞추는 팀이 승리를 하는 놀이방식이다.

구경하는 것도 신나요!

㉰ 짝과 함께하는 땅따먹기

짝과 함께 땅따먹기

- 다양한 RAP활동(97쪽 참고)을 통해 알게 된 우리 팀의 문제로 짝끼리 문제카드를 만든다.
- 규칙에 따라 다른 짝들과 문제를 교환하고, 동시에 짝과 함께 땅따먹기 활동을 시작한다.
- 짝과 함께 땅따먹기는 짝과 함께 경쟁하는 것이 아니라, 협동을 하여 모든 땅을 다 차지하면 끝이나는 활동이다. 짝과의 경쟁이 아니라, 협동과 배려를 통해 다른 짝보다 먼저 땅을 차지하면 되는 놀이 활동이다.

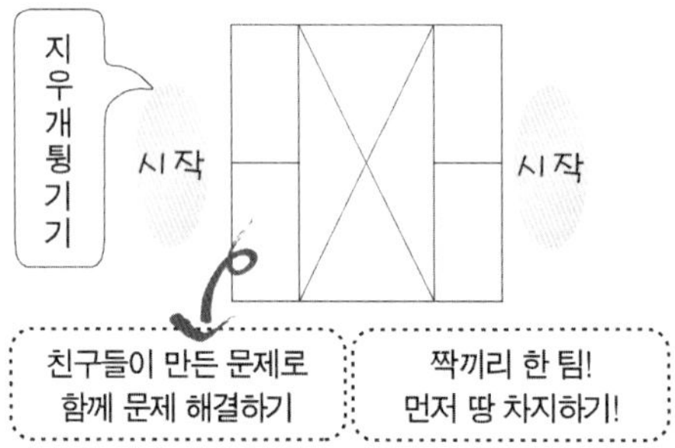

전략짜기

이제 시작할까?

거의 차지했다‥

여기는 우리 땅!

㉱ 함께 그림을 맞혀요

『함께 그림을 맞혀요』는 학습 주제와 관련된 그림을 활용하여, 퍼즐 형식으로 하나씩 그림을 보여주면서 어떠한 사진 혹은 그림인지 『모두가 함께 골든벨을 모아요』 활동으로 함께 맞추어보는 활동이다. 『함께 그림을 맞혀요』는 동기유발 시간에 주로 사용하였으며, 학생들이 직접 사진이나 그림을 보면서 차시의 학습 문제를 스스로 알아보면서 활동에 대한 관심과 흥미를 높일 때 자주 사용한 활동이다. 예를 들어 가을2. 우리 마을 단원에서 우리 마을의 다양한 모습을 실제 우리 마을의 모습 사진을 통해 함께 살펴보면서 우리 마을에 더 필요한 것이 무엇인지 스스로 느낄 수 있도록 하였다. 그림을 제시하는 방법은 스토리텔링 형식을 활용하여 이야기로 풀어가면서 『모두가 함께 골든벨을 모아요』 활동을 활용하여 진행하였다. 이 활동 후에 우리 마을에 필요한 것이 무엇이 더 있을지 찾아보는 활동으로 이어졌다.

- 교사는 미리 학습 주제와 관련된 사진 혹은 그림을 준비하고, PPT를 활용하여 조각처럼 각각의 그림이 조금씩 나타나도록 자료를 만든다.
- 퍼즐이 하나씩 사라지면서 그림이 조금씩 보일 때 학생들은 어떤 사진 혹은 그림인지 골든벨 판에 적고 함께 정답을 외치면서 골든벨 판을 든다.
- 함께 모으는 골든벨 대회를 활용하여, 각각의 그림에 대한 골든벨의 수를 모두 합산하여, 수업 시작 시에 함께 정한 개수를 넘을 경우 반 전체 보상을 해준다.

어떤 사진인지 골든벨 판에 적어요!

이렇게 함께 골든벨을 모아요!

참고

우리 교실에서는 이 놀이의 경우에 사용되는 사진은 모두 학생들과 밀접한 관련이 있는 사진으로 활용하였다. 우리 마을에서 더 필요한 것 찾기, 봄나들이 떠나기 등의 주제에서 주로 활동을 하였으며, 교사가 직접 우리 학교 근처에서 필요한 사진을 찍어서 자료로 만들었다. 실제 학생들의 생활과 밀접한 관련이 있는 사진으로 그림 맞히기 게임을 하게 되면서 학생들의 수업에 대한 관심과 흥미가 더욱 높아지게 되었다.

4) 음악 · 미술 중심활동

(1) 음악과 함께 시로 표현해요

① 이런 활동입니다.

『음악과 함께 시로 표현해요』 활동은 본 차시 주제와 관련된 음악을 통해 학생들 개인의 마음을 안정시키기도 하고, 수업에 대한 흥분과 몰입도를 높이는 활동이다. 이와 동시에 시를 쓰고 함께 읽어보는 활동으로 학습 주제에 대한 흥미와 관심을 높일 수 있는 활동이다.

『음악과 함께 시로 표현해요』 활동은 주로 계절과 관련된 통합교과 단원의 첫 시간에 활용하였다. 계절과 관련된 음악을 들으면서 계절이 주는 느낌과 감정을 스스로 알아보고, 그 감정과 느낌을 시로 직접 표현하고 동시에 발표하는 활동으로 진행이 된다.

② 활동은 이렇게 합니다.

㉮ 통합교과 중 계절과 관련된 교과인 봄, 여름, 가을, 겨울의 단원을 시작할 때 음악과 함께 시로 표현해요 활동을 하였다.

㉯ 우리 교실의 경우에는 계절과 관련된 음악을 봄-봄봄봄, 여름-해변의 여인, 가을-가을이 오면, 겨울-겨울아이로 정하고 함께 음악을 들으면서 계절이 주는 느낌과 감정을 함께 느껴보는 시간을 먼저 가진다.

㉰ 음악에 어울리는 시를 소책자에 넣어주고 함께 읽어본 뒤에 각자의 느낌으로 시를 쓰고 시의 분위기에 맞게 시화를 꾸며보게 한다.

㉱ 완성이 된 시는 동시에 일어나서 함께 발표를 하도록 한다.

음악[3])을 들으면서 나만의 시를 써요

노래를 함께 부르면서 수업에 더욱 몰입해요!

동시에 함께 발표해요!

※ 계절별 시 쓰기 활동 후에는 각 노래의 가사에 맞게 팀별로 그림을 그리고, 학생들의 그림으로 동영상을 제작하여 유튜브 탑재를 한다. 자세한 내용은 161쪽을 참고하시면 됩니다.

(2) 팀 그림을 완성해요

① 이런 활동입니다.

『팀 그림을 완성해요』 활동은 하나의 그림을 팀이 함께 그리고, 팀원의 수대로 그림을 조각내어서 각자 맡은 그리기 방법에 따라서 조각 그림을 완성한 뒤에 전체 팀 그림으로 완성을 하는 활동이다.

이 활동은 미술시간이 되면 으레 그림을 그리고 색칠하라고만 하던 나의 지난 학습 방법을 반성하면서, 고민한 결과이다. 하나의 그림을 그리고, 팀원들이 나누어서 다양한 방법으로 그림을 완성하고 하나의 그림으로 연결이 되도록 교수학습 방법을 개발하고 사용하였다.

『팀 그림을 완성해요』 활동에서 사용한 저학년용 그리기 방법은 색연필로 칠하기, 물감으로 칠하기, 스크래치로 칠하기, 파스텔로 칠하기, 모자이크로 칠하기, 점묘법을 이용하여 칠하기 등이었다. 활동에 따라서 서로 다양한 그리기 방법을 활용할 수 있도록 순

3) 도입 음악은 주제 관련 학생들이 아는 노래로 동기를 유발하고, 시를 쓸 때는 조용한 클래식음악으로 마음을 안정시켰다.

서를 정하여 돌아가면서 그리기 방법을 결정하도록 하였다.

나의 조각 그림이 우리 팀 전체의 그림 중 한 부분을 차지하게 되면서 학생들의 책임감을 길러줄 수 있었으며, 먼저 완성한 친구들은 활동을 어려워하는 친구들을 서로 도와주면서 친구를 배려하는 마음이 함께 길러질 수 있었다.

② 활동은 이렇게 합니다.

이렇게 활동을 했어요!

활동1: 팀이 하나가 되어 도화지에 함께 하나의 그림을 완성한다. 그리고 팀원의 수만큼 그림을 자른다. 그리고 각자 어떠한 방법으로 완성할 것인지 정한다.

활동2: 각자 하나의 그림을 맡아서 다양한 방법으로 그림을 완성한다.
다양한 방법에는 모자이크, 점묘법, 스크래치, 물감이용, 흘어뿌리기가 있었다.

이렇게 완성해서 행복했어요!

내가 맡은 점묘법이 어려워서 친구가 도와주었어요!

서로 도와가면서 함께 완성한 우리 팀 그림 어때요?! 완전 멋지죠?!!

③ 더 나아가서

『팀 그림을 완성해요』 활동은 전 학년이 모두 재미있게 활용할 수 있는 교수학습 방법이다. 하나의 그리기 방법으로만 수업을 하던 기존의 미술 학습 방법에서 벗어나서 다양한 미술 방법을 한 번에 적용할 수 있는 유용한 학습 방법이 될 수가 있다.

고학년의 경우에는 수채화, 담채화 등 학생들의 수준에 맞는 미술 학습 방법을 적용하고, 평소에 사용하던 도화지 크기보다 작은 크기의 종이에 그림을 완성하게 되므로 학습에 대한 부담감도 줄일 수 있는 교수학습 방법이다.

(3) 역할극으로 정리해요

① 이런 활동입니다.

『역할극으로 정리해요』 활동은 한 단원을 마치고 함께 공부한 내용이 무엇인지 친구들에게 안내를 해주는 시간에 활용을 하였다. 앞에서 설명을 했던 『만다라트 완성하기』 활동 후에 이루어지는 활동이다. 만다라트를 통해 한 단원에서 학습한 내용을 주요 개념으로 정리를 한 후에, 각 팀별로 주요 개념들 중에서 반 친구들에게 설명을 하고 싶은 개념을 하나씩 선정을 한다.

개념 선정을 하다 보면 겹치게 선정을 하는 경우가 있다. 겹치게 선정을 할 경우에는 각 팀별로 나와서 제비뽑기를 하든지, 아니면 한 단원동안 모은 팀별 점수가 높은 팀에게 우선권을 부여할 수 있다. 우리 교실에서는 후자의 방법을 주로 선택하였으며, 이로 인해 각 활동별로 학생들이 더욱 열심히 참여하는 결과를 가져올 수 있었다.

학생들은 한 단원을 통해 학습한 내용을 팀원들이 모여서 스스로 정리를 하고, 정리한 내용을 역할극 대본으로 만들어봄으로써 스스로 재학습이 일어날 수 있었다. 그리고 자신들이 정리한 내용으로 만든 역할극을 친구들 앞에서 발표를 해봄으로써 학습한 내용을 스스로 의미화해보는 유의미한 시간을 가질 수 있었다.

② 활동은 이렇게 합니다.

㉮ 팀별로 함께 배운 단원의 내용(만다라트) 중 중요한 개념을 하나 골라서 역할극 대본을 꾸미고 함께 연습을 한다.

㉯ 친구들 앞에서 역할극을 시연하고, 역할극을 통해 알게 된 내용에 대해 다른 팀에서는 학습지에 내용을 적고 발표를 하도록 한다(발표는 동시발표를 실시한다).

③ 친구들의 역할극을 보면서 작성하는 데 사용한 활동지는 다음과 같습니다.

역할극을 만들어서 팀별로 서로 가르쳐 주어요

팀 이름: 내 이름:

우리 팀의 생각을 정리해요	(　　　)팀이 가르쳐주었어요!
(　　　)팀이 가르쳐주었어요!	(　　　)팀이 가르쳐주었어요!
(　　　)팀이 가르쳐주었어요!	(　　　)팀이 가르쳐주었어요!

(4) 노래를 개사해서 외워요

① 이런 활동입니다.

『노래를 개사해서 외워요』 활동은 앞에서 설명을 한 『역할극으로 정리해요』 활동과 유사하게 한 단원을 공부하고 난 뒤 배운 내용을 토대로 그 단원에서 함께 배운 노래를 개사해서 공부한 내용을 정리하는 데 활용한 활동이다.

여기에 추가로 통합교과의 각 단원에서 제시하는 노래들 중 우리 반 친구들의 내용으로 개사가 가능한 노래는 읽을 자료(소책자)를 통해 개사를 할 수 있도록 자료를 제공하고, 팀별로 우리들의 이야기로 노래를 개사해서 발표를 하도록 하는 활동도 하였다.

노래를 개사한 뒤 학년성에 맞는 연주악기를 선정하여 연주 연습도 함께 하도록 하였다. 그리고 동시에 일어나서 함께 연주를 하면서 각 팀에서 개사한 내용을 노래로 발표하도록 하였다.

② 활동은 이렇게 합니다.

㉮ 이번 시간에 배우는 노래를 이용하여 우리 팀원의 이야기 혹은 우리들의 이야기로 노래를 개사하여 발표 연습을 한다.

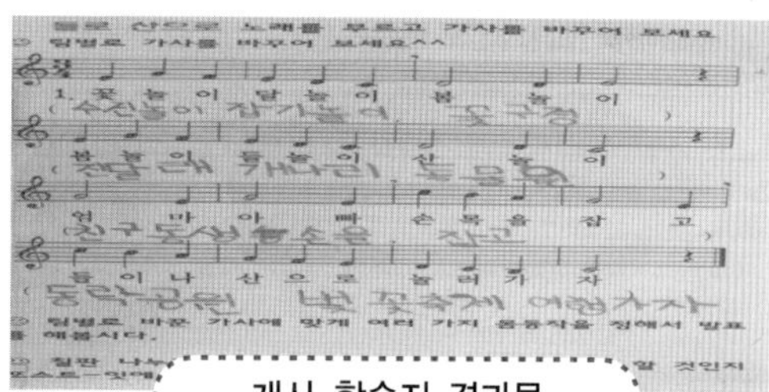

개사 학습지 결과물

㉯ 서로 서로 연주를 하는 방법을 설명도 해주고, 가르쳐주면서 상호 협동하여 학습이 일어날 수 있도록 한다(발표는 동시발표를 실시한다).

참고

음악 활동에서 연주방법을 친구들의 도움을 받아서 연습할 수 있도록 학기초에 팀을 구성할 때 학습 능력, 토론 능력, 참여 태도 등과 함께 음악적 능력도 고려하여 구성한다. 거꾸로 배움은 가정에서의 스스로 학습과 함께 친구들과의 상호작용을 통한 배움이 매우 중요한 요소이다. 팀을 구성할 때 우리 교실에 필요한 능력을 최대한 많이 고려하여 구성을 하도록 한다. 이렇게 팀을 구성하기 위하여 우리 교실의 경우 3월 달에 다양한 활동 연습을 하면서 팀원을 자주 변경하여 모든 팀이 서로에게 도움이 될 수 있는 팀원을 만날 수 있도록 하였다.

③ 활동에 활용한 학습지는 이러합니다. (예시자료는 통합교과 이웃2. 우리 동네이다)

우리 동네를 생각하며 가사를 바꾸어보세요

우리 동네

(5) 우리의 그림으로 동영상을 만들어요

① 이런 활동입니다.

『우리의 그림으로 동영상을 만들어요』 활동은 『음악과 함께 시로 표현해요』 활동에 이어지는 교수학습 방법이다. 함께 들었던 음악의 가사를 이용하여 각 팀별로 선생님이 제시해주는 학습지에 가사에 맞는 그림을 그리고 색을 칠한다.

각각 완성된 그림을 가지고 교사는 동영상을 제작하고, 유튜브 탑재를 하여 학생들과 학부모, 모두 함께 공유할 수 있도록 한다.

② 활동은 이렇게 합니다.

㉮ 함께 듣고 따라 불렀던 노래의 가사를 우리 반 친구들의 수(혹은 팀원의 수에 비례하여)에 맞게 자르고, 각각의 가사를 A4종이 아래에 적어준다.

㉯ 종이를 받은 학생들은 각각의 가사에 맞게 그림을 그리고 색을 칠하여 완성한다.

㉰ 완성된 그림으로 무비메이커(우리 교실에서는 가장 쉽게 영상을 제작할 수 있으며, 무료로 제공되는 프로그램이라서 주로 사용한다)를 활용하여 노래의 가사에 맞게 그림이 나올 수 있도록 동영상을 제작한다.

㉱ 제작한 동영상은 유튜브에 탑재를 하여 학생과 학부모가 함께 동영상을 가정에서 감상할 수 있도록 안내를 한다.

우리 함께 그림을 완성해요

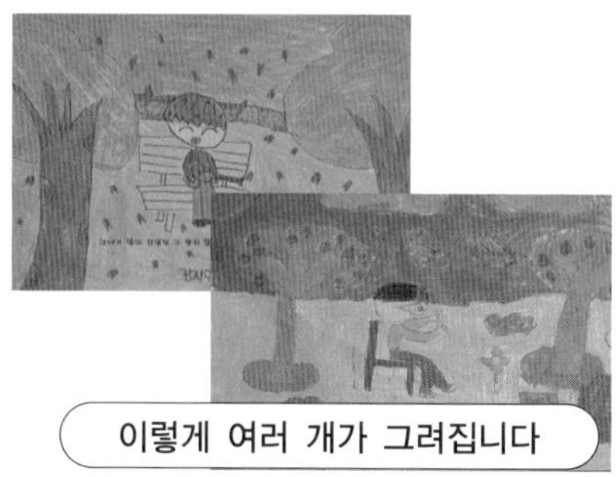

이렇게 여러 개가 그려집니다

③ 위의 예시자료는 통합교과 봄2에서 완성한 작품이며 관련 동영상은 아래의 주소에서 확인 가능하다. 이렇게 각 계절별이나 필요한 주제

가 있으면 동영상으로 제작을 해준다.
https://youtu.be/nPK5xZS8xc0

④ 더 나아가서 2학년 수학시간 여러 가지 도형 중 사각형을 배우는 차시에서는 '네모의 꿈'을 이러한 방식을 만들어보았다. 관련 동영상은 아래의 주소에서 확인이 가능하다.
http://youtu.be/7GjyynLu1OE

⑤ 유튜브에서 "최경민, 거꾸로" 검색 시 2015년에 제작하고 있는 다양한 동영상을 확인할 수 있다.

(6) 다양한 팀 책 만들기

① 이런 활동입니다.

『다양한 팀 책 만들기』 활동은 이미 여러 교실에서 선생님들께서 사용을 하고 있는 교수학습 방법이다. 각자의 생각을 모아서 하나의 책으로 만들어내는 활동이다. 거꾸로 배움으로 행복한 교실을 만들어가는 우리 교실에서는 다양한 책 만들기 활동이 이루어졌으며, 개별화 책보다는 각자의 생각을 모아서 하나의 책으로 만들어낼 수 있도록 팀 책 만들기 활동이 주를 이루었다. 우리 교실에서 활용한 책 만들기 종류는 다음과 같다.

② 이러한 종류의 팀 책을 만들었습니다.

이렇게 깃발책을 만들었어요!

얘들아! 우리 함께 깃발책을 만들어보자.

약속해요

① 소주제: 봄나들이에서 지킬 일과 자연보호 방법
② 도화지를 4등분한 뒤에 팀원들이 서로 도와가며 소주제에 맞게 내용을 적고 꾸민다.
③ 도화지로 책등을 만들고, ②번에서 만든 종이를 위와 아래가 엇갈리게 해서 붙인다.
④ 아래 그림처럼 360도 펼칠 수 있는 우리 팀만의 깃발책이 완성된다.

깃발을 흔들며 발표하자!

우리는 직접 갔었던 봄나들이를 적어보았어.

그리고 그 곳에서 우리가 했었던 자연보호관련 행동과 지켜야 할 일을 적었어.

이렇게 액자책을 만들었어요!

얘들아! 우리 함께 액자책을 만들어보자.

사라져가는

① 소주제: 사라져가는 곤충과 우리가 할 일
② A4종이를 4등분한 뒤 팀원들이 서로 도와가며 소주제에 맞게 내용을 적고 꾸민다.
③ 색도화지로 정해진 순서에 맞게 액자로 접은 뒤 ②번에서 만든 종이를 끼운다.
④ 액자 뒤편 종이를 접어 올리면 아래의 그림처럼 세울 수 있는 액자책이 완성된다.

액자책으로 작은 전시회를 열었어요.

우리는 사라져가는 곤충 중에서 땅 위에 사는 것을 중심으로 조사를 했어.

우와! 3모둠 정말 잘 만들었네^^ 높은 점수 줘야지.

Ⓐ 깃발책은 이렇게 만들어요.

Ⓑ 액자책은 이렇게 만들어요.

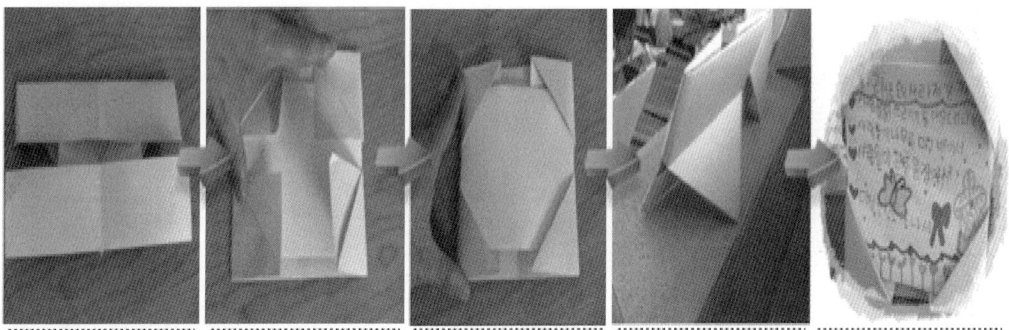

순서 따라 이렇게 접어요! | 속지에 맞게 모서리를 접어요 | 완성된 속지를 끼우세요! | 뒤편의 종이를 접으세요~ | 짜잔~! 이렇게 완성^^

이렇게 극장책도 만들었어요!

ⓒ 극장책은 이렇게 만들어요.

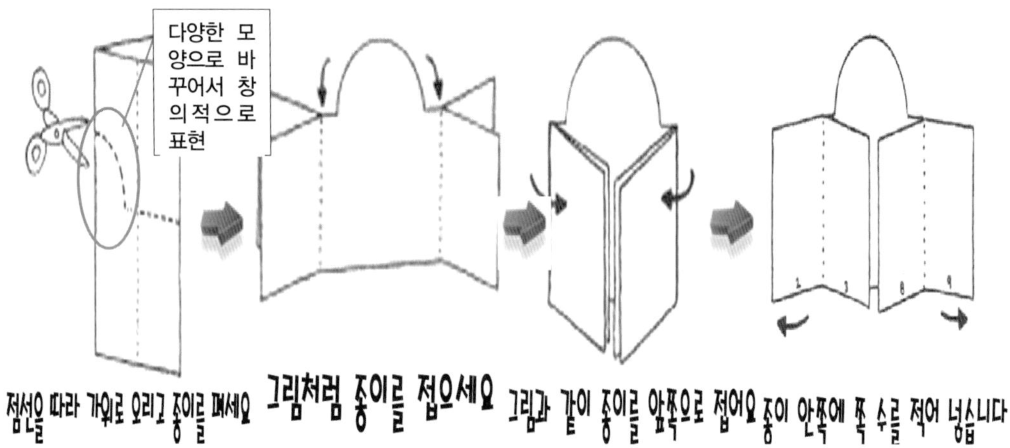

Ⓓ 이렇게 쇼원도책을 만들었어요!

예시자료는 통합교과 나2. 장래희망 소개하기이다.

쇼윈도책은 이렇게 만들어요.

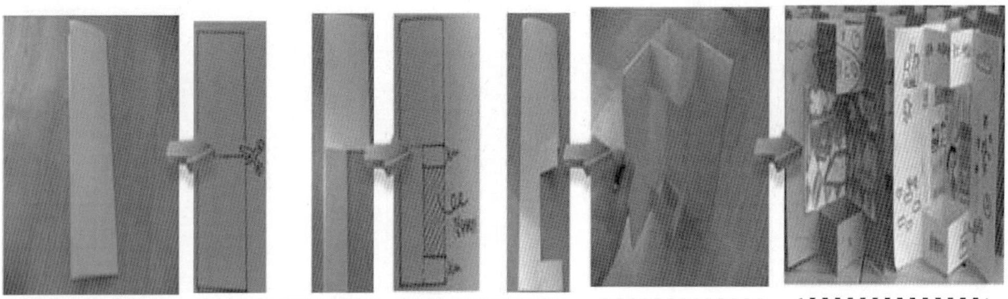

8절색지 세로로 접기 → 가운데 부분 자르기 → 빗금친 부분 자르기 → 윗부분 뒤로 넘긴다 → 그림을 붙이고 꾸미면 완성!

이렇게 쇼윈도책을 만들고 전시했어요!

나의 장래희망을 소개한다

이렇게 완성했어요

우리 반 전시 모습

Ⓔ 이렇게 수수께끼책도

◉ 수수께끼 책은 이렇게 만들어요.

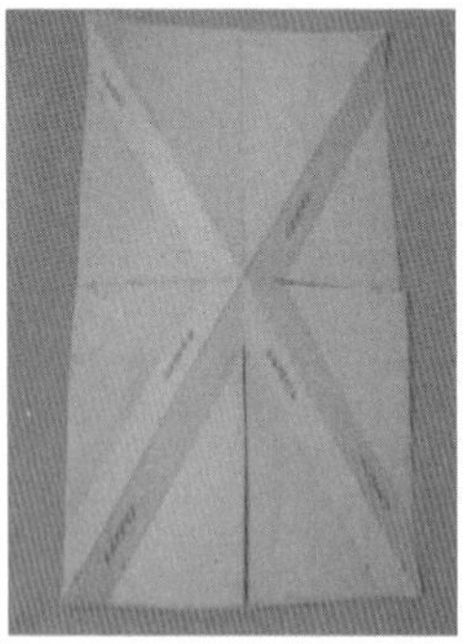

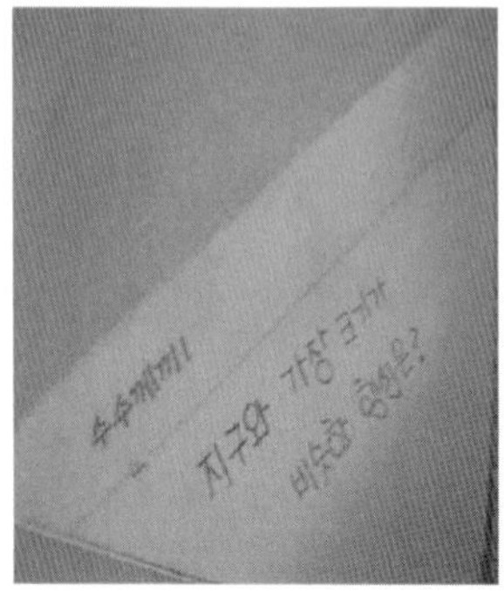

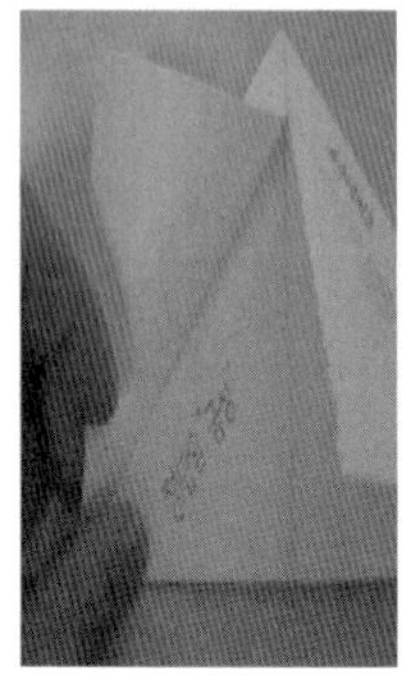

점선을 따라 위,왼쪽,아래를 가위로 오립니다. 문제를 앞쪽에 적습니다. 종이 안쪽에 정답을 적습니다.

◉ 우리 반 친구들의 활동 모습은 이렇습니다.

Ⓕ 이렇게 선물상자책도 만들었어요!

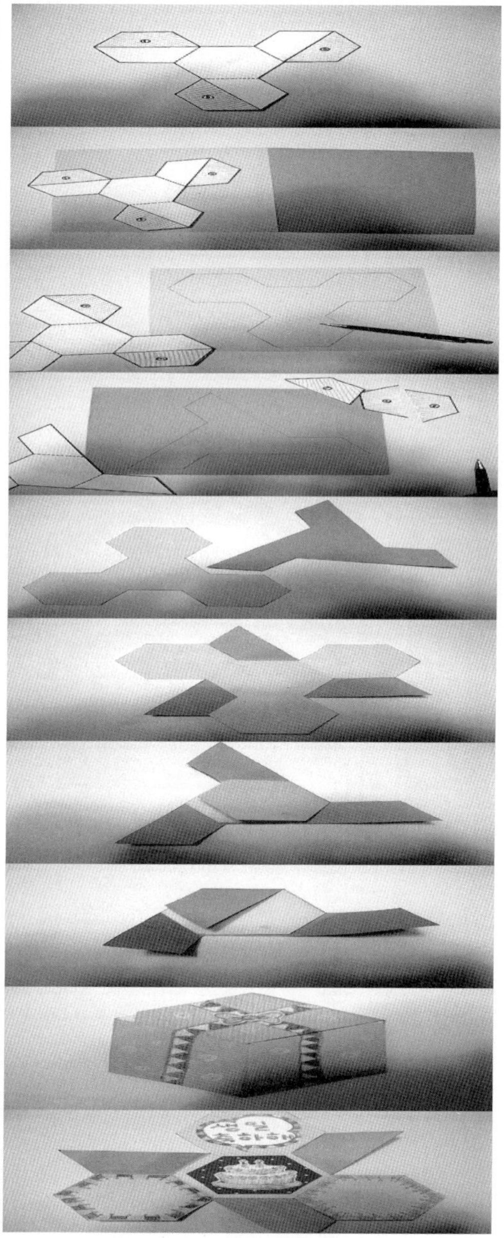

① 왼쪽 그림처럼 선물책 만들기 모양에 따라서 색도화지에 따라 그린다.

② 따라 그린 그림에 따라서 가위를 이용해서 자른다.

③ 자른 두 개의 종이를 서로 맞물리게 해서 겹친다.

④ 서로 돌아가면서 딱지를 접듯이 종이를 하나씩 접어본다

⑤ 상자모양이 나오면 선물처럼 리본도 달아보고, 그림으로 끈도 표시해본다.

⑥ 다시 종이를 펼쳐서 가을 행사 종류별로 제목을 정한다.

⑦ 제목에 맞게 우리가 지켜야 할 행동을 적어넣고, 가을 행사의 모습을 간략하게 그림으로도 표시를 한다.

⑧ 팀별로 각 팀원이 만든 선물상자책을 한번에 모아서 종합선물세트처럼 책 상자도 만든니다.

Ⓖ 이렇게 회전목마책도 만들었어요!

회전목마책은 이렇게 만들어요.

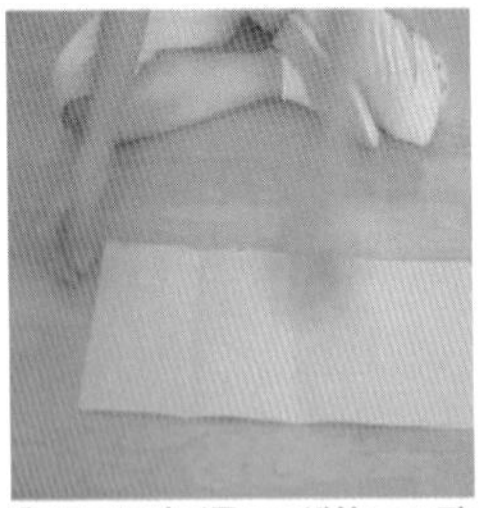

1.색도화지(4절지)를 가로 방향으로 2장 자른다.

2 접었던 종이를 펴서 지그재그로 접는다.

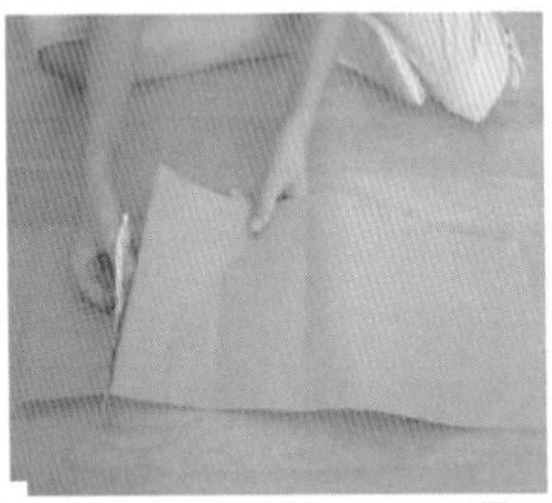

3. 1/6 접은 한 부분을 가위로 자른다.

4. 양쪽 끝부분을 각각 1cm 정도 접는다.

5. 처음에 했던 것처럼 지그재그 형으로 접는다.

6. 창 모양을 그려서 가위나 칼로 잘라 낸다.

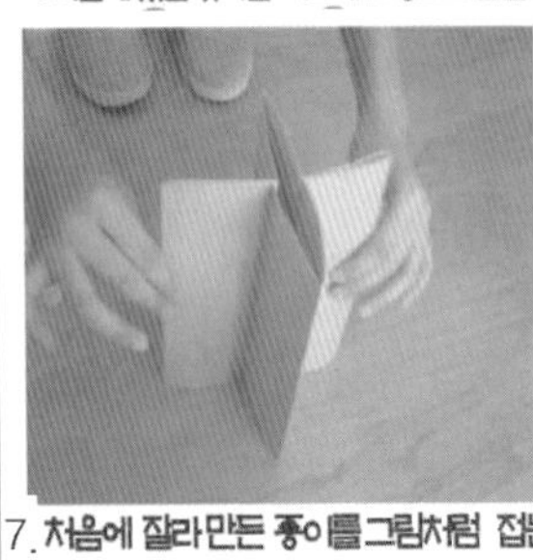

7. 처음에 잘라 만든 종이를 그림처럼 접는다

8. 첫번째 종이를 끼워넣어 완성한다.

활동 모습은 이러했어요.

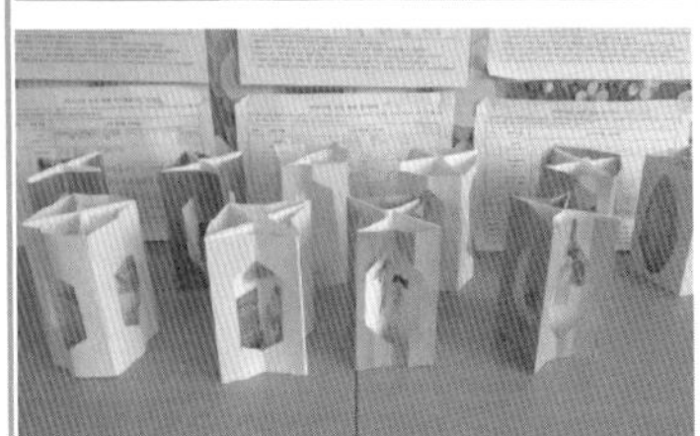

(7) 융합으로 즐거운 하루를 보내요

① 이런 활동입니다.

『융합으로 즐거운 하루를 보내요』 활동은 학생들에게 흥미와 관심을 줄 수 있는 학습 주제를 정하여 국어, 수학, 통합교과를 접목하여 학생들의 실생활에 도움이 될 수 있도록 교육과정을 재구성하는 활동을 의미한다.

우리 교실에서 융합인재교육은 각 계절별로 이루어졌다. 봄은 봄 향기 나는 우리 마을 꾸미기, 여름은 우리들의 즐거운 여름휴가, 가을은 우리들만의 행복한 가을 운동회, 겨울에는 우리들의 크리스마스 파티 열기라는 각각의 주제를 가지고 교육과정 재구성을 통하여 하루 종일 융합인재교육을 실천하는 STEAM-DAY를 운영하였다.

우리 교실의 『융합으로 즐거운 하루를 보내요』 활동은 학교 자체에 소개를 하게 되었으며, STEAM-DAY 운영이라는 사업 명으로 2년째 우리학교 특색사업으로 운영 중에 있다.

특히 『융합으로 즐거운 하루를 보내요』 활동은 초등학생들에게 과학기술에 대한 흥미, 수학교과에 대한 흥미를 높이고 과학, 수학이라는 교과가 우리 생활과 동떨어져 있는 것이 아니라 매우 밀접한 관련이 있는 교과라는 사실을 일깨워주면서 관심을 높이기 위한 활동이다.

『융합으로 즐거운 하루를 보내요』 활동은 상황제시, 창의적 설계, 성공의 경험 단계로 운영이 되며, 각각의 단계는 순차적으로 이루어지는 것이 아니라 학생들의 계획과 활동에 따라 임의적으로 운영이 되도록 하였다. 『융합으로 즐거운 하루를 보내요』 활동을 하기 일주일 전에 학생들과 함께 이번에 하게 될 주제에 대하여 이야기를 나누고, 하고 싶은 활동에 대해 서로의 의견을 수합한 뒤, 함께 어떠한 활동을 하면 좋을지 이야기를 나누고 결정을 한다. 이렇게 결정이 된 활동으로 『융합으로 즐거운 하루를 보내요』가 운영이 되기 때문에 학생들의 관심과 흥미가 더욱 높아질 수 있었으며, 적극적으로 참여하는 모습을 볼 수 있었다.

② 활동은 이렇게 합니다. (예시자료는 통합교과 여름2. 여름풍경)

상황제시

우리들의 여름휴가

- 상황은 활동을 하기 일주일 전에 학생들에게 제시를 한다.
- 팀별로 주제에 대하여 이야기를 나누고, 국어, 수학, 통합교과 책을 함께 살펴보면서 우리 교실에서 할 수 있는 즐거운 여름휴가를 만들기 위해 필요한 활동에는 무엇이 있는지 살펴본다. 그리고 팀별로 각자 필요하다고 생각되는 활동이 왜 우리들의 여름휴가에 필요한 것인지 『EDS로 서로 평가해요』(183쪽) 활동을 도입하여 토론을 한다.
- 팀별 토론 후, 각 팀별로 선정된 활동을 발표한다. 그리고 팀별로 결정한 활동을 어떠한 순서로 진행을 하면 우리반의 즐거운 여름휴가를 꾸밀 수 있을지 함께 이야기를 나누어서 결정을 한다.
- 필요한 준비물은 팀별로 토의하여 각 팀에서 준비를 하도록 하고 일주일 뒤 활동한다.
  *우리 반은 저학년이라서 스스로 활동을 만들어내는 것을 매우 힘들어하였다. 그래서 다양한 교과서를 함께 살펴보면서 필요한 활동을 찾아보도록 하였다. 이렇게 2번정도 하고 나서는 교과서 없이 스스로 찾아내려고 노력하는 모습을 확인할 수 있었다.

〈상황제시에서 팀별 토론에 사용한 팀별 활동지는 다음과 같다〉

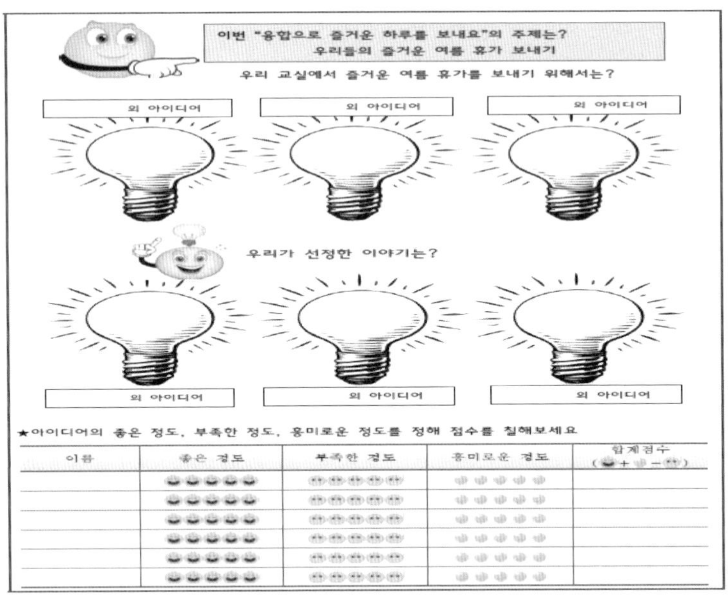

이번 "융합으로 즐거운 하루를 보내요"의 주제는?
우리들의 즐거운 여름 휴가 보내기

우리 교실에서 즐거운 여름 휴가를 보내기 위해서는?

의 아이디어 / 의 아이디어 / 의 아이디어

우리가 선정한 이야기는?

의 아이디어 / 의 아이디어 / 의 아이디어

★아이디어의 좋은 정도, 부족한 정도, 흥미로운 정도를 정해 점수를 칠해보세요

이름	좋은 정도	부족한 정도	흥미로운 정도	합계점수 (+ −)

(이 학습지는 기존 『EDS로 서로 평가해요』 활동지를 수정한 것으로, 자세한 활동 방법은 183쪽을 참고하면 된다.)

상황제시+창의적

행복한 여름휴가로 시화 그리기(국어+바른생활)

- 행복한 여름휴가라는 주제로, 지난 여름휴가 때 있었던 경험을 살려서 시를 쓰고 어울리는 그림을 그려서 시화를 완성한다.
- 각 팀별로 가장 잘 된 작품을 하나 씩 선정하여 전시를 한다,
- '내 이름을 걸고(○○쪽 참고)'를 활용하여 팀별 시화에 대한 상호동료 평가를 실시하고, 그 결과에 따라 팀별 점수를 부여한다.

어디에 내 이름을 붙일까?!

창의적 설계

여름휴가 모자 만들기(국어+즐거운생활)

- 팀별로 여름휴가를 만들기 위한 테마를 결정한다.
(우리 교실의 경우에는 아이스크림 모양, 과일 바구니, 수박 모자, 케이크 모자 등 각 팀별로 다양한 테마를 정하여 그 테마에 맞게 여러 가지 모양으로 모자를 만들었다)
- 팀별 테마에 맞게 도화지를 이용하여 그림을 그리고 잘라서 나만의 여름휴가 모자를 완성한다.
- 모자를 만들고 나서 한 학생이 나에게...

"선생님! 저희 가족 내일 캠핑 가는데,
이 모자 쓰고 갈래요"

라고 말하였다.
학생은 아무 생각 없이 자신의 느낌을 말한 것이겠지만.. 나는 이 말을 듣고서.. 아~~ 우리 반 친구들에게 정말 도움이 되는 수업을 하고 있구나라고 느낄 수 있었던 한 마디였다.

여름 모자를 어떻게 만들까?

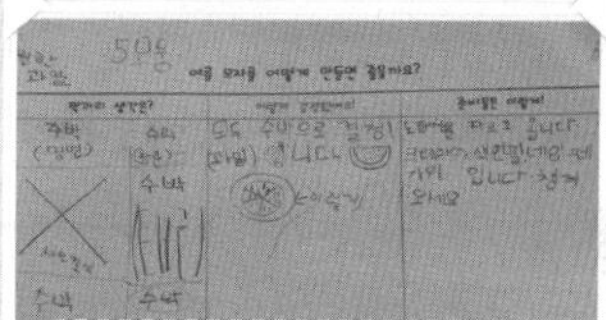
이렇게 만들면 좋겠어!

우리는 아이스크림 모자 모둠^^

창의적 설계

여름휴가 악기 만들고 노래 부르기(수학+슬기로운 생활+즐거운 생활)

- 수학의 길이재기 단원을 활용하여 각 팀별로 유리병 실로폰을 만들었다. 계량컵의 눈금을 단위길이로 하여 물의 양을 재고, 빈 유리병에 물을 담는다.
- 그 다음에는 단위길이의 눈금을 하나씩 늘려가면서 물을 채우고, 각기 다른 유리병에 물을 담는다. 이렇게 7개의 유리병을 만든다.
- 물이 담긴 유리병에 물감을 이용하여 다양한 색으로 유리병 안에 있는 물의 색을 변화시키게 한다.
- 같은 크기와 모양의 유리병에 담긴 물의 높이를 눈으로 확인하고, 가장 적게 담긴 유리병부터 물의 높이에 따라 순서대로 유리병을 두고 실로폰 채로 유리병을 쳐본다. 유리병에서 나는 소리를 들으면서 도, 레, 미, 파, 솔, 라, 시의 음을 확인하고 유리병 실로폰을 만든다.
- 완성된 실로폰을 가지고, 각 팀별로 팀원은 각자 1개 혹은 2개의 유리병을 맡아서 연주 연습을 한다.
- 우리 교실에서 결정한 노래는 '여름은 즐거워'와 팀별 자유곡 1곡씩이었다.

성공의 경험

최고의 연주 팀(즐거운 생활+국어)

- 각 팀별로 연습한 곡으로 여름휴가 모자를 쓰고서 친구들 앞에서 연주 발표회를 연다.
- 발표를 들은 친구들은 『신호등으로 평가하기』(185쪽) 활동으로 각 팀의 연주에 대한 평가를 내리고, 신호등의 개수에 따라서 각 팀별 점수를 부여한다.

(신호등으로 평가해요 활동 사진 추가하기)

성공의 경험

신호등으로 평가해요

(신호등으로 평가해요 활동 사진 추가하기)

③ 이렇게 봄향기 나는 마을도 꾸며보았어요.

상황제시

도형을 알고 종류별로 분류해보기(수학+슬기로운 생활)

- 봄향기 나는 우리 마을을 꾸미기 위해 가지고 온 다양한 재료들을 살펴보면서, 삼각형 모양, 사각형 모양, 원 모양으로 재료들을 분류해본다.
- 이 활동을 통해 우리 마을, 혹은 우리 교실의 다양한 물건들은 저마다의 모양을 가지고 있으며, 그 모양은 도형의 모양에 따라 분류할 수 있음을 알게 된다.
- 그리고 분류한 도형에 따라 이름을 포스트-잇에 적고 활동지에 각 물건들을 모양에 따라 분류하여 붙여본다.

상황제시+창의적 설계

봄향기 나는 마을 꾸미기
(국어 + 즐거운 생활 + 슬기로운 생활)

◎ 어떻게 꾸밀지 함께 토의하기

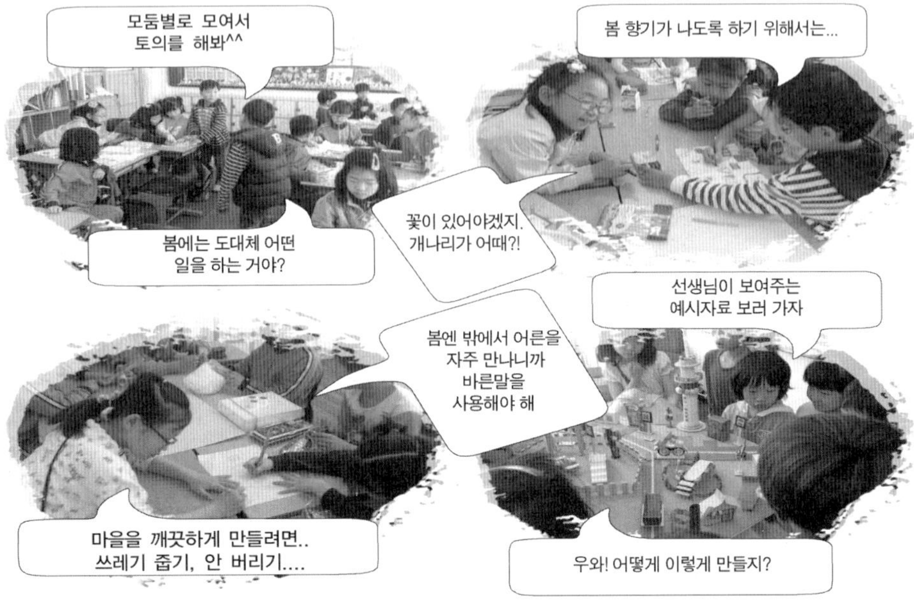

◎ 봄향기가 나는 우리 마을 꾸미기

우리는 봄 향기나는 놀이터^^
그네, 시소, 나무, 학교를 세우자

우리는 봄향기 나는 우리 학교^^
건물, 운동장, 나무를 세우자

우리는 봄향기 나는 마을공원^^
꽃, 연못, 산책하는 사람들

완성된 우리 마을^^
봄향기가 많이 느껴지나요?

연못과 놀이터가 있는 우리 마을
봄향기가 물씬 풍겨요^^

친구들과 함께
봄향기 나는
마을을 꾸며서
재미있었어요!

성공의 경험

전시회 열고 서로 평가하기(바른 생활 + 즐거운 생활)

- 봄향기 나는 마을로 전시회를 열고 상호 평가를 한다.

전시회 열기 & 관람하기

작품 발표 & 신호등 평가

④ 이렇게 우리들만의 행복한 가을 운동회를 만들어보았어요.

상황 제시 **(바른 생활, 즐거운 생활, 국어)**

◎ 우리들만의 행복한 가을 운동회를 열기 위하여 각 팀별로 자신 있는 종목을 선정하고, 우리들의 가을 운동회를 열기에 적절하도록 게임 방법과 결과 처리 방법을 수정하여 결정한다.

◎ 그리고 우리들이 함께 지켜야 할 예절도 함께 정한다.

모둠별로 하고싶은 종목으로 이야기 나누기

모둠별로 자신있는 종목으로 결정하기

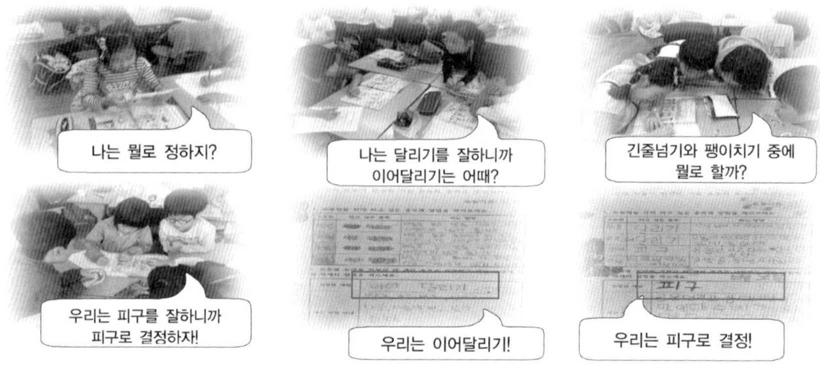

창의적 설계 **(즐거운 생활, 슬기로운 생활)**

◎ 운동회에서 함께 사용하게 될 응원도구를 만든다.

창의적 설계 + 성공 경험

(수학, 즐거운 생활, 바른 생활)

◎ 우리들의 운동회를 여는 경기장의 모양과 길이를 재어본다(m단위 알기)

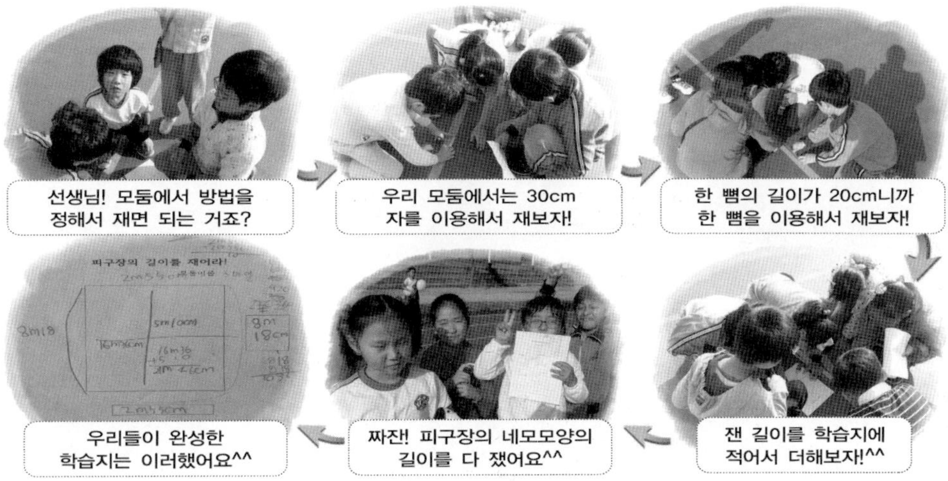

◎ 가을 운동회를 열고, 각 종목별 팀 점수를 부여하고, 합산을 한다.

창의적 설계 + 성공 경험 (국어, 즐거운 생활, 바른 생활)

◎ 가을 운동회 경험을 살려 시화로 표현하고 '내 이름을 걸고'로 상호평가를 한다.

운동회를 마치고 나서 학생들은...

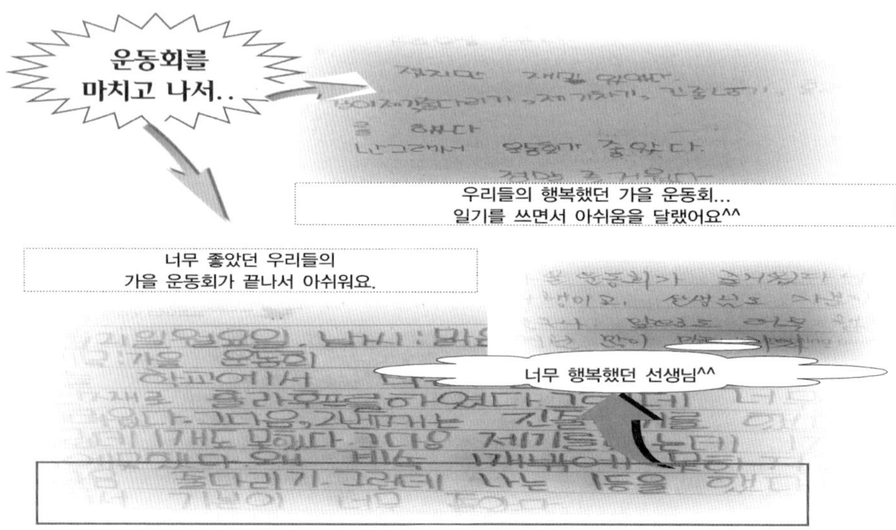

(8) 계절에 맞게 교실을 꾸며요

① 이런 활동입니다.

『계절에 맞게 교실을 꾸며요』 활동은 여름, 가을, 겨울의 계절에 맞게 우리 반 친구들의 아이디어와 작품으로 우리 교실을 꾸며보는 활동이다. 단, 봄의 경우에는 학기초 교실 환경 정리활동으로 인해 제외하였다.

계절별로 교실의 복도 창문을 팀별로 하나씩 맡아서 그들만의 느낌과 감정으로 창문을 꾸밀 수 있도록 하였다. 계절별로 바뀌는 팀별 창문의 모습을 보면서 계절이 주는 느낌을 알 수 있도록 하였으며, 자신이 직접 꾸민 교실 환경을 통해 교실이라는 장소가 교사를 위한 장소가 아니라 학생들이 스스로 만들어가는 학생 자신들을 위한 장소라는 인식을 심어줄 수 있었다.

② 이렇게 활동을 하면 됩니다.(예시자료는 통합교과 여름2. 곤충과 식물)

교실 바깥쪽 창문 7개를 각 팀에서 하나씩 맡아서 직접 여름 풍경을 꾸며보는 시간을 가지도록 한다. 여름에 볼 수 있는 다양한 곤충과 식물로 자신만의 여름 풍경을 아름답고 시원하게 꾸며보도록 한다.

③ 더 나아가서

각 계절별로 봄을 제외하고 모두 이렇게 학생들이 직접 교실 분위기를 바꾸어보게 하였다. 또한 활동 후에는 『PMI로 평가해요』를 이용하여 팀별 PMI 성찰내용을 작품 아래에 붙이고 팀별 상호평가를 실시하였다(192쪽 참고).

5) 상호평가 중심활동

평가는 학생들이 교육 목표를 보다 빨리 효율적으로 달성할 수 있도록 하는 과정이 되어야 한다. 이런 의미에서 평가는 과정 중심의 학생 활동 위주의 평가가 되어야 한다. 또한 거꾸로 배움을 통해 행복을 만들어가는 우리 교실은 학생들의 참여와 활동이 주가 되는 수업이므로 평가 주체, 평가 내용, 평가 시기, 평가 방법에서 다양성을 갖게 된다.

또한 거꾸로 배움을 실천하는 행복 교실에서는 교사와 학생이 함께 결정한 평가 방법과 평가 기준에 의하여 평가를 실시하는 것이 바람직하다. 그리고 과제를 발표하거나 과제를 전시함에 있어서 나머지 학생들은 평가에 참여를 하여 그들의 과제에 미리 정해진 기준에 따라 평가 점수를 반영시키게 된다. 모든 학생들이 과제 평가에 참여를 하게 됨으로써 다른 팀들의 과제에 조금 더 집중하게 되며 평가의 공정성 측면에서도 긍정적인 효과를 가져올 수가 있다.

행복을 만드는 거꾸로 배움을 실천하는 교실에서는 교사 위주의 평가가 아닌 학생 중심의 상호평가를 주로 활용하였다. 학생간의 상호 작용의 정도, 서로에 대한 배려와 협력정도, 학습 과제를 해결하는 과정에서의 팀원들 각자의 역할 정도를 고려하여 고르게 평가에 반영할 수 있도록 각 활동별로 평가 기준을 마련하여 학생들에게 제시해주고, 학생들은 그 기준에 맞추어서 다양한 방법으로 상호평가를 실천하였다.

평가의 기준은 지식의 습득뿐 아니라 과제해결 능력, 협동하는 능력과 같은 다양한 역량의 획득을 목표로 결정된다.

지식 영역에서는 과제 결과물에서 드러나는 내용을 토대로 팀별 혹은 개인별로 얼마나 잘 이해하고 있는지에 대해 평가를 하게 된다. 여기에는 앞에서 설명을 한 포트폴리오(104쪽), 개별 혹은 팀별 성찰일지(105쪽)를 통해 확인을 하게 된다. 그리고 읽을 자료(각 단원별 소책자)에 대한 평가도 지식에 대한 평가로 이루어진다.

기술 영역에 대한 평가는 학생들이 과제를 해결하면서 습득하게 되는 기술, 팀 단결력, 의사소통 기술을 얼마나 잘 활용하여 익혔는지를 평가하게 된다. 기술 영역에 대한 평가는 대부분 팀 내에서 실시하게 되며, 이 평가를 통해 팀에서 대표 과제물을 선정하기도 한다.

태도 영역에 대한 평가는 개인별 혹은 팀별로 과제에 대한 태도, 과제에 대한 완성도, 과제를 해결하는 태도, 과제에 대한 자신감, 과제에 대한 몰입도 정도에 대하여 평가하게 된다. 과제의 결과물을 보면서 다른 팀에서 평가를 주로 하게 된다.

학생들의 상호평가를 실천하면서 가장 중요시 여긴 부분은 어떻게 평가를 하느냐였다. 우리 교실에서는 다양한 상호평가 방법을 개발하고 활동에 활용할 수 있는 학습지를 제작하고, 평가 항목 및 평가표를 활용하였다. 평가표는 평가의 기준을 제공해주는 동시에 상호평가가 가능하도록 만들어주는 이점을 가지고 있다. 활동 내용과 활동 방법에 따라 평가표가 달라지며, 활동지로 평가표를 대신하기도 하고 활동지가 없는 평가 방법에서는 팀별로 따로 평가표를 제시하여 미리 팀별로 평가표를 확인하도록 하였다.

우리 교실에서 사용한 기본 평가표는 다음과 같다. 아래의 평가표는 팀 내에서 이루어지는 평가표이며, 팀 활동에 대한 평가표와 개별 학생들의 평가표로 구분이 된다. 그리고 팀 내 평가결과는 팀 포트폴리오에 철하였다.

표 2-3 우리 반 팀 활동 평가표

평가 내용	점수
서로 각자의 역할을 잘 수행하여 과제를 완성하였다.	
팀원 모두가 적극적으로 참여하여 과제를 완성하였다.	
우리 팀은 긍정적이고 적극적으로 참여를 하였다.	
과제를 해결하기 위해 모두가 적극적으로 의견을 제시하였다.	
각자의 팀원은 효과적으로 활동에 참여를 하였다.	

* 점수는 각 항목별로 0~20점을 주도록 하였으며, 합계 점수를 매겨서 팀에 대한 평가 점수를 주도록 하였다.

표 2-4 개별 팀원 평가표

평가 내용	팀원 이름			
과제를 해결하는 데 중요한 아이디어를 제공하였다.				
의사소통 시에 잘 들어주고 좋은 의견을 잘 말하였다.				
토론활동에 적극 참여하고 답변도 잘 해주었다.				
과제해결에 적극적으로 참여하였다.				
과제해결에 필요한 정보를 제공하였다.				
과제해결 시에 다른 팀원을 잘 도와주었다.				
과제해결을 위해 우리 팀을 위해 긍정적으로 말을 한다.				
주도적으로 활동에 참여를 하였다.				
팀원을 칭찬하고 잘 할 수 있도록 도와주었다.				
점수 합계				

* 각 평가 내용별로 1~5점을 줄 수 있도록 하였으며, 각 팀원별로 합계 점수를 내도록 하였다.

여기서 제시하는 평가표는 팀 내에서의 상호평가로서, 『융합으로 즐거운 하루를 보내요』와 같은 프로젝트형 과제를 해결하고 난 뒤에 팀별로 스스로 반성하고 성찰할 수 있는 기회를 제공하고자 제시하였다.

행복을 만들어가는 거꾸로 배움에서 주로 사용한 팀별 혹은 개인별 상호평가 방법과 평가 내용에 대한 설명은 아래에서 각 활동별로 설명을 하도록 하겠다.

우리 교실에서는 팀 내 평가 결과와 팀 간 평가 결과를 합산하여 단원 전체 상호평가 결과를 팀 성적으로 산출하였다. 각각의 활동에 대한 평가 결과를 모두 합산하여 팀 성적으로 산출하게 되는 이러한 평가과정을 통해 학생들은 공동 목표를 창의적이고 효율적으로 달성하기 위하여 활동에 더욱 책임감을 가지고 적극 참여하게 되었다.

〈예시자료: 통합교과 봄2. 봄이 왔어요 단원 전체 평가 결과표〉

우리는 이렇게 팀 성적을 산출했어요!

- 다음과 같이 3개로 나누어서 성적을 산출

다양한 팀 활동의 팀별 결과에 대한 성적	신체활동을 통한 경쟁 활동은 개별 점수에 의하여 팀별 점수를 계산하여 결과표 제공(263쪽)
+	
팀별 상호평가 결과에 대한 성적	단원에서 이루어지는 모든 상호평가 활동에서 각 팀의 점수는 다른 팀에서 받은 각각의 점수를 합산하여 계산
+	
팀별 성찰활동 및 개별 활동 결과 성적	L.P.의 팀별 성찰활동(104쪽)에서 받은 각 팀원의 점수를 합산하여 팀 성적 산출에 함께 계산

- 단원 정리시간에 모든 점수를 합산하여 팀 성적 산출

- 최종 성적 산출표

봄이 왔어요 팀별 게임 결과 합산표

팀 / 순서	1		2		3		4		5		6		7	
	등수	점수	등수	점수	등수	점수	등수	점수	등수	점수	등수	점수	등수	점수
신호등 평가	3	80	4	70	2	90	1	100	5	60	7	40	6	50
골든벨 대회	2	90	1	100	4	70	5	60	3	80	6	50	7	40
PMI평가	5	60	4	70	1	100	7	40	6	50	3	80	2	90
짝 찾기 활동	6	50	7	40	5	60	3	80	4	70	1	100	2	90
골든벨 대회	7	40	3	80	4	70	5	60	1	100	2	90	3	80
둘가고 둘남기	1	100	2	90	5	60	3	80	7	40	6	50	4	70
팀 참여도	5	60	4	70	2	90	7	40	3	80	6	50	1	100
성찰일지작성	2	90	1	100	4	70	7	40	5	60	3	80	2	90
결 과	3등	570	1등	620	2등	610	5등	500	4등	540	4등	540	2등	610

(선생님 한 마디)

모두들 정말 열심히 참여하는 모습에 선생님 기분이 너무 좋았습니다. 봄이 왔어요 단원에서 실시한 다양한 팀별 학습 활동에 모두가 적극적으로 참여하는 모습에 모두에게 1등을 주고 싶은 마음이 들었습니다. 하지만 팀별 경쟁활동이 있어야 다음에 더욱 적극적으로 참여한다는 이유로 이렇게 등수를 매기게 되었습니다. 각 활동별로 선생님이 따로 점수를 매겨놓은 참여도와 일지작성하는 자세 등을 함께 점수에 포함을 시켰습니다. 수업시간에 실시하는 활동에 모두들 적극적으로 참여하는 자세가 매우 많이 좋아져서 선생님 기분이 너무 좋습니다. 봄을 배울때는 어떻게 활동을 해야 하는지 몰라서 우왕좌왕하던 친구들이, 이제는 다른 친구들의 도움을 받아가며 재미있게 참여하는 모습이 특히 보기 좋았습니다. 이제는 모두들 1등이라는 등수를 받을 만한 자격이 생겼습니다. 다음 단원에서도 지금처럼 열심히 활동하기를 바라겠습니다.

* 다양한 신체활동, 평가활동의 각 점수와 팀 참여도, 성찰일지 작성 정도에 따라서 팀 성적을 산출하였다.

단원별 평가 결과에 대하여 팀별로 서술식으로 결과를 안내한 후, 단원이 끝날 때마다 개인별 러닝 포트폴리오와 팀별 러닝 포트폴리오를 전시하고 함께 팀별 활동 결과물을 감상하는 시간을 가졌다. 러닝 포트폴리오는 스스로 학습하고, 반성하고, 내용을 유의미화하는 동시에 함께 활동에 대해 평가하고 더욱 완성된 모습의 팀으로 만들어나가기 위한 활동도구라고 할 수 있다. 포트폴리오 전시하기 활동으로 학생들이 한 단원동안 자신과 팀이 어떠한 활동을 해왔고, 무엇을 공부했는지를 서로 소통하는 시간을 가졌으며, 수업에 대해 긍정적으로 사고하고 서로에게 피드백도 줄 수 있는 시간을 가졌다.

(1) EDS로 서로 평가해요

① 이런 활동입니다.

『EDS로 서로 평가해요』 활동은 Estimate-Discuss-Estimate의 약자로서 토의·토론 수업에서 신중한 의사결정이 필요할 때 유용하게 사용되는 기법인 EDS 활동을 수정·변형하여 상호평가에 활용한 활동이다.

팀 내에서 가장 좋은 의사를 결정해야 하거나 창의적인 아이디어를 결정해야 하는 상황에서 팀별 상호 아이디어 평가활동에서 주로 활용하였다. 팀 내에서 각각의 아이디어에 대해 토의·토론 없이 각자의 의견에 대해 좋은 정도와 부족한 정도의 점수를 매긴다. 그리고 각자의 아이디어 및 의견에 대한 부연 설명을 듣고 함께 토의·토론을 하면서 흥미로운 정도에 대한 점수를 매긴 뒤, 세 개의 점수를 합산하여 팀원의 아이디어에 대해 평가를 내린다.

② 평가기준은 이러합니다.

『EDS로 서로 평가해요』 활동의 평가기준은 각 아이디어에 대한 좋은 점, 부족한 점, 흥미로운 점으로 나누어진다. 팀원이 간략하게 적은 아이디어를 보고 자신의 의견과 비슷하거나 과제를 해결함에 있어서 도움이 될 것 같은 아이디어에는 좋은 점에 높은 점수를 주고, 내용이 부족하거나 과제 해결에 도움이 많이 될 것 같지 않은 아이디어에는 부족한 점에 높은 점수를 주게 된다. 그리고 각각의 아이디어에 대한 부연 설명을 들은 후 흥미로운 점이 있다면 그것에 따라 다시 점수를 주게 된다.

EDS로 우리 팀의 아이디어를 투표해 보아요!

팀 이름:

오늘의 주제는?

의 아이디어	의 아이디어	의 아이디어

우리가 선정한 이야기는?

의 아이디어	의 아이디어	의 아이디어

★아이디어의 좋은 정도, 부족한 정도, 흥미로운 정도를 정해 점수를 칠해보세요

이름	좋은 정도	부족한 정도	흥미로운 정도	합계점수 (+ −)

③ 이렇게 활동을 하면 됩니다.

이렇게 활동을 했어요!

활동1: 주제에 대한 자신의 아이디어를 적고, 각각의 아이디어에 대한 좋은 점과 부족한 점을 생각해서 아이디어에 대한 평가를 한다.
=> 고차원적인 사고력을 길러주는 시간!

활동2: 각각의 아이디어에 대한 설명을 하고 함께 토의·토론을 한 뒤에 흥미로운 정도에 대한 점수를 평가한 뒤에. 활동1에서 평가한 점수와 세 개의 점수를 합산(부족한 점은 차감)을 해서 각 아이디어에 대한 평가를 실시

활동3: 각 평가는 5점 척도이며, 합계점수에 따라 팀별 최고의 아이디어를 선정한다.

EDS를 통한 우리 팀 평가 결과

우리 팀원의 생각을 한번에 정리하고, 각각의 생각에 대해 기준에 따라 평가를 하니까 팀 의견을 결정하는 게 너무 재미있

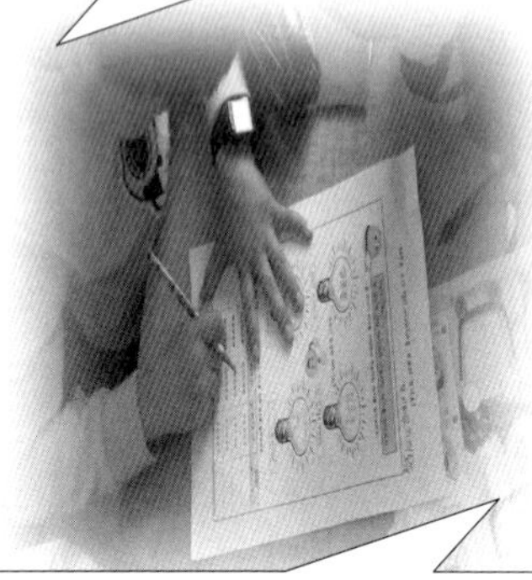

항상 다른 친구의 의견대로 따라했었는데.. 이렇게 내 의견도 적고 생각도 말하고, 평가도 바로 받을 수 있어서 너무 좋아요!

EDS평가는 우선 창의적인 측면에서 의사소통 없이 개인이 선호하는 방식으로 평가를 하고, 다음에 의사소통과 상호작용을 통하여 좋은 정도, 부족한 정도, 흥미로운 정도로 기준을 정하여 서로의 아이디어를 평가하는 방식이다. 이때 평가 결과가 바뀌게 되면서 의사소통의 중요성을 스스로 느끼게 되었으며, 수업에 더욱 몰입하게 되었다.

(2) 신호등으로 평가하기

① 이런 활동입니다.

『신호등으로 평가하기』 활동은 빨강, 노랑, 녹색으로 만들어진 신호등 판으로 팀별 아이디어 및 팀별 과제 결과물에 대한 자신의 의견을 표현하는 평가방법이다. 빨간색은 발표하는 내용에 대해 부정적인 의견을 표시하는 것이고, 녹색은 긍정적인 의견을 표시하는 것이다. 그리고 노란색은 발표를 듣고는 잘 이해가 되지 않는 부분도 있고, 질문을 해서 답변을 듣고서 평가를 결정하겠다는 의견을 표시하는 것이다.

우리 교실에서 사용한 다른 상호평가와 달리 『신호등으로 평가하기』 활동은 모든 학생이 동시에 자신의 의견을 표시하면서 빠른 시간에 평가를 할 수 있는 장점을 가지고 있는 방법이다. 아이디어를 발표하거나 과제 결과물에 대한 설명을 한 후 노란색 신호등을 든 친구들의 질문에 부연 설명을 해준 후, 다시 한 번 더 신호등을 들게 하여 녹색 신호등을 들은 학생 수를 세어서 팀별 점수를 매긴다.

② 평가기준은 이러합니다.

『신호등으로 평가하기』 활동의 평가기준은 빨강, 녹색, 노랑으로 구분되는 신호등 판이다. 학생들의 친구들이 발표를 듣거나 과제 결과물을 살펴보면서 작품의 완성도, 팀 단결력, 팀원의 역할 배정과 참여도, 창의적인 생각 등을 고르게 반영하여 빨강색과 파랑색으로 표현하고, 질문이 있거나 부연 설명을 들어보고 결정을 하겠다고 하면 노란색으로 평가를 하게 된다.

③ 작품을 감상하고 나서 신호등 평가를 이렇게 하면 됩니다.

이렇게 전시하고
우리 함께
감상했어요

“책을 만들고, 전시를 하면서 제가 꼭 작가가 된 듯한 느낌이 들어요.”
“모둠별로 감상을 하니까 모르는 것은 물어볼 수도 있어서 도움도 되고, 재미도 있어요”

파랑, 노랑,
빨강으로
나의 의견을
표현해요

“노란색을 들어서 작품에 대한 궁금증을 해결할 수 있어서 평가에 도움이 돼요.”
“모든 작품에 평가를 할 수 있어서 너무 좋아요”
“설명을 직접 들을 수 있어서 평가에 도움이 돼요”

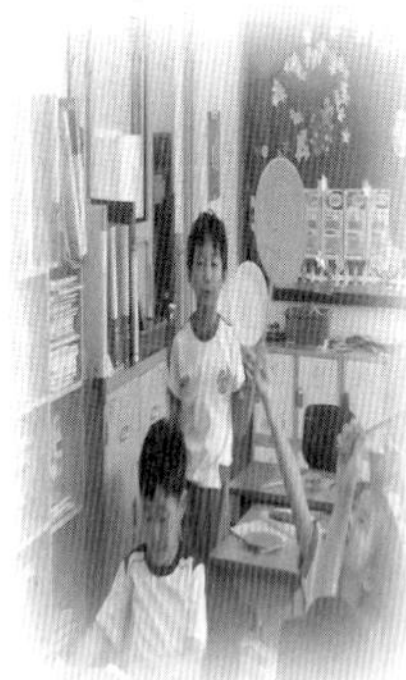

④ 팀별 우수 작품에 대한 발표를 들은 후 신호등으로 이렇게 평가하면 됩니다.

1.2.3 ! 신호등 들자

나는 파란색!
"설명과 작품이 너무 잘 어울려"

나는 빨간색!
"설명이 이해가 잘 되지 않고, 작품이 설명과 맞지 않는 것 같아"

나는 노란색!
"다문화가정이라고 하였는데, 내가 보기에는 핵가족처럼 보이는데. 다시 설명해줄래?!"

⑤ 팀내 의사결정을 할 때도 신호등 평가로 할 수 있습니다.

팀별로 의사결정을 할 때 서로의 의견을 좁히지 못할 때 신호등 평가를 팀별로 스스로 사용하는 모습을 볼 수 있었다.

신호등으로 평가하기 활동은 팀별 작품 및 아이디어에 대한 모든 친구들의 평가를 빠른 시간 내에 간단하게 할 수 있도록 계발한 활동으로 팀 내의 활용방안에 대해서는 고려를 하지 않았다. 그런데 국어시간에 어느 한 팀이 가장 잘 된 작품을 선정함에 있어서 의견이 좁혀지지 않자 파랑은 3점, 노랑은 2점, 빨강은 1점으로 결정을 하고 각각의 작품에 대해 각자가 평가를 내리고 모든 팀원의 점수를 합산하여 결정하는 모습을 확인할 수 있었다.

어느 한 팀의 이 사건 이후로 우리 교실에서는 팀별로 의견이 좁혀지지 않을 때에는『신호등으로 평가하기』활동을 활용하는 모습을 볼 수 있었다. 거꾸로 배움을 통해 행복을 만들어가는 교실은 학생들 스스로가 주인공이며 그들이 스스로 수업과 교실을 만들어가고 있음을 다시 느낄 수 있었다.

"틀렸어. 아니야. 땡~!이 사라진 행복하고 즐거운 우리 반"

매번 평가를 할 때마다 정답을 강요하고, 정답에 대한 피드백만을 주는 방식에 대한 불만을 가지고 있었다. 이에 대한 대안으로 신호등토론을 활용한 학생 평가를 실시하였다. 작품을 만든 친구의 설명을 듣고 동의하면 파랑, 반대하면 빨강, 질문 후에 결정을 하겠으면 노랑을 들었다. 의사소통하는 평가시간으로 모두가 행복한 시간~~^^

(3) 내 이름을 걸고 평가하기

① 이런 활동입니다.

『내 이름을 걸고 평가하기』 활동은 보통의 교실에서 선생님들이 사용하는 가장 잘 된 작품에 스티커를 붙이기 활동을 변형한 활동이다. 우리 교실에서 3년 전에는 스티커를 붙이는 활동으로 상호평가를 실시한 적이 있다. 하지만 스티커를 활용하여 상호평가를 할 경우 익명성으로 인하여 평가 활동에 적극 참여하지 않고 대충 평가를 하고 스티커를 붙이는 학생들, 그저 친한 친구한테만 평가를 하는 친구들로 인해 상호평가에 대한 타당성과 신뢰성이 낮아진다는 것을 알 수 있었다.

이에 스티커를 붙이는 활동에서 견출지에 자신의 이름을 적고 잘 된 작품에 자신의 이름을 붙이는 『내 이름을 걸고 평가하기』 활동으로 수정하여 실천하였다. 그랬더니 그동안 대충 평가를 하고 스티커를 붙이던 친구들이 작품을 평가기준에 따라 자세히 살펴보고 평가를 하는 모습을 확인할 수 있었고, 친한 친구들에게만 평가를 하던 친구들도 태도에 변화를 보이기 시작하였다.

활동 방법은 동일하지만 단지 스티커에서 자신의 이름을 적은 견출지로 바꾸었을 뿐인데 그 효과는 생각보다 훨씬 더 긍정적이었다. 선생님들도 혹시나 마음에 들지 않거나 무임승차를 하려는 학생들이 많은 활동의 경우에 아이디어를 만드셔서 한 가지만 바꾸어보라. 생각보다 훨씬 더 긍정적인 피드백이 올지도 모르니까….

『내 이름을 걸고 평가하기』 활동의 경우에는 팀별 대표 작품으로 선정된 과제 결과물에 대한 평가에서 주로 활용을 하였다. 과제 결과물에서 작품의 완성도, 성실성, 창의성 등을 고르게 평가할 수 있도록 하였다. 어느 교과에서든 작품에 대한 평가를 해야 할 경우에 간단하게 활용할 수 있는 매우 폭넓은 상호평가 방법이다.

② 우선 팀 내에서 우수 작품을 뽑아서 전시를 해야 합니다.

내 이름을 걸고

어떤 작품을 할까?

이렇게 전시해요

내 이름 준비!

③ 이렇게 활동하면 됩니다.

어느 작품이 잘 만들어졌을까?!

'내 이름을 걸고 평가하는 거니까 신중하게 선정해야 하겠어.'

2모둠의 작품이 그림과 시가 잘 어울려서 좋은 것 같아.

여름에 있었던 일을 시로 잘 표현하고, 그림도 너무 잘 어울리는 것 같아.

여기에 내 이름을!

이만큼 받았어요!

아싸!내가 1등^^

(4) 둘 가고 둘 남아서 평가해요

① 이런 활동입니다.

『둘 가고 둘 남아서 평가해요』 활동은 역동적이면서도 매우 효율적인 토의·토론 학습 방법을 상호평가 활동으로 수정·보완한 활동이다. 우리 교실에서는 주로 각 단원별 소책자를 평가하는 활동으로 활용하였다. 팀별로 짝을 이루고, 두 명은 정해진 다른 팀으로 가서 그 팀의 작품을 모두 감상하고 주어진 평가기준과 평가표에 따라 작품에 대한 상호평가를 실시한다. 다른 팀으로 평가를 하러 간 짝을 제외한 나머지 팀원은 팀에 남아서 다른 팀에서 평가를 하러 온 평가자 짝에게 우리 팀원의 작품들에 대한 설명을 해준다. 이렇게 역할을 바꾸어가면서 모든 팀의 작품을 평가하고 나면 끝이 나는 상호평가 방법이다.

『둘 가고 둘 남아서 평가해요』 활동은 모든 학생이 동시에 평가 활동에 참여를 하도록 개발하였다. 평가를 하러 가는 두 명의 짝은 다른 팀의 작품에 대한 설명을 들으면서 그 팀의 모든 작품에 대해 평가를 하게 되면서 우리 팀과는 다른 새로운 정보를 얻게 된다. 그리고 경청을 하는 자세와 비판적인 사고력과 판단력으로 작품을 평가하는 자세가 길러지게 된다. 또한 남아서 작품을 설명하는 팀원들은 우리 팀원의 모든 작품을 설명해주면서 학습한 내용에 대해 재복습을 하게 되는 기회가 되는 동시에 평가를 하러 온 친구들에게 우리 작품을 조금 더 잘 설명하기 위하여 논리적으로 말하는 능력이 길러지게 된다.

② 활동에서 사용한 평가기준과 평가표는 다음과 같습니다.

둘 가고 둘 남아서 최고의 작품을 뽑아보자!

2학년 1반 팀 명:

두명씩 짝을 지어서 다른 모둠으로 갑니다. 그 모둠의 작품을 보면서 각 기준에 의거하여 짝과 함께 토의하여 점수를 결정합니다. 그리고 그 이유도 함께 적도록 합니다.

(매우 좋으면 5점, 좋으면 4점, 보통이면 3점, 부족하면 2점, 매우 부족하면 1점입니다)

☺ **자! 그럼 우리 행복 긍정반의 최고의 작품을 선정해 볼까요?!**

찾아간 모둠	선정한 작품	이 유			
		완성도	창의성	디자인	팀 단결력

☺ 우리 팀에서 결정한 우리 반 최고의 작품은 무엇일까요?

누구의 작품인가요?	
이유는 무엇인가요?	

평가표에서 볼 수 있듯이 『둘 가고 둘 남아서 평가해요』 활동의 평가기준은 완성도, 창의성, 디자인, 단결력이며, 각 평가기준별로 평가를 하는 짝은 1점에서 5점을 줄 수 있다. 팀내 모든 작품에 대한 설명을 먼저 듣고, 작품을 살펴보면서 짝이 함께 토의하여 그 팀에서 가장 잘 되었다고 판단되는 작품에 대해서만 이름을 적고 평가 점수를 매겨준다.

③ 이렇게 활동을 하면 됩니다.

이렇게 활동을 했어요!

활동1: 짝끼리 다른 팀으로 가서, 남아있던 짝에게 그 팀의 작품에 대한 설명을 듣고, 기준에 의하여 평가 후, 그 팀에서 가장 잘된 작품을 선정한다.

활동2: 순서에 따라 모든 팀에 대한 평가 완료 후, 팀별로 최우수 작품을 선정한다. 그리고 각 팀별 결과에 따라 우리 반 최고의 작품을 선정한다.

둘 가고 둘 남아 평가 후...

둘씩 짝지어서 평가를 한 결과를 가지고 우리 반 최고의 작품을 선정해 보자!

○○에서 만든 작품이 열심히 완성을 해서 잘 만들어진 작품 같아. 우리는 이걸로 결정하자!

둘씩 짝을 지어요!

둘은 평가, 둘은 설명하기!

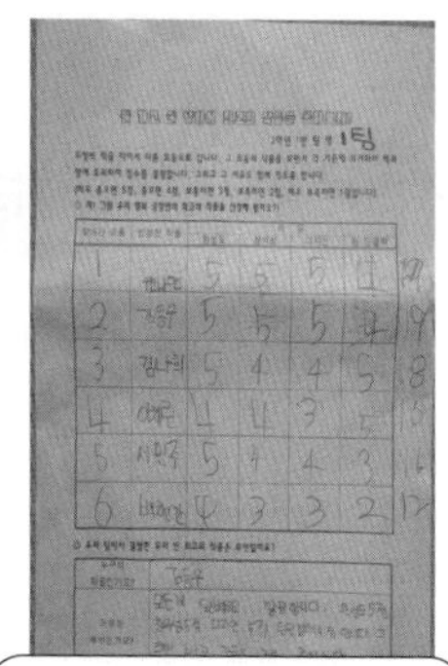

이렇게 평가를 했어요!

④ 더 나아가서:

항상 다른 친구들 작품이 궁금했는데, 이렇게 평가를 하니까 모든 작품을 볼 수 있네요!

『둘 가고 둘 남아서 평가해요』 활동은 우리 반 모든 작품에 대해서 평가를 할 수 있는 상호평가 방법이다. 그동안의 평가 방법은 주로 거의 팀 내의 평가를 통해 팀별 우수 작품을 선정을 한 후, 각 팀별 우수 작품에 대하여 다른 팀들이 서로 평가하는 방식이었다. 그랬더니 학생들은 모든 작품에 대해 평가를 하지 못하고, 어떤 학생의 작품은 한 단원동안 거의 평가를 받지도 못하는 경우가 생겨서 학생들의 불만이 많았다. 이로 인해 짝을 지어 모든 팀을 순서대로 돌아다니며 평가를 하게 하였으며, 모든 학생들이 동시에 평가자와 설명자가 되어 참여를 하게 되면서 평가활동과 수업에 더욱 몰입하고 소통하게 되었다.

(5) PMI로 평가해요

① 이런 활동입니다.

『PMI로 평가해요』 활동은 아이디어의 장점(Plus), 단점(Minus), 흥미로운 점(Interesting)을 따져본 후 그 아이디어를 평가하는 아주 간단하면서도 효과적인 PMI기법을 응용한 상호평가 방법이다. 우리 교실에서의 『PMI로 평가해요』 활동은 잘한 점, 부족한 점, 재미있는 표현으로 평가기준을 정하여 팀별 아이디어 및 과제 결과물에 대하여 팀별로 평가를 하게 된다.

② 평가기준 및 평가표는 이러합니다.

평가표는 해당 작품을 만든 팀에서 기본적인 내용을 작성하고, 그 내용과 작품을 보면서 다른 팀에서 그 팀의 평가표에 평가 점수를 준다.

평가 점수는 위의 평가표에서 보듯이 잘한 점, 부족한 점, 재미있는 표현으로 평가기준을 주어서 각각의 평가기준에 따라 팀별로 팀원들의 토론을 거쳐서 1~5점의 점수를 매겨준다. 그리고 점수와 함께 왜 그런지 이유도 함께 적어주도록 하였다.

PMI로 우리 팀 작품을 평가해주세요!~

팀 이름:

PMI로 평가 받기 학습지

모둠명

모둠원

제 목		
P(좋은 점)		
M(나쁜 점)		
I(흥미로운 점)		
평가 점수 (별점을 주세요)	팀 1	☆☆☆☆☆☆☆☆☆☆
	팀 2	☆☆☆☆☆☆☆☆☆☆
	팀 3	☆☆☆☆☆☆☆☆☆☆
	팀 4	☆☆☆☆☆☆☆☆☆☆
	팀 5	☆☆☆☆☆☆☆☆☆☆
	팀 6	☆☆☆☆☆☆☆☆☆☆

③ 이렇게 활동하면 됩니다.

학습지와 활동방법

우리 팀 작품에 대한 설명과 팀원 각자의 역할을 적는다.

해당 작품의 잘한 점(P), 부족한 점(M), 재미있는 표현(I)으로 기준을 정하여 각 팀별로 직접 평가를 하여 평가 결과를 적는다.

작품 전시 후 감상

PMI로 평가하기

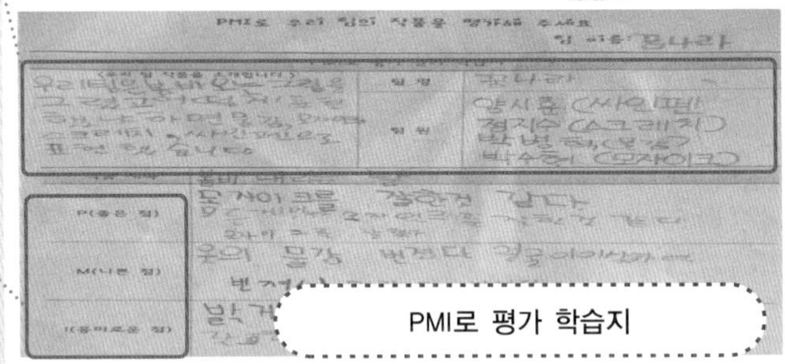

PMI로 평가 학습지

④ 더 나아가서

『PMI로 평가해요』 활동은 모든 교과, 모든 평가활동에서 활용할 수 있는 매우 유용한 상호평가 방법이다. 우리 교실에서는 각종 교내 그림대회 평가, 교실 게시판에 학생들의 작품을 게시하는 경우에 두루 사용을 하였다. 교실 게시판에 학생들이 작품을 전시하고, 각각의 작품에 대해 각 학생들은 설명을 적고서, 다른 학생들은 게시판에 있는 그림을 살펴보면서 각각의 작품에 대해 PMI로 평가를 하도록 하였다. 이때의 평가 시간은 따로 제공해주는 것이 아니라 쉬는 시간, 점심시간을 이용하여 편하게 평가를 하고 싶은 작품에 대해서만 평가를 하도록 하였다. 그런데 일주일이 지나고 작품을 보고는 깜짝 놀랐다. 모든 작품에 다양한 평가 내용이 모두 적혀있었기 때문이다. 아마도 다양한 상호평가 활동을 통해 이제는 평가에 대한 거부감이나 부담감이 사라지고, 평가도 수업의 한 과정이며 과제를 해결하는 과정 중의 하나라고 인식을 하기 시작한 결과라고 할 수 있다.

㉮ 이렇게 작품을 전시하고 감상을 하고,

㉯ 각 팀별 PMI 평가하기 활동지에 감상을 하고 난 뒤 평가를 하여서

㉰ 이러한 팀별 PMI평가 결과지를 얻게 된다.

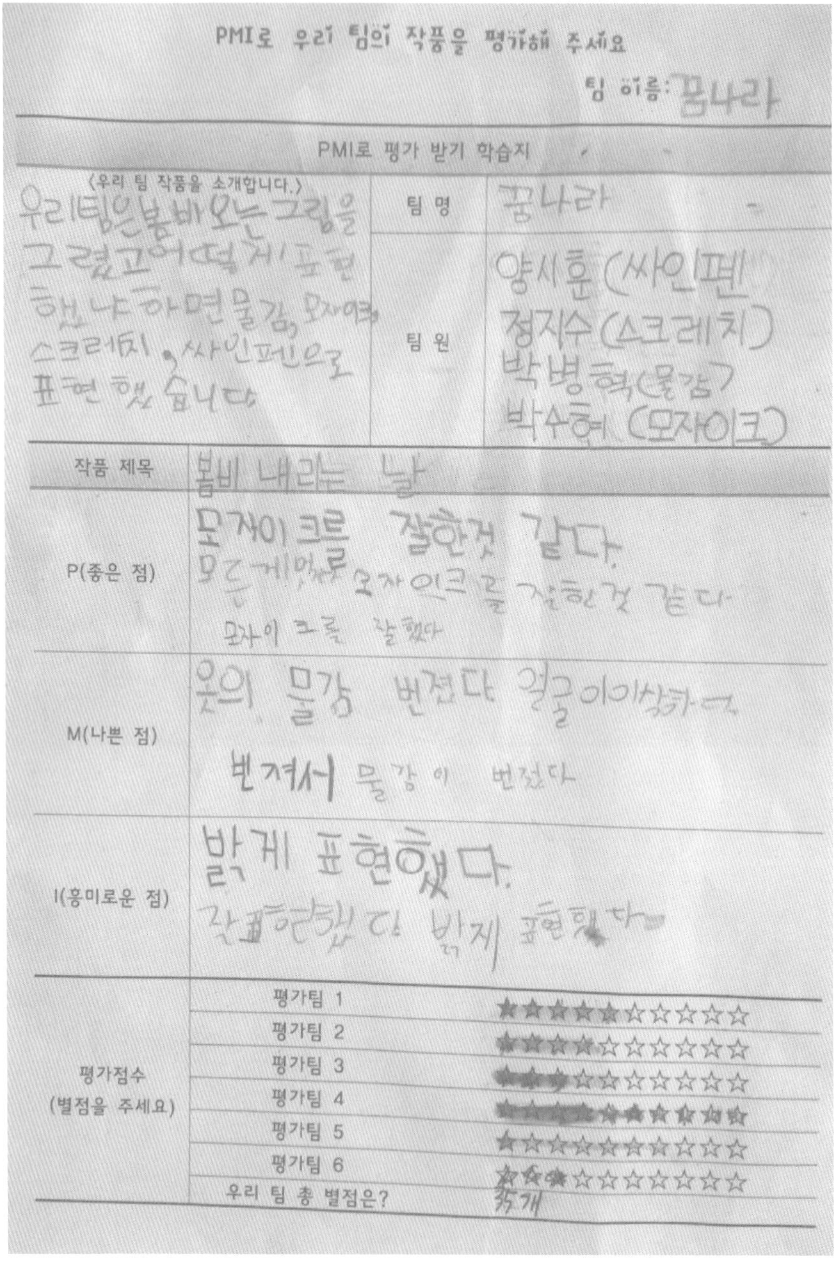

PMI로 우리 팀의 작품을 평가해 주세요

팀 이름: 꿈나라

PMI로 평가 받기 학습지		
〈우리 팀 작품을 소개합니다.〉 우리팀은 봄비오는 그림을 그렸고 어떻게 표현했나 하면 물감, 모자이크, 스크레치, 싸인펜으로 표현 했습니다	팀 명	꿈나라
	팀 원	양시훈(싸인펜) 정지수(스크레치) 박병혁(물감) 박수현(모자이크)

작품 제목	봄비 내리는 날	
P(좋은 점)	모자이크를 잘한것 같다. 모든게 없고 모자이크를 잘한것 같다 모자이크를 잘했다	
M(나쁜 점)	옷의 물감 번졌다 얼굴이 이상하다 번져서 물감이 번졌다	
I(흥미로운 점)	밝게 표현했다. 잘 표현했다 밝게 표현했다	
평가점수 (별점을 주세요)	평가팀 1	★★★★★☆☆☆☆☆
	평가팀 2	★★★★☆☆☆☆☆☆
	평가팀 3	★★★★☆☆☆☆☆☆
	평가팀 4	★★★★★★★★★★
	평가팀 5	★☆☆☆☆☆☆☆☆☆
	평가팀 6	★★★☆☆☆☆☆☆☆
	우리 팀 총 별점은?	35개

3장

감정을 스스로 다스리는 활동 중심의 인성 함양 행복 도구

1. ABCDE 진술하기 활동과 함께하는 행복 도구(1~3)

(1) ABCDE 진술하기로 일기쓰기(행복 도구 1)

① 이런 마음에서 시작했습니다.

> "얘들아! 일기는 일들을 나열하는 것이 아니라,
> 가장 기억에 남는 일과 느낀 점을 적는 거란다."

매일같이 일기 쓰는 방법을 설명하고 고쳐주어도, 역시나 그날의 있었던 일을 나열식으로 적어서 오는 아이들이 대부분이었다. 이러한 아이들을 위해 어떻게 하면 일기쓰기가 도움이 될 수 있게 할 수 있을까 고민을 하였다. 그러던 중 ABCDE 진술하기 활동을 일기쓰기와 접목을 하였다. 일주일간 있었던 일들 중에서 자신을 힘들게 하였던 경험을 떠올리고, 그 사건에 대해 긍정적으로 생각하고 활력을 불어넣음으로써 더욱 긍정적으로 사고하게 될 것이다.

② ABCDE 진술하기로 일기쓰기는 이렇게 하면 됩니다.

일주일간 있었던 일들 중에서 자신을 가장 힘들게 했던 사건을 적기	그 사건을 경험했을 때 가장 먼저 들었던 생각이나 느낌을 자세히 적기	나의 그러한 생각으로 나는 어떻게 결론을 내리고 행동했었는지 적기	이전의 생각과는 반대로 힘들게 했던 사건을 이해하는 방향으로 생각을 적기	긍정적인 생각으로 인해 앞으로 이러한 일에 대해 어떻게 행동할 것인지 적기
A(불행사건)	**B(왜곡된 믿음)**	**C(잘못된 결론)**	**D(믿음 반박)**	**E(긍정적 활력)**

일기쓰기 활동과 연계를 하여 학생들이 실제 생활에서도 ABCDE 진술하기 활동을 실천하도록 하였다. ABCDE 일기쓰기 활동 후에는 팀별로 돌아가며 읽어보고, 설명양식을 긍정적으로 바꾸는 활동도 함께 실천하였다. 설명양식을 바꾸는 활동방법은 다음과 같다.

구분	책임 주체	지속성 여부	만연성 여부	희망과 절망
비관적	내부(내탓)	항상	전부	절망적 태도
긍정적	외부(남탓)	가끔	일부	희망적 태도

ABCDE 진술하기 활동 후에 팀원별로 돌아가며 서로가 쓴 글을 읽어보았다. 그리고 서로 모여서 친구들이 적은 내용 중에서 비관적인 설명양식을 찾고, 긍정적인 설명양식으로 바꾸어주는 활동을 하였다. 설명양식을 바꾸는 활동만으로도 학생들은 더욱 긍정적으로 변했음을 알 수 있었다.

이렇게 활동을 했어요!

활동1: 돌아가며 서로의 글 읽어보기

활동2: 비관적 표현 찾아 양식 바꾸기

설명양식을 바꾸어라 학습지

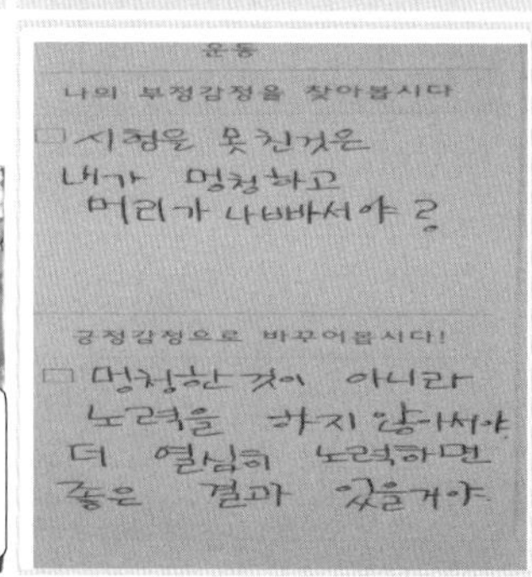

* 설명양식을 바꾸어주는 학습지는 개인 성찰일지(107쪽 참고)에 함께 포함이 되어있다.

③ ABCDE 일기쓰기는 이렇게 실천했습니다.

> "선생님 어떻게 써야 하는지 모르겠어요.
> 다시 알려주시면 안 돼요?"

ABCDE로 일기 쓰는 방법에 대해 설명만 해주고 일기를 쓰라고 했더니 다음날 대부분의 아이들이 어떻게 해야 하는지 몰라서 쓰지를 못했다고 하였다. 그래서 3월과 4월, 두 달간은 ABCDE 일기쓰기 활동지를 제공하여, 양식에 맞추어서 일기를 쓰도록 하였다.

- 3월 ~ 4월 두 달간은 매주 금요일 ABCDE 일기쓰기 학습지를 나누어주고, 양식에 맞추어서 일주일간 힘들었던 경험을 토대로 하여 일기를 썼다.
- 5월부터는 직접 일기장에 일주일간 있었던 경험 중에서 자신을 가장 힘들게 했던 경험을 토대로 일기를 썼다. 그리고 일기장에 밑줄을 그어서 ABCDE를 표시하였다.

ABCDE 일기쓰기 일지로
이렇게 썼어요!

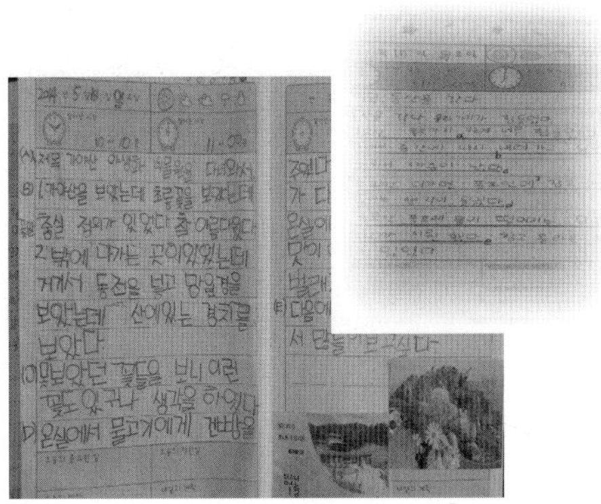

우리들의 ABCDE 일기는
이렇게 썼어요!

아이들의 반응과 결과물을 통해서 두 달간 실천하였던 ABCDE 일기쓰기 일지는 일기 쓰는 방법을 알려주는 것뿐 아니라 설명양식을 바꾸는 데도 매우 도움이 되었음을 알 수 있었다.

ABCDE 일기쓰기는…

ABCDE 일기쓰기와 설명양식 바꾸기는 긍정정서를 키우는 활동

ABCDE 일기쓰기와 설명양식을 바꾸는 활동은 비관적인 생각, 부정적인 생각 대신에 긍정적인 사고와 활동을 할 수 있도록 아이들을 만들어주었다. 힘든 일이나 어려운 일에 대해서 그동안 부정적으로 생각하는 자신을 발견하고, 이에 대해 반박하고 활력을 찾도록 하였다. 긍정적으로 사고하고 행동했을 때 삶에 더욱 활력을 불어넣을 수 있음을 스스로 깨닫고 자신의 긍정정서를 더욱 키우게 되었다. 또한 자신의 능력이 부족해서 그렇다고 생각하는 비관적인 설명양식에서 벗어나서, 일시적인 자신의 노력 부족이라는 낙관적인 설명양식으로 바꾸게 되었다. 설명양식을 바꾸어서 생각하게 되면서 아이들은 자신에 대한 믿음과 자신감을 많이 가지게 되었으며, 이를 통해 자신과 자신이 하는 학습에 대해 더욱 긍정적으로 생각하고 사고하게 되었다.

(2) ABCDE 진술하기로 독후활동을 해요(행복 도구 2)

① 이런 마음에서 시작했습니다.

우리 아이들이 지식을 가장 쉽게 접할 수 있는 매체가 바로 책이며, 책에서 나오는 등장인물을 따라서 생각하고 행동을 모방하는 친구들이 많이 있다. 모방하는 것에서 그치는 것이 아니라 등장인물이 힘든 역경을 이겨내기 위하여 긍정적으로 사고하고 행동하였음을 스스로 깨우치도록 해주고 싶었다. ABCDE 진술하기 활동으로 등장인물의 긍정적인 생각과 행동을 스스로 확인하면서 아이들은 점차적으로 낙관성을 키워가게 될 것이다.

② ABCDE 진술하기 독후활동은 이렇게 하면 됩니다.

책을 읽고, 역경을 이겨낸 인물을 찾고, 그 인물이 겪은 불행한 사건을 적기	인물이 겪은 역경을 내가 겪었다면, 나는 그 사건에 대해 어떻게 생각했을지 적기	나의 그러한 생각으로 나는 어떻게 결론을 내리고 행동했을지 적기	하지만 등장인물은 나와는 다르게 어떻게 생각을 하고 행동을 했는지 적기	등장인물의 긍정적인 생각과 행동을 통해 내가 본받을 점을 적고 긍정적 사고하기
A(불행사건)	**B(왜곡된 믿음)**	**C(잘못된 결론)**	**D(믿음 반박)**	**E(긍정적 활력)**

ABCDE 독후활동은 위의 단계로 이루어졌다. 활동 후에는 팀원과 함께 ABCDE 진술내용을 확인하고, 부정적인 표현의 언어는 긍정적인 표현으로 바꾸는 활동도 하였다.

③ ABCDE 진술하기 독후활동을 이렇게 실천했습니다.

- 매주 월요일과 수요일에 실천하였다. 월요일에는 사제동행하여 함께 같은 동화책을 읽고, 수요일에는 ABCDE 진술하기로 독후활동을 하였다.
- 동화책 선정 조건은 첫째 모든 학생들이 알고 있는 이야기, 둘째 힘든 역경을 긍정적인 사고로 헤쳐나가는 등장인물이 존재하는 이야기이다.

사제동행하여 책 읽기

등장인물관련 토의하기

ABCDE 진술하기

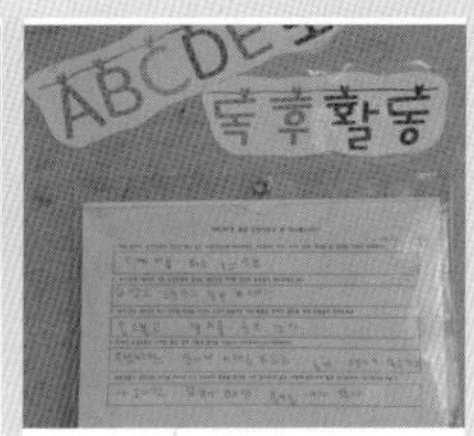

완성된 나의 ABCDE!

④ 함께 읽은 책의 목록은 다음과 같습니다.

우리 교실에서 선정한 책 목록은 우리 반 행복 도구와 관련된 내용과 학생들의 자존감, 행복감, 긍정정서를 높이기 위해 필요한 책으로 선정하였다. 선정된 책 목록과 운영 시기, 선정 이유는 아래의 표와 같다.

책 이름	저자	시기	선정 이유
뛰어라 점프	하신하	3월	말이 없는 주인공을 통해 말 없어도 서로의 마음을 알아채는 것의 소중함을 아는 것이 중요하다는 것을 일깨워주기 위하여 선정함
절대 용서 못해	김율희	4월	주인공의 이야기를 통해 우리 교실의 REACH용서하기 활동은 상대방뿐 아니라 나 자신의 마음도 함께 치료해줄 수 있는 행복 도구임을 알고 몸소 실천하도록 해주고자 선정함

책 이름	저자	시기	선정 이유
가족을 깜빡한 날	다니엘르 시마르	5월	가정의 달을 맞이하여, 서로 다투기도 하지만 사랑을 하고 있음을 알게 되는 가족의 이야기를 통해 가족의 소중함을 일깨워주기 위하여 선정함
티라노 딱지와 삼총사	신채연	6월	스스로 노력도 하고, 많은 도움을 받으면서 행복감을 느끼는 주인공을 본받아 학생들에게 성취감을 일깨워주기 위하여 선정함
잘 자라라 내 마음	윤아해	7월	좌절하고 고민이 생길 때마다 긍정적인 마음으로 해결해가는 주인공의 이야기를 통해 여름 방학을 맞이하여. 학생들에게 자존감을 스스로 길러주기 위하여 선정함
빨래 바구니, 꿈과 희망을 단아요	노경실	9월	학생들의 행복을 위해 다 같이 잘 사는 세상이 필요함을 알게 해주고, 팀이 함께 노력해야 하고 공부해야 하는 이유를 일깨워주기 위해 선정함
실수하면 어떡하지	엘런 플래너건 번스	10월	완벽하지 않아도 최선을 다했다면 그것만으로도 칭찬을 받을 만한 일이며, 어떠한 일이든 결과보다는 과정이 중요하다는 사실을 일깨워주기 위해 선정함
우리는 걱정 친구야	김리라	11월	슬픔은 나누면 반이 된다는 것, 걱정을 나누면 마음의 위안을 느낄 수 있다는 사실을 이야기를 통해 일깨워주고 서로 걱정거리를 함께 나눌 수 있는 우리 반 친구들이 되기를 희망하면서 선정함
그냥 포기하고 말까?	장지혜	12월	힘든 역경을 이겨내는 주인공을 통해 어려움 앞에서도 희망을 잃지 않고 씩씩하게 헤쳐나가는 긍정성의 중요함을 일깨워주기 위해 선정함

(참고) 본교 도서관에서는 선생님의 이름으로 반 대출이 가능하여 미리 예약을 할 경우 반 학생들 모두에게 똑같은 책을 대출하여 줄 수 있어서 매우 유용하게 활용하였다. 반 대출이 불가능할 경우 교사가 스캔을 하여 화면으로 보여주는 방법도 있다.

"선생님! 힘든 일이 생기면 어떻게 생각하고 행동해야 하는지 조금 알겠어요!"

독후활동 후 ABCDE 진술하기를 통해 등장인물의 긍정적인 사고와 행동을 스스로 알게 되었다. 그리고아는 것에서 그치는 것이 아니라 스스로의 부정적인 사고와 행동을 반성하게 되었으며, 어려운 일이 생겨도 긍정적으로 생각하고 행동하는 능력을 기르게 되었다.

► **ABCDE와 등장인물 본받기를 통해 긍정적으로 사고하고 행동하게 된 우리들!**

(3) ABCDE 진술하기로 팀 반성하기(행복 도구 3)

① 이런 마음에서 시작했습니다.

3월 달 팀별 활동을 하고 난 뒤, 어느 팀의 팀장이 나에게 와서 참여를 하지 않는 친구에 대한 불만을 이야기하였다. 혼자서만 열심히 참여하는 팀 활동, 누군가는 멍하니 다른 친구들이 하는 활동을 지켜보기만 하는 팀 활동은 팀 활동으로서의 효과가 없다고 할 수 있다. ABCDE 진술하기 활동을 팀 활동 후에 활용함으로써 팀원이 함께 반성하고, 앞으로 더욱 긍정적으로 팀을 발전시킬 수 있도록 하였다. ABCDE 팀 반성활동으로 친구들의 마음을 상대방의 입장에서 제대로 파악하고, 서로를 이해하게 되면서 긍정적으로 발전할 수 있었다.

② ABCDE 진술하기 독후활동은 이렇게 하면 됩니다.

팀활동 중에 다른 팀원 때문에 힘들었던 경험을 각자가 적기 **(내가 적기)**	팀원이 적은 힘들었던 경험을 돌려 읽어보면서 나의 생각을 적기 **(라운드 로빙)**	앞에서 적은 각 팀원들의 생각에 따라 어떠한 결론을 얻게 될지 적기 **(내가 적기)**	C에서 적은 친구의 결론에 대해 반박할 수 있는 생각을 적기 **(라운드 로빙)**	D에서 친구들이 적은 글을 보고 어떻게 생각하면 좋을지 적기 **(내가 적기)**
A(불행사건)	**B(왜곡된 믿음)**	**C(잘못된 결론)**	**D(믿음 반박)**	**E(긍정적 활력)**

ABCDE로 팀 활동을 반성하는 활동은 내가 적는 활동과 돌려가며 읽고 적어가는 라운드 로빙 활동이 번갈아 이루어졌다. 모두가 함께 참여하지 않는 팀 활동으로 인해 팀원이 어떠한 어려움을 겪고 있으며, 그로 인해 어떠한 생각과 행동을 하게 되었는지 서로가 함께 알아가고 해결책을 찾아가기 위하여 라운드 로빙(Round Robin) 방식을 활용하였다.

③ ABCDE 진술하기로 팀 반성하기는 이렇게 실천합니다.

⊡ 처음으로 실천하는 팀 활동, 학생들이 어렵다고 생각하는 팀 활동, 교사가 판단하기에 구경꾼이 많은 팀 활동 후에 실천하였다.

힘든 경험 내가 적기

라운드 로빙으로 적기

긍정활력 불어넣어주기

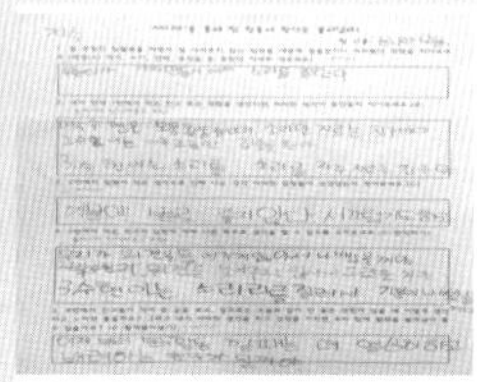
완성된 팀 반성 학습지!

"선생님! ABCDE 반성하기로 팀원과 더욱 친해지고, 참여를 적극적으로 하게 되었어요!"

구경꾼이 없는 팀 활동을 만들기 위해 벌점제를 적용하고, 순시활동으로 혼을 내기도 하였다. 하지만 당시에만 효과가 있을 뿐 다시 원래의 모습을 보였다. 그러나 ABCDE 팀 반성하기 활동 후에는 적극적으로 참여하지 않는 나로 인해 친구들이 어떠한 어려운 일을 겪고 있는지 스스로 알게 되었고, 왜 적극적으로 참여하지 않는지에 대해서도 알게 되고 이해하게 되었다. 이로 인해 서로를 배려하게 되고, 긍정적으로 사고하고 행동하게 되면서 발전된 팀을 완성할 수 있었다.

2. REACH 용서하기와 함께하는 행복 도구 4

① 이런 마음에서 시작했습니다.

"용서는 개인의 내적 변화뿐만 아니라 동시에 관계 변화를 불러온다. 용서는 가까운 사람들과의 관계를 회복하고 억울함과 화 같은 부정정서의 소용돌이에 휘말리는 것을 피할 수 있게 한다. 또한 용서는 부정정서를 긍정정서로 바꾸어주기 때문에 조직 내에서 긍정정서를 확장하고 구축하는 효과를 가져온다."(우문식, 2014)

REACH 용서하기 활동은 사소한 것이라도 나를 힘들게 하였던 친구를 공개적으로 용서하고, 용서하는 마음을 굳게 지키도록 돕는 것이다. REACH란 서로의 상처를 돌이켜 생각해보는 Recall, 그때의 감정을 이입해보는 Emphathize, 용서는 이타적인 선물임을 기억하는 Alrtuistic gift, 팀별 상호작용을 통하여 공개적으로 용서를 밝히는 Commit, 마지막으로 용서하는 마음을 굳게 지키고 앞으로 더욱 열심히 하겠다고 다짐을 하는 Hold단계를 각각 의미하는 약자이다. 평소 관계에서 나를 힘들게 하였던 친구들, 팀 활동에서 나를 힘들게 하였던 친구들을 용서하는 것은 결코 쉬운 일이 아니었다. 하지만 REACH 용서하기 활동으로 사소한 것부터 용서를 실천하면서 매일 매일 좋은 하루, 행복한 아이들을 만들 수 있었다.

② REACH 용서하기 활동은 이렇게 하면 됩니다.

REACH 용서하기

매주 금요일 마지막시간에 실천하기

- 일주일을 정리하는 금요일 마지막시간에 용서하기 활동을 실천하였다.

REACH 학습지 작성하기

- 일주일 나를 힘들게 했던 친구를 생각하며 REACH 학습지를 작성하였다.

친구들 앞에서 발표하기

- 발표를 함으로써 자신의 용서하는 마음을 더욱 굳건히 다지게 되었다.

③ REACH 용서하기는 이렇게 실천했습니다.

① 나를 힘들게 했던 친구 찾아보기

그림처럼 눈을 감고 지난 일주일간의 경험을 떠올려 본다. 팀활동, 수업시간, 쉬는 시간 등 사소하지만 나를 힘들게 했던 경험과 친구를 떠올렸다.

② REACH 용서하기 학습지 완성하기

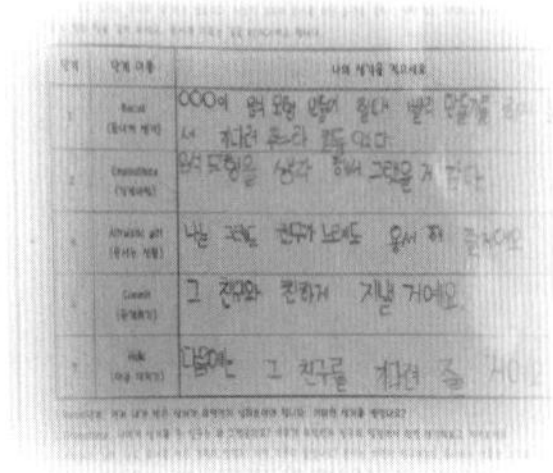

받은 상처를 떠올리고, 감정이입을 한 뒤, 용서의 소중함을 기억하면서 공개적으로 용서를 밝히고, 마음을 굳게 지키도록 학습지를 완성하였다.

③ 발표하며 용서마음 굳건히 다지기

친구들 앞에서 힘들게 했던 친구와 그 친구를 용서한다는 내용의 글을 발표하고 전시하여 용서하는 마음을 굳건히 다졌다(단 친구이름은 밝히지 않음).

3. 좋은 하루 만들기와 함께하는 행복 도구 5

① 이런 마음에서 시작했습니다.

"선생님! 오늘도 좋은 하루 보내세요~!!"

이것은 하굣길에 우리 반 친구들이 나에게 하는 인사말이다. '좋은 하루 보내기' 는 특별한 의미를 부여하지 않고 으레 하는 말이지만 우리는 이 말에 착안을 하여 친구를 용서하는 활동과 다양한 성찰활동과 함께 매일 매일 좋은 하루를 보내기 위한 작은 실천을 하였다. 이 활동으로 학생들은 기분 좋은 하루를 보내기 위해 무엇을 해야 하는지 스스로 알게 되었으며, 매일 좋은 하루를 보내기 위해 더 많이 용서하고 긍정적으로 사고하게 되었다.

② 좋은 하루 만들기는 이렇게 하면 됩니다

매일 좋은 하루 만들기

매일 좋은 하루 만들기!

1. 매주 월요일 아침, 나의 일주일을 평가하였다.
2. 1~10점 중 나의 하루를 평가하여 점수를 매기고, 행복카드에 이유를 적었다.
3. 친구들의 행복카드를 보면서 더 행복하게 지내기 위해 무엇이 필요한지 적어주었다.
4. 친구들의 댓글을 보면서 좋은 하루를 만들기 위해 필요한 것을 스스로 찾았다.

③ 매일 좋은 하루 만들기는 이렇게 실천했습니다.

① 행복카드에 행복점수와 이유 적기

그림처럼 자신의 행복카드에 매일의 행복점수를 적고, 왜 그런지 용서활동과 성찰활동과 연관을 지어서 이유를 함께 적었다.

② 친구의 행복카드에 댓글 달아주기

행복점수가 낮은 친구들의 행복카드를 보면서 어떻게 하면 행복점수를 높일 수 있을지 포스트-잇에 댓글을 달아서 붙여주었다.

③ 매일 행복한 하루를 만들어가기

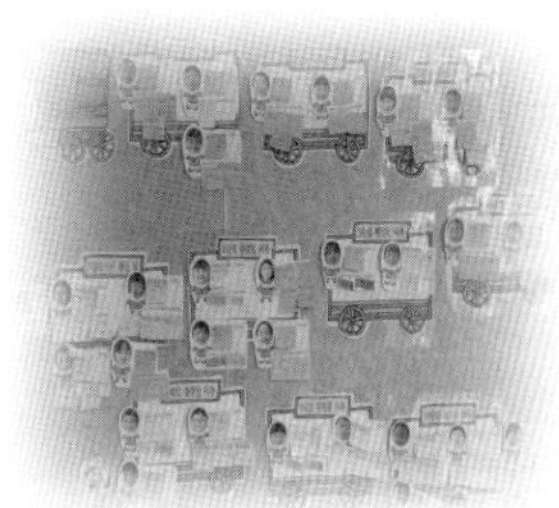

친구들의 댓글을 보면서 앞으로 어떠한 긍정적 사고를 하고 행동을 하면 나의 행복점수가 더욱 높아질지 생각하고 더욱 행복한 하루 만들어가기

용서하기와 좋은 하루는…

용서하기와 좋은 하루 만들기는 스스로 삶의 의미를 찾게 하는 행복 도구이다!

이러한 활동은 진부해 보일 수도 있으나 용서를 하고 기분 좋은 하루를 보내기 위해 무엇을 해야 하는지 생각하고 스스로 알아가는 매우 긍정적인 활동이다. 친구를 용서함으로써 우정에 대한 의미를 다시 한 번 되새기면서 더욱 깊은 우정을 만들게 되었다. 깊은 우정으로 폭력이 없는 교실을 만들었다. 좋은 하루 만들기 활동으로 좋은 하루란 무엇인지 스스로 의미를 찾을 수 있었다. 또한 무엇을 해야 내가 더욱 행복한 하루를 보낼 수 있는지 친구들의 도움을 얻어가면서 스스로 깨닫게 되었다. 두 활동을 통해 느끼고 알게 된 것을 바탕으로 기분을 좋게 하는 요인을 극대화하고 불쾌하게 하는 요인은 최소화함으로써 행복한 교실, 행복한 아이들을 만들 수가 있었다.

제 3 부

거꾸로 배움으로 행복한 교실 만들기 적용편

2학년 통합교과 봄2. 1단원 거꾸로 배움 교육과정 구성안

거꾸로 배움을 위한 단원 재구성

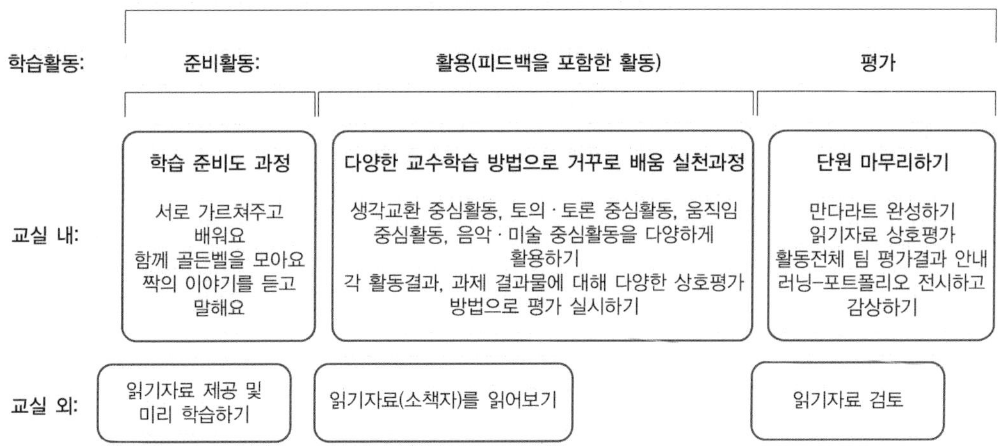

※ 다양한 교수학습 방법으로 거꾸로 배움 실천과정에서 활용한 교수학습 방법은 2부에서 자세히 안내하였다.

※ 거꾸로 배움을 위한 우리 교실에서 활용하는 다양한 교수학습 중 팀 기반 학습을 기반으로 하여 모든 배움은 한 단원을 기준으로 하여 교육과정을 재구성하여 운영을 한다.

※ 그리고 각 단원별로 재구성된 거꾸로 배움 교육과정은 프로젝트형 수업으로 진행이 되며, 위와 같은 그림대로 단원별로 활동을 하고 평가가 이루어진다.

봄2. 1단원 거꾸로 배움 교육과정 재구성과 활동 목록표

2장

주제	활동 이름	재구성된 활동 내용 소개	교육과정 연계(관련 성취기준 제시)	
			성취기준	반영내용
읽기자료 제공	읽기자료로 시작해요! 서로 가르쳐주고 배워요! 동영상으로 재미를 높여요	☺ 단원에서 배워야 할 내용을 재구성하여 책자형식의 읽기자료로 제작 · 배부하여 관심을 높임 ☺ 봄봄봄 노래 가사에 맞게 그림을 그리고 동영상으로 제작하여 단원에 대한 흥미와 관심을 높임	봄2. 1단원에서 학습해야 하는 내용에 대한 주요개념과 그와 관련된 읽을 자료와 창의적인 생각을 이끌어내는 읽기자료 제공하기	
봄이 오면	음악과 함께 나만의 시 쓰기 신호등 평가하기	☺ 음악을 들으며 나만의 시를 써보고, 신호등 평가하기로 상호 평가하기	통슬2211 통즐2211	봄과 관련된 경험으로 시를 쓰고, 시화로 만들어보면서 봄이 되어 나타나는 우리 주변의 변화를 시와 시화로 알아보고, 전시를 함으로써 봄의 느낌을 살린 교실을 꾸미기
변덕쟁이 봄 날씨 (RAP활동 포함)	골든벨로 함께 쌓아보자 짝의 이야기를 듣고 말해요 우리 팀 문제 만들고 함께 각 팀 문제 해결하기	☺ 학습 준비도 확인과정(RAP)으로 골든벨대회와 짝의 이야기를 듣고 말해요 활동을 통해 봄철 다양한 날씨에 대해 스스로 학습하게 함 ☺ 미리 학습해온 내용으로 각 팀별로 문제를 만들고, 생각교환 놀이를 통해 함께 팀 문제 해결하기	통바2231 통슬2231 통즐2241	봄철 우리 건강을 위해 필요한 것이 운동임을 함께 알아보고, 소통을 통해 결정한 운동으로 술래를 잡아 찾아와요 활동하기 그리고 봄철 날씨의 특징과 사람들의 생활모습으로 문제와 정답카드를 만들고, 봄나들이를 가서 할 수 있는 술래잡기 놀이와

주제	활동 이름	재구성된 활동 내용 소개	교육과정 연계(관련 성취기준 제시)	
			성취기준	반영내용
변덕쟁이 봄 날씨 (RAP활동 포함)	술래를 잡아 찾아와요	☺ 4개의 대표적인 봄 날씨를 활용하여 술래를 정하고 찾아오는 달리고 찾아라 활동하기		게임 활동을 통해 활동에 적극 참여하기
봄철 건강 지키기	가지 만들기 일급비밀을 찾아라	☺ 부정적 가지와 긍정적 가지 만들기를 통해 봄철 건강한 생활의 중요성을 알고 일급비밀을 찾기	통바2231	봄철 건강을 지켜야 하는 이유에 대해 가지 만들기 활동으로 함께 알아보고, 건강하게 지내기 위해 우리가 해야 할 일을 찾아보기
봄비	EDS로 아이디어 평가하기 칠판 나누기로 팀 아이디어 서로 공유하기 게임활동으로 즐거운 시간 (팀별 스피드 게임)	☺ EDS 평가활동으로 봄철 모습을 꾸밀 악기를 선정하고, 꾸미는 방법에 대한 아이디어를 포스트-잇을 활용하여 칠판나누기로 함께 공유하기 ☺ 팀별로 봄의 날씨를 악기, 몸동작, 소리로 표현하고, 다른 팀에서 맞히는 스피드게임 하기	통슬2231 통즐2221 통즐2241	봄철 날씨의 특징을 생활 모습과 관련지어 보고, 다양한 동식물을 소재로 하여 날씨와 봄의 모습을 악기, 몸동작, 소리로 표현을 연습하기. 연습한 활동으로 게임을 통하여 표현력을 길러주는 활동에 적극 참여하기
봄에 하는 일	커지는 눈덩이 우리 팀 문제 만들고 함께 각 팀 문제 해결하기 섞여서 생각교환 놀이 (혹은 즐거운 기차놀이)	☺ 커지는 눈덩이로 하는 일을 다양하게 알아보고, 섞여서 생각교환 놀이로 다양한 아이디어를 알아보기(혹은 움직임 수업을 하고 싶으면 신체활동인 기차놀이로 팀별 생각 주고받기를 해도 됨) ☺ 미리 학습해온 내용으로 각 팀별로 문제를 만들고, 생각교환 놀이를 통해 함께 팀 문제 해결하기	통바2211 통바2231 통슬2221 통슬2231	봄이 되면 하는 일을 장소(학교, 집, 마을, 시골, 어촌 등)에 따라 알아보고, 하는 일에 따라서 봄이 되면 우리의 생활과 자연환경 등에 어떠한 변화가 있는지 알아보기
스스로 잘해요	마인드-맵을 만들어서, 생선뼈로 함께 정리해요!	☺ 봄철 옷차림에 대해 마인드-맵으로 알아보고, 생선뼈를 이용하여 날씨별로 정리하기	통바2231 통바2241	봄에 내가 할 수 있는 일을 다양하게 알아보고, 활동주제별로 분류하여 하는 일 알아보기

주제	활동 이름	재구성된 활동 내용 소개	교육과정 연계(관련 성취기준 제시)	
			성취기준	반영내용
봄에 겪은 일 나무는 봄비를	실타래로 엮어 봐요 팀 그림을 완성해요 PMI로 평가하기	☺ 봄에 겪은 일에 대해 실타래로 엮어가면서 라운드 로빙을 하고, 팀이 함께 하나의 그림 완성하기 ☺ 완성된 팀별 그림을 통해, PMI를 활용하여 상호평가하여 팀 성적 산출하기	통바2221 통바2241 통슬2221 통즐2221	봄철 각자의 경험을 이야기하면서, 봄의 아름다움과 그 아름다움을 지켜야 한다는 사실을 깨닫고, 봄의 아름다움을 미술작품으로 표현하기
즐거운 봄놀이 콩주머니 놀이	짝을 찾아서 떠나요 짝과 함께 미션을 수행해요 짝을 찾아 함께 모여라	☺ 질문과 대답으로만 짝을 찾아서 미션을 수행하는 활동하기 ☺ 짝을 눈치껏 찾아서 모이는 활동을 한 후, 팀별 성찰일지 작성하기 ☺ 콩주머니 놀이는 팀별로 카드에 따라 정해진 숫자만큼 뺏어오는 활동으로 변경하여 활동하기	통슬2221 통슬2231 통즐2241	짝을 찾은 뒤 미션을 봄 날씨의 특징, 봄이 되면 볼 수 있는 동식물을 표현하기 등으로 제시하여 활동하기 봄나들이를 가면 할 수 있는 수건던지기 게임을 변형한 놀이 하기
일기예보 놀이	골든벨로 함께 쌓아요! 역할극 놀이를 해 봅시다!	☺ 골든벨 대회를 통해 그동안의 학습과정을 확인하고, 역할극 놀이로 학습내용을 함께 정리하고, 발표를 들으면서 자기주도적 학습하기.	통슬2231 통즐2231	일기예보 놀이를 통하여 한 단원동안 학습한 내용을 팀별로 발표를 하면서, 학습한 내용을 재복습 및 유의미화하기
만다라트 완성하기 나의 책 평가하기	일급비밀을 찾아라! 만다라트 완성하기 둘 가고 둘 남아서 평가하기 포트폴리오 전시 감상하기	☺ 일급비밀을 찾아라 활동으로 만다라트를 완성하고, 둘 가고 둘 남기 상호평가로 나의 책 평가받기 ☺ 한 단원을 공부하면서 정리한 팀별 러닝 포트폴리오를 전시하고 함께 감상하면서 마무리하기	통즐2211 통즐2221	봄이 왔어요 읽기자료를 상호평가하고 난 뒤, 게시판에 전시를 함으로써 봄의 느낌을 살린 교실을 꾸미기

3장

차시별 활동 방법 및 내용 소개

1 1차시 주제와 활동방법은요…

♣ 이번 차시에 대하여 알아봅시다.	**주제:** 읽기자료 제작 및 배부하기 **차시:** 1/23 **목표:** 본 단원을 통해 학습해야 할 내용에 대해 읽기자료를 활용하여 스스로 학습함으로써 학습에 대한 관심을 높이고 자신감을 가지게 할 수 있다.
♣ 교육과정 분석 후 이렇게 재구성했다.	**1. 읽기자료의 필요성이 대두되었어요!** ▶ 학생들이 학습에 대한 관심이 적은 것은 무엇을 학습해야 하는지 알지 못하기 때문이다. 본 주제를 통해 학생들이 공부하게 될 내용을 미리 안내함으로써 학습에 대한 관심을 높이고자 한다. **2. 읽기자료는 이렇게 활용을 해요!** ▶ 읽기자료를 통해 과제에 대하여 완벽하게 이해하고자 하는 것이 아니라, 본 주제에 대한 정보와 아이디어를 소개하는 정도이며, 심도 있는 이해는 추후 활동을 통해 이루어진다. ▶ 읽기자료를 배부한 뒤, 한 시간 동안 팀별로 모여서 책자를 활용하여 서로 가르쳐주면서 공부를 하는 시간을 가지게 함으로써 자기조절능력과 학습에 대한 자신감을 심어주도록 한다.

♣ 활동 과정 및 방법은 이렇다.	**1. 읽기자료를 책자로 제작을 하여 배부했어요!** ▶ 총 12쪽의 소책자형식으로 읽기자료를 제작하였다. 그 안에는 읽기자료와 함께 본 단원을 통해 학습하면서 완성해야 할 학습지도 함께 자료로 제작을 하였다. ▶ 본 단원의 학습이 완료가 되면 자신만의 책자를 가지게 되며, 관련 학습내용이 모두 들어있어서 교과서가 없어도 무엇을 학습하였는지 바로 알 수 있도록 하였다. **2. 함께 공부하고 서로 가르쳐주었어요!** ▶ 책자를 배부한 후 한 차시동안 스스로 공부하고 서로 가르쳐주는 시간을 마련하였다. ▶ 인지 정교화 이론을 기초로 한 활동으로 학생들은 친구들에게 가르쳐주게 될 경우 학습한 내용을 가장 잘 기억을 할 수 있다고 한다. 함께 공부하고 서로 가르쳐주면서 이번 단원을 통해 학습해야 할 내용에 대해 스스로 학습하게 되면서 관심을 높이도록 하였다.
♣ 이런 부분에 유의하세요.	**1. 읽기자료는 이렇게 만들어요!** ▶ 읽기자료는 단원에 대한 전문적인 지식을 얻게 하는 것이 아니라, 단원에서 학습해야 하는 주제에 대한 정보와 아이디어를 소개하는 정도로 제작을 해야 한다. **2. RAP(학습 준비도 확인 과정)도 반드시 실시해요!** ▶ 읽기자료를 스스로 학습하고, 함께 공부하게 한 뒤에 학습 준비도 확인 과정인 RAP를 다양한 방법으로 실시하여, 학습에 대한 관심과 몰입도를 높이도록 한다.

1차시 수업은 이렇게 하면 돼요!

◈ **주제(차시)**: 읽기자료로 시작을 해요! (1/23)
◈ **활동목표**: 읽기자료를 통해 이번 단원에 대한 관심을 높일 수 있다.
◈ **준비물**: 소책자(읽기자료)

☺ '읽기자료로 시작해요'란?

학습에 대한 관심이 부족하고 자신감이 적은 이유는 학생들이 무엇을 공부해야 하는지 또 무엇을 기억해야 하는지 알지 못해서이다(Larry K. Michaelsen 외 2명, 2009). 이를 해결하기 위하여 본 단원을 통해 학습해야 하는 내용에 대해 **정보와 아이디어를 소개하기 위하여 읽기자료를 통해 학습을 시작**하게 하였다. 그리고 읽기자료를 **스스로 학습하고 서로 가르쳐주는 인지 정교화 이론에 따른 활동도 함께 하게** 되었다.

<table>
<tr><th>활동 단계</th><th>교수 · 학습 활동</th></tr>
<tr><td>♣ 음악 감상으로 동기유발을 해요</td><td>☼ 봄 관련 노래 듣기
다음 노래를 들으면서 어떤 생각이나 느낌이 드는지 발표해보세요.
'벚꽃앤딩'과 '봄봄봄' 노래를 들려준다.
봄과 관련된 느낌과 생각이 들었다는 내용으로 자유롭게 발표를 한다.
☻ 아이들의 활동 모습은 이러했어요! ☻

</td></tr>
</table>

활동 단계	교수 · 학습 활동
♣ 학습문제를 확인해요	☼ **학습문제 확인하기** **(읽기자료)를 통해 공부할 내용을 (스스로)알고 (관심)을 가져보자** ☼ **학습활동 순서 알아보기** 활동1. 읽기자료를 통해 스스로 학습하기 활동2. 서로 가르쳐주고 배워요 활동3. 동영상으로 만들어서 재미와 흥미를 높여요
♣ 활동1. 스스로 학습하기	☼ **[활동1] 읽기자료를 통해 스스로 학습하기** 미리 제작한 소책자 형식의 읽기자료를 나누어 주기 받은 읽기자료를 가지고 미리 한번 씩 읽어보면서 중요한 부분 스스로 찾아보고 공부하기 성찰일지에 내용을 정리하고, 친구들에게 가르쳐줄 수 있게 공부하기 ☻ **아이들의 활동 모습은 이러했어요!** ☻ 
♣ 활동2. 서로 가르쳐주기(인지정교화 이론)	☼ **[활동2] 읽기자료의 내용에 대해 서로 가르쳐주고 정리하기** 가르쳐주고 정리하는 학습지를 활용해서 정리한 내용에 대해 친구들에게 가르쳐주고, 설명을 들은 친구들은 학습지에 그 내용을 자신의 말로 정리하기 내가 정리하는 내용을 팀원들에게 설명을 해준다. 설명을 들은 팀원은 학습지에 친구가 설명한 내용을 자신의 말로 정리하여 적는다.

활동 단계	교수 · 학습 활동
♣ 활동2. 서로 가르쳐 주기(인지정교화 이론)	**☻ 아이들의 활동 모습은 이러했어요! ☻**   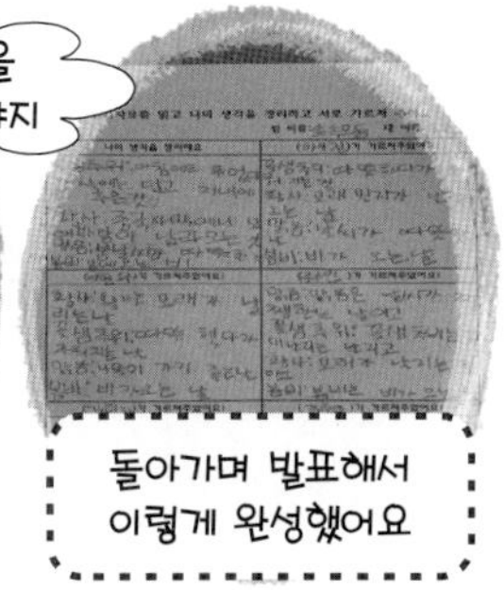
♣ 서로 문제를 내고 맞추어요!	**☼ 서로 가르치고 배운 내용을 토대로 문제를 만들고 서로 풀어보아요.** 서로 가르치고 배운 내용으로 직접 선생님이 되어 문제를 만들고, 강당에서 정답카드를 찾아서 달려오는 활동을 한다. 팀별로 6개씩 문제를 만들고, 플래시-문제카드로 만든다. 순서대로 문제카드를 뽑고, 팀원에게 문제를 큰 소리로 읽어준다. 문제를 들은 팀원은 답이 무엇인지 큰 소리로 알려준다. 정답을 들은 팀원은 정답카드를 골라오며, 순서대로 성적을 부여한다. 모든 팀원이 참가한 후, 각 성적을 합산하여 팀별 점수를 산출한다. **☻ 아이들은 이렇게 문제를 만들었어요! ☻**   

활동 단계	교수 · 학습 활동
♣ 서로 문제를 내고 맞추어요!	☻ **아이들이 이렇게 활동을 했어요!** ☻     준비~~! / 문제를 크게 읽어줘요 / 공을 몰면서 정답카드를 찾아요 / 짝을 찾아 손을 잡고 공을 함께 몰고와요
♣ 차시예고	☼ **차시예고** 이번 시간을 시작하면서 들었던 노래처럼 봄과 관련된 노래를 몇 개 더 듣고, 읽기자료에 있는 시를 함께 읽어보겠다. 그리고 봄과 관련된 시를 쓰고 서로 평가해보는 시간을 가지도록 하겠다. 봄과 관련된 다양한 경험을 생각해오고, 봄을 만끽해 보는 시간을 가져보겠다.

이번 단원의 읽기자료는 다음과 같았어요!

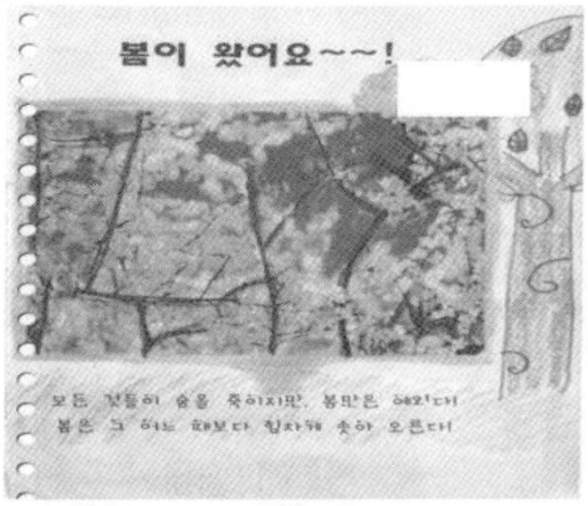

1쪽

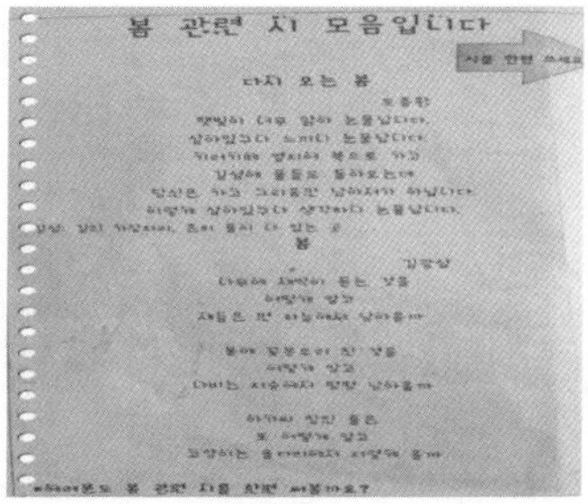

2쪽

3쪽

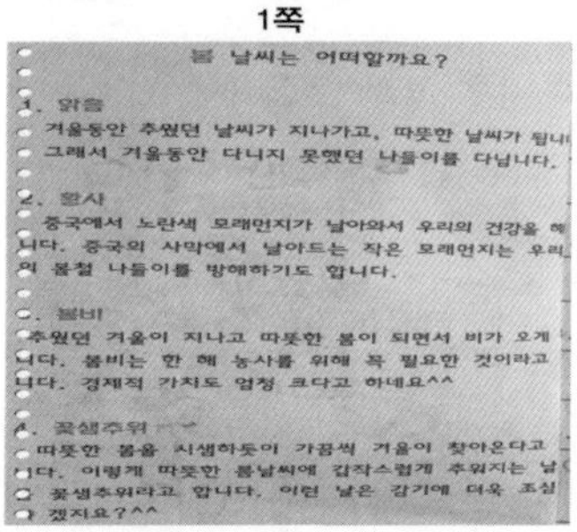

4쪽

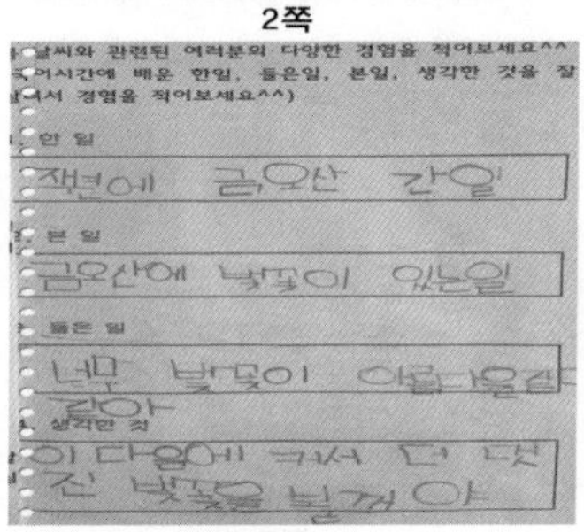
5쪽

6쪽

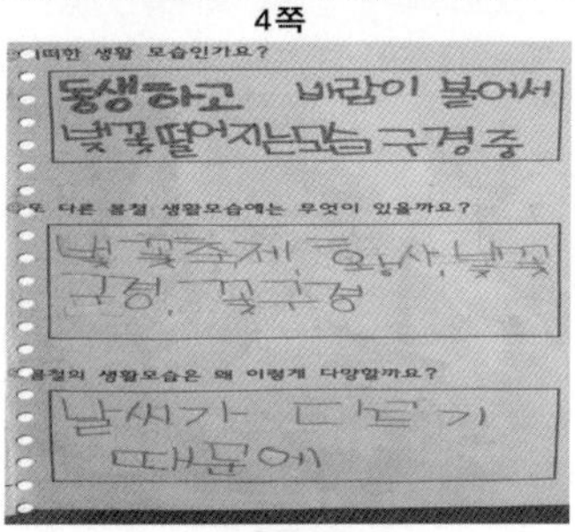
7쪽

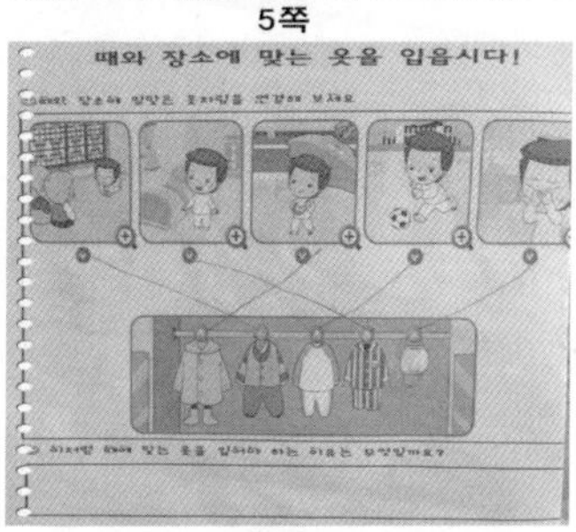

8쪽

9쪽

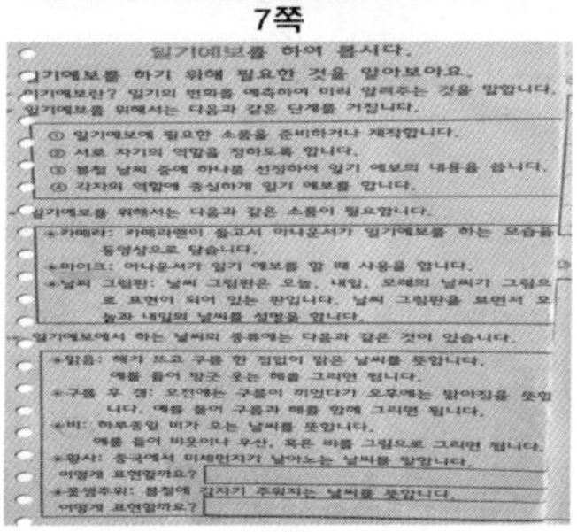

10쪽

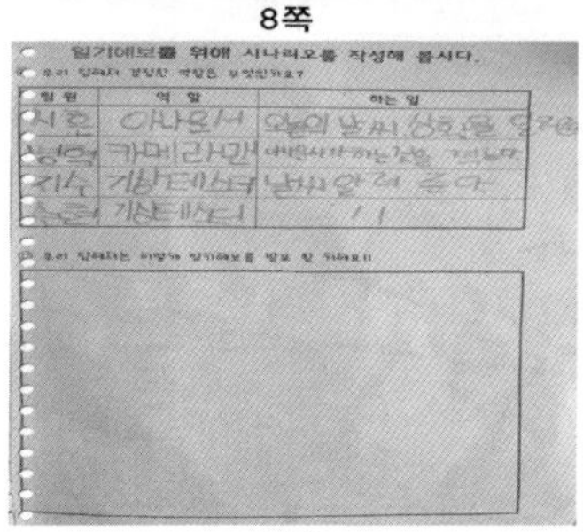
11쪽

12쪽

1차시에서 활용한 학습지와 학생 결과물은 다음과 같았어요!

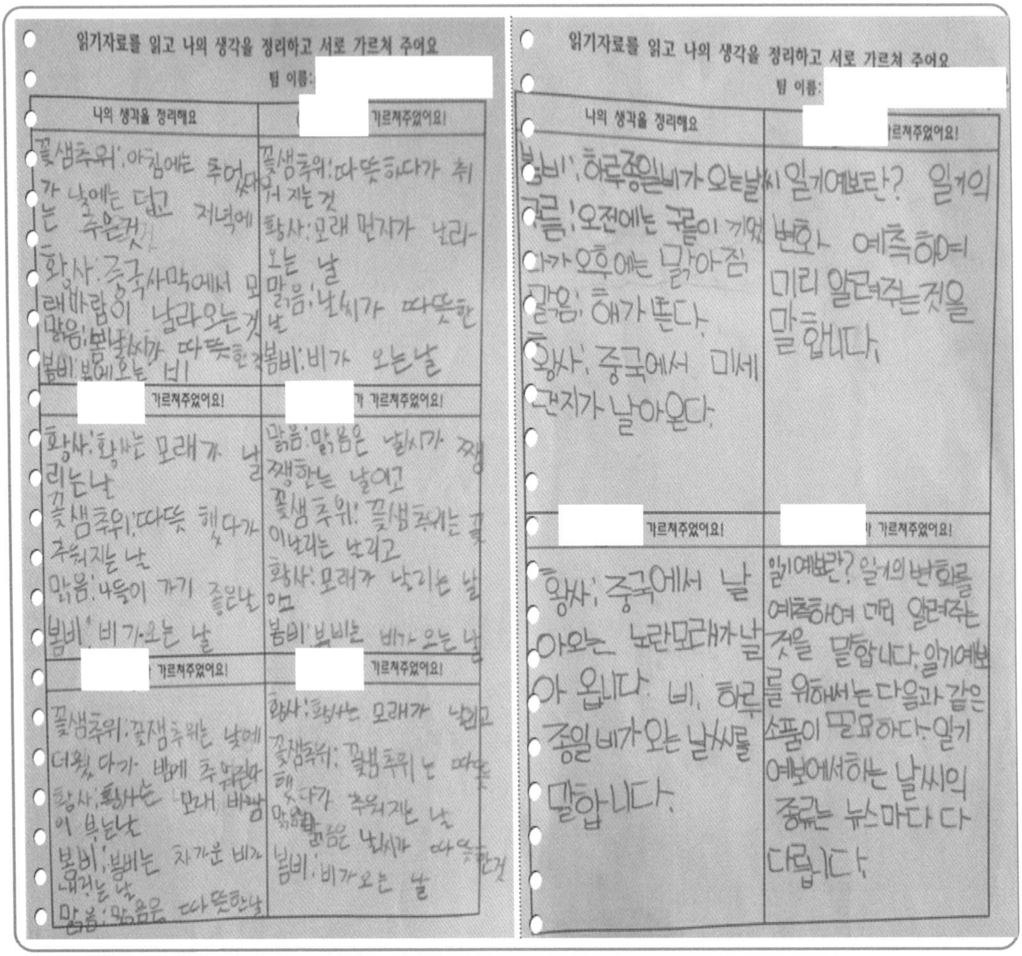

1차시에 활용한 수업방법으로 이렇게도 할 수 있어요!

♣ "서로 가르쳐 주기" 활동은 이렇게 활용할 수 있어요	☼ **"짝의 이야기를 듣고 말해요" 에 활용을 할 수 있어요!** "서로 가르쳐주기"활동은 팀별로 이루어지는 활동이다. 이 활동을 짝끼리 팀을 만들어서 진행을 할 수도 있다. 이 활동의 제목은 "짝의 이야기를 듣고 말해요"라고 지었으며, 이번 단원 4차시에서 활동을 하였다. 101쪽을 참고하면 자세히 확인할 수 있다. ☼ **수학 시간에 자주 활용을 할 수 있어요!** 수학 시간에 설명을 하고 학생들이 직접 문제를 푸는 시간에 항상 활용할 수 있는 활동 방법이다. 교사가 한 명씩 지도를 하기는 하겠지만, 모든 학생에게 설명을 다시 해주기에는 시간이 너무 부족하고 시간 낭비가 될 수도 있다. 이럴 경우에는 팀별로 서로 가르쳐주기 활동을 할 수가 있다. 팀장이 주축이 되어서 한 명씩 돌아가면서 모르는 문제나 이해가 잘 되지 않는 문제를 하나씩 선정을 하고 팀원이 모두 모여서 그 문제의 풀이방법에 대해서 설명을 해주는 방식으로 활동을 진행할 수 있다. 교사의 설명보다는 친구의 설명이 더욱 이해가 잘 되는 경우가 자주 있다. 친구에게 설명을 해주면서 재학습을 할 수 있는 기회가 생기기도 하며, 설명을 듣는 친구는 이해력과 함께 친구의 소중함과 고마움을 더욱 느끼게 될 것이다.
♣ "서로 문제를 내고 맞추어요" 활동은 이렇게 활용할 수 있어요!	☼ **수학 단원별 마무리 시간에 활용을 할 수 있어요!** 수학 단원별 마무리 시간에 팀별로 단원에서 배운 내용으로 문제를 만든다. 그리고 순서를 정해서 다른 팀에 가서 각 팀이 만든 문제를 풀고, 정답을 맞힌 문제는 가지고 온다. 모든 팀원이 참여를 다 하고 나서 각 팀이 가지고 있는 문제의 개수에 따라 팀 성적을 산출하는 게임을 할 수 있다. 또한 체육활동과 연계를 하여 통 안에 팀별로 만든 문제를 모두 넣는다. 그리고 각 팀별로 순서를 정해서 통 안에 있는 문제를 하나씩 가지고 와서 팀이 함께 문제를 풀고, 다 풀고 나면 다음 팀원이 통으로 가서 다른 문제를 가지고 와서 팀이 함께 문제를 푼다. 이렇게 모든 팀원이 정해진 개수의 문제를 맞추면 순서에 따라 팀 성적을 산출하는 게임도 할 수 있다.

☕ 선생님들을 위한 보충 설명

☑ 매 차시 학습목표 진술시에는 유추를 활용하여 괄호안의 단어를 학생들에게 맞히게 한다.

유추의 중요성과 주의할 점은 무엇이 있을까요?

⊙ 유추의 중요성은?

학생은 경험을 통한 귀납추리로 많은 것을 알게 되지만 모든 것을 경험해볼 수는 없다. 그래서 경험하지 않은 것에 대해서는 비슷한 것에 비유해서 추리를 하게 된다. 매 차시에 배우는 내용은 학생들이 경험하지 않은 새롭게 학습하게 되는 내용이다. 차시별 학습에 관심을 가지고 동기유발을 위해서는 학습목표 선정이 가장 중요하며, 이러한 학습목표를 학생들이 스스로 생각을 해내고 함께 알아가게 된다면 학습목표 달성에 매우 효과적일 것이다. 본 차시와 관련된 동기유발 활동을 통하여 학생들이 학습목표 모두를 유추해내기는 저학년 학생들에게는 매우 어려운 일이다. 이에 대한 차선책으로 **학습목표 중에서 중요한 단어를 동기유발 자료를 통하여 유추해내게 함으로써 목표에 대한 관심을 높이고, 본 수업에 대한 집중력과 몰입을 높일** 수 있다.

⊙ 유추를 사용할 때 주의할 점은 무엇일까요?

유추가 모두 바른 것은 아니다. 비슷한 것을 근거로 추리하는 것이기 때문에 동기유발 자료가 정말 비슷한 것이어야 한다. 그저 학습에 대한 흥미를 높이기 위한 동기유발 자료가 아닌, **학습과 관련이 깊은 동기유발 자료를 제작**하거나 찾아야 한다. 그리고 교사가 미리 계획을 하였던 학습목표가 아니더라도 비슷한 단어를 학생들이 유추할 경우 학습목표를 적당히 수정하는 융통성도 가져야 할 것이다. 동기유발 자료를 아무리 잘 만들었다고 하더라도 완전히 목표 단어와 똑같을 수는 없는 것이다. 학생들의 의견에 귀를 기울이고, 비슷한 것을 찾아서 유추를 했다면 칭찬을 하고, 원래의 **목표를 약간 수정을 하는 것도 학생들의 수업 참여를 높일 수 있는 방법**이 될 것이다.

2 2~3차시 주제와 활동방법은요…

♣ 이번 차시에 대하여 알아봅시다.	**주제**: 봄이 오면 **차시**: 2-3/23 **목표**: 봄을 주제로 시를 쓰고, 신호등 평가로 서로의 작품을 평가할 수 있다.
♣ 교육과정 분석 후 이렇게 재구성했다.	**1. 봄과 관련된 다양한 시를 읽게 했어요!** ▶ 교과서에 나오는 '봄이 오면'이라는 시 이외에 봄과 관련된 다양한 시를 학생들이 읽어볼 기회를 제공해준다. 봄과 관련된 다양한 시를 읽어보면서 수업에 대한 흥미와 동기를 유발하는 동시에 좌뇌와 우뇌를 함께 사용하게 한다. ▶ 시를 읽고 나서, 자신의 시를 써보는 시간도 주었다. 시를 쓸 때 학생들의 뇌를 안정시켜주고, 감성을 북돋아주는 음악을 함께 틀어줌으로써 집중하여 시를 쓸 수 있도록 한다. **2. 신호등 평가로 상호평가를 했어요!** ▶ 과정 중심의 평가를 실천하기 위하여 다양한 방법의 상호평가를 실시한다. 이번 차시에는 신호등 토론을 변형한 신호등 평가를 실시한다. 파란색, 노란색, 빨간색으로 구분이 된 나의 손 신호등을 활용하여 친구들의 작품을 직접 평가하는 시간을 가진다.
♣ 활동 과정 및 방법은 이렇다.	**1. 다양한 시를 읽어보아요!** ▶ 교과서에 있는 시와 함께 봄 관련 시 2편을 추가적으로 함께 감상을 하였다. 시를 읽고 느낀 점을 발표하고, 어떠한 생각이 떠오르는지도 함께 발표해보는 시간을 가졌다. 봄 관련 시를 통해 봄에 대한 관심을 높이고, 학습에 대한 흥미와 동기를 유발하였다. **2. 음악과 함께 나만의 시를 써보아요!** ▶ 조용하고 감성적인 음악을 들으면서 시를 쓰는 활동은 의외의 결과를 가져왔다. 평소에 글을 쓰거나 그림을 그릴 때 장난만

♣ 활동 과정 및 방법은 이렇다.	치고 대충 하던 친구들이 음악을 들으면서 분위기를 잡고, 시를 쓰게 했더니 더욱 집중하는 모습을 보았다. 음악은 그 종류에 따라 사람의 감정을 좌우하게 만들 수 있는 힘이 있다. 그리고 음악으로 우뇌를 자극하고, 좌뇌를 통해 시를 쓰면서 학생들의 집중력을 높일 수 있었다. **3. 나의 손 신호등으로 친구들의 작품을 평가해보아요!** ▶ 이번 차시에는 신호등을 활용하여 친구들의 작품을 평가하는 시간을 가졌다. 팀별로 신호등 평가를 활용하여 우수 작품을 선정하고, 각 팀별 우수 작품은 교실 앞에 전시하고 발표하는 시간을 가졌다. 그러고 나서 반 전체 신호등 평가를 함으로써 팀 평가를 실시하였다. 작품이 마음에 들면 파란색 신호등, 작품이 마음에 들지 않으면 빨간색 신호등을 들도록 하였다. 그리고 질문이나 의견이 있을 경우에는 노란색 신호등을 들도록 하였다. **4. 우리의 그림으로 동영상을 만들어요** ▶ 이번 단원에 대한 흥미와 관심을 높이기 위하여 지난 차시에 함께 불러보았던, 로이킴의 봄봄봄 노래를 활용하여 그림 영상 책을 만들어주었다. 노래 가사를 구절마다 나누어서 A4종이의 하단에 적고, 학생 수만큼(29장) 활동지를 만들어서 나누어준다. 학생들은 활동지에 적힌 가사의 내용에 맞게 그림을 그리고 색을 칠하여 완성한다. 순서에 따라 그림을 그림파일로 만들고, 영상제작이 간단한 무비메이커 프로그램을 활용하여 영상 책으로 만들어서 유튜브에 탑재를 한다. 탑재된 장소를 안내함으로써 학생과 학부모가 함께 감상을 하고 이번 단원에 대한 관심도와 몰입도를 더욱 높이도록 하였다.

2~3차시 수업은 이렇게 하면 돼요!

◈ **주제(차시)**: 봄 관련 시를 쓰고, 신호등 평가로 상호평가를 해보자. (2-3/23)
◈ **활동목표**: 봄과 관련된 시를 쓰고, 친구들의 작품을 평가할 수 있다.
◈ **준비물**: 소책자(읽기자료), 나의 손 신호등, 봄봄봄 가사 활동지

☺ '나의 손 신호등으로 평가해요'란?

신호등 토론을 변형하여 평가에 사용하였다. **나의 손 모양으로 파란색, 노란색, 빨간색 신호등**을 만들었다. 평가 방법은 작품을 만든 친구의 설명을 듣고, 작품을 감상한 뒤에 친구의 **작품이 마음에 들면 파란색 신호등을 들고, 마음에 들지 않거나 부족한 점이 많을 경우에는 빨간색 신호등**을 들게 하였다. 그리고 **의견이 있거나 궁금한 점이 있을 경우에는 노란색 신호등을 들고 질문**하게 한 뒤, 답변을 듣고 파란색 혹은 빨간색 신호등을 들게 하였다.

활동 단계	교수 · 학습 활동
♣ 시 감상으로 동기유발을 해요	☼ **봄 관련 시 읽기** 선생님이 주는 시를 읽고 어떤 생각이나 느낌이 드는지 발표해보세요. 조용하고 감성적인 분위기가 나는 음악을 틀어주고, 읽기자료에서 제공한 봄 관련 시를 각자가 조용히 읽어보게 한다. 봄과 관련된 느낌과 생각이 들었다는 내용으로 자유롭게 발표를 한다. ☻ **아이들의 활동 모습은 이러했어요!** ☻  팀별로 함께 시를 읽어요!  시의 느낌을 발표해요!  마인드맵으로 정리해요!

활동 단계	교수 · 학습 활동
♣ 학습문제를 확인해요	☼ **학습문제 확인하기** **봄 관련 (시)를 쓰고 친구의 작품을 (평가)해보아요!** ☼ **학습활동 순서 알아보기** 활동1. 음악과 함께 봄 관련 시 쓰기 활동2. 신호등 평가로 친구의 작품 평가하기 활동3. 봄봄봄 그림으로 동영상을 제작하여 흥미와 재미를 높여요
♣ 활동1. 스스로 학습 하기	☼ **[활동1] 음악과 함께 봄 관련 시 쓰기** 읽기자료에 있는 학습지를 활용하여 봄 관련 시를 써본다. 음악을 함께 틀어줌으로써 감정을 잡고 활동에 더욱 몰입하도록 한다. 봄과 관련된 자신의 경험을 떠올리고, 음악을 들으면서 다양하게 시를 쓴다. 시를 쓰고 나서, 관련 있는 그림도 함께 그려서 시화를 완성한다. ☻ **아이들의 활동 모습은 이러했어요!** ☻  시쓰기 방법 토의하기  서로 가르쳐주며 쓰기  나만의 시를 완성하기

활동 단계	교수 · 학습 활동
♣ 활동2. 신호등 평가로 친구의 작품을 평가해요	☼ **[활동2] 신호등 평가로 친구의 작품을 평가해요!** 팀별로 신호등 평가를 활용하여 우수 작품을 선정하기 각자 서로의 작품을 설명하고, 읽어준 뒤에 신호등 평가로 우수 작품을 선정한다. 팀별 우수 작품으로 반 전체가 함께 작품을 평가하고, 최우수 작품 선정하기 팀 대표가 나와서 작품을 설명하고, 설명에 따라 파란색, 빨간색, 노란색으로 친구의 작품을 평가한다. 궁금하거나 의문점이 있으면 노란색을 들고 질문하고, 답변에 따라 파란색과 빨간색을 들어서 작품을 평가한다. **☻ 아이들의 활동 모습은 이러했어요! ☻** 
♣ 활동3. 동영상으로 재미를 높여요	☼ **[활동3] 동영상으로 재미를 높여요!** 지난 시간에 함께 듣고 불러보았던 '봄봄봄'노래의 가사에 맞게 그림을 그리고, 그 그림으로 영상 책을 만들어 유튜브에 탑재를 해줍니다. 노래 가사를 학생 수에 맞게 자르고, 각각의 노래 가사를 A4종이 하단에 적어서 활동지로 만들어서 준다.

활동 단계	교수 · 학습 활동
♣ 활동3. 동영상으로 재미를 높여요	가사 내용에 맞게 그림을 그리고, 색연필로 색을 칠하여 그림을 완성한다 완성된 그림을 순서에 맞게 그림파일로 만들어서 영상 책으로 만든 뒤 유튜브에 동영상을 탑재한다. 동영상 주소는 "https://youtu.be/nPK5xZS8xc0" **☻ 아이들의 활동 모습은 이러했어요! ☻** 
♣ 개인 성찰 활동 하기	**☼개인 성찰활동 하기** 수업 후 쉬는 시간 혹은 종례시간을 이용하여 개인 성찰활동 하기 

2~3차시에서 함께 읽은 시는 다음과 같았어요!

다시 오는 봄

도종환

햇빛이 너무 맑아 눈물납니다.
살아있구나 느끼니 눈물납니다.
기러기떼 열지어 북으로 가고
길섶에 풀들도 돌아오는데
당신은 가고 그리움만 남아서가 아닙니다.
이렇게 살아있구나 생각하니 눈물납니다.

* 길섶: 길의 가장자리, 흔히 풀이 나 있는 곳

봄

김광섭

나무에 새싹이 돋는 것을
어떻게 알고
새들은 먼 하늘에서 날아올까

물에 꽃봉우리 진 것을
어떻게 알고
나비는 저승에서 펄펄 날아올까

아가씨 창인 줄은
또 어떻게 알고
고양이는 울타리에서 저렇게 올까

* 여러분도 봄 관련 시를 한편 써볼까요?

아이들이 이렇게 시를 만들고 개인 성찰일지를 작성했어요!

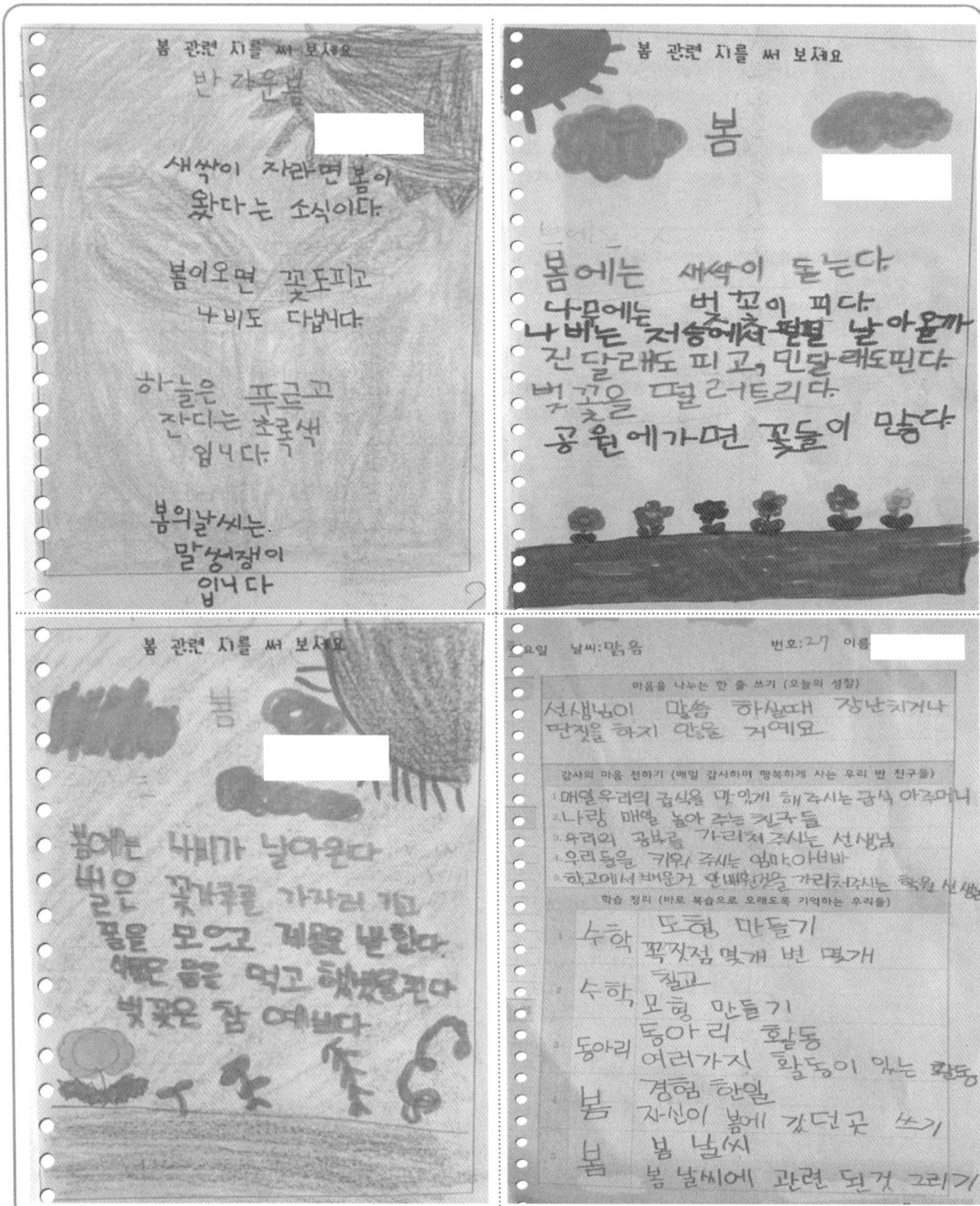

2~3차시에 활용한 수업방법으로 이렇게도 할 수 있어요!

♣ 음악을 들으면서 활동하기는 이렇게 활용할 수 있어요	☼ **미술활동 시간에 활용을 할 수 있어요!** 미술활동 시간에 보면 그림을 그리기는 하는데 친구들과 장난을 치는 학생들을 자주 볼 수 있었다. 음악을 들으면서 시를 쓰는 모습을 보면서 미술활동 시간에도 조용하고 감성적인 음악을 틀어주면 활동 모습이 훨씬 더 좋아질 것 같아서 적용을 해보았다. 그랬더니 신기하게도 장난을 치면서 미술활동을 하던 친구들이 진지한 모습을 보이기 시작하였으며, 음악이 없었을 때보다 더욱 집중하는 모습을 확인할 수 있었다. 물론 어떠한 음악을 선정하느냐가 중요한 문제이기는 하겠지만, 나는 인터넷 블로그에서 제공하는 뉴에이지 음악을 활용하였다. 활동 후에 학생이 나에게 "음악을 들으면서 그림을 그리니까 꼭 제가 화가가 된 것 같았아요. 그래서 더욱 집중할 수가 있었어요."라고 말을 하였다.
♣ 신호등 평가는 이렇게 활용할 수 있어요	☼ **미술 작품 및 다양한 학생 작품을 평가하고 우수 작품 선정시에 활용할 수 있어요!** 신호등 평가는 간단하면서도, 모두가 자신의 의견을 표현할 수 있는 평가방법이라고 할 수 있다. 교사 주도하의 결과 중심의 평가가 아니라 학생들이 작품을 만드는 과정과 이유에 대해 설명을 하고, 작품에 대해서도 설명을 하면서 과정 중심의 평가가 이루어지게 된다. 또한 친구들이 서로 상호평가를 함으로써 친구들의 작품뿐만 아니라 자신의 작품에 대해서도 스스로 평가를 해볼 수 있는 기회가 된다. 그래서 학교 문예대회에서 학급 우수 작품을 선정할 때나 미술 작품 및 다양한 학생 작품을 평가해야 할 때 등 다양하게 활용할 수 있다.

선생님들을 위한 보충 설명

☑ **개인 성찰**은 무엇이며, 왜 그렇게 중요한 건가요?

⊙ **개인 성찰은 무엇인가요?**

개인 성찰은 학습 성찰을 의미한다고 할 수 있다. **학습 성찰은 학습자기 배운 내용을 뇌에 단단히 '새겨두기 위해' 학습 과정과 내용을 곰곰이 살펴보는 과정을** 말한다. 이 과정을 통해 뇌는 정보를 분류하고, 재배열하며, 정보 간의 관계를 재정립함으로써 학습자가 **학습내용을 자신의 것으로 소화**할 수 있게 한다. 그리고 또한 액션러닝 프로그램을 운영함에 있어서도 가장 중요시 여기는 것이 바로 각 프로그램별로 서로 성찰을 하는 과정이다. 이 과정을 통해 **스스로 반성하고 서로 칭찬을 하면서 학습능력이 성장하게 된다. 또한 성찰 과정을 통해 기존의 정보와 새로운 정보가 서로 연결되면서 신경회로가 다시 만들어진다.**

⊙ **개인 성찰이 그렇게나 중요한 건가요?**

"학습 성찰을 통해 학습자는 능동적으로 의미를 구성하고, 정보를 한층 더 깊이 이해하게 된다. 또한 학습 성찰은 학습의 목표를 뚜렷이 하고 학습 과정을 개인에게 의미 있는 과정으로 만들어주며, 중요한 내용을 깊이 이해하고, 집중하여 기억하게 한다." (Robin Fogarty, 1998, p.657)

개인 성찰은 학습자가 학습한 내용을 자신의 것으로 만드는 데 매우 중요한 역할을 하는 학습 과정이라고 할 수 있다. 그리고 본 학급에서 활용하는 성찰일지에는 하루를 반성하는 글 쓰기와 감사의 마음을 전하는 글 쓰기가 함께 진행이 된다. 감사의 마음을 전하는 글 쓰기 활동은 학생들의 인성교육에 매우 중요한 역할을 하게 된다. 항상 감사할 줄 아는 아이로 기르기 위한 활동으로써 학교 폭력예방에도 큰 효과가 있을 것이다.

☑ **음악을 들으면서** 하는 미술활동은 좋은가요?

⊙ **모차르트 되기 (데이브 버제스, 2013)**

음악은 마음 상태와 기분을 바꿀 수 있는 놀라운 힘이 있다. 음악만큼 우리의 영혼을 어루만져주는 매체는 많지 않다. 때로는 **음악만 바꿔도 교실 분위기가 확 달라**진다. 곡을 제대로 고르기만 한다면 수업에 진지하고 명상적인 분위기가 흐르게 할 수도 있고, 떠들썩하고 흥겨운 축제 분위기를 연출할 수도 있다. **음악의 힘은 너무도 강력하기 때문에 학생들의 음악적 기량을 발휘할 수 있는 기회를 끊임없이 찾아야** 한다. 음악을 통해 아이들의 **창의성을 살려줄 수도 있을 것**이다. 물론, 학습 내용 및 분위기에 적절한 음악을 찾고 들려주어야 한다는 전제가 있다.

3 4~6차시 주제와 활동방법은요…

4차시는 학습 준비도 확인과정(RAP), 5~6차시는 거꾸로 배움 수업이 진행이 된다.

♣ 이번 차시에 대하여 알아봅시다.	**주제**: 변덕쟁이 봄 날씨 **차시**: 4~6/23 **목표**: 모두가 참여하는 골든벨 대회로 학습내용을 확인하고, 짝과 함께 공부할 수 있다.
♣ RAP 활동 과정 및 방법은 이렇다.	**1. '모두가 참여해서 모으는 골든벨 대회' 열기** ▶ **모두가 참여해서 모으는 골든벨 대회란?** 기존의 골든벨 대회의 단점은 탈락한 학생은 더 이상 참여를 하지 못하고, 이로 인해 모든 학생이 참여하지 못한다는 것이다. 그래서 모든 학생이 모든 문제에 참여를 하는 방법으로 골든벨 대회를 수정하였다. 각 문제마다 모든 학생이 문제를 풀고 정답을 맞힌 학생의 수를 합산한다. 그리고 총 골든벨 합산 수가 교사와 학생이 함께 정한 개수를 넘을 경우 반 전체에 보상을 해주는 방식이다. 공부만 잘 하는 아이, 똑똑한 아이만 즐겁게 참가하던 골든벨 대회에서 모두가 적극 참여하고, 정해진 개수를 넘기 위해서 다 함께 노력하고 칭찬하고 협동하는 골든벨 대회 시간이 되었다. ▶ 골든벨 대회의 문제는 모두 1차시에 제공이 되었던 읽기자료에서 만들었다. 학생들이 본 단원을 학습을 함에 있어서 얼마나 준비가 잘 되어 있는지 확인하는 RAP(학습 준비도 확인과정, Readiness Assurance Process)의 일환으로 활용을 하였다. RAP는 팀 기반 학습에서 중요시 여기는 과정으로, 저학년에 맞도록 활동을 수정하여 진행을 하였다. ▶ 골든벨 대회에서는 개별 골든벨 판과 '사탕 모으기'라는 플래시 자료를 활용하였다. 사탕 모으기 플래시 자료를 활용해서 각 문제별로 정답자의 수를 세어서 입력하고, 모든 문제가 끝났을 때 합산된 사탕의 개수에 따라 반 전체 보상을 해주도록 하였다.

♣ RAP 활동 과정 및 방법은 이렇다.	**2. 짝의 이야기를 듣고 말해요** ▶ 짝을 이용하는 것은 간단하지만 구조적으로 잘만 이용하면 놀라운 효과를 얻을 수가 있다. '짝의 이야기를 듣고 말해요'는 절반의 학생이 발표할 기회를 갖게 되는 것이다. 이는 '동시발표'라는 팀 기반 학습의 중요 학습 방법과 관련이 있는 활동이다. 그리고 나머지 절반의 학생은 경청을 하는 경험을 갖게 된다. 즉 모든 학생들이 활동에 참여를 하게 되는 것이다. ▶ '**짝의 이야기를 듣고 말해요**'란? 이 활동은 매우 간단하지만 학생들은 매우 수준 높은 사고력을 경험하게 된다. 일단 한 학생은 주어진 시간동안 계속 자기 의견을 말해야 하기 때문에 고급사고력을 경험한다. 반대로 듣는 학생은 주의 깊게 들으면서 메모해야 한다. 나중에 발표를 해야 하기 때문에 짝이 한 말을 잘 듣고 정리해두게 된다. 활동이 끝나면 짝이 대신 발표를 해주는데 이때 짝은 매우 고급사고를 하게 된다. 즉 짝이 한 말을 자기 것으로 소화해서 표현해야 하는 사고를 하게 된다. 또 짝이 대신 발표해주는 것을 들으면서 원래 의견을 말했던 학생은 자신이 말한 것이 '저렇게 이해되는 구나.'라는 피드백을 얻게 된다. 이때의 발표도 절반의 학생이 일어나서 동시에 발표를 하게 되며, 원래 의견을 말했던 학생은 짝의 발표를 주의 집중하여 듣게 됨으로써 또 한 번의 고급사고력을 경험하게 된다. 발표가 다 끝난 뒤에는 서로 역할을 바꾸어서 활동을 하게 된다. **3. 개인 성찰일지 쓰기** ▶ 활동이 다 끝난 후 이전 차시와 동일하게 개인 성찰일지를 작성한다. ▶ 짝과 함께 한 활동을 통해 알게 된 내용으로 학습 내용을 정리하고, 오늘 하루를 보내면서 반성할 점과 감사의 마음으로 한 줄 쓰기를 한다.

4차시 활동(RAP) 모습과 결과물은 다음과 같았어요!

1. '모두가 참여해서 모으는 골든벨 대회' 열기

문제의 답은 골든벨판에^^

모든 문제에 모든 학생이 참여를 하고, 각 문제의 정답수를 합산하여 반 전체 보상을 했어요

2. 짝의 이야기를 듣고 말해요

성찰 일지로 설명할 내용을 정리해요

읽을자료를 보며 정리해요

정리한 것을 성찰일지에 적어요

이렇게 설명할 것을 완성했어요

짝의 설명을 듣고서 내 언어로 정리해서 동시발표 하기

짝에게 내가 적은 것을 설명해요

나의 언어로 다시 정리해요

동시에 일어나서 발표했어요

3. 개인 성찰일지 쓰기

팀별로 이야기 나누기

혼자서도 고민해보기

감사의 마음 한 줄 쓰기

키워드로 배운 내용

4. 학습지 결과물은 다음과 같았아요

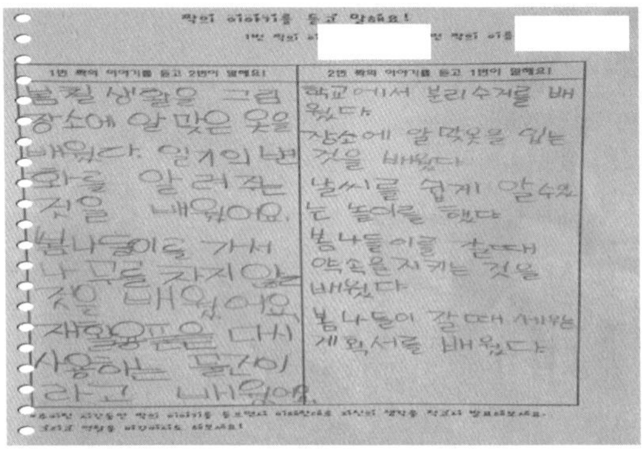

짝의 이야기를 듣고 말해요!

1번 짝의 이야기를 듣고 2번이 말해요!	2번 짝의 이야기를 듣고 1번이 말해요!
봄철 생활을 그림 장소에 알맞은 옷을 배웠다. 일기의 변화를 알려주는 것을 배웠어요. 봄나들이를 가서 나무를 차지 않을 것을 배웠어요. 재활용품은 다시 사용하는 물건이라고 배웠어요.	학교에서 분리수거를 배웠다. 장소에 알맞옷을 입는 것을 배웠다 날씨를 쉽게 알수있는 놀이를 했다 봄나들이를 갈때 약속을지키는 것을 배웠다 봄나들이 갈 때 세우는 계획서를 배웠다

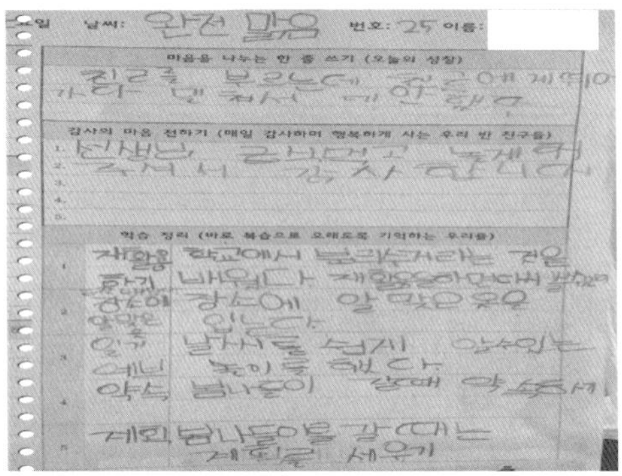

날씨: 완전 맑음 번호: 25 이름:

마음을 나누는 한 줄 쓰기 (오늘의 성찰)

친구를 부르는데 친구에게 때려가다 멈춰서 미안했다

감사의 마음 전하기 (매일 감사하며 행복하게 사는 우리 반 친구들)

1. 선생님, 공부도 재미있게 해주셔서 감사합니다

학습 정리 (바로 복습으로 오래도록 기억하는 우리들)

재활용하기	학교에서 분리수거라는 것을 배웠다
장소에 알맞은 옷	장소에 알맞은 옷을 입는다
일기 예보	날씨를 쉽게 알수있는 놀이를 했다
약속	봄나들이 갈때 약속
계획	봄나들이를 갈 때는 계획을 세우기

5~6차시 활동 방법과 모습은 다음과 같았어요!

5차시는 우리 팀 문제를 만들고 생각교환놀이로 팀 문제 함께 해결하기이다.

① 미리 집에서 주제에 대해 공부한 내용과 자신의 생각을 팀별로 모여서 함께 이야기를 나누고, 토의한 결과를 포스트-잇에 적어서 팀별 이젤패드에 우리 팀의 생각을 모은다.
② 팀별로 모인 생각을 보면서, 이번 시간에 우리가 해결하고 싶은 문제 혹은 집에서 공부를 하면서 이것은 꼭 우리가 알아야겠다고 생각하는 내용으로 우리 팀의 문제를 만들어서 만다라트의 중간 네모칸에 적는다.

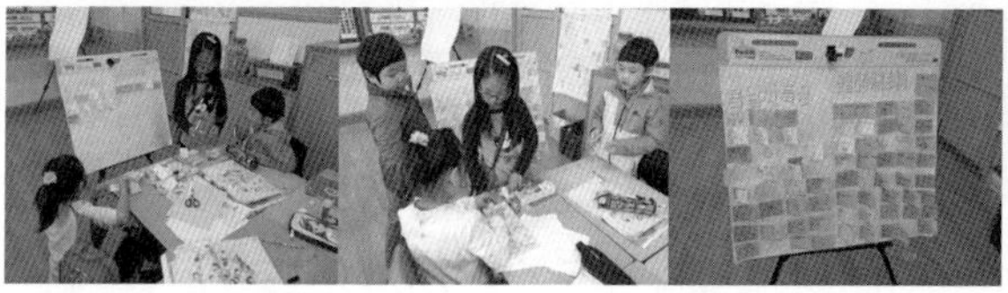

〈우리 팀원의 생각을 모아서 우리 팀 생각 이젤패드 완성하기〉

〈우리 팀 생각을 통해 우리 팀만의 문제 만들기〉

③ 각 팀별로 1~6까지의 숫자중에서 팀원이 하나씩 고르고, 우리 팀 이젤패드에 붙어있는 포스트-잇 중에서 우리 팀의 문제를 해결하기에 필요하지 않은 생각들 중 다른 팀에게 안내를 하고 싶은 생각을 하나씩 고른다.
④ 각 팀별로 같은 숫자를 고른 친구들끼리 만나서 서로 가지고 온 각자 팀의 생각을 보여주고, 교환하고 싶은 생각이 있으면 교환하여 온다. 이렇게 10분동안 활동을 한다.
⑤ 원래 팀의 생각과 새롭게 알게 된 생각을 보면서 우리 팀의 문제를 해결하는 데 중요한 내용 8개를 골라서 우리 팀 문제 만다라트를 완성하여 함께 공유한다.

〈교환할 생각 고르기〉

〈나의 숫자 정하기〉

〈서로 생각 교환하기〉

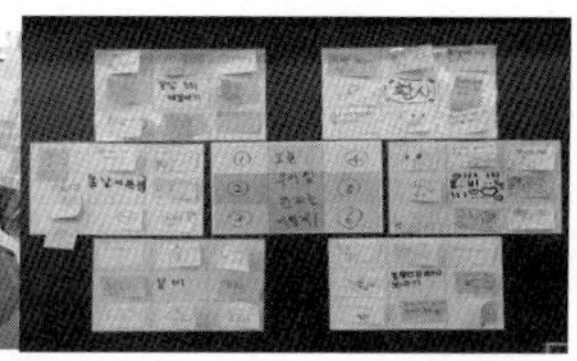

〈우리 팀 문제 해결 만다라트 완성〉

* 우리 팀만의 문제를 만들고 해결하는 활동은 기존의 교사가 일방적으로 제시하던 학습문제에서 벗어나서 이번 시간에 공부할 내용을 팀별로 스스로 정하는 활동이었다. 기존의 일방적으로 제시하던 하나의 학습문제가 아니라 팀별로 공부하고 싶은 내용과 문제를 만들어서 해결하게 함으로써 수업에 대한 흥미, 관심, 몰입정도를 더욱 높일 수 있었던 학습활동이었다. 교사는 팀별로 학습문제를 정하는 모습과 토의하는 내용을 들어보면서 이번 시간에 학습해야 하는 내용에서 벗어나지 않도록 방향을 잘 잡아주는 안내자 역할을 수행함으로써 학습목표에서 벗어나지 않게 한다.

6차시에는 팀별로 문제와 정답카드를 만들어서 술래를 잡아 찾아와요 활동을 하였다.

① 5차시에서 학습한 내용을 토대로 팀별로 봄 날씨와 관련된 문제로 문제카드와 정답카드를 만들었습니다. 정답카드는 봄 날씨에 해당하는 황사, 맑음, 꽃샘추위, 봄비로 구분하여 만들도록 하였다.

② 완성된 문제카드와 정답카드를 활용하여 술래를 잡아 찾아와요 활동을 하였다. 술래는 4명으로 정하였으며, 각각의 술래는 봄 날씨에 해당하는 것을 하나씩 맡고 해당하는 정답카드를 들고 있다가, 친구들에게 잡히면 카드를 하나씩 주도록 하였다.

〈함께 공부한 내용을 토대로 문제와 정답카드를 만들어요〉

〈우리가 만든 카드로 술래를 잡으러 가요〉

③ 교과서에서 제시하는 콩주머니 놀이를 변형하여 활동에 추가하였다. 각각의 정답카드에는 콩주머니를 옮길 수 있는 개수가 정해져 있으며, 정답카드와 문제카드를 짝을 지어서 가지고 올 경우 해당하는 숫자만큼 콩주머니를 옮길 수 있으며, 다른 팀에서 해당하는 숫자만큼의 콩주머니를 가지고 와서 우리 팀의 콩주머니 장소에 가져올 수 있도록 하였다.
(교과서에서 제시하는 콩주머니 놀이는 4가지의 봄 날씨와 관련되어 제시하고 있지만 날씨를 공부하고 학습함에 있어서 관련이 없는 놀이 위주의 활동이어서 학습하는 공간에서 활동을 할 수 있도록 놀이를 변형하여 운영하였다)

④ 문제카드를 뽑으러 가는 길에는 훌라후프, 줄넘기, 제기차기를 미션으로 주었다. 이 미션은 학생들이 봄이 되면 가장 하고 싶은 운동을 조사하고 그 중에서 가장 하고 싶다고 응답한 3개의 활동으로 결정하였다. 미션을 완료한 학생은 문제를 뽑아서 팀으로 돌아와 함께 문제를 해결하고 정답카드를 들고 있는 술래를 잡아서 카드를 받아와서 선생님에게 확인을 받는다. 확인을 받은 학생은 정해진 개수에 따라 콩주머니를 옮기도록 하였다.

〈미션을 완료하여 문제카드를 뽑아요〉

〈함께 문제를 풀어요〉

〈술래를 잡으러 가요〉

⑤ 이렇게 활동을 15분동안 하고, 팀별로 가지고 있는 콩주머니의 개수에 따라 팀별 성적을 주었다.

〈술래에게 카드를 받아요〉

〈정답확인을 받아요〉

〈개수에 맞게 콩주머니를 가지고 와요〉

〈아싸! 우리가 일등!〉

4 7차시 주제와 활동방법은요…

♣ 이번 차시에 대하여 알아봅시다.	**주제**: 봄철 건강 지키기 **차시**: 7/23 **목표**: 가지 만들기 활동으로 봄철 건강한 생활의 중요성을 알 수 있다.
♣ 교육과정 분석 후 이렇게 재구성했다.	**1. 스토리텔링으로 건강에 대한 중요성을 알고 수업에 집중하게 했어요!** ▶ 봄철 건강한 생활을 하기 위해서는 무엇보다 건강한 생활의 중요성을 몸소 느껴야 한다. 스토리텔링으로 수업도입을 하면서 건강한 생활을 하지 않을 경우 많은 불이익이 오게 됨을 스스로 알게 하였다. 이를 통하여 봄철 건강한 생활의 중요성을 스스로 깨닫고, 본 수업에 대한 집중력을 더욱 높일 수 있었다. **2. 재미있는 활동으로 수업하면서, 바른 행동 실천을 다짐하게 했어요!** ▶ 봄철 건강한 생활을 할 경우와 하지 않을 경우 어떻게 될지 상상하여 꾸미도록 하였다. 즐겁고 재미있게 상상을 하면서 건강한 생활을 하지 않을 경우 매우 어려운 삶을 살게 됨을 팀별 활동으로 알게 되었다. 이와 함께 일급비밀을 찾아라 활동을 통하여 앞으로 봄철 건강한 생활뿐 아니라 바른 행동을 실천할 것을 스스로 다짐하게 되었다.
♣ 활동 과정 및 방법은 이렇다.	**1. 스토리텔링으로 수업을 시작해요!** ▶ 가지 만들기 활동을 어떻게 하는 것인지 보여주기 위하여 스토리텔링으로 수업을 시작하였다. '선생님이 황사가 있는 날에 마스크를 끼지 않는다면'이라는 주제로 어떻게 될 것인지에 대하여 스토리텔링 형식으로 학생들에게 이야기를 해주었다. 그리고 정해진 이야기로 이끌어가기보다는 학생들과 함께

♣ 활동 과정 및 방법은 이렇다.	상상하고 이야기하면서 재미있게 이야기를 만들어보았다. ▶ 활동 방법에 대해 직접적으로 설명을 하는 것보다 스토리텔링 형식으로 간접적으로 예를 들어서 설명을 하게 되면서 학습과 학습방법에 대해 더욱 흥미와 관심을 높이게 되었다. 재미있는 스토리텔링이 동기유발 방법으로 좋은 해결책이 된다는 것을 알 수 있었다. **2. 가지 만들기 활동을 활용해요!** ▶ 가지 만들기 활동은 팀 기반 학습과 액션러닝을 접목한 것이다. 학생들은 주제에 대해 부정적인 측면의 가지와 긍정적인 측면의 가지를 만들게 된다. 가지에 내용을 추가하면서 창의성을 살려서 어떠한 일이 벌어질 것인지 상상하여 내용을 적게 한다. ▶ 본 차시에서는 봄철 건강한 생활을 하지 않았을 때와 건강한 생활을 하였을 때 어떻게 될 것인지 창의적으로 상상하여 미래에 어떻게 될 것인지 재미있게 이야기를 나누어보게 하였다. 부정적인 가지를 먼저 완성하게 함으로써 긍정적인 가지의 필요성을 더욱 느끼도록 하였다. **3. 일급비밀을 찾아라!** ▶ '일급비밀을 찾아라'는 정해진 주제에 대하여 팀별 토의·토론을 통하여 주제에 대한 핵심 단어(일급비밀)를 찾아내는 활동이다. 이 활동은 단원 만다라트를 완성하기 위한 활동단계이기도 하다. **4. 팀 성찰일지를 작성하라!** ▶ 이번 차시 활동은 모두 팀별로 진행이 되는 것으로, 팀 성찰일지를 작성하기로 하였다. 개인 성찰일지와 달리 팀 성찰일지는 활동을 하면서 느낀 점에 대해서 서로 이야기해보고, 스스로 반성하는 시간을 주었다. 자세한 팀 성찰일지 양식과 활동 방법은 110쪽을 참고하면 된다.

8차시 수업은 이렇게 하면 돼요!

◈ **주제(차시)**: 봄철 건강 지키기. (8/20)
◈ **활동목표**: 가지 만들기 활동으로 봄철 건강한 생활의 중요성에 대하여 알 수 있다.
◈ **준비물**: 가지 만들기 학습지, 일급비밀을 찾아라 학습지, 보드마카

☺ **'가지 만들기'란?**
하나의 주제에 대해 부정적인 측면을 고려할 때 어떻게 변화할 것인지 상상한 뒤, 긍정적인 측면의 중요성을 알게 한다. 그리고 긍정적인 측면을 고려할 때 어떻게 변화할 것인지 창의적인 상상력을 발휘하여 알아보게 하는 활동이다.

☺ **'일급비밀을 찾아라'란?**
하나의 주제에 대하여 가장 핵심적인 단어를 찾는 활동이다. 기존의 팀 문장 만들기 활동과 비슷한 방법이며, 본 차시에서는 '봄철 건강한 생활을 위해서 가장 중요한 일급비밀은?'이라는 주제를 가지고 일급비밀을 찾은 뒤, 만다라트의 소주제 하나를 완성한다.

활동 단계	교수 · 학습 활동
♣스토리텔링으로 동기를 유발해요	☼ **스토리텔링으로 수업을 시작하기** 선생님이 황사가 있을 때 마스크를 쓰지 않고 운동을 한다면 어떻게 될까요? 황사에 마스크를 쓰지 않고 다니는 그림으로 이야기를 시작해 간다. 마스크를 쓰지 않아서 기침을 하게 되고 목이 아파진다라고 이야기를 하고 다음에 어떻게 될지 상상하면서 마인드맵을 만들고, 발표한다. 선생님 딸도 같이 아파서 병원에 가고 아내한테 혼이 날 거에요.^^

활동 단계	교수 · 학습 활동
♣스토리텔링으로 동기를 유발해요	다양하게 상상하여 창의적으로 발표한다. **아이들의 활동 모습은 이러했어요!** 
♣학습문제를 확인해요	**☼ 학습문제 확인하기** **가지 만들기 활동으로 봄철 (건강한 생활)의 중요성에 대해 알아보기** **☼ 학습활동 순서 알아보기** 활동1. 가지 만들기 활동하기 활동2. 일급비밀을 찾아서 만다라트 건강한 생활 주제 완성하기 활동3. 팀 성찰일지 작성하기
♣ 활동1. 가지 만들기	**☼ [활동1] 가지 만들기 활동하기** 가지 만들기 학습지를 나누어주고, 팀별로 창의적으로 상상하도록 한다. 건강한 생활을 하지 않을 때 어떻게 될 것인지 인과관계에 의거하여 상상하여 적어본다. 건강한 생활을 했을 때 어떻게 될 것인지 인과관계에 의거하여 상상하여 적어본다. **아이들의 활동 모습은 이러했어요!** 

활동 단계	교수 · 학습 활동
♣ 활동2. 신호등 평가로 친구의 작품을 평가해요	☼ **[활동2] 일급비밀을 찾아라!** 일급비밀을 찾아라 학습지를 나누어주고, 봄철 건강한 생활습관을 가지기 위한 일급비밀을 찾도록 한다. 팀별로 주제에 대하여 토론하여 하나의 핵심 단어 및 문장을 적는다. 팀별로 찾은 일급비밀을 발표하도록 하고, 교사는 칠판에 미리 붙인 만다라트 소주제 중 봄철 건강과 관련된 주제의 만다라트 한 부분을 완성한다. **☻ 아이들의 활동 모습은 이러했어요! ☻**  열띤 토론을 했어요  결정하는 게 쉽지 않네요  짜잔! 일급비밀 찾았어요 **만다라트 완성하는 모습**  모둠별 일급비밀을 찾아서~~ 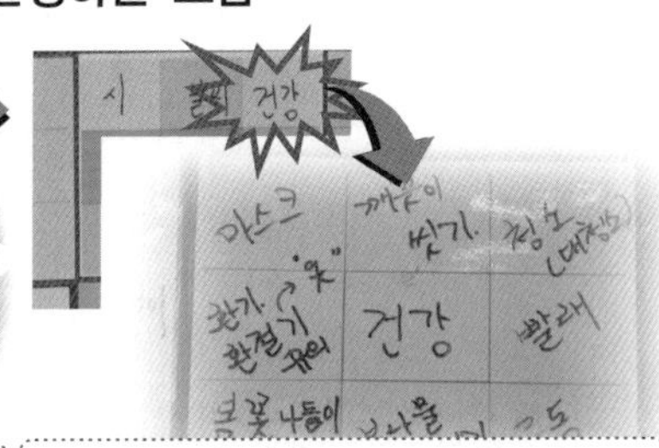 건강이라는 소주제 만다라트 완성하기
♣ 활동3. 개인 성찰일지를 작성해요	☼ **[활동3] 팀 성찰 일지를 작성해요!** 오늘 학습 한 내용을 토대로 팀 성찰일지를 작성하기. 오늘 학습한 내용과 활동에 대하여 적고, 팀 활동을 하면서 좋았던 점 혹은 반성할 점에 대해서 발표하고 일지를 작성한다.

활동 단계	교수 · 학습 활동
♣ 활동3. 개인 성찰일지를 작성해요	발표내용을 적고, 오늘 활동을 하면서 가장 열심히 하거나 친구들을 많이 도와준 친구를 결정하고 팀별로 칭찬을 해주도록 한다.
	☻ 아이들의 활동 모습은 이러했어요! ☻   
♣ 차시예고	☼ **차시예고** 다음 시간에는 봄과 관련된 모습 및 날씨를 악기를 활용하여 직접 몸으로 표현해보는 활동을 해보겠다. EDS로 각자의 의견을 평가하고, 칠판 나누기 활동으로 팀별 아이디어를 서로 공유하는 시간을 가져보도록 하겠다.

가지 만들기 학습지는 이렇게 만들었어요!

정적인 가지와 긍정적인 가지를 만들어 보자!

팀 이름:

〈부정적 가지〉 〈긍정적 가지〉

주제 : 봄철에 건강한 생활을 하자!

일급비밀을 찾아라 학습지는 이렇게 만들었어요!

아이들이 이렇게 만들었어요! (가지 만들기와 일급비밀을 찾아라)

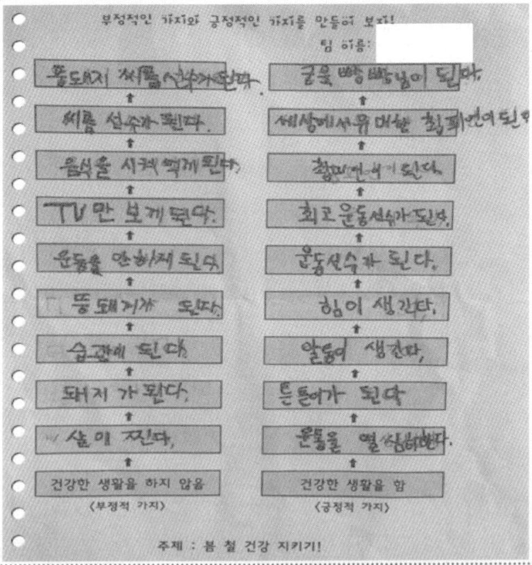

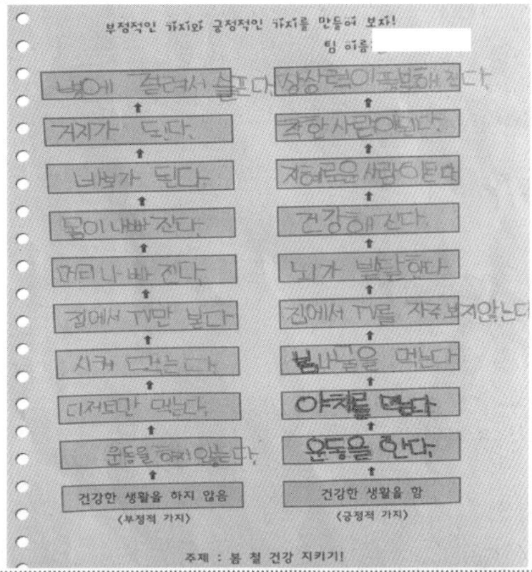

8차시에 활용한 수업방법으로 이렇게도 할 수 있어요!

♣ 가지 만들기 활동하기는 이렇게 활용할 수 있어요	☼ **아침 활동 시간에 활용할 수 있어요!** 매주 목요일에 실시하는 선생님과 함께하는 독서시간에 가지 만들기 활동을 활용할 수 있다. 선생님이 나누어주는 자료를 함께 읽어보고 주인공의 행동 및 선택에 대해서 비판적으로 사고하는 기회를 제공하게 된다. 활동 중 하나를 예로 들면 개미와 베짱이 이야기를 들 수가 있다. 학생들은 열심히 일을 한 개미를 긍정적으로 생각하고 베짱이의 삶은 부정적으로 인식을 하고 있다. 이에 대하여 다른 방향으로 생각하고자 가지 만들기 활동을 해 보았다. 개미의 삶에서 비추어 봤을 때 열심히 일만 하는 행동에 대해 부정적인 측면과 긍정적인 측면을 모두 알아보면서 기존의 생각과는 다른 방향으로 생각을 하게 하였다. 베짱이의 삶에 대해서도 이와 같이 토론하고 적어보도록 하였다. 독후활동으로 할 수 있는 좋은 한가지의 방법이 될 수 있다. 이와 동일한 방법으로 국어 시간에 읽게 되는 글에 대해서도 활용할 수 있다. 이를 통해 읽는 활동에 대한 흥미와 호기심을 가지게 되며 사고의 확장을 가져올 수가 있었다.
♣ 일급비밀을 찾아라 활동은 이렇게 활용할 수 있어요	☼ **수학 시간에 새로운 내용을 학습을 하고 난 뒤에 정리하는 시간에 활용할 수 있어요!** 수학 시간에 새롭게 학습한 내용에 대해 정리를 하는 시간에 활용할 수가 있다. 예를 들어 평면도형에 대하여 학습을 하고 난 뒤에 "평면도형의 이름을 정하는 핵심적인 일급비밀을 찾아라"라는 활동을 할 수 있다. 이에 팀별로 찾은 일급비밀은 변의 개수, 꼭지점의 개수 등 공부를 하면서 알게 된 내용을 정리하게 되었으며 핵심 단어를 통해 학습 한 내용을 오래도록 기억할 수 있었다. 타 교과 시간에도 이러한 방법으로 수업을 정리하는 시간에 활용을 할 수 있다.

☕ 선생님들을 위한 보충 설명 ☕

☑ **만다라트**는 무엇이며, 어떻게 활용을 하는 건가요?

⊙ 만다라트는 무엇인가요?

만다라트(Mandal-Art)는 manda+la+art(목적+달성+기법)의 합성어로서 아이디어가 나올 때에는 숫자를 한정하지 말고 계속 끄집어내야 한다는 점에서 출발을 하는 것이다. 만다라트는 9개의 칸으로 결정이 되어 있기 때문에 아이디어의 확산과 수렴의 균형을 잡을 수 있다. 그리고 일정한 순서와 절차로 창의의 영역까지 이끌어준다.

⊙ 만다라트는 어떻게 활용을 하는 건가요?

만다라트는 9개의 칸으로 나누어진 9개의 종이를 3×3으로 배열을 한 뒤, 가장 중앙에 놓인 종이의 정중앙에 위치한 칸에는 대주제를 적고 주위의 8개의 칸에는 소주제를 적는다. 대주제는 단원의 제목이 되며 소주제는 단원을 통해 학습해야 하는 소주제를 적으면 된다. 그리고 주위를 둘러싼 8개의 종이에는 각각의 소주제와 관련된 핵심개념을 적는다. 핵심개념은 학생들이 일급비밀을 찾아라 활동을 통해서 스스로 정하도록 한다.

핵심개념	핵심개념	핵심개념
핵심개념	소주제1	핵심개념
핵심개념	핵심개념	핵심개념

핵심개념	핵심개념	핵심개념
핵심개념	소주제2	핵심개념
핵심개념	핵심개념	핵심개념

핵심개념	핵심개념	핵심개념
핵심개념	소주제3	핵심개념
핵심개념	핵심개념	핵심개념

핵심개념	핵심개념	핵심개념
핵심개념	소주제4	핵심개념
핵심개념	핵심개념	핵심개념

소주제1	소주제2	소주제3
소주제4	대주제	소주제5
소주제6	소주제7	소주제8

핵심개념	핵심개념	핵심개념
핵심개념	소주제5	핵심개념
핵심개념	핵심개념	핵심개념

핵심개념	핵심개념	핵심개념
핵심개념	소주제6	핵심개념
핵심개념	핵심개념	핵심개념

핵심개념	핵심개념	핵심개념
핵심개념	소주제7	핵심개념
핵심개념	핵심개념	핵심개념

핵심개념	핵심개념	핵심개념
핵심개념	소주제8	핵심개념
핵심개념	핵심개념	핵심개념

☑ **팀 성찰**은 무엇이며, 왜 중요한가요?

⊙ 이에 대한 대답은 224쪽의 개인 성찰일지와 관련하여 언급한 부분에서 설명을 하였다. 팀 성찰일지는 개인 성찰일지와 유사한 것으로 개인 성찰일지는 학생 개개인의 성찰일지를 작성하는 반면에 팀 성찰일지는 팀별 활동 후에 함께 상호작용을 하면서 보다 더 나은 팀 활동을 위해 반성하고 서로 칭찬하는 시간이라고 할 수 있다.

5 9~10차시 주제와 활동방법은요…

9~10차시는 상호평가와 아이디어 공유 및 모둠 발표로 이루어진다. 활동 순서와 방법에 대해 간략하게 소개하면 다음과 같다.

♣ 이번 차시에 대하여 알아봅시다.	**주제**: 봄비 **차시**: 9~10/23 **목표**: EDS로 아이디어를 평가하고 선정하여 봄이 오는 소리를 생각하여 노래부를 수 있다.
♣ 활동방법 및 모습은 이렇다.	**1. EDS로 아이디어를 평가해요!** ▶ **EDS란?** EDS는 **팀 기반 학습에 기초**한 활동으로 Estimate-Discuss-Estimate의 약자이며 팀의 의사결정이 필요할 경우에 유용하게 사용할 수 있는 방법이다. 건설적이고 긍정적인 의견과 편견 및 부정적인 의견과의 조화를 가져올 수 있는 방법이기도 하다. 본 학급에서는 EDS활동을 팀원들의 아이디어를 평가할 때 활용하였다. 아무런 상호작용 없이 우선 자신의 아이디어를 간략하게 학습지에 적고 나서 돌아가면서 자신의 아이디어에 대하여 보충설명을 한다. 보충설명을 들은 뒤 팀원이 모여서 좋은 점, 부족한 점, 흥미로운 점에 대하여 각각 5점척도로 채점을 한 뒤, 총합을 내어서 팀별 아이디어를 결정하는 순서로 활동을 하였다. ▶ 본 차시에서의 **활동방법**은 봄의 모습을 표현하기에 적당한 악기에는 무엇이 있는지 각자의 **의견을 내고 이유를 설명**한다. 설명을 들은 다른 팀원은 **각자의 의견에 대해 좋은 점, 부족한 점, 흥미로운 점으로 평가**를 하고, 각자의 점수는 【좋은 점 + 흥미로운 점 - 부족한점】으로 계산을 한 뒤에 **최고의 아이디어를 선정**한다. ▶ EDS로 아이디어를 평가해요 학습지는 다음과 같다.

♣ 활동방법 및 모습은 이렇다.

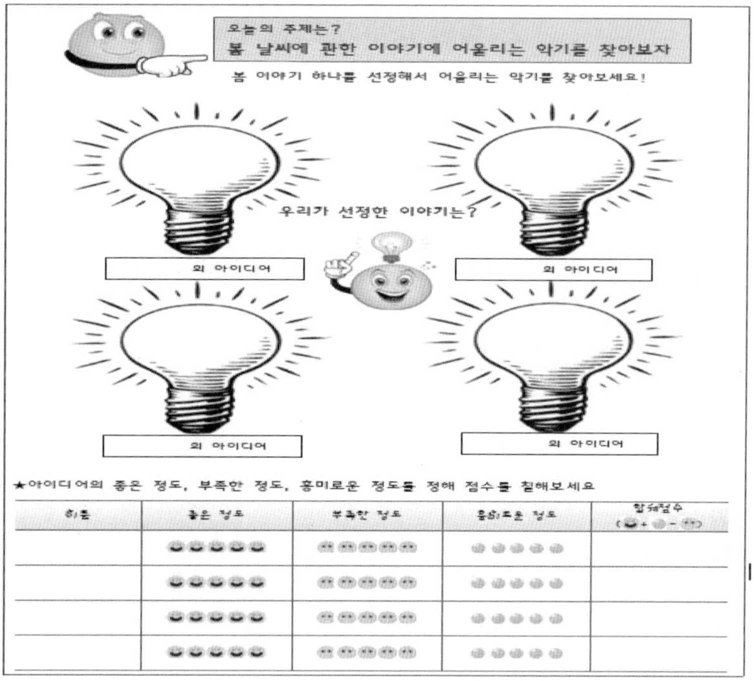

▶ EDS로 아이디어를 평가해요 활동모습과 결과물은 다음과 같다.

♣ 활동 방법 및 모습은 이렇다.

2. 칠판 나누기로 팀별 아이디어를 공유해요!

▶ 칠판 나누기로 팀별 아이디어를 공유하는 활동은 액션러닝의 주요 활동방법을 교실에서 실시한 방법이다. 팀별로 다양한 아이디어를 생성하고, 생성한 아이디어를 포스트-잇에 적어서 칠판에 주어진 팀별 공간에 붙이도록 한다. 주어진 시간동안 최대한 많은 아이디어를 팀별로 만들어냄으로써 사고의 확장과 창의성을 기르게 된다. 그러고 나서 모두가 나와서 팀별로 적은 아이디어를 함께 읽어보고 각자의 팀에서 사용할 수 있는 아이디어를 얻어가는 시간을 주도록 한다.

▶ 본 차시에서는 EDS평가활동으로 봄과 관련된 경험 및 날씨를 표현하기에 적절한 악기, 몸동작, 소리를 선정하고, 어떻게 하면 알맞게 표현할 수 있을지 팀별 아이디어를 창의적으로 생성하고 공유하기 위하여 활용하였다.

▶ 칠판 나누기 활동 모습과 결과는 다음과 같다.

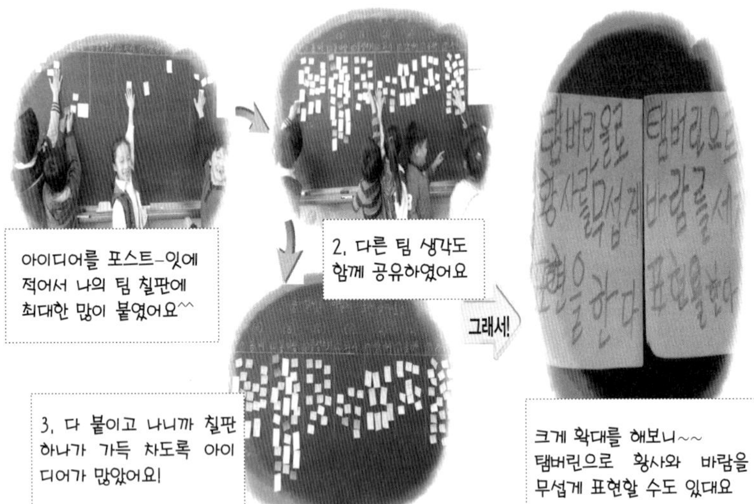

3. 팀별 아이디어를 바탕으로 연습하고 스피드 게임으로 즐거운 시간

▶ 팀별로 생성한 아이디어와 아이디어 공유로 새롭게 알게 된 아이디어를 혼합하여 팀별로 봄 관련 모습과 날씨를 악기, 몸동작, 소리를 활용하여 연습하고 발표하는 시간을 가진다.

▶ 팀별 스피드 게임을 통해 즐겁게 봄 날씨를 표현하는 시간을 가진다.

이렇게 봄날씨를 악기, 몸동작, 소리로 표현해

팀별로 토의를 거친 뒤

스피드 게임을 위해 연습을 한다.

이렇게 스피드 게임을 한다.

교실 앞에서 팀별로 문제를 내면,

봄 날씨 종류를 맞히고,
날씨 카드를 받아서 모아요!

팀 스피드게임활동은 각 팀에서 스피드게임 카드를 만들고, 우리 팀의 문제를 맞힌 팀에게 카드를 줍니다.
모든 활동이 끝난 후 다른 팀에서 받아온 카드와 우리 팀에서 주지 못한 카드의 개수를 빼서 팀별 평가 점수로 채점한다.

6 11~12차시 주제와 활동방법은요…

♣ 이번 차시에 대하여 알아봅시다.	**주제**: 봄에 하는 일 **차시**: 11~12/23 **목표**: 커지는 눈덩이와 즐거운 기차놀이를 통하여 봄에 하는 일을 다양하게 알 수 있다.
♣ 교육과정 분석 후 이렇게 재구성했다.	**1. 학습에 대한 흥미를 높이기 위하여 스토리텔링을 활용하여 도입하기** ▶ 우리 마을의 봄철 모습을 게임형식으로 알아보면서 사람들의 다양한 봄철 생활모습을 알 수 있도록 하였다. 도입하는 방식으로 스토리텔링을 활용하였으며, 실제 우리 마을의 모습으로 골든벨 대회를 하게 됨으로써 학습에 대한 흥미와 관심이 매우 높아졌다. **2. 창의적 활동으로 봄철 생활모습에 대하여 다양하게 알아보기** ▶ 본 학습의 목표는 봄철 생활모습을 알아보는 것으로, 창의적 사고력을 키워서 다양한 생활모습을 알도록 하는 것이 중요하였다. 학생들은 스스로 사고의 확장, 사고의 수렴, 사고의 교환 과정을 활동으로 경험하게 되면서 더욱 다양한 봄철 생활모습을 스스로 알게 되었으며, 이러한 과정에서 창의적 사고력을 길러낼 수 있었다.
♣ 활동 과정 및 방법은 이렇다.	**1. 스토리텔링과 함께하는 골든벨 대회로 흥미와 관심을 높여요!** ▶ 봄에 하는 일과 관련된 그림으로 스토리텔링 형식으로 이야기를 해가면서 모두가 함께 참여하는 골든벨 대회를 연다. 각각의 그림은 처음에는 완전히 가려져 있다가 한 단계씩 지날 때마다 그림이 점차적으로 보이도록 PPT자료로 제작을 하였다. 총 5문제로 구성이 되었으며, 각 문제별로 맞힌 정답수(골든벨 수)가 120개를 넘을 경우 다음 창체시간에 운동을 하는 시간을 가지기로 하였다. 모든 그림은 봄에 하는 일과 관련된 것으로 활동이 지난 후 학생들에게 5개 그림의 공통점을 찾게 함으로써 본 학습목표를 유추할 수 있도록 하였다.

♣ 활동 과정 및 방법은 이렇다.	**2. 커지는 눈덩이로 봄에 하는 일을 다양하게 알아보아요!** ▶ 커지는 눈덩이 활동은 액션러닝과 팀 기반 학습을 기초로 한 것이다. 커지는 눈덩이 활동은 총 3단계로 이루어진다. 첫 단계에서는 2분동안 주제에 대하여 자신의 생각을 최대한 많이 적도록 한다. 두 번째 단계에서는 짝과 함께 한 팀이 되어서 서로가 적은 생각을 정리하고 더 많은 것을 찾게 한다. 세 번째 단계에서는 팀이 모두 모여서 서로가 적은 내용을 정리하고 더 많은 것을 찾게 한다. ▶ 3단계를 거치면서 학생들은 자신의 생각을 혼자 적을 때보다 팀으로 모여서 생각을 적을 때 더 많은 것을 알게 된다는 사실을 스스로 알게 됨으로써 사고의 확장을 경험하고 창의적인 사고력이 향상되게 된다. **3. 즐거운 기차놀이로 팀별 생각을 주고받아요!** ▶ 즐거운 기차놀이는 액션러닝에 기초한 활동이다. 액션러닝의 활동방법을 활용하여 포스트-잇으로 팀별 아이디어 중에서 다른 팀과 나누고 싶은 아이디어를 정해진 개수만큼 선정을 한다. 그리고 뇌 기반 학습에 기초하여 기차놀이라는 신체활동을 통하여 팀별 아이디어를 서로 주고받도록 한다. 이때 모든 학생이 참여를 할 수 있도록 기차놀이 횟수를 정하고, 서로의 생각을 주고받을 때에는 팀원이 모두 둥그렇게 모여서 함께 상호작용을 하면서 교환을 하도록 한다. 구경꾼이 없는 모두가 즐겁게 참여하는 학습시간이 될 수 있다. ▶ 학습에서 신체활동이 학업 성과를 크게 향상시켜준다는 것은 확실히 발혀진 사실이다. 신체활동을 통한 학습은 뇌의 각 영역 간의 신경연결이 많아지고 집중력이 좋아지며 문제해결력과 기억 유지에 도움이 되는 것으로 나타났다(Kotulak, 2004).

8~9차시 수업은 이렇게 하면 돼요!

◈ **주제(차시)**: 사람들의 봄철 생활모습 알아보기(8~9/23)
◈ **활동목표**: 커지는 눈덩이와 즐거운 기차놀이 활동으로 봄철에 하는 일을 다양하게 알아볼 수 있다.
◈ **준 비 물**: 커지는 눈덩이 학습지, 즐거운 기차놀이 학습지, 포스트-잇

☺ '커지는 눈덩이'란?

나의 생각-〉 짝과의 생각-〉 우리 팀의 생각을 순서대로 알아보는 활동이다. 사고의 확장과 수렴을 경험하는 창의적인 활동으로 개발한 활동이다. 점차적으로 생각이 커져간다는 사실을 통해 팀의 소중함을 느끼게 된다.

☺ '즐거운 기차놀이'란?

팀별 생각을 서로 주고받을 수 있도록 고안한 활동이다. 커지는 눈덩이 활동을 통해 알게 된 팀별 아이디어를 가지고 다른 팀과 하나씩 주고받는 활동이다. 즐겁고 신나는 신체활동과 함께하여 기억력을 함께 향상시켜주는 활동이다.

활동 단계	교수 · 학습 활동
♣ 스토리텔링으로 모두가 함께하는 골든벨 대회로 동기유발을 해요	**☼ 스토리텔링으로 수업을 시작하기** "따뜻한 봄날 동네에서 무엇을 하면 좋을까?"라고 스토리텔링 시작 실제 학생들이 살고 있는 학교 주변 모습을 사진으로 담아서 스토리텔링을 함으로써 관심과 흥미를 더욱 높인다. 퍼즐형식으로 보여주는 그림이 무엇인지 모두가 참여하는 골든벨 대회로 정답을 맞힌다. 자세한 스토리텔링은 240쪽을 참고하면 된다.

<table>
<tr><th>활동 단계</th><th>교수 · 학습 활동</th></tr>
<tr><td>♣ 스토리텔링 으로 모두가 함께하는 골든벨 대회로 동기유발을 해요</td><td>

☻ 아이들의 활동 모습은 이러했어요! ☻

</td></tr>
<tr><td>♣ 학습문제를 확인해요</td><td>

☼ 학습문제 확인하기

커지는 눈덩이, 즐거운 기차놀이로 (봄)에 (하는 일)에 대하여 알아보자

☼ 학습활동 순서 알아보기

활동1. 커지는 눈덩이
활동2. 즐거운 기차놀이
활동3. 팀 성찰일지 작성하기

</td></tr>
<tr><td>♣ 활동1. 커지는 눈덩이</td><td>

☼ [활동1] 커지는 눈덩이 활동하기

커지는 눈덩이 학습지를 나누어준다.
2분동안 봄에 하는 일에 대하여 자기의 생각을 최대한 많이 적는다.
2분동안 짝과 함께 모여서 각자가 적은 내용을 토대로 더 많이 적는다.
3분동안 팀이 모여서 짝과 함께 적은 내용을 토대로 팀의 생각을 적는다.

☻ 아이들의 활동 모습은 이러했어요! ☻

</td></tr>
</table>

활동 단계	교수 · 학습 활동
♣ 활동2. 즐거운 기차놀이	☼ **[활동2] 즐거운 기차놀이 하기** 커지는 눈덩이 활동을 통해 알게 된 팀별 생각 중에서 다른 팀에게 알려주고 싶은 것을 12개 골라서 포스트-잇에 적고 붙인다. 팀별로 기차를 만들고, 즐겁게 노래를 부르면서 교실을 돌아다닌다. 선생님이 **"만나세요"** 라고 말을 하면 가장 가까이에 있는 기차와 만나 서로의 생각을 하나씩 주고받아서 하나 받기 칸에 붙인다. 생각을 주고받을 때는 둥그렇게 모여서 모두가 함께 상호작용을 하여 구경꾼이 없는 활동이 되도록 한다. 모든 학생이 한 번씩 참여할 수 있도록 기차놀이 횟수를 조정한다. ☻ **아이들의 활동 모습은 이러했어요!** ☻ 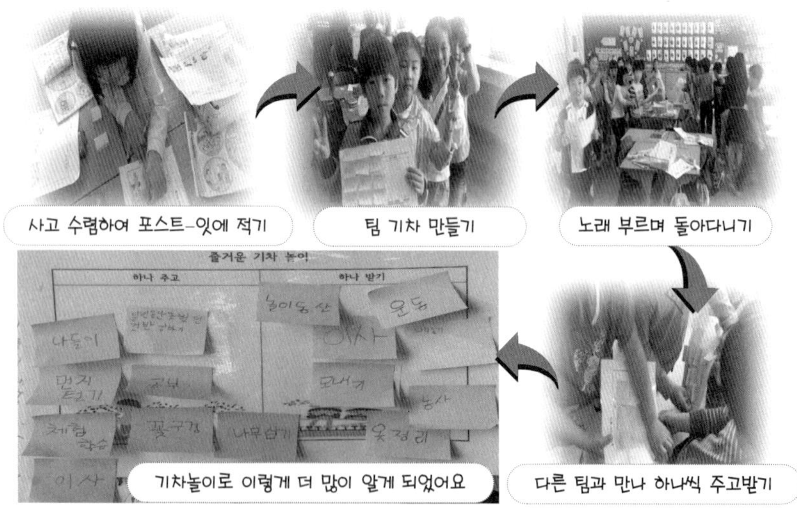
♣ 활동3. 팀 성찰일지를 작성해요	☼ **[활동3] 팀 성찰일지를 작성해요!** 오늘 학습한 내용을 토대로 팀 성찰일지를 작성하기. 오늘 학습한 내용과 활동에 대하여 적고, 팀 활동을 하면서 좋았던 점 혹은 반성할 점에 대해서 발표하고 일지를 작성한다.

활동 단계	교수 · 학습 활동
	발표내용을 적고, 오늘 활동을 하면서 가장 열심히 하거나 친구들을 많이 도와준 친구를 결정하고 팀별로 칭찬을 해주도록 한다.
	☻ 아이들의 활동 모습은 이러했어요! ☻  성찰일지는 여기에  포트폴리오를 살펴봐요 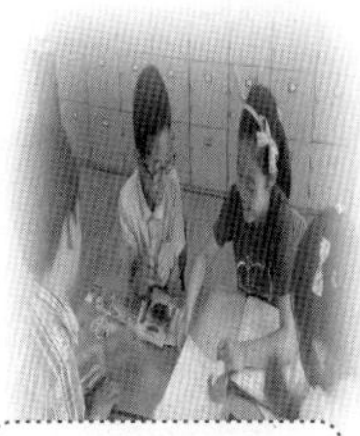 함께 토의하면서 일지를 적어요 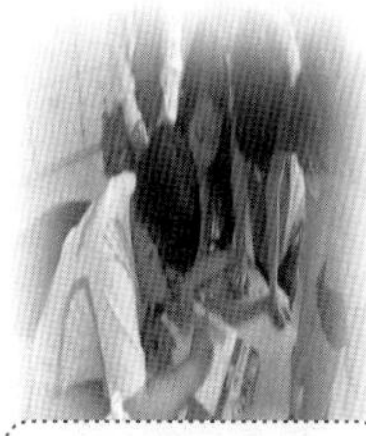 동시에 떠오를 땐 이렇게 함께 적어요
♣ 차시예고	**☼ 차시예고** 다음 시간에는 봄철 옷차림을 어떻게 하면 좋은지에 대하여 공부를 하도록 하겠다. 팀별 마인드맵 만들기 활동으로 다양한 옷차림을 날씨별로 알아보고, 생선뼈로 정리해요 활동을 통해 마인드맵을 통해 알게 된 내용을 팀별로 정리해보는 시간을 가지도록 하겠다.

스토리텔링과 골든벨 대회에 사용한 PPT는 다음과 같았어요(예시자료)!

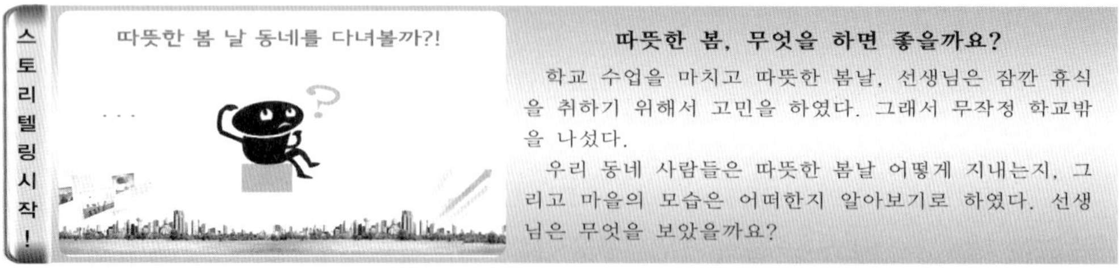

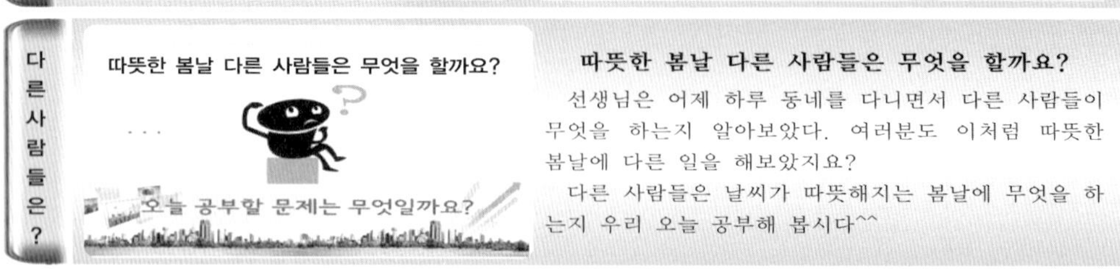

* 실제 ppt에는 5개의 사진으로 제시를 하였음. 예시자료로써 3개를 제시함.

아이들의 학습지 결과물과 팀 성찰일지는 이러했어요!

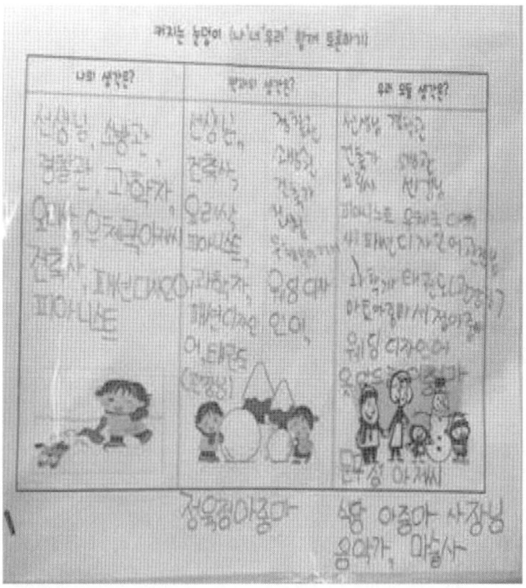

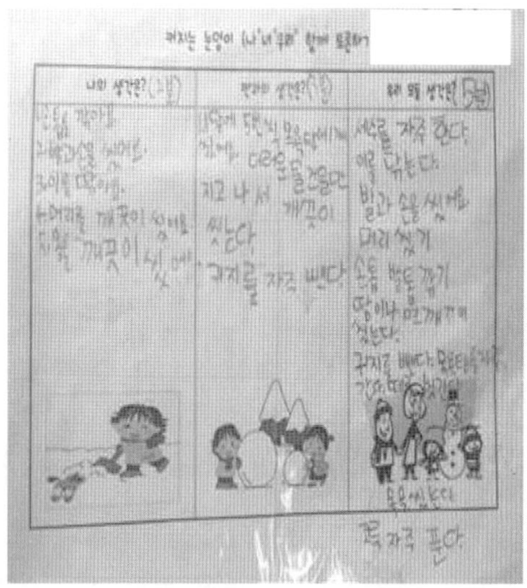

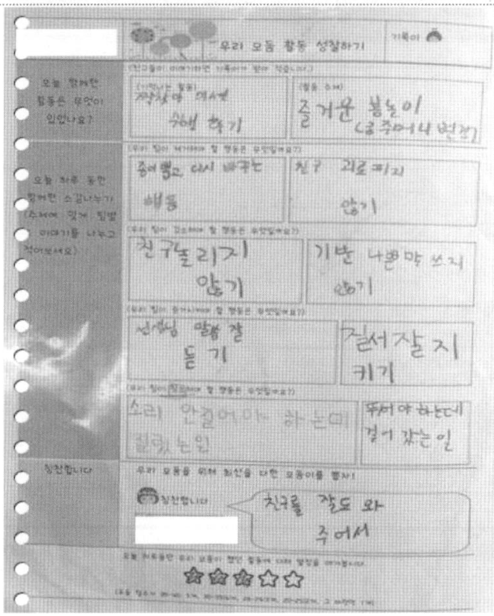

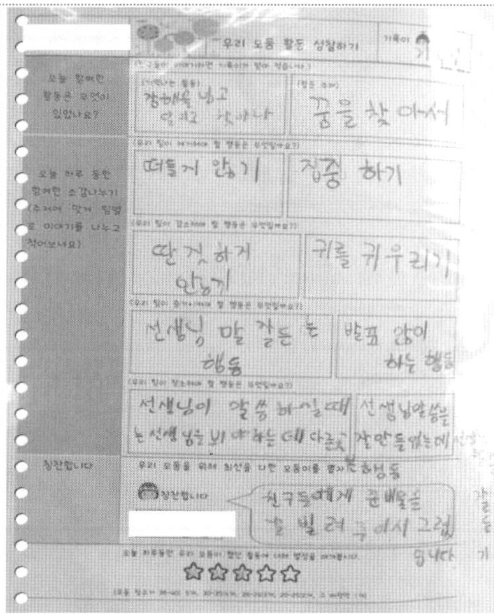

〈즐거운 기차놀이 대신 이렇게도 할 수 있다〉

우리 팀 문제를 만들고 섞여서 생각교환 놀이 활동으로 각 팀의 문제를 해결하기

① 기차놀이 학습지에서 팀별 생각을 모으는 칸을 제외한 2칸짜리 기차놀이 학습지를 이용하여 팀원들이 미리 알아본 내용과 생각들로 팀의 생각을 모은다.
② 짝끼리 모은 생각을 팀별 토의・토론 활동을 거쳐서 포스트-잇에 적은 뒤, 팀 이젤패드의 왼쪽 편에 우리 팀의 생각을 모두 붙인다.
③ 팀별로 1~6까지 숫자 중 하나씩을 선정하여 팀원들은 각자의 숫자를 배정받는다. 그리고 자기 팀의 이젤패드에 붙어있는 생각 포스트-잇을 살펴보면서 우리 팀의 문제를 해결하는 데 필요치 않은 생각들 중에서 다른 팀에 알려주고 싶은 생각을 하나씩 선택하여 다른 팀의 팀원과 만날 준비를 한다.

〈활동지 결과물 넓기 2칸까지 커지는 눈덩이〉

〈팀의 생각을 이젤패드로 모으기〉

〈이렇게 모았어요〉

〈교환할 생각을 하나씩 골라요〉

④ 배정받은 숫자에 따라 같은 숫자를 선택한 다른 팀의 팀원과 만나서 서로의 생각을 알아보고 우리 팀의 문제를 해결하는 데 필요한 생각과 서로 교환을 한다. 이렇게 교환된 생각을 우리 팀의 이젤패드에 붙인다. 이렇게 10분동안 활동을 한다.
⑤ 섞여서 생각교환 활동이 모두 끝나면 팀별로 기존의 팀 생각과 새롭게 알게 된 생각 및 아이디어를 함께 살펴보면서 우리 팀 문제를 해결하는 데 중요한 내용을 8개 선정한다. 그리고 선정된 8개의 아이디어를 활용하여 우리 팀 문제 해결 만다라트를 완성하고 칠판에 붙여서 함께 공유한다.

〈숫자를 고르고 같은 숫자를 택한 친구들과 만나서 생각을 교환해요〉

〈이렇게 우리 팀 문제 해결!〉

7 13차시 주제와 활동방법은요…

13차시는 봄철 옷자림에 대하여 마인드-맵을 활용하여 알아보고, 생선뼈로 정리해요 활동을 통해 때와 장소에 맞는 옷차림을 알아보는 시간을 가졌다. 학습 방법과 모습은 다음과 같다.

♣ 이번 차시에 대하여 알아봅시다.	**주제**: 스스로 잘해요 **차시**: 13/23 **목표**: 생선뼈 만들기 활동으로 봄철 때와 장소에 맞는 옷차림을 알 수 있어요.
♣ 활동 방법 및 모습은 이렇다.	**1. 브레인스토밍과 마인드맵으로 다양한 봄철 옷차림에 대하여 알아보아요!** ▶ 브레인스토밍과 마인드맵은 아이디어의 발상과 평가를 철저히 분리하여 아이디어의 수준과 관계없이 가능한 많은 아디어를 생성시키려는 목적을 가지고 있다. 자유롭고 편안하고 우호적인 분위기에서 지적 흥분 상태를 만들게 된다. 그런 환경에서 아이디어의 연쇄반응을 이끌어내어 아이디어를 발표한다. 브레인스토밍과 마인드맵은 참여자의 능력이나 특성에 관계없이 적극적 참여를 유도할 수 있고, 매우 우호적인 분위기에서 활동을 할 수 있다. 이는 액션러닝의 우호적인 분위기속에서의 자유로운 상호작용이라는 성격과도 일맥상통한다고 할 수 있다. 또한 동일한 문제를 가지고 해결해가려는 팀 기반 학습에 기초한 활동이기도 하다. ▶ 브레인스토밍과 마인드맵의 활동 모습과 결과물은 다음과 같다.

♣ 활동 방법 및 모습은 이렇다.

2. 생선뼈 만들기 활동으로 때와 장소에 맞는 옷차림을 알아보기!

- ▶ 브레인스토밍과 마인드맵의 가장 큰 단점은 끊임없이 아이디어를 확장할 수는 있지만 정리가 된 결과물을 얻기에는 어려운 활동이라는 것이다. 이에 대한 보완책으로 본 학습에서는 핵심적인 아이디어를 체계화해서 요약할 수 있도록 생선뼈 만들기 활동을 운영하였다.
- ▶ 생선뼈는 원인-결과 그림의 일종으로 경영학에서 사용하는 것이다. 문제의 원인을 분명히하기 위해 구조화된 그림을 생선가시처럼 그려서 정확하게 이해하기 위한 목적을 가지고 있는 것으로 본 학습에서는 생선가시로 나누어진 구역별로 때와 장소를 나누고 각각의 구역에 브레인스토밍과 마인드맵을 통해 알게 된 아이디어를 정리하여 팀별로 자신만의 언어로 생각을 표현하도록 하였다.
- ▶ 생선뼈 만들기 활동 모습과 결과물은 다음과 같다.

서로의 생각을 함께 적어요

적은 생각을 생선뼈에 따라 분류하며 적었어요

히히~^^ 이쁘게 색칠하고 완성^^

8 14~17차시 주제와 활동방법은요…

14~17차시는 '봄에 겪은 일'과 '나무는 봄비를'이라는 2개의 주제를 가지고 온종일 통합교과 수업을 하였다. 활동 순서와 방법 및 모습은 다음과 같다.

♣ 이번 차시에 대하여 알아봅시다.	**주제**: 봄에 겪은 일, 나무는 봄비를 **차시**: 14~17/20 **목표**: 팀 그림 그리기 활동을 통하여 봄 날씨와 생활의 관계를 알 수 있다.
♣ 활동 방법 및 모습은 이러한다.	**1. 실타래로 엮어요 활동으로 봄과 관련된 다양한 경험을 이야기해요!** **▶ 실타래로 엮어요 활동은 무엇인가요?** **실타래로 엮어요 활동**은 다양한 사람들이 모여서 서로의 이야기를 자유롭게 나누면서 문제를 인식하게 되는 **액션러닝 방법에 기초하여 개발한 방법**이다. 초등학생의 경우 자유롭게 이야기를 나누라고 하면 적극적으로 참여하는 학생이 있는가 하면 참여를 하지 않고 그저 멍하니 친구의 이야기를 듣는 학생들이 있다. 이러한 학생들이 존재하지 않도록 하기 위하여 **라운드 로빙(Round Robin) 방식을 활용**하였다. 라운드 로빙은 팀의 모든 구성원이 팀 안에서 순서에 따라 돌아가면서 의견을 내고, 의견을 모아서 다양한 의견을 찾아내기 위한 목적으로 사용이 된다. 일단 팀 구성원에게 **발표할 차례가 주어지고, 팀을 대표해서 발표할 기회도 주어지기 때문에** 학생들은 수업에 **집중할 수 있는 장점**이 있다. 또한 의견이 없으면 통과할 수 있고 의견이 많은 친구들은 모두 발표할 수 있기 때문에 **부담도 없고, 능력에 따라 자유롭게 발표할 기회가 주어지게** 된다. 본 학급에서는 **라운드 로빙 방식을 활용하여 실타래로 엮어요 활동을 개발**하였다. **▶ 실타래로 엮어요 활동 방법은?** 실타로 엮어요 활동은 우선 **팀장이 주축이 되어 발표 순서**를 정한다. 그러고 나서 팀장이 먼저 이야기 주제와 순서를 설명한다. 그러고 나서 자신의 이야기를 하고 나서 **검지손가락에 실을 한번 묶는다**. 순서에 따라 이야기를 하고, 이야기를 한 친구는 계속해서 검지손가락에 실을 묶게 된다. 더 이상 할 이야기가 없어서 건너뛸 경우에는

실을 묶지 않도록 한다. 순서에 따라 이야기를 하고, 순서를 기다리면서 무슨 이야기를 할지 생각을 할 수가 있어서 많은 학생이 이야기에 참여를 하게 된다.

선생님은 교실을 순시하면서 학생들의 **손가락에 감긴 실의 개수에 따라** 누가 참여를 열심히 하는지, 열심히 참여를 하지 않는지 바로 확인을 할 수가 있으며, 이를 통해 개별로 지도를 할 수가 있다.

팀별로 이야기를 나누는 활동의 가장 큰 단점은 누가 얼마나 열심히 참여하는지 확인하기가 어렵다는 점과 참여를 하지 않는 학생이 항상 존재한다는 것이다. 이러한 **단점을 최대한 줄이는 방법이 바로 실타래로 엮어요 활동**이 될 것이다.

▶ 실타래로 엮어요 활동 모습은 다음과 같다.

♣ 활동 방법 및 모습은 이러한다.

순서대로 이야기하며 실 감기

돌아가며 최대한 많이 이야기하기

이렇게 실로 하나가 되었어요!

2. 팀 그림을 그리고 다양한 방법으로 완성을 해요!

▶ 팀 그림을 그리고 다양한 방법으로 완성해요란?

본 활동은 하나의 그림을 몇 개로 분리하여 팀원이 각자 맡아서 완성하여 전체 하나의 그림을 완성하는 활동이다. 미술은 학생들을 참여시키고 수업 효과를 높일 수 있는 놀랍도록 강력한 방법이다(데이브 버제스, 2013). 미술활동은 전혀 다른 방식으로 수업내용을 떠올리고 복습하는 기회를 제공하게 된다. 서로 협력해서 학습 내용을 시각적이고 예술적인 작품으로 만들어보는 것은 배운 내용을 오래 기억하는 데도 도움이 된다.

▶ 팀 그림을 그리고 다양한 방법으로 완성해요 활동 방법은?

팀별로 하나의 주제를 정하고, 그 주제로 함께 밑그림을 완성한다. 그리고 팀원의 수만큼 종이를 분리하고, 각 팀원은 다양한 방법으로 그림을 완성하게 된다. 본 학습에서 활용한 주제는 봄 날씨와 생활이며, 다양한 **방법은 물감, 스크래치, 모자이크, 점묘법, 색연필**이었다.

♣ 활동 방법 및 모습은 이러한다.

▶ 팀 그림을 그리고 다양한 방법으로 완성해요 활동 모습은 다음과 같다.

3. PMI로 팀 그림을 상호 평가해요!

▶ PMI로 팀 그림을 상호 평가해요란?

PMI란 장점(Plus), 단점(Minus), 흥미로운 점(Interesting)을 따져 본 후 그 아이디어를 평가하는 아주 간단하면서도 매우 효과적인 기법이다. 수업방법은 단순하고 쉬운 것이 좋다. 방법이 너무 복잡하면 방법에 얽매여서 정작 본질인 학습내용을 소홀히 하게 된다. PMI는 이런 의미에서 간단하면서도 매우 생산적인 생각기법이다(정문성, 2013).

▶ PMI로 팀 그림을 상호 평가해요 활동 방법은?

PMI로 팀 그림을 상호 평가해요 활동은 활동 후 서로의 팀이 만나서 활동에 대해 피드백을 주는 과정을 중시하는 액션러닝 방법에 기초한 활동이다. 팀별로 완성한 그림을 전시하고, 그 옆에 각 팀별 PMI평가지(192쪽 참고)를 놓아둔다. 팀별로 다니면서 각 팀의 그림을 보면서 장점, 단점, 흥미로운 점에 대하여 적어주고, 팀별 별점 점수를 매겨준다. 이 활동을 통해 학생들은 장점, 단점, 그리고 매력적인 점을 따져보는 경험을 하게 된다. 이러한 경험은 학생들의 신중하고 후회 없는 의사결정 능력 향상에 도움이 될 것이다.

▶ PMI로 팀 그림을 상호 평가해요 활동 모습은 다음과 같다.

활동 결과물과 PMI로 평가해요 학습 결과지는 다음과 같았어요!

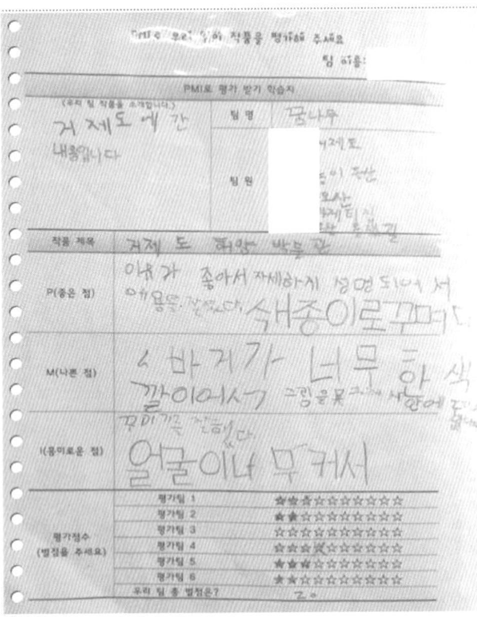

PMI로 우리 팀의 작품을 평가해 주세요

팀 이름:

PMI로 평가 받기 학습지		
(우리 팀 작품을 소개합니다.) 거제도에 간 내용입니다	팀명	꿈나무
	팀원	
작품 제목	거제도 해양 박물관	
P(좋은 점)	이유가 좋아서 자세하게 설명되어서 내용을 알았다. 색종이로 꾸며다	
M(나쁜 점)	4 바퀴가 너무 한 색깔이어서 그림을 못 그려서 사람에 꾸미기를 잘했다	
I(흥미로운 점)	얼굴이나 무거서	
평가점수 (별점을 주세요)	평가팀 1	★★★☆☆☆☆☆☆☆
	평가팀 2	★★☆☆☆☆☆☆☆☆
	평가팀 3	☆☆☆☆☆☆☆☆☆☆
	평가팀 4	☆☆☆★☆☆☆☆☆☆
	평가팀 5	★★★☆☆☆☆☆☆☆
	평가팀 6	★★☆☆☆☆☆☆☆☆
	우리 팀 총 별점은?	20

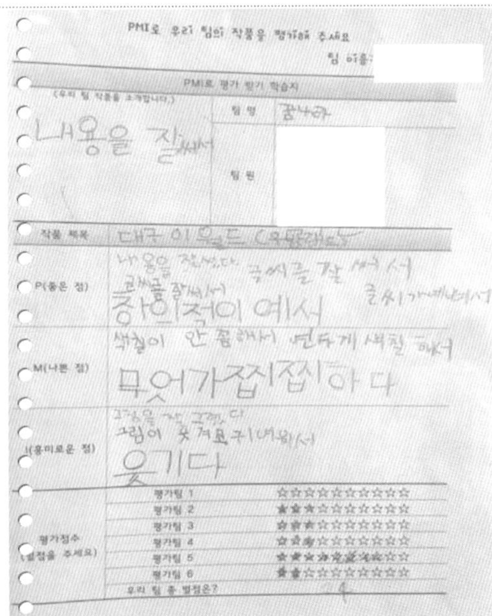

PMI로 우리 팀의 작품을 평가해 주세요

팀 이름:

PMI로 평가 받기 학습지		
(우리 팀 작품을 소개합니다.) 내용을 잘써서	팀명	꿈나라
	팀원	
작품 제목	대구 이월드	
P(좋은 점)	내용을 잘썼다 글씨를 잘 써서 글씨를 잘써서 글씨가 예뻐서 종이접이 예서	
M(나쁜 점)	색칠이 안 꼼꼼해서 연하게 색칠 해서 무엇가 잡지잡지하다	
I(흥미로운 점)	그림을 잘 그렸다 그림이 웃겨요 귀여워서 웃기다	
평가점수 (별점을 주세요)	평가팀 1	☆☆☆☆☆☆☆☆☆☆
	평가팀 2	★★★☆☆☆☆☆☆☆
	평가팀 3	★★★☆☆☆☆☆☆☆
	평가팀 4	☆☆★☆☆☆☆☆☆☆
	평가팀 5	★★★★★★★★☆☆
	평가팀 6	★★☆☆☆☆☆☆☆☆
	우리 팀 총 별점은?	4

9 18~19차시 주제와 활동방법은요…

♣ 이번 차시에 대하여 알아봅시다.	**주제**: 즐거운 봄놀이, 콩주머니 놀이 **차시**: 18~19/23 **목표**: 짝을 찾아 수행하고 모여라 활동을 통해 봄 날씨를 다양하게 표현할 수 있다.
♣ 교육과정 분석 후 이렇게 재구성했다.	**1. 봄 날씨의 종류를 즐거운 활동으로 알아보고, 신체활동으로 표현하기** ▶ 교과서에 제시하고 있는 콩 주머니 놀이는 학생들이 봄 날씨의 종류를 알아보는 활동이라기보다는 콩주머니 옮기기에 집중된 활동이라고 할 수 있었다. 이러한 단점을 보완하고자 학생들이 직접 봄 날씨의 종류와 특징을 플래시 카드로 만들고, 짝을 찾아서 미션을 수행하는 활동으로 변형을 하였다. 총 2가지의 활동을 진행하였다. 첫 번째 활동은 미션을 수행하라로써 반 전체를 반으로 나누어서 봄 날씨의 카드와 특징카드를 하나씩 뽑고, 서로의 짝을 찾도록 하였다. 짝을 찾은 학생은 미션카드를 뽑아서 해당하는 날씨의 특징을 신체활동으로 표현하도록 하였다. 그리고 기억력 향상을 위하여 반 전체가 친구들을 모두 만나고 난 뒤에, 함께 모이는 활동으로 날씨의 특징을 재확인하면서 학생들의 기억력을 향상시킬 수 있도록 하였다.
♣ 활동 과정 및 방법은 이렇다.	**1. 플래시 카드를 직접 만들어요!** ▶ 짝을 찾아 달리고 미션을 수행하라와 짝을 찾고 함께 모여라에서 활용하게 될 플래시 카드를 학생들이 직접 만들도록 하였다. 교사가 제시하는 카드를 활용할 경우 게임은 즐거워하는데 반해 무엇을 공부했는지 잘 모르는 친구들이 있었다. 그래서 이번 차시에서는 플래시 카드도 학생들이 직접 제작하게 함으로써 무엇을 학습해야 하는지 분명하게 인지시켜주도록 하였다. ▶ 학생들이 제작하는 카드는 단어카드, 특징카드, 미션카드 등 총 3종류이다. 단어카드는 봄 날씨와 관련된 단어를 적고, 특징카드는 각 날씨별 특징을 팀별로 생각을 해서 자유롭게 적도록 하였다. 미션카드는 봄 날씨를 몸으로 표현하기, 손으로

♣ 활동 과정 및 방법은 이렇다.	표현하기, 소리로 표현하기 등 교과서 활동을 미션으로 수행하여 더욱 역동적이고 창의적인 활동으로 수정을 하였다. **2. 짝을 찾아 달리고 미션을 수행하라!** ▶ 짝을 찾아 달리고 미션을 수행하라 활동은 즐겁고 신나는 신체활동과 함께하는 학습으로 기억력을 높이고 수업의 재미와 즐거움을 동시에 느끼게 할 수 있다. ▶ 활동 방법은 단어카드와 특징카드를 강당 바닥에 놓고 학생들은 카드 하나를 고른다. 단어카드를 고른 학생은 질문을 하고 특징카드를 가진 학생은 "예, 아니오"로만 대답을 할 수 있다. 이렇게 단어카드를 고른 친구들은 질문을 하면서 자기가 가진 단어카드와 짝이 되는 특징카드를 가진 친구를 만나게 되면 미션카드를 뽑으러 간다. 미션카드에 따라 단어카드에 해당하는 날씨를 어떻게 표현할 것인지 토론을 하고 순서대로 선다. 순서에 따라 친구들 앞에서 날씨를 신체로 표현하게 된다. **3. 짝을 찾고 함께 모여라!** ▶ 활동 방법은 짝을 찾아 달리고 미션을 수행하라와 거의 유사하지만 다른 점은 미션을 수행하라는 짝을 찾고 나면 질문을 그만 하고 짝과 함께 미션을 수행하면 된다. 반면에 함께 모여라 활동은 모든 학생들을 만나서 누가 어떠한 카드를 들고 있는지 확인을 한다. 모든 친구들이 어떠한 카드를 들고 있는지 확인이 끝나고 나면 둥글게 모여서 "둥글게 둥글게"노래를 함께 부른다. 그리고 교사가 불러주는 수에 따라 짝이 되는 카드끼리 만나는 게임을 한다.

18~19차시 수업은 이렇게 하면 돼요!

◈ **주제(차시)**: 봄 날씨를 알고 다양하게 표현하기(18~19/20)
◈ **활동목표**: 짝을 찾아 수행하고 모여라 활동을 통해 봄 날씨를 다양하게 표현할 수 있다.
◈ **준 비 물**: 플래시 카드, A4종이(팀별 4장)

☺ '짝을 찾아 미션을 수행하라'란?

본 활동으로 신체활동을 통해 뇌에 영향을 미쳐서 기억 유지에 도움을 주기 위한 활동이다. 단어카드와 특징카드로 나누고, 서로 질문을 통해 짝이 되는 카드를 가지고 있는 짝을 찾고, 미션카드를 골라 미션을 수행하는 게임 활동이다.

☺ '짝을 찾고 모여라'란?

이 활동은 기억력을 향상시키기 위한 활동이다. 짝을 찾고 미션을 수행하는 활동과 달리 이 활동은 모든 학생들이 가지고 있는 카드를 질문을 통해 확인하고 기억해야 한다. 그러고 나서 정해진 수대로 서로 모이면 되는 활동이다.

활동 단계	교수 · 학습 활동
♣ 플래시 카드를 직접 만들어서 동기 유발을 해요	☼ **플래시 카드 직접 만들기** 팀별로 나누어준 A4종이를 4등분하여 카드를 만든다. 봄 날씨는 황사, 꽃샘추위, 봄비, 맑음, 봄바람이니까 단어카드를 하나씩 만들고, 날씨의 특징에 대해 한 가지씩 적어서 특징카드도 만든다. 날씨를 신체로 표현할 수 있게 미션카드도 만든다. 미션카드는 모아서 상자에 넣는다. ☻ **아이들의 활동 모습은 이러했어요!** ☻ 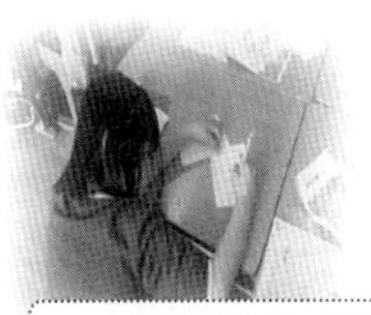 모둠별 토의를 통하여 / 날씨카드, 특징카드, 미션카드를 팀별로 함께 만들어요

활동 단계	교수 · 학습 활동
♣ 학습문제를 확인해요	☼ **학습문제 확인하기** **짝을 찾아 수행하고 모여라 활동을 통해 (봄 날씨) 특징을 몸으로 표현하자** ☼ **학습활동 순서 알아보기** 활동1. 짝을 찾고 미션을 수행하라 활동2. 짝을 찾고 함께 모여라 활동3. 팀 성찰일지 작성하기
♣ 활동1. 짝을 찾고 미션을 수행하라	☼ **[활동1] 짝을 찾고 미션을 수행하라 활동 하기** 활동 방법에 대해 설명을 하고 강당으로 이동하여 활동을 시작한다. 바닥에 놓인 흐트러져 있는 카드 중에서 하나를 골라서 단어카드인지 특징카드인지 확인한다. 단어카드를 뽑은 학생은 돌아다니면서 질문을 한다. 처음 질문은 "특징인가요?"라고 묻고 "예"라고 하면 자신이 들고 있는 단어카드에 해당하는 봄 날씨와 관련된 특징을 물어본다. 특징카드를 뽑은 학생은 "예, 아니오"로만 대답을 한다. 짝이 되는 특징카드를 가지고 있는 짝을 만나면 미션카드가 놓여있는 상자로 달려가서 미션카드를 뽑고, 짝과 함께 미션을 연습한다. 연습이 끝난 짝은 지정된 장소에 달려가서, 순서대로 선 뒤에 모든 학생이 다 오면 순서대로 미션 수행한 것을 발표한다. ☻ **아이들의 활동 모습은 이러했어요!** ☻  날씨와 특징카드 무작위로 뽑아요! / 특징은 질문만! 날씨는 예, 아니오로만! 서로의 짝을 찾아 다녔어요! / 이렇게 짝을 찾고 미션을 수행했어요!
♣ 활동2. 짝을 찾아 모여라	☼ **[활동2] 짝을 찾아 모여라 활동하기** 미션을 모두 수행한 후 짝을 찾아 모여라 활동 시작하기 이전 활동과 동일하게 단어카드와 특징카드 중에서 한 장을 고른다.

활동 단계	교수 · 학습 활동
♣ 활동2. 짝을 찾아 모여라	특징카드를 가진 친구를 만나면 질문 활동이 끝나는 이전 활동과 달리, 이번 활동은 단어카드를 가진 친구들은 모든 친구들을 만나서 질문을 하여 누가 어떠한 특징카드를 가지고 있는지 확인한다. 정해진 시간동안 최대한 많은 친구들을 만나서 카드 종류를 확인하고, 선생님이 신호를 하면 모두가 둥그렇게 모여서 손을 잡고 선다. "둥글게, 둥글게" 노래를 부르면서 움직이다가, 선생님이 불러주는 숫자에 따라 짝이 되는 친구들끼리 모이는 게임을 한다. 모이는 숫자는 게임 횟수에 따라 수정을 해가면서 게임을 지속한다. **☻ 아이들의 활동 모습은 이러했어요! ☻** 
♣ 활동3. 팀 성찰 일지를 작성해요	**☼ [활동3] 팀 성찰일지를 작성해요!** 팀 성찰일지를 작성하는 방법은 이전 방법과 동일하다. **☻ 아이들의 활동 모습은 이러했어요! ☻** 
♣ 차시예고	**☼ 차시예고** 다음 시간에는 봄철 옷차림을 어떻게 하면 좋은지에 대하여 공부를 하도록 하겠다. 팀별 마인드맵 만들기 활동으로 다양한 옷차림을 날씨별로 알아보고, 생선뼈로 정리해요 활동을 통해 마인드맵을 통해 알게 된 내용을 팀별로 정리해보는 시간을 가지도록 하겠다.

아이들이 작성한 팀 성찰일지와 문제&정답 카드는 다음과 같았어요!

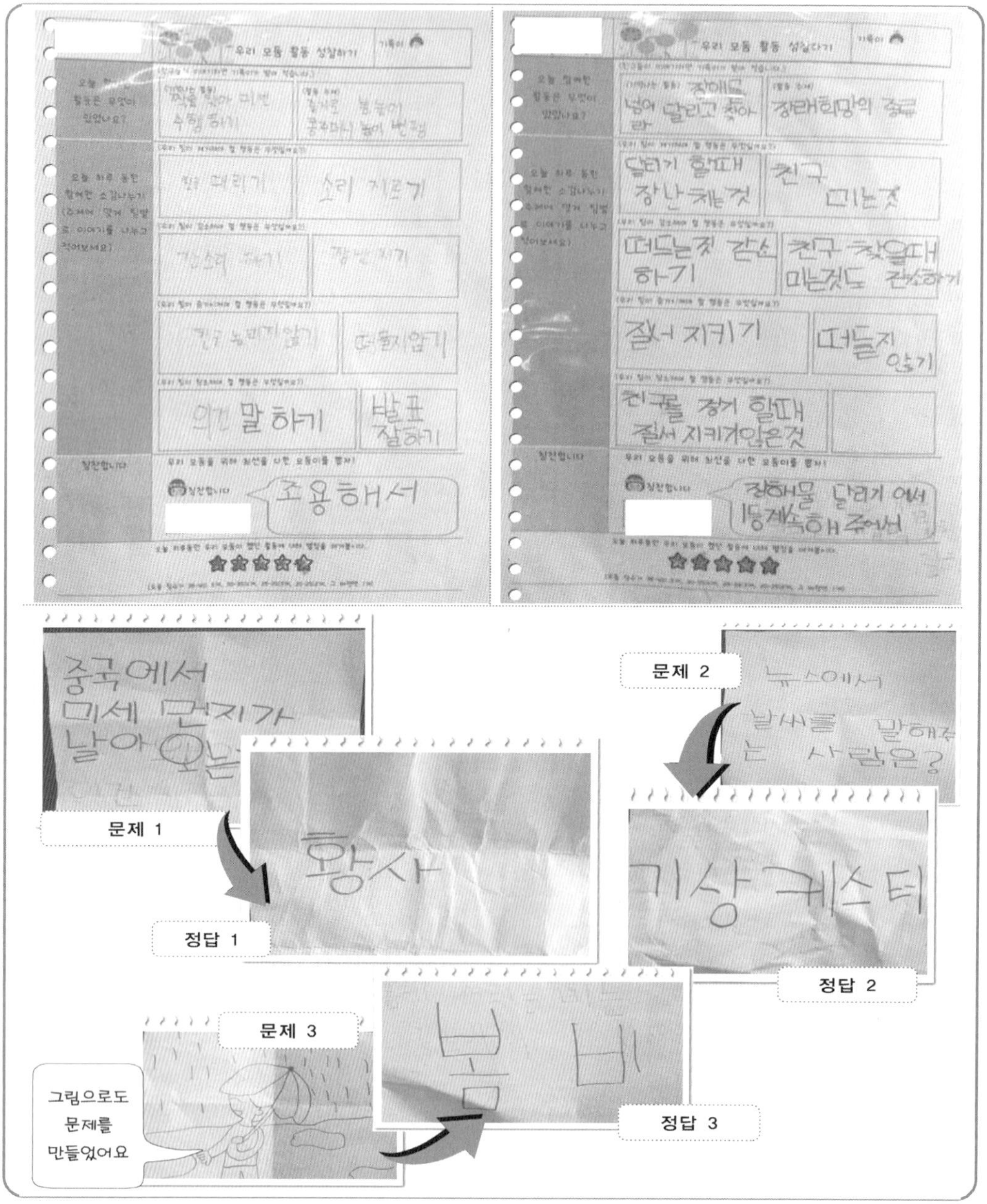

18~19차시에 활용한 수업방법으로 이렇게도 할 수 있어요!

♣ 짝을 찾고 미션을 수행해요 활동은 이렇게 활용할 수 있어요	**☼ 수학시간에 다양하게 활용을 할 수 있어요!** 덧셈과 뺄셈, 도형 등 다양한 단원과 주제에서 활용활 수 있다. 계산관련 문제의 경우 팀별로 문제카드에 각각 하나씩의 수학 문제를 낸다. 그리고 그 문제에 대한 답을 정답카드에 하나씩 적어서 문제카드와 정답카드를 완성한다. 그리고 교실에 책상을 뒤로 다 밀고 중간에 정답카드와 문제카드를 흐트려놓는다. 그리고 나서 각자가 임의로 한 장의 카드를 뽑아서 정답카드인지 문제카드인지 확인을 한다. 문제카드를 뽑은 학생은 문제를 직접 푼 뒤에 정답에 해당하는 카드를 들고 있는 짝을 만나는 활동을 한다. 학생들 모두가 문제카드와 정답카드를 경험할 수 있도록 활동을 몇 번 반복을 하게 된다. 도형의 경우에도 이와 동일한 방법으로 진행을 하며, 카드의 종류는 물건카드와 도형카드이다. 물건카드에는 다양한 물건의 그림을 그리고 그 물건에 해당하는 도형으로 도형카드를 만들고 서로 짝을 만나는 활동을 하였다. 정적인 수업이 될 수 있는 수학시간에 즐겁고 신나는 신체활동이 함께 이루어지면서 문제해결력 향상과 함께하는 신나는 수학시간이 될 수 있었다. 이와 비슷한 주제에서는 항상 이용이 가능한 활동이다. 수학시간뿐 아니라 고학년의 경우에는 사회와 과학처럼 암기가 필요한 교과에 적극 활용한다면 재미있고 신나는 수업시간이 될 것이다.

선생님들을 위한 보충 설명

☑ **신체활동을 통한 학습**이 정말 학생들에게 도움이 되는 건가요? (베리 코빈, 2013)

⊙ 신체활동 및 움직임을 통한 학습이 필요한 이유

❶ 신체활동은 뇌에서 사용하는 에너지 수준과 주의 수준을 조절하고, 학습을 방해하거나 향상시킬 수 있는 호르몬 분비에 영향을 끼친다.
❷ 신체활동은 실제로 뇌 세포 생성에 도움을 준다.
❸ 신체활동은 소뇌와 해마 등 뇌의 중요 부위가 최적의 상태로 발달하도록 돕는다.
❹ 학습자들은 수업 활동에 적극적으로 참여하면서 학습 내용을 받아들이려고 노력을 한다.
❺ 신체활동을 통해 학습 내용을 충분히 반복하고 연습하게 되기 때문에, 신체활동은 학습 내용을 장기기억으로 만드는 데 도움이 된다.
❻ 교실 안의 학생들 중에서 상당수는 신체활동이나 촉각을 통한 학습을 선호한다
❼ 신체활동은 여러 유형의 학습자들에게 개념과 사실 정보를 효과적이고 쉽게 가르칠 수 있는 방식이다.
❽ 신체활동을 하면 기억 신경회로가 단단하게 연결되어 기억을 쉽게 회상할 수 있다.

⊙ 신체활동 및 움직임을 통한 학습이 선생님들에게 주는 시사점은?

선생님들은 수업시간에 신체활동을 비롯하여 몸을 움직이면서 하는 학습 활동을 적극 활용해야 한다. 교사가 자신의 교수전략을 개선하여 수업의 질과 학생들의 학업성과를 향상시킬 수 있는 단 하나의 방법이 있다면 바로 이 방법일 것이다. 몸을 움직이면 뇌 전체가 활성화되기 때문에, 신체활동을 통한 수업은 결국 전뇌 교육을 완성시켜주는 수업 전략이라 할 수 있다. 또한 신체활동은 기억력 향상에 도움이 되며, 외부의 감각 정보를 받아들여 효과적으로 처리하는 가장 좋은 학습 방법이다.

수업 중에 몸을 움직이는 활동을 하면 학생들은 기분이 고양되어 학습 과제에 더욱 몰두하게 된다. 이러한 신체활동을 이용한 수업은 모든 연령대의 학생들에게 도움이 되지만, 그중에서도 초등학생들에게는 더욱 각별한 의미를 갖게 된다.

⊙ 신체활동으로 활발한 교실 수업 만들기

❶ 중요한 개념을 설명할 때는 직접 만져보거나 몸을 움직이게 하는 학습 활동을 통해 가르친다.
❷ 수업시간에 게임, 모의활동, 역할극, 연극, 흉내내기, 따라해보기 등 다양한 방법을 활용한다.
❸ 객관적인 사실정보에 대해 가르칠 때는 몸을 움직일 수 있는 활동을 적극 활용하여 교과 내용과 신체활동을 적절하게 접목한다.
❹ 학습성과 평가 시 학습한 내용에 대한 결과물을 만들거나 행동으로 보여주게 한다.(둘 가고 둘 남아서 평가하기, EDS로 평가하기, PMI로 평가하기 등 본 학급에서 이루어지는 평가활동이 여기에 해당함)
❺ 학생들이 수업시간 내내 적극적으로 참여할 수 있도록 분위기를 조성

10 20~21차시 주제와 활동방법은요…

17~18차시는 4차시와 비슷한 과정으로 동기유발이 이루어지며, 역할극 놀이를 통해 학습하게 된다.

♣ 이번 차시에 대하여 알아봅시다.	**주제**: 일기예보 놀이 **차시**: 20~21/23 **목표**: 역할극에 필요한 것을 만들어 일기예보 놀이를 할 수 있다.
♣ 활동 과정 및 방법은 이러한다.	**1. '모두가 참여해서 모으는 골든벨 대회' 열기** ▶ 모두가 참여해서 모으는 골든벨 대회란? 기존의 골든벨 대회의 단점은 탈락한 학생은 더 이상 참여를 하지 못하고, 이로 인해 모든 학생이 참여하지 못한다는 것이다. 그래서 모든 학생이 모든 문제에 참여를 하는 방법으로 골든벨 대회를 수정하였다. 각 문제마다 모든 학생이 문제를 풀고 정답을 맞힌 학생의 수를 합산한다. 그리고 총 골든벨 합산 수가 교사와 학생이 함께 정한 개수를 넘을 경우 반 전체에 보상을 해주는 방식이다. 공부만 잘 하는 아이, 똑똑한 아이만 즐겁게 참가하던 골든벨 대회에서 모두가 적극 참여하고, 정해진 개수를 넘기 위해서 다 함께 노력하고 칭찬하고 협동하는 골든벨 대회 시간이 되었다. ▶ 골든벨 대회의 문제는 모두 1차시에 제공이 되었던 읽기자료에서 만들었다. 학생들이 본 단원을 학습을 함에 있어서 그동안 얼마나 학습이 잘 되어 있는지 확인하는 학습 피드백 과 검토과정의 일환으로 활용을 하였다. 학습 피드백과 검토과정은 팀 기반 학습(T)에서 중요시 여기는 과정으로써, 저학년에 맞도록 활동을 수정하여 진행을 하였다. ▶ 골든벨 대회에서는 개별 골든벨 판과 '사탕 모으기'라는 플래시 자료를 활용하였다. 사탕 모으기 플래시 자료를 활용해서 각 문제별로 정답자의 수를 세어서 입력하고, 모든 문제가 끝났을 때 합산된 사탕의 개수에 따라 반 전체 보상을 해주도록 하였다.

♣ 활동 과정 및 방법은 이러한다.	**2. 일기예보 역할극 놀이에 필요한 것을 만들어요!** ▶ 일기예보 역할극 놀이에 필요한 것은 날씨 그림판이었다. 팀별로 8절지를 활용하여 그림판을 만들도록 하였으며, 봄 날씨와 관련된 날씨를 그림으로 다양하게 표현할 수 있게 하였다. ▶ 황사, 꽃샘추위, 봄비, 맑음 등 봄과 관련된 날씨를 그림으로 창의적으로 표현할 수 있게 하였다. ▶ 이외에 마이크, 카메라 모형 등 팀별로 필요한 소품은 자유롭게 만들 수 있도록 하였다. **3. 일기예보 역할극으로 봄에 대하여 가르쳐주어요** ▶ 역할극은 신체활동을 통한 학습으로 뇌와 신체가 잘 작동하기 위해서는 산소와 혈액이 원활하게 공급되어야 하는데, 학생들이 하루 종일 책상 앞에 앉아 있을 때는 그렇게 되기가 쉽지 않다. 수업시간에 분위기가 가라앉아 있고 활기가 없다면 몸을 움직이는 활동이 필요하다는 신호인지도 모른다(데이브 버제스, 2013). ▶ 적극적인 신체활동을 제공하기 위하여 소품을 직접 만들도록 하였으며, 발표 준비시간을 충분히 제공해주었다. 학생들은 역할극을 발표하는 것보다는 발표하기 위해 준비하는 과정 속에서 이루어지는 다양한 신체활동을 통하여 뇌가 발달하고, 기억력이 향상될 것이다. ▶ 역할극에 대한 팀 평가는 신호등으로 평가해요 활동을 활용하였다. 팀장의 역할극에 대한 소개와 설명을 듣고, 역할극을 직접 감상하고 난 뒤에 각자의 평가에 대한 생각을 신호등으로 평가해요로 표시하였다. ▶ 역할극을 감상하면서, 앉아있는 친구들은 활동지에 역할극을 통해 알게 된 내용을 간략하게 적었다. 이를 통해 스스로 복습을 할 수 있는 기회가 되었다.(역할극을 통해 서로 가르쳐주어요 활동은 157쪽을 참고하면 됩니다)

20~21차시 활동 모습과 결과물은 다음과 같았어요!

1. '모두가 참여해서 모으는 골든벨 대회' 열기

문제의 답은 골든벨판에^^

모든 문제에 모든 학생이 참여를 하고, 각 문제의 정답수를 합산하여 반 전체 보상을 했어요

2. 역할극에 필요한 것을 만들어요

우리는 역할부터 나누면 어떨까?!

모둠별로 토의도 하고,

역할을 나누어 만들기도 하니...

이건 마이크^^!

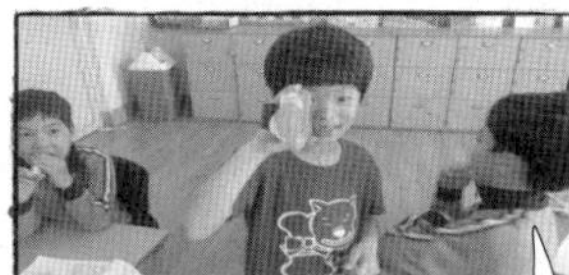

이건 카메라에요!

카메라와 마이크, 티비도 직접 만들면서 준비하니까 역할극이 더욱 재미있고, 더욱 즐겁게 참여를 했어요

저희가 직접 날씨를 그림으로 표현하니까 날씨의 특징을 더 잘 알게 되었어요

우리 팀 날씨판이에요!

3. 일기예보 역할극을 직접 해보아요

만든 물건을 이렇게 활용해서

슬레이트를 쳐서 시작했어요!~

카메라는 이렇게 사용하는 거야^^

대본을 들어주었어요!!^^

일기예보를 재미있고 적극적으로 발표했어요

오늘과 내일의 날씨는~~^^

우리는 모두 함께 발표했어요

티비속의 내 모습은??^^

11 22~23차시 주제와 활동방법은요…

22~23차시는 이번 단원을 정리하는 활동으로 만다라트 완성하기, 완성된 책자 평가하기 활동을 한다.

♣ 이번 차시에 대하여 알아봅시다.	**주제:** 봄이 왔어요 단원을 정리해요 **차시:** 22~23/23 **목표:** 만다라트를 완성하면서 봄이 왔어요 단원에서 배운 내용을 정리할 수 있어요.
♣ 활동 방법 및 모습은 이렇다.	**1. 만다라트를 완성해요!** ▶ **만다라트**는 무엇이며, 어떻게 활용을 하는 건가요? ⊙ **만다라트는 무엇인가요?** 만다라트(Mandal-Art)는 manda+la+art(목적+달성+기법)의 합성어로써 아이디어가 나올 때에는 숫자를 한정하지 말고 계속 끄집어내야 한다는 점에서 출발을 하는 것이다. 만다라트는 9개의 칸으로 결정이 되어 있기 때문에 아이디어의 확산과 수렴의 균형을 잡을 수 있다. 그리고 일정한 순서와 절차로 창의의 영역까지 이끌어준다. ⊙ **만다라트는 어떻게 활용을 하는 건가요?** 만다라트는 9개의 칸으로 나누어진 9개의 종이를 3×3으로 배열을 한 뒤, 가장 중앙에 놓인 종이의 정중앙에 위치한 칸에는 대주제를 적고 주위의 8개의 칸에는 소주제를 적는다. 대주제는 단원의 제목이 되며 소주제는 단원을 통해 학습해야 하는 소주제를 적으면 된다. 그리고 주위를 둘러싼 8개의 종이에는 각각의 소주제와 관련된 핵심개념을 적는다. 핵심개념은 학생들이 일급비밀을 찾아라 활동을 통해서 스스로 정하도록 한다. ⊙ **만다라트는 어떻게 활동을 하는 건가요?** 우선 본 단원에 대한 소주제 8개를 정한다. 읽기자료와 교과서를 살펴보면서 소주제를 함께 정한다. 그리고 소주제별로 팀별 '일급비밀을 찾아라' 활동을 통해 핵심 단어를 8개씩 찾아서 각각의 소주제 만다라트를 완성하면 된다.

⊙ 이번 단원에서 학생들과 함께 만든 만다라트는 다음과 같다.

꽃	날씨	벌	꽃샘추위	황사	꽃가루	마스크	씻기	청소
개나리	시	나비	맑음,따뜻	날씨	변덕쟁이	환절기	건강	빨래
따뜻함	과일	새싹	봄바람	해	비	봄꽃	봄나물	운동
그림판	마이크	카메라	시	날씨	건강	학교	현장체험	잠
연습	일기예보	대본	일기예보	봄이 왔어요	옷차림	황사	옷차림	나들이
자신감	목소리	의자	그림	이야기	노래	운동	꽃샘추위	비
물감	크레파스	색연필	봄비	봄바람	꽃샘	봄봄봄	벚꽃엔딩	봄
뿌리기	그림	모자이크	황사	이야		나무는	노래	개나리
파스텔	스크래치	점묘법	꽃가루	새싹		싹트네	들로산으로	봄비

단원을 8개의 소주제로 분류함

⊙ 만다라트 완성하기 활동 모습은 다음과 같다.

♣ 활동 방법 및 모습은 이렇다.

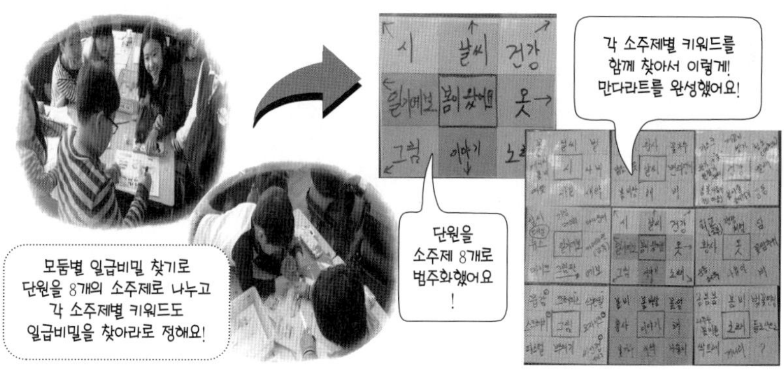

2. 둘 가고 둘 남아서 개인 소책자를 상호평가해요!!

▶ **둘 가고 둘 남아서 평가하기란?**

둘 가고 둘 남아서 평가하기는 매우 역동적이면서 효율적인 평가 활동 방법이다. 그동안의 작품 평가 방법은 대부분이 팀별로 우수작품을 선정하고, 우수작품에 대해서만 평가를 하게 되었다. 이렇게 평가를 실시하다 보니 모든 작품에 대한 평가기회가 사라지는 단점이 생겼다. 그래서 모든 작품에 대한 평가를 실시하기 위하여 본 활동을 계획하게 되었다.

1차시에 제공한 읽기자료는 학습지도 함께 제공되는 자료로써 한 단원동안 학생들이 학습을 하면서 하나의 소책자를 완성할 수 있게 제작이 되었다. 이 책자에 대한 평가를 본 활동을 통해 하게 된다.

팀원들을 2명씩 짝을 이루어주고, 짝끼리 평가를 하거나 설명을 하는 팀으로 나누고 역할을 바꾸어서 활동을 계속적으로 하게 된다. 두 사람은 다른 팀에 가서 정보를 얻는 과정에서 흥미를 얻고, 듣는 훈련을 하게 된다. 그리고 움직이면서 학습을 하므로 역동적인 수업이 된다. 팀에 남은 학생들은 다른 팀에서 온 평가자 팀에게 자기 팀의 학습 결과물을 설명하는 기회를 얻게 되고, 이것 역시 고급사고력을 사용하고, 발표하는 연습의 효과를 갖게 된다. 그리고 또 역할을 바꾸어서 활동을 실시하게 된다. 즉 **동시다발적으로 학생들이 모두 발표하고, 듣는 훈련을 하게 되며, 이는 동시다발적 발표를 중요시 여기는 팀 기반 학습을 기초**로 하는 것이다.

♣ 활동 방법 및 모습은 이렇다.

▶ 둘 가고 둘 남아서 평가하기 활동 방법은?

과제물에 대한 피드백을 중요시하는 팀 기반 학습과 신체활동을 중요시 여기는 활동으로 팀별로 2명씩 짝을 이루어서 한 팀은 평가자 팀, 다른 팀은 설명자 팀이 된다. 평가자 팀은 다른 팀의 작품을 감상하고 평가를 하게 되고, 설명자 팀은 팀에 남아서 다른 팀에서 온 평가자 팀에게 자기 팀의 작품에 대한 설명을 하도록 한다. 다른 팀의 평가를 마치고 돌아오면, 짝을 이룬 팀끼리 역할을 바꾸어서 평가를 하거나 설명을 하게 되며, 모든 팀들의 작품을 평가하면 활동이 끝난다.

모든 팀에 대한 평가가 끝난 후 팀이 모여서 서로 평가한 내용에 대해 설명을 하고, 작품이 가장 우수하다고 생각하는 팀을 고르고 이유를 적는다.

▶ 둘 가고 둘 남아서 평가하기 학습활동 모습은 다음과 같다.

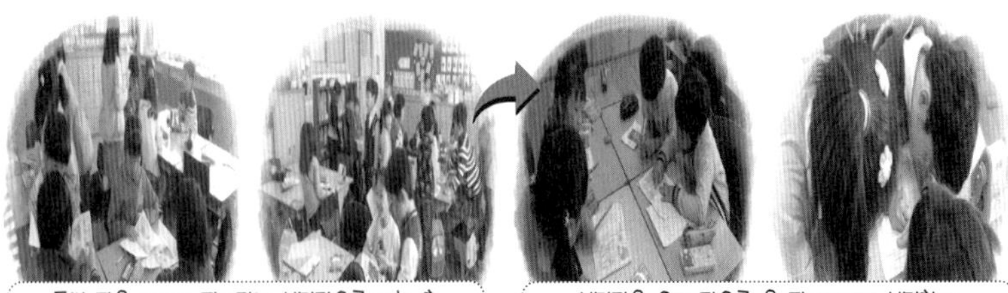

둘씩 짝을 지어서 평가팀과 설명팀으로 나눈 후 평가팀은 다른 팀으로 가서 평가를 한다.

설명팀은 우리 팀으로 온 평가자에게 설명한다. 다음에는 역할을 바꾸어서 모든 작품을 평가한다.

♣ 활동 방법 및 모습은 이렇다.

3. 이번 단원을 통한 팀 성적 합산하여 알려주기

▶ 이번 단원을 통한 팀별 과제는
❶ 나만의 시를 신호등으로 평가하기,
❷ 골든벨 대회로 RAP활동하기,
❸ 팀 그림 완성하고 PMI로 평가하기
❹짝을 찾아서 미션 수행하기,
❺ 골든벨 대회로 학습과정 확인하기,
❻ 둘가고 둘남아서 나의 책 평가하기이며, 각 과제별 팀 성적을 산출하여 제공하였다. 그 결과를 합산하여 단원 총 팀 성적을 제공한다. 이번 단원 팀 성적 결과표는 아래쪽과 같았다.

봄이 왔어요 팀별 게임 결과 합산 표

순서 \ 팀	1		2		3		4		5		6		7	
	등수	점수	등수	점수	등수	점수	등수	점수	등수	점수	등수	점수	등수	점수
신호등 평가	3	80	4	70	2	90	1	100	5	60	7	40	6	50
골든벨 대회	2	90	1	100	4	70	5	60	3	80	6	50	7	40
PMI평가	5	60	4	70	1	100	7	40	6	50	3	80	2	90
짝 찾기 활동	6	50	7	40	5	60	3	80	4	70	1	100	2	90
골든벨 대회	7	40	3	80	4	70	5	60	1	100	2	90	3	80
둘가고 둘남기	1	100	2	90	5	60	3	80	7	40	6	50	4	70
팀 참여도	5	60	4	70	2	90	7	40	3	80	6	50	1	100
성찰일지작성	2	90	1	100	4	70	7	40	5	60	3	80	2	90
결 과	3등	570	1등	620	2등	610	5등	500	4등	540	4등	540	2등	610

(선생님 한 마디)

모두들 정말 열심히 참여하는 모습에 선생님 기분이 너무 좋았습니다. 봄이 왔어요 단원에서 실시한 다양한 팀별 학습 활동에 모두가 적극적으로 참여하는 모습에 모두에게 1등을 주고 싶은 마음이 들었습니다. 하지만 팀별 경쟁활동이 있어야 다음에 더욱 적극적으로 참여한다는 이유로 이렇게 등수를 메기게 되었습니다. 각 활동별로 선생님이 따로 점수를 메겨놓은 참여도와 일지작성하는 자세등을 함께 점수에 포함을 시켰습니다. 수업시간에 실시하는 활동에 모두들 적극적으로 참여하는 자세가 매우 많이 좋아져서 선생님 기분이 너무 좋습니다. 봄을 배울때는 어떻게 활동을 해야 하는지 몰라서 우왕좌왕 하던 친구들이, 이제는 다른 친구들의 도움을 받아가며 재미있게 참여하는 모습이 특히 보기 좋았습니다. 이제는 모두들 1등이라는 등수를 받을 만한 자격이 생겼습니다. 다음 단원에서도 지금처럼 열심히 활동하기를 바라겠습니다.

둘 가고 둘 남아서 평가해요 결과물과 읽기자료 전시 모습!

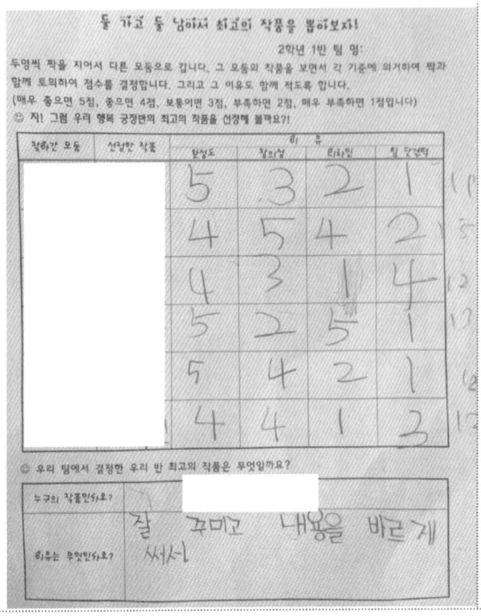

둘 가고 둘 남아서 최고의 작품을 뽑아보자!

2학년 1반 팀 명:

두명씩 짝을 지어서 다른 모둠으로 갑니다. 그 모둠의 작품을 보면서 각 기준에 의거하여 짝과 함께 토의하여 점수를 결정합니다. 그리고 그 이유도 함께 적도록 합니다.
(매우 좋으면 5점, 좋으면 4점, 보통이면 3점, 부족하면 2점, 매우 부족하면 1점입니다)
☺ 자! 그럼 우리 행복 궁정반의 최고의 작품을 선정해 볼까요?!

찾아간 모둠	선정한 작품	이유: 완성도	창의성	디자인	팀 단결력
		5	3	2	1
		4	5	4	2
		4	3	1	4
		5	2	5	1
		5	4	2	1
		4	4	1	3

☺ 우리 팀에서 결정한 우리 반 최고의 작품은 무엇일까요?

누구의 작품인가요?	
이유는 무엇인가요?	잘 꾸미고 내용을 바르게 써서

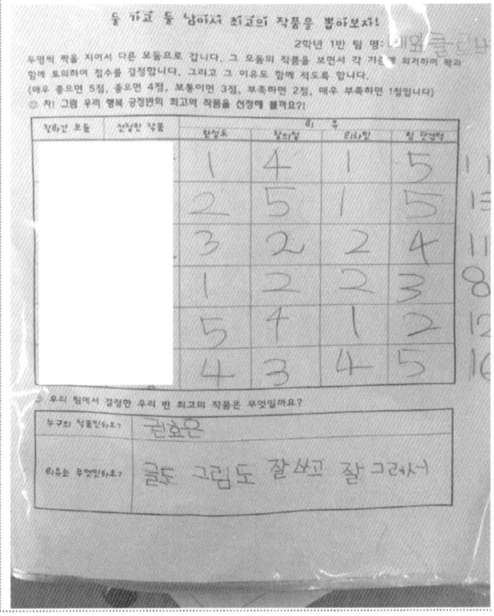

둘 가고 둘 남아서 최고의 작품을 뽑아보자!

2학년 1반 팀 명:

두명씩 짝을 지어서 다른 모둠으로 갑니다. 그 모둠의 작품을 보면서 각 기준에 의거하여 짝과 함께 토의하여 점수를 결정합니다. 그리고 그 이유도 함께 적도록 합니다.
(매우 좋으면 5점, 좋으면 4점, 보통이면 3점, 부족하면 2점, 매우 부족하면 1점입니다)
☺ 자! 그럼 우리 행복 궁정반의 최고의 작품을 선정해 볼까요?!

찾아간 모둠	선정한 작품	이유: 완성도	창의성	디자인	팀 단결력
		1	4	1	5
		2	5	1	5
		3	2	2	4
		1	2	2	3
		5	4	1	2
		4	3	4	5

☺ 우리 팀에서 결정한 우리 반 최고의 작품은 무엇일까요?

누구의 작품인가요?	권효은
이유는 무엇인가요?	글도 그림도 잘쓰고 잘 그려서

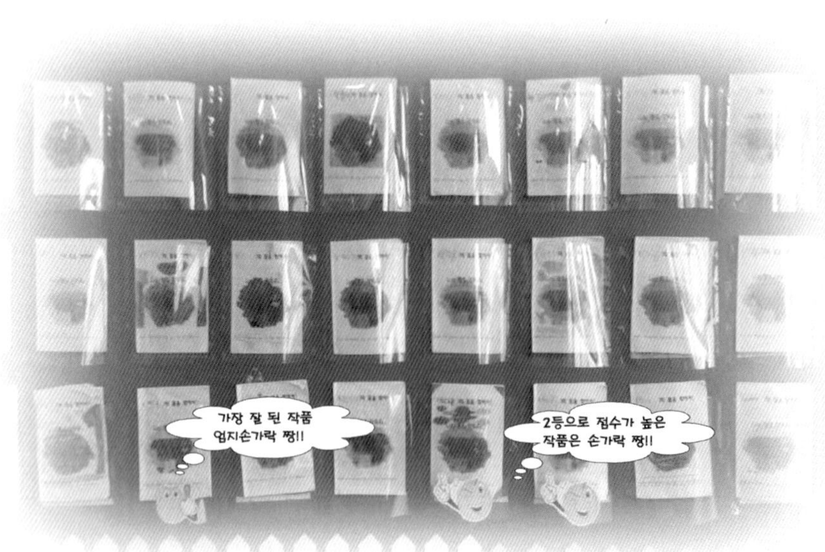

〈러닝 포트폴리오는 이렇게 전시하고 감상했어요〉

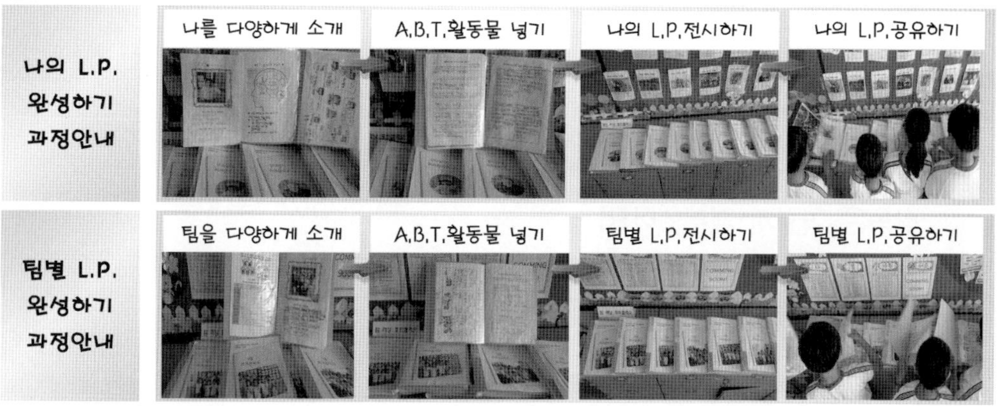

러닝 포트폴리오는 **스스로 학습하고, 반성하고, 내용을 유의미화하는 동시에 함께 활동에 대해 평가하고 더욱 완성된 모습의 팀으로 만들어나가기 위한 활동 도구**였다. 전시하기 활동으로 학생들이 한 학기동안 자신과 팀이 어떠한 활동을 해왔고, 무엇을 공부했는지를 서로 소통하는 시간을 가졌으며, 수업에 대해 **긍정적으로 사고하는 동시에 학업성취를 높일 수** 있었다.

"선생님! 어떻게 공부한 내용을 정리하고, 팀 활동은 어떻게 참여하는 건지 알았어요!"

- 교사중심의 암기식 수업으로 인해 학생들은 스스로 학습하는 방법을 알지 못하였다. 하지만 러닝 포트폴리오**를 통하여 학습 내용을 스스로 정리**하고, 중요한 것을 뽑아서 기억하여 **유의미화함**으로써 **학습에 자신감을 가지게 되었으며, 이를 통해 동시에 학업성취를 높일 수**가 있었다.
- 팀 활동 후 팀별로 모여서 서로 칭찬하고 스스로 반성을 하면서, 앞으로 더욱 발전시킬 행동과 줄여야 할 행동을 **상호작용을 통해 알게 되면서 더욱 발전된 팀을 만들** 수 있었다.

활동 추가 소개

1 봄2. / 2.봄나들이 / 주제: 다녀왔어요

1 활동은 이렇게 계획했어요!

단 원	2. 봄나들이 (교과명: 봄2)
목 표	ABCDE-활동으로 봄나들이 경험을 일기로 쓰고 좋은 하루를 만들 수 있다. 역할극을 만들어서 배운 내용을 친구들과 함께 정리할 수 있다. 역할극을 통해 새롭게 알게 된 내용을 정리하고 발표할 수 있다.
소주제	다녀왔어요
자 료	활동 학습지, 포스트-잇, 역할극 대본 학습지
수업의 방 향	이번 차시는 2. 봄나들이 단원에서 만다라트 완성하기 활동 시간을 제외한 마지막 시간이다. 학생들이 다녀온 봄나들이 경험을 다양한 방법으로 발표를 하는 활동대신에 평소에 긍정적인 사고를 가지기 위해서 교실에서 실시하고 있는 ABCDE[4)]-일기쓰기 활동을 하였다. 그리고 ABCDE-일기쓰기 활동 후에는 아침활동으로 하고 있는 좋은 하루 만들기 활동으로 자신들의 봄나들이 경험에 대해 각자의 생각을 적고 1~10점으로 점수를 매겨서 좋은 하루를 만들어보는 활동을 하였다. 이번 활동은 연차시로 운영을 하였으며, 2차시에는 그동안 배운 내용을 역할극으로 꾸미고 발표를 하는 시간을 가졌다. 팀이 모여서 스스로 학습 내용을 정리하여 역할극 형식으로 발표하고, 듣는 친구들은 학습지를 활용해서 새로 알게 된 내용을 정리한다. 마지막으로는 다 함께 일어나서 학습지에 적은 내용을 동시에 발표하였다.

4) A:역경, B:역경에 대한 나의 부정적 생각, C:그런 생각으로 인한 결과, D: 부정적인 나의 생각에 대한

2 수업을 한눈에!

(활동1) ABCDE 일기쓰기	(활동2) 좋은 하루 만들기	(활동3) 역할극으로 정리해요
◎ **ABCDE로 일기를 써요** ① 봄나들이를 다녀온 경험을 떠올리고, 힘들었던 경험이나 좋지 않았던 경험을 떠올린다.(A) ② 그에 대한 나의 부정적인 생각(B)을 적고, 이로 인한 결과(C)를 적는다. ③ 부정적 생각에 대해 반박하는 생각(D)을 써보고, 이로 인하여 어떻게 바뀌게 되고 긍정적으로 생각하게 될 것인지 적는다(E)	◎ **좋은 하루를 만들어요** ① 긍정적인 생각을 하고 행동을 하였다면 좋지 않았던 나의 경험이 어떻게 바뀌었을지 간략하게 포스트-잇에 적는다. ② 팀원들이 서로 돌려가면서 좋은 하루를 읽어보고 댓글을 달아주어서 격려를 하거나 도움을 주는 글을 써서 붙여준다. ③ 글을 읽어보고 나의 하루는 어떠할 것일지를 1~10단계 중에서 정해서 뒤 게시판에 붙인다.	◎ **역할극으로 써요** ① 이번 단원을 통해서 학습한 내용을 팀별로 정리를 하고, 발표할 내용에 대해 역할극 대본 학습지에 정리한다. ② 역할극 대본에 맞게 연습하고 발표를 하며, 듣는 학생들은 정리 학습지를 통해 새로 알게 된 내용을 스스로 정리한다. ③ 스스로 정리한 내용을 바탕으로 모든 학생이 동시에 일어나서 동시에 발표를 한다.

3 우리들의 행복한 교실 속으로

ABCDE로 일기를 써요!

- ABCDE 단계에 따라서 봄나들이 경험 중에서 좋지 못했던 경험을 가지고 일기를 써본다.

반박, E: 반박으로 인한 활력을 의미하며, ABCDE의 순서에 의하여 일기를 쓰고 긍정적인 사고를 높이기 위하여 실천하는 활동임.

좋은 하루 만들기!

- ABCDE 활동으로 나의 안 좋았던 하루가 어떻게 변화될지 적고 좋은 하루 단계를 결정한다.

짜잔! 나의 좋은 하루는 이러했어요! / 이렇게 서로 돌려읽어보고 댓글을 달아주었어요! / 뒤게시판에 좋은 하루 단계별로 붙였어요!

"우와! 이렇게 생각했다면 안 좋았던 나의 경험이 긍정적으로 바뀔 수 있을 것 같아"

"너희들이 가르쳐준 대로 앞으로는 긍정적으로 생각해서 매일 매일 기분 좋은 하루를 만들 거야!"

역할극으로 함께 힘을 모아서 스스로 학습한 내용을 정리하는 의미 있는 시간!

- 팀별로 이번 단원에서 배운 내용을 정리하여 역할극 형식으로 꾸몄다.
- 발표를 듣는 학생들은 새로 알게 된 내용이나 정리할 만한 내용을 찾아서 스스로 정리하였다.
- 정리한 내용을 가지고 모두가 한 번에 일어나서 동시에 발표를 하였다.

팀별로 이렇게 역할극을 준비했어요! / 이렇게 발표했어요! / 역할극을 보면서 이렇게 정리를 했어요! / 짜잔! 역할극으로 이렇게 공부했어요!

"이야~! 이렇게 팀이 함께 정리하고 역할극으로 발표를 하니까 더 오래 기억할 것 같아요!"

"동시에 일어나서 발표를 하니까, 발표 순서를 기다리지 않아도 되고 지루하지도 않았어요!"

2 여름2. / 1.곤충과 식물

1 활동은 이렇게 계획했어요!

단 원	1. 곤충과 식물 (교과명: 여름2)
소주제	여름에 찾은 보물, 사라져가는 곤충과 식물, 함께 사는 녹색마을
목 표	커지는 눈덩이, 즐거운 기차놀이로 다양한 곤충과 식물을 알 수 있다. 녹색환경을 위해 우리가 할 수 있는 일을 찾아서 일급비밀을 정할 수 있다. 우리 팀만의 여름 풍경을 직접 꾸며보고, PMI로 평가할 수 있다.
자 료	활동 학습지, 이젤패드, 만다라트 학습지, PMI평가지, 만들기 재료들
수업의 방 향	여름철에 볼 수 있는 곤충과 식물을 최대한 다양하게 알아보도록 하기 위하여 커지는 눈덩이 활동과 즐거운 기차놀이를 실천하였다. 사라져가고 있는 곤충과 식물도 함께 알아보고, 이들을 보호하기 위하여 우리가 할 수 있는 일에 대하여 일급비밀을 찾아라 활동으로 함께 알아보고 이젤패드로 함께 공유하는 시간을 가졌다. 그리고 사라져가는 곤충과 식물을 직접 만들어보고, 각 팀별로 유리창을 하나씩 정하여 학생들 스스로 자신들만의 여름 풍경을 꾸며보는 시간을 가졌다. 꾸민 여름 풍경을 활용하여 팀별 성찰일지를 포스트-잇을 활용하여 작성하였다. 그러고 나서 팀별로 PMI평가활동을 실천하였다.

2 수업을 한눈에!

교 시	활 동 내 용
1교시	커지는 눈덩이 활동과 즐거운 기차놀이로 여름철 다양한 곤충과 식물 알아보기
2교시	일급비밀을 찾아라 활동으로 사라져가는 곤충과 식물을 보호하는 방법을 알아보고, 이젤패드를 활용하여 우리들의 생각 공유하기
3교시	우리 팀만의 여름 풍경을 창문에 꾸미기
4교시	우리 팀만의 여름 풍경을 창문에 꾸미기
5교시	팀 성찰활동을 통해 팀별로 반성을 하고, PMI활동으로 팀별 작품 평가하기

즐거운 기차놀이 모습 | 곤충과 식물을 만들어요 | 유리창에 붙여요 | 팀 생활활동도 했어요 | PMI로 평가했어요

3 우리들이 행복한 수업 속으로

1교시 - 다양한 곤충과 식물 알기

커지는눈덩이+즐거운기차놀이

◎ 곤충과 식물 알아보기

팀별로 커지는 눈덩이 활동으로 다양한 곤충과 식물을 알아보고, 즐거운 기차놀이로 서로의 생각을 주고 받아 보세요.

이렇게나 다양한 곤충과 식물을 여름에 볼 수 있었다니 너무 신기해요.

이번 여름에는 오늘 배운 곤충과 식물을 한 번씩은 다 볼 수 있었으면 좋겠어요.

2교시 - 보호하는 방법 알고 다짐하기

일급비밀찾기, 이젤패드공유

◎ **곤충과 식물을 보호하는 방법을 일급비밀로 찾아보고, 이젤패드로 함께 공유하여 다짐하자**

지금부터는 사라져가는 여름철 곤충과 식물에 대해 알아보고, 우리들이 이러한 곤충과 식물을 보호할 수 있는 일에는 무엇이 있는지 알아보도록 하겠다. 일급비밀을 찾아라 활동으로 우리가 할 수 있는 일을 다양하게 알아보고, 이젤패드에 한번에 붙여서 함께 공유하고 다짐을 하는 시간을 가져보겠다.

정말로 사라져가는 곤충과 식물이 많은 것 같아요. 꼭 보호할 수 있는 일을 많이 찾고 실천을 하고 싶어요~~ 사라져가는 곤충과 식물을 꼭 살리고 싶어졌어요~~^^

일급비밀을 찾기 위해서 열띤 토론을 해요!

고민해서 나의 일급비밀을 포스트-잇에 적고 이젤패드에 붙여요

짜잔~~!! 이렇게 붙이고 함께 공유했어요

3~4교시 - 여름 풍경 꾸미기

직접 팀별 여름 풍경 꾸미기

◎ **팀별 여름 풍경 꾸미기**

교실 바깥쪽 창문 7개를 각 팀에서 하나씩 맡아서 직접 여름 풍경을 꾸며보는 시간을 가져보겠다. 여름에 볼 수 있는 다양한 곤충과 식물로 여러분만의 여름 풍경을 아름답고 시원하게 꾸며보도록 하세요.

여름철 곤충과 식물을 만들어요

만든 작품을 창문에 붙여서 꾸며요

선생님 처음에는 어떻게 만들어야 될지 막막했는데.. 친구들이 많이 도와줘서 너무 재미있게 만들었어요

이렇게 우리가 직접 꾸미고 나니까 교실이 더욱 시원해지고, 애착도 생기는 것 같아요^^

5교시 - 팀 성찰을 하고 상호 평가해요

팀성찰하기, PMI평가하기

협동심을 더욱 증가해야 될 것 같아서 나는 그거 적을래!

팀 성찰을 적어서 이렇게 학습지에 붙여요

이렇게 작품을 감상하고 평가했어요

나는 0팀의 무당벌레가 너무 좋아

작품 설명도 자세히 읽어봐요

◎ 성찰과 동료 상호 평가

이제 팀별로 여름풍경을 다 완성을 했다. 포스트-잇을 활용해서 팀 성찰일지를 작성하고, PMI학습지를 적어서 작품 아래에 붙이세요. 그러고 나서 각 팀별로 평가를 하도록 한다.

우리는 팀 활동을 열심히 잘했으니까 증가하거나 창조할 행동 위주로 적으면 될 것 같아.

그리고 나는 3팀 작품이 곤충과 식물을 정말 잘 만든 것 같아.

아싸~!우리가 일등했어요!

팀 활동 결과표 예시

01 장애물 넘고 달리고 찾아라 활동 결과표

봄2 1.봄이 왔어요 – 콩주머니 놀이

봄, 콩주머니 놀이 – 장애물을 넘어서 달리고 찾아라 게임 결과표

팀 / 순서	1		2		3		4		5		6		7	
	등수	점수	등수	점수	등수	점수	등수	점수	등수	점수	등수	점수	등수	점수
골든벨 결과	2등	90	1등	100	1등	100	3등	80	2등	90	4등	70	1등	100
1	5	60	3	80	2	90	5	60	5	60	4	70	1	100
2	6	50	3	80	6	50	2	90	4	70	5	60	1	100
3	3	80	2	90	5	60	4	70	1	100	6	50	6	50
4	4	70	3	80	5	60	6	50	1	100	7	40	2	90
5	5	60	6	50	7	40	4	70	1	100	3	80	2	90
6	5	60	7	40	2	90	6	50	3	80	4	70	1	100
참여도	6	50	7	40	1	100	3	80	2	90	5	60	4	70
협동성	2	90	4	70	5	60	7	40	6	50	3	80	1	100
적극성	2	90	1	100	4	70	5	60	3	80	6	50	7	40
결 과		700		730		720		650		820		630		840
등 수	5등 팀		3등 팀		4등 팀		5등 팀		2등 팀		7등 팀		1등 팀	

(선생님 한 마디)

모두들 정말 열심히 참여하는 모습에 선생님 기분이 너무 좋았습니다. 오늘처럼 적극적으로 참여하는 여러분의 모습을 앞으로도 계속 기대해도 되겠죠? 신체활동은 힘이 들지만, 하고 나면 신이 나고 기분이 좋아지는 정말 도움이 많이 되는 활동입니다. 날씨가 더워져서 많이 힘들었지만, 웃으면서 자기 팀을 응원하고, 활동에서도 이기기 위해 적극적으로 활동하는 모습이 너무 보기 좋았습니다. 결과는 그저 결과일 뿐입니다. 오늘 하루 체육활동을 통해 우리 팀이 하나가 되어서 무언가를 추구했다는 것에 더욱 큰 의미를 두기 바라겠습니다. 조금씩 서로를 아껴주고, 배려해 주면서 하나의 팀으로 성장을 하고 있는 것 같아서 보기가 너무 좋았습니다. 선생님 마음속에는 모든 팀이 다들 1등이었습니다^%^

02 행운을 잡아 짝 찾아라 활동 결과표

봄2. 2.봄나들이 – 재활용품이 되어서

"행운을 잡아서 짝을 찾아 달려와요" 게임 결과표 (봄, 재활용품이 되어서)

모둠 / 순서	1		2		3		4		5		6		7	
	등수	점수	등수	점수	등수	점수	등수	점수	등수	점수	등수	점수	등수	점수
카드만들기활동	1	100	1	100	1	100	2	90	1	100	1	100	1	100
첫 번째 활동	6 10	70	2 7	90	5 12	60	14 15	40	3 4	100	9 11	50	1 13	80
두 번째 활동	3 14	80	1 2	100	4 13	80	12 11	70	5 10	90	9 6	90	7 8	90
세 번째 활동	3	80	7	40	4	70	1	100	5	60	2	90	6	50
참여도	2	90	4	70	6	50	1	100	5	60	7	40	3	80
협동성	4	70	5	60	3	80	5	60	7	40	1	100	2	90
적극성	2	90	5	60	4	70	3	80	1	100	6	50	7	40
결 과		580		520		510		540		550		520		530
등 수	1등 팀		5등 팀		6등 팀		3등 팀		2등 팀		5등 팀		3등 팀	

(선생님 한 마디)

모두들 정말 열심히 참여하는 모습에 선생님 기분이 너무 좋았습니다. 오늘처럼 적극적으로 참여하는 여러분의 모습을 앞으로도 계속 기대해도 되겠죠? 신체활동은 힘이 들지만, 하고 나면 신이 나고 기분이 좋아지는 정말 도움이 많이 되는 활동입니다. 날씨가 더워져서 많이 힘들었지만, 웃으면서 자기 팀을 응원하고, 활동에서도 이기기 위해 적극적으로 활동하는 모습이 너무 보기 좋았습니다. 결과는 그저 결과일 뿐입니다. 오늘 하루 체육활동을 통해 우리 팀이 하나가 되어서 무언가를 추구했다는 것에 더욱 큰 의미를 두기 바라겠습니다. 분리수거를 이제는 모두 잘 할 수 있게 되었지요? 또한 행운이 작용하는 게임을 통해 누가 1등을 할지 몰라서 더욱 열심히 적극적으로 몰입하여 참여하는 모습을 볼 수 있어서 너무 행복했습니다. 앞으로도 신체활동으로 더욱 적극적이고 재미있는 수업을 만들도록 선생님도 노력을 하겠습니다. 조금씩 서로를 아껴주고, 배려해주면서 하나의 팀으로 성장을 하고 있는 것 같아서 보기가 너무 좋았습니다. 선생님 마음속에는 모든 팀이 다들 1등이었습니다^%^

부록 1

거꾸로 배움과 함께한,
또 다른 행복한 기록들

거꾸로 배움과 함께! 통합교과 교육과정 재구성

통합교과의 8개 교과별로 IDEA프로그램을 적용하여 교육과정을 재구성하였다. 거꾸로 배움의 다양한 활동을 재분류하여 IDEA프로그램이라고 이름을 지었다. 그리고 이 프로그램을 통해 길러주고자 하는 역량을 4가지 선정하고, 별(STAR)난 역량이라고 정하였다. 이에 대한 자세한 내용은 추후에 개정판을 통해 자세히 다시 안내하고 적용사례를 구체적으로 알아보고자 한다.

재구성 소 주제	교과서 관련주제	관련핵심 성취기준	재구성된 활동내용 소개	IDEA 프로그램[1]				별난 역량[2]			
				I	D	E	A	S	T	A	R
학습준비도 과정[3] (총1차시)	읽기자료 제공&확인	·	골든벨로 함께 쌓아보자			■		■		■	
			서로 가르쳐주고 배워요!	■				■		■	
가족과 친척 (총10차시)	친척이 되었어요 & 친척과의 한 때	통바2331 통슬2311 통바2321	실타래로 엮으며 이야기 나눠요	■					■	■	
			EDS 평가로 선정해요			■			■	■	
			팀 그림 완성해요				■		■	■	
			내 이름을 걸고 평가해요			■			■	■	
	나의 친척 & 우리 형제	통바2331 통슬2331	칠판을 나누고 공유해요	■				■			■
			개사해서 생활과 관련 지어요		■			■			■
			손 신호등으로 평가해요				■	■			■
	친척을 부르는 말 & 주사위를 던져요	통슬2321 통슬2331	골든벨로 함께 쌓아보자			■				■	■
			활동 카드 만들어요.				■			■	■
			달리고 찾아라 활동을 해요				■			■	■
			동영상을 만들어 함께해요				■			■	■
	친척 명함만들기 & 깔깔 껄껄 달리기	통즐2331 통슬2331	짝과 함께 해결해요	■					■	■	
			가지 만들어 상상해요		■				■	■	
			사람 소개 책 만들기				■		■	■	
			PMI로 상호평가하고 감상해요			■			■	■	
	친척사랑	통즐2321	골든벨로 함께 쌓아보자			■		■	■	■	
			눈덩이를 크게 키워요	■				■	■	■	
			기차로 즐겁게 주고 받아요	■				■	■	■	
			만다라트 완성하여 친척사랑 실천카드완성해요		■			■	■	■	

1) I-생각교환중심활동, D-토의 · 토론중심활동, E-상호평가 중심활동, A-창의예술 중심활동

2) S-자기주도적 학습역량, T-창의적 사고역량, A-의사소통 역량, R-문제해결 역량

3) 거꾸로 배움을 위해 매 단원별로 읽을 자료(소책자)를 제공하며, 아이들이 어느 정도 알고 있는지 단원 시작할 때는 학습 준비도 과정(RAP)를 거치게 된다. 읽을 자료는 꼭 알아야 할 기본 개념과 다양한 학습지로 구성이 되며, 교실에서 하는 활동지와 미리 생각해보고 알아오는 학습지로 구분된다.

재구성 소 주제	교과서 관련주제	관련핵심 성취기준	재구성된 활동내용 소개	IDEA 프로그램				별난 역량			
				I	D	E	A	S	T	A	R
다양한 가족 (총5차시)	우리 주변의 가족들	통바2341 통슬2341 통즐2341	골든벨로 함께 쌓아보자			■		■		■	
			동영상을 만들어 함께해요				■	■		■	
	줄을당겨요 & 줄을넘어요	통즐2331 국1233	특징을 적어 문제 만들기				■			■	■
			꼬리잡아 달리고 찾아라.				■			■	■
	내가 만든 가족 & 가족인형	통바2341 통즐2341 통즐2311	이젤패드로 다양한 가족 만들기		■				■	■	
			섞여서 가족 이야기 만들어주기	■					■	■	
			가족이란 만다라트 완성하기		■				■	■	
			칠판을 나누고 공유하기	■					■	■	
	이해하고 배려해요	통슬2341	역할극으로 정리하여 발표해요				■		■	■	■
			이젤패드에 생각을 모아요		■				■	■	■
			즐겁게 생각 교환해요	■					■	■	■
			일급비밀을 찾아 실천카드 완성해요		■				■	■	■
다양한 가족문화 (총5차시)	가족 문화탐방	통바2311 통바2321 통슬2311 통슬2321	실타래로 엮어봐요	■				■	■	■	
			.팀 그림을 완성해요				■	■	■	■	
			층층이 책 만들기				■	■	■	■	
			PMI로 상호평가하고 감상해요			■		■	■	■	
	댜양한 문화를 만나요	통즐2341	짝과 함께 해결하기	■				■	■	■	
			이젤패드에 생각 모으기		■			■	■	■	
			문화 소개 신문 만들기				■	■	■	■	
			PMI로 상호평가하고 감상해요			■		■	■	■	
	지구촌 한가족	통슬2341	역할극으로 정리하여 발표해요				■		■	■	■
			이젤패드에 생각을 모아요		■				■	■	■
			즐겁게 생각 교환해요	■					■	■	■
			일급비밀을 찾아 실천카드 완성해요		■				■	■	■
가족2 최종평가[4] (총1차시)	읽기자료 평가해요		짝과 함께 해결해요	■				■			
			둘가고 둘남아서 상호평가해요			■		■			

4) 우리 교실은 교육과정 재구성을 통해 단원을 새롭게 구성하여 프로젝트형 학습으로 진행이 됩니다. 그리고 각 프로젝트별로 상호평가가 이루어지며, 단원별로 학생들이 직접 완성한 소책자를 활용하여 대주제별로 최종 상호평가가 이루어집니다. 상호평가는 팀기반학습에서 강조하는 활동으로, 상호평가를 통해 학습 내용을 유의미화하는 동시에 생활과 관련지어 자기화할 수 있게 됩니다.

거꾸로 배움과 함께한, 또 다른 기록들

수업일지 읽기자료, 거꾸로 배움 시작

IDEA: I D E A | STAR(역량): S T A R

단 원	가족2. 가족과 친척	활동차시	1차시	활동시기	5월 1주
활동 목표	◎ 친척과 나와의 관계와 친척을 부르는 말 관련 문제를 해결할 수 있다 ◎ 스스로 학습과 친구의 도움을 통해 거꾸로 배움을 준비할 수 있다.				
활동 의도	◎ 학습에 대한 관심이 부족하고 자신감이 적은 이유는 학생들이 무엇을 공부해야 하는지 또 무엇을 기억해야 하는지 알지 못해서이다(Larry K. Michaelsen 외 2명, 2009). 이를 해결하고, 학생 중심의 거꾸로 배움을 시작하기 위하여 재구성을 통한 소주제별로 학습해야 하는 내용에 대한 기본적인 아이디어를 소개하고 스스로 학습할 수 있도록 읽기자료로 배움을 시작하였다. 그리고 서로 가르쳐주는 인지 정교화 이론에 따른 활동도 하였다. 주제중심교육 Check-Point: 학생이 스스로 생각하고, 독립적인 학습자가 될 수 있도록 격려하기				
활동 단계	01 골든벨로 함께 쌓기: 읽기자료로 학습한 내용을 골든벨 대회를 통해 함께 골든벨 모으기 02 짝과 함께 해결하기: 궁금한 내용이나 알려주고 싶은 내용을 짝과 함께 이야기로 해결하기 03 서로 가르쳐주고: 서로 학습한 내용을 가르쳐주고, 배운 내용을 동시에 발표하기				

활동 단계 / 활동 엿보기

E
골든벨로 함께하기

선생님이 준비한 문제로 골든 벨 대회를 엽니다.

답은 골든벨판에 | 모든 문제에 모든 학생이 참여서 모아요

1학년 때는 매번 틀려서 골든벨이 재미없었어요

하지만 지금은 너무 재미있어요! 저도 참여를 할 수 있어서 너무 좋아요~ 매번 골든벨 대회가 기다려져요

<모두가 집중하는 골든벨 문제 개봉시간>

<모두가 함께 적극 몰입해 참여하는 우리반 골든벨 시간>

이것이 Point! 모두가 함께 참여하는 우리반 골든 벨!

기존의 골든벨 대회는 탈락한 학생은 더 이상 참여를 하지 못하였다. 이에 모든 학생이 참여하는 방법으로 변형하였다. 문제마다 모든 학생이 문제를 풀고 정답수를 합산하고, 그 수가 미리 정한 개수를 넘을 경우 반 전체에 보상을 해준다. 공부만 잘 하는 아이, 똑똑한 아이만 즐겁게 참가하던 골든벨 대회에서 모두가 적극 참여하고, 다 함께 노력하고 협동하는 골든벨 대회 시간이 되었다.

I

짝과 함께 해결 해요

골든벨 대회를 통해 잘 모르는 부분은 짝에게 물어보기도 하고, 스스로 공부를 하면서 재미있었거나 새롭게 알게 된 내용을 알려주면서 함께 해결하세요.

읽을자료 보며 정리해요

함께 해결하며 적어요

짝에게 물어보고 답을 들어보면서 이해가 더 빨리되요

짝에게 아는 것을 알려주니 뿌뜻했어요

〈이렇게 짝과 함께 해결했어요〉

I

팀이 함께 서로 가르쳐주고 배워요

이제는 팀이 모두 모여서 서로 학습하고 배운 내용을 가르쳐주고 배우는 시간을 가져볼게요

돌아가며 설명하고,

나의 언어로 재정리해요

선생님! 우아 이거 진짜 신기해요. 서로 질문하고 답변을 해주면서 <u>저절로 공부가 되고 외워지네요</u>

앞으로도 <u>이렇게 공부를 하면 될 것 같아요</u>

〈함께 공부한 내용은 이렇게 짝을 지어서 번갈아가며 동시에 일어나서 발표해요〉

학부모들과의 별난 소통

부모님 선생님 말씀처럼 혼자보다는 함께 하는것이 아이들에게도 몇배는 더 좋을꺼라 생각되네요 그러면서 배려하고 이해하고 협동할수잇는 힘이 길러지겠지요 우리 아이들 오늘도 잘하리라 믿습니다♡♡♡♡

3월 4일

우리 아이들의 별난 결과

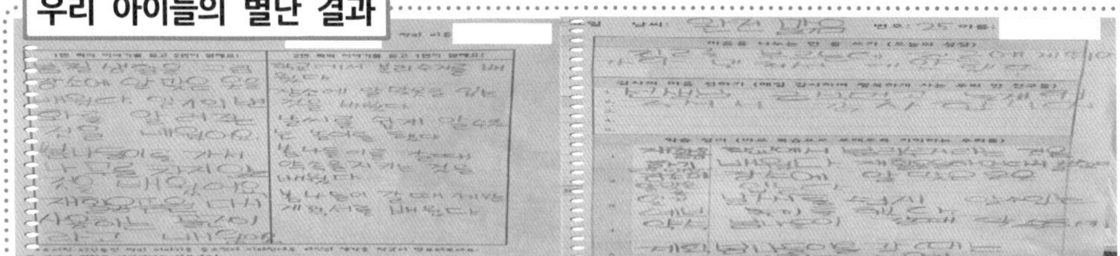

별난 교사의 생각과 전략

3월 첫 번째 활동을 하면서 아이들에게 도움이 될지 걱정이 많았던 활동이었다. 하지만 지속적으로 활동을 하면서, 짝의 이야기를 들으며 자신의 언어로 메모하고, 내가 설명해준 내용을 짝이 발표하는 것을 들으면서 나의 설명이 어떻게 이해가 되는지 알게 되어 높은 고급사고를 하고 있음을 알게 되었다. 저학년이라 아직 완전한 활동은 되지 않지만, 친구들과 함께 어떻게 학습을 하는지 방법을 깨닫고, 자기 주도적 학습 방법을 알아가는데 의의를 가지고자 한다.

수업일지 2 즐거운 친척과의 한 때

IDEA	STAR(역량)
I D E A	S T A R

단 원	가족2. 가족과 친척	활동차시	3차시	활동시기	5월 1주

활동 목표

- 가족과 친척을 소개하면서, 즐거웠던 경험을 떠올릴 수 있다
- 나의 집, 친척의 집을 함께 소개하고, 함께 팀그림을 완성할 수 있다.

활동 의도

라운드 로빙 방식을 활용하여 실타래를 손가락에 엮어가며 이야기를 하도록 하였다. 발표할 차례가 주어지고, 팀을 대표해서 발표할 기회도 주어지기 때문에 학생들은 수업에 집중할 수 있었다. 또한 의견이 없으면 통과할 수 있고 의견이 많은 친구들은 모두 발표할 수 있기 때문에 부담도 없고, 능력에 따라 자유롭게 발표할 기회가 주어지게 되었다

> 주제중심교육 Check-Point
> 많은 양의 내용을 학습할 수 있는 환경을 제공해주어야 한다

활동 단계

01 실타래로 이야기해요	02 EDS & 팀 그림	03 PMI로 평가해요
친척과의 즐거웠던 경험을 실타래로 엮어가면서 몰입하여 이야기 나누기	EDS 평가하기로 주제 선정하고 함께 팀-그림을 그리고 완성하기	각 팀의 작품을 감상하고, PMI에 따라 서로의 작품을 상호평가하기

활동 단계		활동 엿보기

I 실타래를 엮으면서 이야기해요

친척과 있었던 즐거웠던 경험을 실타래를 손가락에 엮어가면서 팀별로 이야기를 나눠보세요.

순서대로 이야기하며 실 감기

돌아가며 이야기해요

항상 팀별 이야기할 때 발표를 못해서 아쉬웠어요. 하지만 실타래를 이용하니 이제는 이야기할 수 있어요

〈하나로 묶인 실타래로 오늘도 의사소통능력이 향상되는 시간〉

E EDS로 서로의 의견을 평가해서 결정해요

이제는 친척과 있었던 경험을 살려 팀 그림을 그릴 거에요. 그전에 EDS로 주제를 선정해 보세요

각자 아이디어 적고, 설명하고, 기준에 따라 평가해요

〈EDS로 창의적인 사고가 자라나는 시간〉

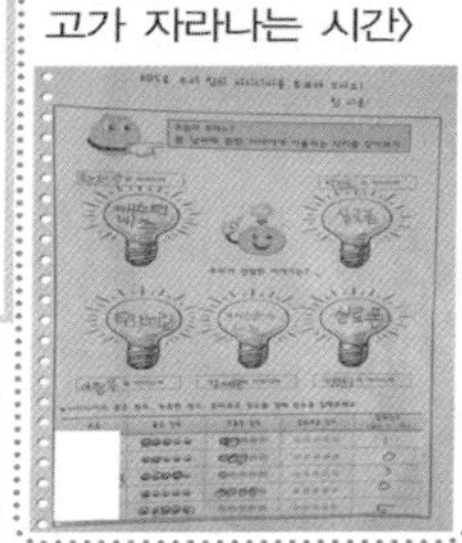

이것이 Point! EDS로 아이디어를 선정해요!

자신의 아이디어를 간략하게 적고, 돌아가며 서로 설명하고 서로의 아이디어를 평가하고, 선정하는 활동이다. 다양한 아이디어 생산으로 창의적 사고력과 함께 의사소통에도 긍정적인 영향을 준다.

Ⓐ 팀그림을 그리고 완성해요

EDS 평가하기로 결정된 주제를 가지고 팀별로 팀-그림을 그리고 각자의 방법으로 완성해보세요.

그림을 그리고, 팀원 수대로 자른 뒤, 스크래치, 모자이크, 점묘법, 고무찰흙, 물감 등 다양한 방법 중 각자 다르게 선정하여 완성하고 다시 하나로 합쳐요

〈우리 팀 이렇게 함께 팀 그림을 완성했어요^^〉

Ⓔ 작품을 전시하고 PMI로 상호평가해요

이제 모두 팀그림을 완성을 했어요. 이제는 작품을 전시하고 PMI를 활용하여 서로 평가하도록 할게요

선생님! 잘한 점(P), 부족한 점(M), 재미있는 표현(I)으로 구분해서 평가하니까 작품을 더 자세히 보게 되요

친구들에게 어떻게 평가를 해주면 좋을지 알겠어요

〈즐겁고 재미있는 상호평가를 통해 오늘도 의사소통하는 방법을 깨닫는 우리들〉

학부모들과의 별난 소통

부모님 친구들과 서로 도와가며 ·· 빈공간을 채워가면서 그리고 색칠하며 ·· 서로를 알아가는 학습이라 더 의미가 있는 수업이였을듯해요~^^ 그림 실력들이 대단하네요 ·· ^^

우리 아이들의 별난 결과

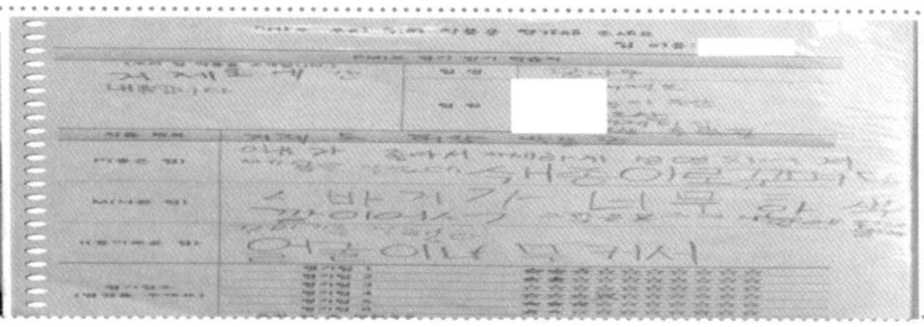

별난 교사의 생각과 전략

미술은 학생들을 참여시키고 수업 효과를 높일 수 있는 놀랍도록 강력한 방법이다(데이브 버제스, 2013). 팀 그림을 완성하면서 서로 전혀 다른 방식으로 수업내용을 떠올리고 복습하는 기회를 제공하였으며, 서로 협력해서 학습 내용을 예술적인 작품으로 만들어봄으로써 이야기 내용을 더욱 오래 기억하게 되었다. 하지만 저학년이어서 그런지 그림 완성 방법이 한정되어 있어서 아쉬움이 남는다. 더욱 다양한 방법을 고민하고 활용해야겠다. 항상 노력하고 연구하여, 우리 반 아이들의 웃음이 끊이지 않도록 해야 하겠다.

수업일지 3 　나의 친척과 형제

IDEA	STAR(역량)
I D E A	S T A R

단 원	가족2. 가족과 친척	활동차시	2차시	활동시기	5월 1주

활동 목표
- 가족 구성원이 집에서 하는 일과 역할이 무엇인지 이야기 나눌 수 있다
- 내가 살고 있는 집과 나의 친척 이야기로 개사하여 발표할 수 있다.

활동 의도
- 액션러닝의 서로의 의견에 대한 적극적인 상호작용을 통해 문제를 해결하는 활동목적에 따라 칠판을 나누고 팀별 아이디어를 동시다발적으로 공유하도록 하였다. 주어진 시간동안 최대한 많은 아이디어를 팀별로 만들어냄으로서 사고의 확장과 창의성을 기르게 되었다.

> 주제중심교육 Check-Point
> 학습이 배움으로 이어지기 위해서는 학생자신의 생활과의 연관성을 높여 유목적인 활동을 제시해야 한다

활동 단계

01 칠판 나눠 공유해요	02 생활관련 개사해요	03 손 신호등 평가해요
나의 친척과 형제를 소개하기에 적절한 노래와 연주방법을 선정하기	선정된 노래 가사를 우리 팀원의 이야기로 바꾸어서 연주하며 발표하기	각 팀의 개사 내용과 발표 모습을 보면서 손 신호등으로 상호평가하기

활동 단계		활동 엿보기

I 칠판을 나누고 생각을 공유해요

나의 친척과 형제의 이야기로 노래를 개사하는 시간을 가져보겠습니다. 어떤 노래를 가지고 어떠한 방법으로 표현을 할 것인지 친팔에 함께 공유해봅니다.

우리의 모든 생각을 한 번에 알 수 있어서 재미있었어요. 문제를 함께 고민하니 해결방법이 떠올라요

〈칠판으로 공유하여 함께 문제를 해결하게 된 우리들〉

D 나의 생활로 노래를 함께 개사해요

여러분이 함께 결정한 노래 "우리 형제"의 가사를 각자의 형제, 친척이야기를 꾸며보세요

나의 형제 이야기, 친척 이야기를 직접 노래 가사를 만들어보면서 공부한 내용이 더 잘 기억에 남아요.

오늘 개사한 내용은 평생 기억에 남을 것 같아요

〈나의 이야기로 함께 문제를 해결하게 된 우리들의 모습〉

D

나의 생활로 노래를 함께 개사해서 발표해요

각 팀별로 연습이 다 된 것 같네요. 팀 순서 정하기 플래쉬 파일을 이용해서 순서를 정해서 발표할게요

선생님~ 나의 형제 이야기, 친척 이야기로 발표를 하면서 부끄럽기도 하지만 재미있게 참여를 했어요

〈발표를 들으면서 우리들은 어떠한 내용인지 발표모습이 어떠한지 함께 이야기를 나누게 되었어요〉

E

손 신호등을 이용해서 서로의 발표를 상호평가해요

이제 각 팀별 발표 내용과 모습을 보면서 손 신호등을 이용해서 평가를 해 보도록 할게요

난 3팀의 발표 내용을 들으면서, 00이가 형을 너무 사랑하고 있다는 것을 느낄 수 있어서 녹색입니다

난 2팀 내용 중 이해가 안되는 부분이 있어 노란색~~

〈함께 들어보는 손신호등으로 평가시간도 즐겁고 행복한 우리들〉

학부모들과의 별난 소통

신 ... 의견 나누고 쓰고 그리며 준비하는 모습도.. 긴장하고 어색해하며 발표하는 모습도.. 어찌나 하나 같이 귀엽고 사랑스러운지 영상을 보는 내내 입가에 미소를 머금게 하네요---^
어제 승엽이랑 보고 또 보게 되네요~ㅎ
음악도 좋고 열심히 준비해서 발표한 우리 2학년 1반 친구들 스스로가 뿌듯했을 것 같아요~
모두 참 잘했어요~~^^❤

우리 아이들의 별난 결과

수업 후..
팀끼리 모여서 오늘의 활동에 대해 이야기 나누고 스스로 학습 내용을 정리하게 된 우리들

별난 교사의 생각과 전략

각자의 생활모습으로 노래 가사를 바꾸고, 발표를 하는 활동에 대한 학생들의 반응은 생각한 것 이상으로 매우 폭발적이었다. 학습과 배움은 학생들의 삶과 밀접한 관련이 있는 것이며, 동떨어진 것이 아니라는 것을 스스로 인식하게 되었음을 알 수 있었다. 학생들 하나 하나의 발전하는 모습과 학부모들의 반응을 보면서 아이들의 삶속에 녹아드는 학습과 배움의 필요성을 다시 한 번 더 느끼는 시간이었다. 물론 아직 각자의 삶이 제대로 녹아드는 학습 결과를 보이지 않는 친구들도 있어 아쉽지만, 이제 시작이라는 생각을 하게 되었다.

수업일지 4 친척을 어떻게 부를까

IDEA				STAR(역량)			
I	D	E	A	S	T	A	R

단 원	가족2. 가족과 친척	활동차시	2차시	활동시기	5월 2주

활동 목표

- 나와 친척의 관계를 알고, 친척을 어떻게 부르면 되는지 알 수 있다.
- 친척을 부르는 말로 문제를 만들어서 달리고 찾아라를 할 수 있다

활동 의도

- 체육활동은 학생들이 제일 좋아하는 학습방법이다. 체육과 학습·배움을 연결지어 유목적인 활동을 경험하게 하고자 달리고 찾아라를 개발하였다. 학생들이 문제와 정답 카드를 만들고, 주제와 관련되는 다양한 활동을 통해 문제와 정답카드를 찾아오게 된다. 학생들의 재미와 배움을 모두 잡을 수 있었다

> 주제중심교육 Check-Point
> 학습은 학생 배움 중심의 유목적인 활동으로 이루어져, 생산적인 것으로 만들어야 한다.

활동 단계

01 골든벨로 함께 쌓기	02 달리고 찾아요	03 동영상과 함께 해요
친척을 부르는 말을 얼마나 잘 기억하고 있는지 골든벨로 확인하기	직접 문제 만들고, 가족이 함께 즐길 수 있는 놀이를 이용해 달리고 찾아라	활동 경험과 친척과의 즐거웠던 경험을 살려 동영상을 제작해서 함께하기

활동 단계		활동 엿보기

E 모두가 참여하는 골든벨로 함께해요

오늘은 친척을 부르는 말로 달리고 찾아라 활동을 합니다. 여러분이 친척을 부르는 말을 얼마나 알고 있는지 우선 함께 모으는 골든벨로 확인합니다.

선생님! 달리고 찾아라 활동 빨리 하고 싶어요··

우리 꼭 개수를 넘어서 달리고 찾아라 하자··

〈골든벨로 함께 공부하고, 정해진 개수를 넘어 달리고 찾아라를 하게된 행복한 우리들〉

A 달리고 찾아라를 하기위해 문제와 정답 카드를 우리가 만들어요

이제는 달리고 찾아라 활동을 하도록 하겠습니다. 하기 전에 문제와 정답카드를 직접 만들도록 합니다.

나는 "나의 아빠의 형은 누구일까요?" 로 만들래.

그럼 그건... 정답이 큰 아버지겠네··

〈내가 만든 문제와 정답카드를 향해 달리고 찾아라를 준비하는 우리들〉

A

내가 만든 문제와 정답을 향해서 달리고 찾아라

이제부터 달리고 찾아라 활동을 합니다. 달리고 찾기위해 미션 활동은 무엇으로 하면 좋을까요?
주제가 가족, 친척이니까 그들과 함께 할 수 있는 운동으로 정하면 좋을 것 같아요. 줄넘기나 훌라후프?
좋아요. 그럼 함께 할 수 있는 운동으로 정하도록 해요

훌라후프를 돌리고 문제 뽑아 큰 소리로 외치고,
제기차기와 줄넘기를 넘어서 정답을 뽑아서 달려와요

〈달리고 찾아라 활동으로 힘은 들지만, 함께 운동을 통해 배우면서 행복하게 된 우리들. 아싸! 우리가 일등이에요^^〉

A

친척과의 행복한 경험을 그림으로 표현하고 동영상으로 만들어요

이제는 가족과 친척을 생각하면서 했던 오늘의 경험과 그동안의 즐거웠던 경험을 노래의 가사에 맞게 그림으로 표현해서 동영상을 만들어 볼게요.

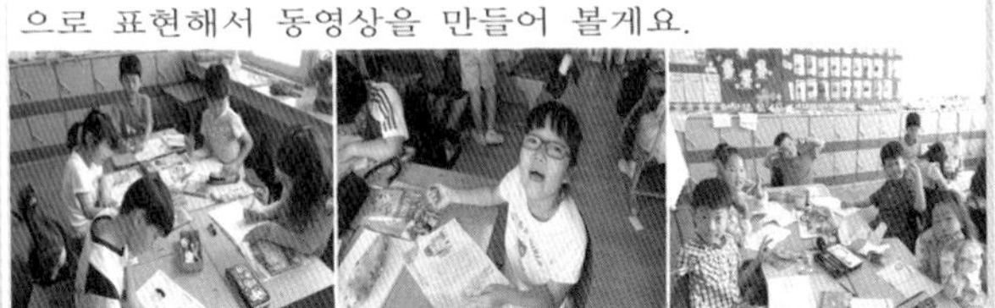

함께 경험을 이야기하고 그림으로 그리며 행복한 우리들

나는 달리고 찾아라가 재미있었으니, 그걸로 그려야지
난 사촌들과 함께 지난 여름에 놀러갔던 걸 그릴거야

〈행복했던 오늘의 기억, 그동안 가족, 친척과의 추억을 동영상으로 남겨보는 우리들〉

학부모들과의 별난 소통

신 어가며 이야기하기 활동은 이야기를 생각하며, 듣고, 나누며 모아지는 서로의 손가락을 보며 저절로 협동하게 만들 것으로 보여지고, 모으는 골든벨 대회 활동은 모은 정답의 수를 보고서 보상을 해주니 서로 함께 맞추려 노력하지 않을 수가 없겠어요~
미찾샘~ 굿 아이디어!~~^^
"뭉치면 산다!" 라는 표현이 생각나네요~
거꾸로 교실의 모든 활동이 기대됩니다..^^ㅎ

우리 아이들의 별난 결과

너무나도 행복했던, 그리고 앞으로 더욱 행복하게 학습과 배움이 이어나가게 될 우리 반 친구들의 오늘 활동 결과물은 왼쪽 QR코드를 통해 확인이 가능합니다. 스스로 문제와 정답카드를 만들면서 의사소통을 통해 문제를 함께 해결하는 모습을 볼 수 있었습니다. 이제는 혼자가 아니라 함께 하여 해결하기 시작한 아이들을 보면서 내가 더 행복한 오늘입니다.

별난 교사의 생각과 전략

신체 활동을 비롯한 몸을 움직이면서 하는 학습방법을 적극 활용하고자 한다. 교수전략을 개선하여 수업의 질과 학생들의 학업성과를 향상시킬 수 있는 단 하나의 방법이 있다면 그것은 바로 신체활동과 학습, 배움을 연관지어주는 것이다. 신체 활동은 전뇌를 사용하게 함으로써 기억력 향상에 도움이 될 뿐 아니라 수업에 더욱 몰두하게 해준다. 학생들의 활동 모습과 결과를 보면서 나의 전략이 잘 들어맞는 것 같아 오늘도 행복하다.

수업일지 5 나의 친척을 소개해요

IDEA	STAR(역량)
I D E A	S T A R

단 원	가족2. 가족과 친척	활동차시	2차시	활동시기	5월 2주
활 동 목 표	◎ 나의 가족과 친척을 소개하며, 가족의 소중함을 책으로 표현할 수 있다. ◎ 가지를 만들어 상상하여 가족의 소중함을 스스로 깨달을 수 있다.				
활 동 의 도	◎ 하나의 주제에 대해 부정적인 측면과 긍정적인 측면을 모두 고려하여 상상하게 함으로써 긍정적 행동의 소중함을 깨닫도록 하였다. 부정적 행동과 긍정적 행동의 결과를 서로 비교해보면서 왜 바르게 행동하고 생각을 해야 하는지 깨닫고, 그러한 행동과 생각을 할 수 있도록 해주고 싶었다. 주제중심교육 Check-Point 학습은 학생 자신이 책임감 있게 행동하는 것을 배울 기회를 제공해주어야 배움이 일어난다.				
활 동 단 계	01 가지 만들어 상상해요 짝과 함께 주제에 대해 미리 상상해보고, 팀이 모여 가지를 만들어 상상하기	02 사람 소개 책 만들어요 가족과 친척의 소중함을 스스로 깨닫고, 그들을 소개하는 책을 만들기	03 내 이름 걸고 평가해요 개인별 책을 감상하고, 기억에 남는 작품에 내 이름 걸고 상호평가하기		

활동 단계		활동 엿보기
I 짝과 함께 주제에 대해 미리 상상해봐요	오늘은 가족과 친척의 소중함을 알고, 그들을 소개하는 책을 만들어 보는 시간을 가질거에요. 우선 짝끼리 만나서 가족과 친척을 소중하게 여길 때와 그렇지 않을 때로 나누어서 상상해보세요  	〈짝과 이야기 한 내용을 스스로 함께 정리한 우리 들^^〉 
D 짝과 함께한 상상을 바탕으로 팀이 모여서 가지를 만들어요	짝과 함께 이야기 나눈 내용을 바탕으로 해서, 팀이 모두 모여서 긍정과 부정 가지를 완성해보세요  소중히 여기지 않으면 외로워질 것 같아... 그러면 혼자가 될거고.. 혼자가 되면 공부도 못하고..	〈함께 모여서 가족을 소중하게 여기기라는 주제로 긍정가지와 부정가로 상상해봤어요〉 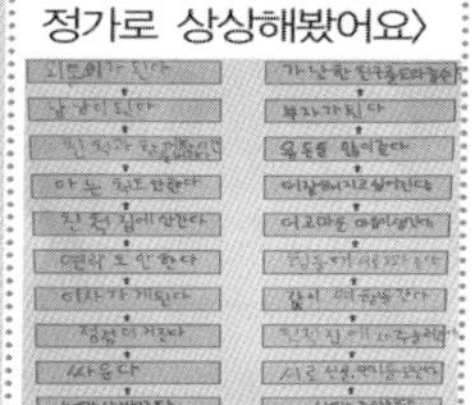

Ⓐ **친척의 소중함을 책으로 표현해요**	가지 만들기로 가족, 친척의 소중함을 알게 되었나요? 이제는 소중함을 책으로 만들어 표현해볼게요  함께 이야기를 나누며 소개 책을 만들어요 나는 할아버지, 할머니의 소중함을 알게 되었으니가 할아버지, 할머니를 사랑하는 마음을 표현해야겠어 나는 우리 엄마, 아빠··	〈이렇게 가족과 친척의 소중함을 책으로 표현해봤어요^^〉  
Ⓔ **내 이름을 걸고서 서로의 작품을 상호평가해요**	지금까지 각자 가족과 친척의 소중함을 책으로 표현해보았어요. 이제는 작품을 전시하고, 모든 작품을 감상한 후 나의 이름을 걸고 서로 평가를 하도록 할게요  신호등으로 팀별 평가 후, 전시해서 내 이름 걸고 평가 선생님~ 제 이름을 적어서 평가를 해보니까 다른 평가 때 보다 더 자세히 작품을 감상하는 태도가 길러졌어요.	〈신호등으로 팀별 작품을, 내 이름을 걸어서 모든 친구의 작품을 평가하는데 익숙해진 우리들입니다. 평가시간이 즐거워요^^〉 

학부모들과의 별난 소통

부모님 웃음 꽃 핀 아이들의 얼굴 만 봐도 기분이 좋아 지네요~^^ 가족과 친척의 소중함과 그 소중함으로 함께 할때 더 즐겁다는 걸 아이들이 다양한 표현으로 몸소 느낄수 있는 시간이 되었을 듯 하네요. 얼마나 사랑스럽고 소중한 아이라는 사실들도... 더 알 수 있게 하교 후 꼭~~ 안아 주어야 겠어요. 오늘 하루도 행복한 시간들 보내세요!

우리 아이들의 별난 결과

활동 결과물을 창의적으로 꾸미고, 내용을 정리하여 표현하는 능력 뿐 아니라 서로의 작품을 평가하는 방법도 깨닫게 된 아이들의 모습을 확인할 수 있었다. 고급 어휘력을 구사하여 서로의 작품을 평가 하지는 못하지만, 그들의 언어로 그들만의 방법으로 서로의 작품을 평가하고, 그 평가의 이유에 대해서도 정당하게 친구에게 설명을 해주는 모습을 보면서 생각과 사고가 훌쩍 자라난 아이들을 확인할 수 있었다.

별난 교사의 생각과 전략

이야기를 상상해보는 활동으로 활발한 의사소통을 통하여 긍정적 행동의 소중함을 깨닫게 하고 싶었다. 그리고 다양한 모양의 책을 만들어보고 학습한 내용을 스스로 정리하여 표현하게 함으로써 창의적 사고력을 함께 길러주고 싶었다. 이제는 제법 많이 아이들이 성장을 한 것 같다는 생각을 하게 되었다. 스스로 학습한 내용을 정리하는 방법을 알고, 책으로 어떻게 표현하면 좋을지 함께 소통하여 결정하고 만들어내는 모습을 보면서 내가 행복해진다.

수업일지 6 친척 사랑 실천

IDEA				STAR(역량)			
I	D	E	A	S	T	A	R

단 원	가족2. 가족과 친척	활동차시	1차시	활동시기	5월 2주

활동 목표

- 가족과 친척의 소중함을 알고, 그들을 위해 내가 할 수 있는 일을 알 수 있다.
- 내가 꼭 실천할 수 있는 일을 선정하여 만다라트를 완성할 수 있다.

활동 의도

- 만다라트는 사고의 확산과 수렴의 균형을 잡을 수 있는 활동입니다. 커지는 눈덩이와 즐거운 기차놀이를 통해 각자가 할 수 있는 일을 최대한 많이 알아보게 합니다. 그리고 나서 각자 꼭 실천할 수 있는 행동을 팀별로 8가지씩 선정하여 만다라트를 완성함으로써 사고의 확산과 수렴을 경험하게 된다

> 주제중심교육 Check-Point
> 학생의 흥미와 적성을 존중하는 학습기회를 제공하고, 학습 결과가 생활과 직접 관련지어주어야 한다.

활동 단계

01 골든벨로 함께 해요	02 눈덩이 & 기차놀이	03 만다라트 완성해요
이번 소주제를 학습하면서 얼마나 배웠는지 골든벨로 모아보며 확인하기	친척사랑을 위해 실천할 수 있는 일을 커지는 눈덩이와 기차놀이로 알아보기	알게 된 다양한 실천사항 중에 다짐할 수 있는 것을 골라 만다라트 완성하기

활동 단계 / **활동 엿보기**

E 가족과 친척 소주제관련 공부를 얼마나 열심히 했는지 골든벨 대회를 통해 확인해요

그동안 가족과 친척이라는 주제로 다양한 활동과 학습을 하였습니다. 얼마나 많이 기억하고 있는지 골든벨 대회를 통해 확인을 하도록 하겠습니다.

오늘도 골든벨 대회한다~~ 아싸 좋아요··

함께 공부한 내용을 확인하고, 골든벨대회에 참여해요

〈골든벨 대회로 배운 내용을 즐겁게 확인받는 우리들^^〉

I 커지는 눈덩이 활동으로 우리의 생각을 키워봐요

오늘은 그동안 배운 가족과 친척을 위해 내가 할 수 있는 일을 알고, 만다라트를 만들어보겠습니다.

나의 생각⇒짝과의 생각⇒팀의 생각을 알아보세요.

나의 생각적고 / 짝과 생각적고 / 팀의 생각적기

〈함께 알게 된 다양한 생각을 다른 팀과 교환하기 위해 기차를 만들어요^^〉

I

즐거운 기차놀이로 생각을 서로 교환해요

팀별로 여러분이 할 수 있는 일을 알아보았습니다. 이제는 기차놀이를 통해 팀별 생각을 서로 교환해보는 활동을 하도록 하겠습니다.

노래를 부르며 기차끼리 만나 생각을 교환해요

우리 팀에서는 전화 자주 해드리기를 줄게

그러면 우리는 심부름 잘 하고 안마해드리기를 줄게

〈즐거운 기차놀이를 통해 서로의 생각을 재미있게 교환해서 이렇게 완성했어요〉

D

꼭 실천할 행동을 선정해 만다라트를 완성해요

이제는 가족과 친척을 위해 내가 할 수 있는 일, 오늘부터 꼭 실천하겠다고 다짐하는 일을 8가지를 팀별로 골라서 만다라트를 만들고 공유해볼게요.

집에 가자마자 할머니, 할아버지께 전화 드려야겠어요

저는 함께 살고 있는 할머니 어깨를 주물러 드릴거에요

〈만다라트는 단원 정리 시간에도 이용했어요. 단원별로 소주제를 정하고 핵심용어를 활용해서 정리를 했답니다〉

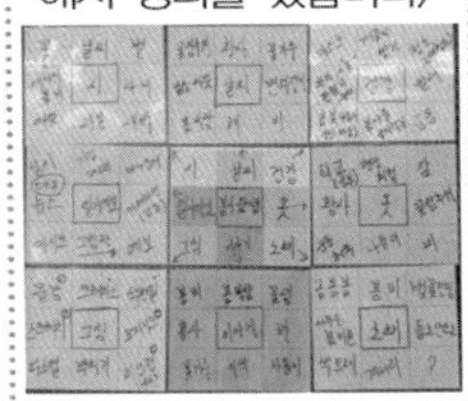

학부모들과의 별난 소통

부모님 아프고 힘들고 슬플 때 나누면 반이 되고
행복하고 기쁘고 좋을 때 나누면 배가 되는
어떤 형태의 가족이든 진심으로 함께 할 수 있는 가족이 있음에 감사하고 소중한 것 같습니다..^^
배려와 사랑이 가득한 2학년 1반이 되길 바랍니다..^^❤

우리 아이들의 별난 결과

IDEA프로그램을 활용한 별난 역량을 길러주기 위해 개발하고 활용한 다양한 교수학습방법이 아이들의 자기주도적 학습 역량, 창의적 역량, 의사소통 역량, 문제해결 역량에 긍정적인 변화를 주고 있다는 것을 알 수 있었다. 읽기자료를 통해 함께 소통하며 창의적으로 문제를 해결하고, 그 과정에서 스스로 학습이 일어나는 아이들의 모습을 확인할 수 있었다.

별난 교사의 생각과 전략

만다라트는 9개의 칸으로 구분되어져, 8개의 아이디어를 선정하는 활동을 한다. 이를 통해 다양하게 생각해내고 함께 모은 아이디어에 대해 팀별로 스스로 평가를 해보고 선정함으로써 사고의 수렴을 경험하게 된다. 이 활동은 학습한 내용 중 중요한 것이 무엇인지 함께 알아보게 됨으로써 저절로 학습이 일어날 수 있게 해주는 좋은 학습방법이다. 서로의 생각을 선정하고 꼭 기억하거나 실천해야 하는 행동이 무엇인지 알도록 하는 학습에서 언제든지 사용을 하면 좋을 것 같다. 앞으로도 계속적으로 자주 활용을 하면 좋을 것 같다.

거꾸로 배움과 함께한, 교수학습 과정 안(1)

<table>
<tr><td>일 시</td><td colspan="2">2015.6.4(목) 6교시(13:30~14:10)</td><td>대상</td><td colspan="2">2학년 1반
남:15, 여:14 계:29명</td><td>지도 교사</td><td>최경민</td></tr>
<tr><td>단원/차시</td><td colspan="2">가족2. 1.친척 / 친척사랑(17/21)</td><td>영역</td><td colspan="2">바른생활</td><td>장 소</td><td>2-1</td></tr>
<tr><td>핵 심 어</td><td colspan="4">• 친척사랑, 실천카드, 하고 싶은 일</td><td colspan="2">교재</td><td>가족2 38~39쪽</td></tr>
<tr><td>학습목표</td><td colspan="7">• 팀 활동을 통해 친척을 위해 내가 할 수 있는 일에 대해 다양하게 알 수 있다.
• 학습 주제 관련 우리 팀만의 문제를 만들고 서로의 생각을 주고받으며 해결할 수 있다.</td></tr>
<tr><td rowspan="4">교수 · 학습 전략</td><td>교수학습모형</td><td colspan="2">팀 기반 학습법과 액션 러닝 학습법</td><td rowspan="4">활동명 및 자료</td><td rowspan="2">도입</td><td colspan="2" rowspan="2">▷함께하는 골든벨
♠ PPT</td></tr>
<tr><td>학습 집단조직</td><td colspan="2">전체(도입)–짝&팀(활동1)–팀&전체(활동2,3)</td></tr>
<tr><td>필수학습요소</td><td colspan="2">• 친척사랑, 내가 할 수 있는 일
• 계획세우고 실천하기</td><td>전개</td><td colspan="2">▷커지는 눈덩이
▷즐거운기차놀이
♠이젤패드, 포스트잇</td></tr>
<tr><td>필수학습 요소 지도 방법</td><td colspan="2">• 친척을 위해 내가 할 수 있는 일에 대해 팀 활동으로 다양하게 알아보고, 우리가 꼭 실천해야 하는 일로 실천카드 만들고 실천다짐하기</td><td>정리</td><td colspan="2">▷팀 문제 해결
▷만다라트 완성
♠ 가족 소책자</td></tr>
</table>

<table>
<tr><th>활동 단계</th><th>교수 · 학습 활동</th><th>시간(🕒), 자료(□)
인성(♡),창의성(♣)</th></tr>
<tr><td>♣ 모두가 참여해서 함께 모으는 골든벨</td><td>☼ 모두가 함께 참여하는 골든벨로 친척을 부르는 말 알아보기
모두가 함께 참여해서 모으는 골든벨열기
자료[1]을 활용하여 골든벨 대회 시작하기
자료[2]를 가지고 모두가 골든벨 대회에 참여하고, 각각의 문제에 대해 정답자의 수를 세어서 합산한다.
선생님과 약속한 총 정답자의 수를 넘을 경우에는 반 전체 보상을 받는다.
*정답자만 계속 참여하고, 탈락자는 참여를 못하여 흥미와 몰입도가 떨어지는 기존 골든벨 대회의 단점을 보완한 활동임.</td><td>🕒 5분
[1] PPT자료(총 5 문제가 포함되어 있는 PPT자료)
[2] 골든벨 판
♡모두가 참여하는 골든벨로 책임감을 가지고 적극 참여하게 된다.</td></tr>
<tr><td>♣ 학습문제를 확인해요</td><td>☼ 학습문제 확인하기
친척을 위해 (내가 할 수 있는 행동)으로
팀 문제 만다라트를 완성하자
☼ 학습활동 순서 알아보기
활동1. 일젤패드로 모아여 활용으로 우리의 생각을 더욱 키워보자
활동2. 즐거운 생각교환 놀이로 서로의 생각을 주고 받아보자
활동3. 우리 팀 문제 만다라트를 완성하고 다짐해보자</td><td>♣( )안은 학생들이 직접 유추하게 한다.
🕒 2분</td></tr>
</table>

이것이 Point! 유추의 중요성과 주의할 점은?!

학습목표를 학생들이 스스로 생각을 해 내고 함께 알아가게 된다면 학달성에 매우 효과적이다. 학습목표 중 핵심단어를 동기유발 자료로 유추해내게 함으로써 목표에 대한 관심을 높이고, 본 수업에 대한 집중력과 몰입을 높일 수 있다.

물론, 유추가 모두 올바른 것은 아니다. 비슷한 것을 근거로 추리하는 것이기 때문에 동기유발 자료가 매우 중요하다. 그저 학습에 대한 흥미를 높이기 위한 동기유발 자료가 아닌, 학습과 관련이 깊은 동기유발 자료를 제작하거나 찾아야 한다. 그리고 학생의 말에 귀를 기울여야 한다.

활동 단계	교수 · 학습 활동	시간(🕒), 자료(□) 인성(♡), 창의성(☘)
♣ 활동1. 커지는 눈덩이	☼ **[활동1] 이젤패드에 팀의 생각을 모두 모아요** 자료③을 활용하여 팀 생각 모으기 활동을 한다. 2분동안 다양한 종류의 친척을 위해 내가 할 수 있는 행동에 대해 알아보고, 자신의 생각을 최대한 많이 적는다. 3분동안 짝과 함께 모여서 각자가 적은 내용을 토대로 더 많은 지켜야 할 행동에 대해 적는다. 8분동안 팀이 모여서 짝과 함께 적은 내용을 토대로 우리가 지켜야 할 행동에 대해 자료④에 ⑤를 활용하여 붙이고, 우리 팀 문제를 만들어서 만다라트에 적고 발표한다. ***사고의 확장(나의 생각->짝과의 생각), 사고의 수렴(짝과의 생각-> 팀의 생각 정리)을 경험하면서 다양한 아이디어를 통해 창의성을 신장시키는 활동임.**	🕒 13분 ③ **학습지** ④ **이젤패드** ⑤ **포스트-잇** **☘나의생각→짝과의 생각→팀의 생각을 차례로 알아보면서 사고의 확산과 수렴을 경험하게 된다.** **♡책임감을 가지고 몰입하게 됨.**

활동 단계	교수 · 학습 활동	시간(🕒), 자료(□) 인성(♡),창의성(☘)
♣ 활동2 즐거운 기차 놀이	☼ **[활동2] 즐거운 기차놀이로 서로의 생각을 주고 받아보자** 자료4를 활용하여 즐거운 생각교환 놀이를 해봅니다. 팀원들은 팀별로 모여서 각자 1~6번 중에서 임의의 번호를 부여받는다. 자료4에 있는 내용들 중 우리 팀 문제를 해결하는데 필요없는 생각 중에서 다른 친구들에게 알려주고 싶은 생각을 하나씩 골라서 가지고 있는다. 선생님이 "만나세요"라는 말을 하면, 각 번호별로 지정된 위치로 가서 같은 번호의 친구들과 만나서 서로의 생각을 이야기하고, 주고 받고 싶은 내용이 있는면 서로 생각을 교환한다. 생각을 교환한 학생은 새로 알게 된 약속에 그렇지 못한 학생은 원래의 자리에 포스트-잇을 활동지에 붙여놓는다. 모든 학생이 참여할 수 있도록 교환놀이 횟수를 조정한다. ***팀간의 생각을 주고 받는 활동을 통해 사고의 재확산을 경험하게 되는 활동**	🕒 10분 **♡즐겁고 신나는 신체활동을 통하여 학습이 이루어지도록 한다. 신체활동은 뇌에 작극을 주어 기억력 향상에 도움이 된다.** **☘다양한 의견으로 서로 커뮤니티가 일어나도록 하고 팀별로 생각을 공유하면서 창의성향상에 도움이 됨**
♣ 활동3(정리) 일급비밀을 찾아라	☼ **[활동3] 팀별 일급비밀을 찾아 팀 만다라트를 완성하고, 다짐해요!** 자료4에있는 다양한 생각들 중, 팀별 문제 해결에 적합한 생각을 8가지를 골라서 자료6에 붙인다. 자료4에 있는 생각 중에서 우리 팀 문제를 해결하는데 가장 필용한 생각을 8가지를 골라서 6을 완성한다. 완성된 자료6을 칠판에 붙이고 함께 공유한다. 자료4에 붙어있는 포스트-잇 중에서 내가 꼭 지켜야겠다고 다짐할 수 있는 것을 하나씩 고른다. 고른 포스트-잇을 자료7에 모두가 나와서 붙이고, 교실 벽면에 자료7을 붙여서 쉬는 시간에 함께 공유할 수 있게 한다.. ***나의 최종 생각을 서로 공유하여, 서로의 도움으로 각자의 실천카드를 만드는 활동**	🕒 10분 **6 만다라트** **7 이젤패드 (교사용)** **☘다양한 아이디어 중에서 내가 꼭 실천할 수 있거나 실천하고 싶은 것을 선정하면서 의사결정을 하게 된다.** **♡모두가 적극 참여하는 적극성과 책임감을 가진다.**
♣ 과제 차시예고	☼ **과제제시** 자료6을 관찰하면서 나만의 실천카드를 완성한다. 실천하고 싶은 것이나 꼭 실천해야 하는 내용을 선정을 하여 나만의 실천카드를 완성한다. ☼ **차시예고** 친척에게 할 수 있는 일로 팀 그림 그리기 활동을 합니다.	**8 가족 소책자**

거꾸로 배움과 함께한, 교수학습 과정 안(2)

이것부터 알고 지도안을 보아요!

1 교육과정 재구성에 대한 전반적인 내용 안내

본 수업은 핵심성취 기준 중 "통바2341, 통슬2341, 통즐2341"을 주제로 하여 재구성하였습니다. 총 5차시로 구성되어 학습하게 되는 주제입니다. 5차시 동안의 수업 목적은 핵심성취기준에 따라 다양한 가족에 대하여 알아보고, 표현해보는 것이다. 또한 이를 통해 가족에 대한 학생들의 정의를 새롭게 만들어봄으로써 주변의 다양한 가족을 배려하는 마음을 길러주기 위함이었다. 더 나아가서 우리 교실에서 함께 생활을 하고 있는 친구들, 선생님도 모두 가족이 될 수 있음을 알려주고, 학교 폭력 예방과 관련한 인성교육도 함께 실천하고자 하였다.

2 차시 구성 내용 안내

1 차시

단원별 소책자를 통해 학생들이 가정에서 다양한 가족에 대해 미리 학습을 한 내용에 대해 함께 모으는 골든벨로 학습 준비정도를 확인합니다, 그리고 팀별로 다양한 가족 중 하나의 가족 형태를 고릅니다. 6가지의 다양한 가족형태를 하나씩 선정할 수 있도록 의견 충돌시에는 팀별로 제비뽑기 플래쉬파일을 활용합니다. 그리고 각자 맡은 노래 가사(이승환의 가족)의 내용을 팀별로 결정된 가족 형태의 모습이 드러나도록 그림으로 표현합니다. 그리고 우리 반에서 동영상을 제작합니다.

동영상은 여기서! "https://www.youtube.com/watch?v=beZ5EOmf9Mo"

2 차시

국어 5단원의 국어활동에서 제시하고 있는 꼬리잡기 놀이 방법을 설명하는 글로 표현하고 직접 놀이를 해보는 활동과 통합하였습니다. 우선은 각 팀별로 다양한 가족(6종류: 한부모, 조부모, 입양, 다문화, 외국, 대가족)에 대하여 설명하는 글로 표현하여 문제카드를 만들었다. 각 팀별로 이전 차시에 결정된 가족 종류에 따라 꼬리를 정하고 문제카드에 해당하는 가족의 꼬리를 먼저 잡아오는 팀이 승리하는 꼬리를 잡아서 달리고 찾아라 활동을 합니다,

3~4 차시

본 교수학습 과정안의 수업으로 골든벨 대회를 통해 다양한 가족 형태에 대하여 학생들의 기존 생각을 바꾸어주는 문제를 제시하게 됩니다. 활동1은 팀별로 잡지책과 이젤패드를 활용하여 다양한 가족을 만들어 보게 됩니다. 활동2는 각 팀별로 만든 가족에 대해 다른 팀원이 상상하여 이야기를 만들어 줍니다. 다른 팀원들이 팀에서 만든 가족의 모습을 보고 상상하여 이야기를 만들어 줌으로써 더욱 다양한 가족 이야기를 만들 수 있게 됩니다. 각 팀별로 다른 팀원이 만들어 준 가족 이야기를 보면서 재미있는 이야기, 창의적인 이야기를 골라서 각 팀별로 새롭게 이야기를 꾸미게 됩니다. 마지막으로 가족의 정의에 대해 바뀐 각자의 생각을 적어서 만다라트를 완성하고 함께 공유를 하게 됩니다.

이를 통해 친구들, 선생님도 함께 가족임을 알게 되고, 학교폭력은 우리는 가족이기 때문에 하면 안 된다는 생각을 가지게 되도록 학습 정리 때 언급합니다. 수업 후에는 창의적 체험활동의 학폭예방교육 학습과 연계됩니다.

5 차시

팀별로 만든 가족 이야기를 발표하고, 이젤패드로 생각을 모아요 활동과 즐거운 생각 교환 놀이를 통해 다양한 가족을 배려하면서 내가 해 줄 수 있는 일을 다양하게 알아봅니다. 그리고 내가 할 수 있는 다양한 일 중에서 지킬 수 있는 일을 4가지 골라서 나만의 실천카드를 완성하게 됩니다.

<table>
<tr><td>일 시</td><td>2014.6.18(목) 6교시(13:30~14:10)</td><td>대 상</td><td>2학년 1반
남:15, 여:14 계:29명</td><td>지도 교사</td><td>최경민</td></tr>
<tr><td>단원</td><td>가족2. 다양한 가족/ 내가 만든 가족 (3~4/5)</td><td>영역</td><td>바른생활</td><td>장소</td><td>2-1</td></tr>
<tr><td>핵심어</td><td colspan="3">• 다양한 가족, 가족이란?</td><td>교재</td><td>가족2 60~63쪽</td></tr>
<tr><td>학습 목표</td><td colspan="5">• 팀 활동을 통해 다양한 가족을 만들고 이야기를 꾸밀 수 있다.
• 팀별 토론 활동을 통해 가족에 대한 다양한 정의를 내릴 수 있다.</td></tr>
</table>

<table>
<tr><td rowspan="4">교수 · 학습 전략</td><td>교수학습모형</td><td>팀 기반 학습법과 액션 러닝 학습법</td><td rowspan="4">활동명 및 자료</td><td rowspan="2">도입</td><td rowspan="2">▷함께하는골든벨
♠PPT</td></tr>
<tr><td>학습집단조직</td><td>전체(도입)–짝&팀(활동1)–팀&전체(활동2,3)</td></tr>
<tr><td>필수학습요소</td><td>• 다양한 가족의 형태 알기
• 가족에 대한 정의 내리기</td><td>전개</td><td>▷별별가족만들기
▷생각교환놀이
♠이젤패드, 잡지책</td></tr>
<tr><td>필수학습요소 지도 방법</td><td>• 다양한 가족 형태를 알기 위하여 팀별로 별난 가족을 만들고, 가족에 대한 이야기를 꾸밈으로써 가족에 대한 새로운 정의를 내린다.</td><td>정리</td><td>▷가족정의내리기
▷만다라트 완성
♠가족 소책자</td></tr>
</table>

<table>
<tr><td>활동 단계</td><td>교수 · 학습 활동</td><td>시간(🕒), 자료(□)
인성(♡),창의성(✤)</td></tr>
<tr><td>♣ 모두 참여해서 함께 모으는 골든벨</td><td>☼ 모두가 함께 참여하는 골든벨로 다양한 가족 종류 알아보기
모두가 함께 참여해서 모으는 골든벨열기

자료1을 활용하여 골든벨 대회 시작하기
자료2를 가지고 모두가 골든벨 대회에 참여하고, 각각의 문제에 대해 정답자의 수를 세어서 합산한다.
선생님과 약속한 총 정답자의 수를 넘을 경우에는 반 전체 보상을 받는다.

*정답자만 계속 참여하는 기존 골든벨 대회의 단점을 보완한 활동임.
*실제수업에서는 내가 생각하는 가족이란 무엇인지에 대해 알아보는 활동도 함.</td><td>🕒 10분
1 PPT자료(총 4 문제가 포함되어 있는 PPT자료)
2 골든벨 판
♡모두가 참여하는 골든벨로 책임감을 가지고 적극 참여하게 된다.</td></tr>
<tr><td>♣ 학습문제를 확인해요</td><td>☼ 학습문제 확인하기
(별난가족)을 만들어보고 (가족)이란 무엇인지 새롭게 알아봅시다.
☼ 학습활동 순서 알아보기
활동1. 일젤패드에 별별 가족을 만들어 보세요
활동2. 별별 가족에 대한 이야기를 꾸며보세요
활동3. 가족이란 무엇이라고 생각을 하나요?</td><td>✤( )안은 학생들이 직접 유추하게 한다.
🕒 2분</td></tr>
</table>

활동 단계	교수 · 학습 활동	시간(ㄴ), 자료(□) 인성(♡),창의성(☘)
♣ 활동1. 별난 가족 만들기	☼ **[활동1] 이젤패드에 별난 가족을 만들어보세요** 자료3을 활용하여 별난 가족을 만들어 보는 활동을 한다. 자료3을 팀별로 살펴보고, 다양한 형태의 가족을 만들 수 있도록 필요한 사진을 오린다 오린 사진을 활용하여 각 팀별로 다양한 형태의 가족을 구성해본다 오린 사진은 자료4에 붙이면서 만들고, 필요할 경우 인물 사진 이외에 집, 옷, 자동차 등 다양한 사진도 함께 붙이도록 한다. ***팀별로 기존에 가지고 있던 가족에 대한 이미지가 아닌, 새로운 형태의 가족을 만들 수 있도록 지도한다.**	ㄴ **28분** 3 **잡지책** 4 **이젤패드** 5 **포스트-잇** **♡책임감을 가지고 몰입하게 됨.**
♣ 활동2 즐거운 생각 교환 놀이 (별난 가족 이야기 만들기)	☼ **[활동2] 별난 가족들의 가족 이야기 만들어 주기** 자료4를 활용하여 별난 가족들의 가족 이야기를 서로 만들어 주기 활동1을 통해 각 팀별로 만든 가족 모습에 대하여 이야기를 서로 서로 만들어준다 각 팀별로 팀원들은 1~6까지 숫자 중 서로 다른 숫자를 고른다. 선생님이 "만나세요"라는 말을 하면, 각 번호별로 지정된 팀으로 가서, 그 팀에서 만든 가족 구성원의 모습을 보고 어떠한 가족인지, 가족 구성원은 어떠한 이야기를 가지고 있을지 포스트-잇에 적어서 붙여준다. 시간에 맞도록 횟수를 조정해준다. 모든 활동이 끝난 후, 팀별로 모여서 다른 팀원이 적어준 우리 팀 가족 이야기를 모아서 별별 가족 이야기를 만든다. 팀별로 만든 이야기를 자료6을 활용하여 발표한다. ***팀 간의 생각을 주고받는 활동을 통해 사고의 재 확산을 경함하게 되는 활동**	ㄴ **25분** **♡즐겁고 신나는 신체활동을 통하여 학습이 이루어지도록 한다. 신체활동은 뇌에 작극을 주어 기억력 향상에 도움이 된다.** **☘다양한 의견으로 서로 커뮤니티가 일어나도록 하고 팀별로 생각을 공유하면서 창의성 향상에 도움이 됨**
♣ 활동3 (정리) 만다 라트를 완성 하라 (가족 이란?)	☼ **[활동3] 가족이란 무엇이라고 생각하게 되었나요?** 팀별로 별난 가족을 구성하고, 이야기도 만들어보면서 수업 도입 때 알아보았던 가족이란 무엇인지에 대해 바뀐 나의 생각을 알아본다. 자료7를 활용하여, 팀별로 가족이란 무엇이라고 생각을 하게 되었는지 각자의 생각을 적어서 완성한다. 완성된 자료7을 칠판에 붙이고 함께 공유한다.	ㄴ **15분** 7 **만다라트** 8 **이젤패드(교사용)** **☘다양한 아이디어 중에서 내가 꼭 실천할 수 있거나 실천하고 싶은 것을 선정하면서 의사결정을 하게 된다.**

활동 단계	교수 · 학습 활동	시간(🕒), 자료(□) 인성(♡),창의성(♣)
	***실제 수업은 다양한 가족을 구성하고, 이야기를 만들고 발표를 하면서 가족에 대한 새로운 정의를 내리는 연차시 수업으로 구성된다. 그러나 공개 수업으로 인해 발표활동은 공개수업 후에 이루어지며, 발표활동 후에 주변의 다양한 가족을 배려하는 마음을 가지도록 이 젤패드로 생각을 모아요 활동과 즐거운 팀별 생각 교환놀이 활동이 이루어진다.**	**♡모두가 적극 참여하는 적극성과 책임감을 가진다.**
♣ 과제 제시 차시 예고	☼ **과제제시** 팀별로 만든 별난 가족을 만들어 보면서 알게 된 것을 바탕으로 다양한 가족을 위해 내가 배려할 수 있는, 친하게 지낼 수 있는 방법에 대하여 생각해오도록 합니다. ☼ **차시예고** 다음시간에는 다양한 가족을 위해 내가 배려할 수 있는 일, 친하게 지낼 수 있는 방법에 대하여 알아봅니다.	9 **가족 소책자** **수업 QR코드확인**

이것이 Point! 골든벨 대회 문제를 이렇게 제시해보세요~!

다양한 모습의 가족 형태를 이해하도록 하기 위해서 다양한 캐릭터(우리 경우에는 학생들이 좋아하는 코난, 엘사, 둘리 등 이용)를 맞히게 해보세요. 캐릭터에 대한 기본적인 내용과 함께 캐릭터의 가족 형태를 설명해보세요. 정말 신나요‥

거꾸로 배움과 함께한, 교수학습 과정 안(3)

가 단원의 재구성 방향

본 단원은 마을과 사람들이라는 대 주제 아래, 우리 마을과 직업 등 3개의 소주제로 구성이 되어 진 단원이다. 우리 교실에서는 거꾸로 배움의 다양한 활동을 통하여 단원을 재구성하였다. 직업과 관련된 활동은 2학년 통합교과 나2에서도 이루어진 활동으로, 본 단원에서는 우리 마을에 초점을 맞추어서 재구성을 하였다. 재구성된 소주제는 우리 동네 모습 알기, 우리 동네의 건물과 사람들 알기, 더 살기 좋은 우리 동네 만들기이다. 아이들이 살아가는 삶의 터전인 우리 동네가 어떠한 모습인지 학교를 기준으로 하여 먼저 알아보면서 우리 동네에 대한 애향심을 길러주고자 하였다. 그리고 건물, 시설물, 장소, 사람들(직업)으로 분류하여 우리 동네에 대하여 더 자세히 알아보고자 하였다. 마지막으로 우리 동네에 없는 것들, 필요한 것들, 그리고 있으면 좋을 것 같은 것들을 시설물, 장소, 건물, 사람(직업)으로 구분하여 알아보았다. 자세한 단원의 재구성 내용은 아래에서 제시한다.

나 단원의 재구성 결과

재구성 소 주제	교과서 관련주제	관련핵심 성취기준	재구성된 활동내용 소개	IDEA 프로그램				별난 역량			
				I	D	E	A	S	T	A	R
학습준비 과정 (총1차시)	읽기자료 제공&확인	·	골든벨로 함께 쌓아보자			■		■		■	
			서로 가르쳐주고 배워요!	■				■		■	
우리동네 모습알기	내가사는마을 & 경험떠올려 글읽어보기	통슬2511 통바2511 국1225-1 국1225-2	실타래로 엮어봐요	■					■	■	
			이젤패드로 생각을 모아요			■			■	■	
			생선뼈로 정리해요				■		■	■	
			내 이름 걸고 평가해요			■			■	■	
	우리 동네 & 1m 알기	통슬2521 수23011-1 1	노래를 개사해서 외워요	■				■			■
			신호등으로 평가해요		■			■			■
			미션을 수행해요				■	■			■
우리동네 건물과 사람들	마을 둘러보기 모습과 생활	통바2511 통슬2511 통슬2521 통즐2511	커지는 눈덩이			■				■	■
			즐거운 기차놀이				■			■	■
			팀 그림 그려서 카드만들기				■			■	■
			달리고 찾아서 완성해요				■			■	■
	우리마을을 함께 사용해요	통슬2531 통즐2531	이젤패드로 생각을 모아요	■					■	■	
			우리 팀 문제 만들기		■				■	■	
			만다라트를 완성해요				■		■	■	
			술래찾아 달리고 찾아요			■			■	■	
	직업사전 직업놀이 즐겁게 대화하기	통바2531 통바3541 통슬2541 국1211~2	가지만들어 상상하기			■		■	■	■	
			커지는 눈덩이&기차놀이	■				■	■	■	
			팀 그림 그리기	■				■	■	■	
			동영상으로 흥미 높이기		■			■	■	■	
	지도그리기 버스놀이 길이어림	통슬2531 통즐2531 통즐2532 수23011-1 1	칠판을 나누고 공유해요			■				■	■
			문제와 정답 카드 만들기				■			■	■
			게임으로 즐거운 시간				■			■	■
			미션 수행해서 찾아요				■			■	■
더 살기 좋은 우리동네 만들기	꿈꾸는마을 마을만들기 소개하기	통바2531 통슬2531 통즐2541 국1256	함께하는 융합교육	■					■	■	
			-이젤패드로 생각 모으기 -섞여서 생각교환하기 -PMI로 상호평가하기		■				■	■	
이웃2 최종평가	겪은일 시로표현	국1234	음악과 함께 시로 표현하기			■		■	■	■	
			둘가고 둘남아 평가해요	■				■	■	■	

이것부터 알고 지도안을 보아요!

1 교육과정 재구성에 대한 전반적인 내용 안내

본 수업은 핵심성취 기준 중 "통바2531, 통슬2531, 통즐2541, 국1256"을 중심으로 재구성하였다. 재구성된 주제는 "더 살기 좋은 우리 동네 만들기"이며, 총 5차시로 구성되어 학습한다. 5차시 동안의 수업 목적은 핵심성취기준에 따라 「더 살기 좋은 마을을 만들기 위해 필요한 것이 무엇인지 알아보고, 직접 마을을 꾸며보고 발표한 뒤 상호평가하기」이다. 이를 통해 학생들은 더 살기 좋은 마을을 만들기 위해 나, 혹은 우리에게 필요한 것이 무엇인지 스스로 알아보면서 마을에 대한 관심과 사랑을 더욱 높이게 된다. 또한 직접 마을을 꾸며보고 만들어보면서 서로 협동하여 작품을 완성한다. 또한 활동을 바탕으로 작품과 연계된 시화도 만들어 본 뒤, 마을 작품과 시화 작품에 대해 서로 상호평가를 하게 된다. 더 살기 좋은 마을을 만들기 위해 평소에는 그냥 지나치던 사소한 우리 마을의 풍경과 모습이었지만, 관심을 가지고 자세히 살펴보고, 오래도록 지켜보면서 마을에 대한 관심과 애정을 길러주기 위함이다. 또한 아이들의 생활, 삶과 연계된 학습 주제를 통해 아이들 스스로, 자신들에게 필요한 것이 무엇인지 스스로 알아보고, 함께 생각해보고 만들어 보면서 스스로 몰입하고 참여하는 수업을 만들어갈 수 있다.

2 차시 구성 내용 안내

차시	내용
1차시	더 살기 좋은 우리 마을을 만들기 위해 필요한 것이 무엇이 있는지, 장소, 시설물, 직업(사람)으로 나누어서 스스로 생각을 해 본뒤, 짝과 생각을 모으고, 이젤패드를 활용하여 팀의 생각을 모두 모은다. 그리고 팀별 생각을 서로 교환해보면서 우리 마을에 더 필요한 것에 대해 다양하게 알아본다. 마지막으로 다양한 생각들을 바탕으로 팀별로 더 살기 좋은 우리 마을에 꼭 필요한 것을 종류별로 3개씩 선정하여 새로운 우리 마을 지도를 간략하게 완성한다.
2~4차시	1차시에 팀별로 완성된 우리 마을 지도를 기본으로 하여 팀별로 직접 우리 마을을 만들어보는 시간을 가진다. 아이들 스스로 필요한 재료와 준비물을 정한 뒤, 직접 마을을 만들어보는 시간을 제공한다. 만들어진 마을을 보면서 우리 마을에 새로운 이름도 부여하여 마을에 대한 관심과 애정을 높이도록 한다.
	더 살기 좋은 우리 마을을 만들면서 느꼈던 감정과 기분, 그리고 만들어진 작품을 보면서 '이러한 마을에 살면 어떨까?. 우리 마을이 이렇게 변화를 한다면 어떨까?'라는 생각을 하면서 시화를 꾸며보게 된다. 꾸며진 시화는 동영상으로 제작하여 유투브에 탑재하여 함께 공유할 수 있게 한다.
5차시	이번 주제에서 완성된 작품을 활용하여 가을 전시회를 열게 된다. 팀별로 완성된 '더 살기 좋은 우리 마을'은 「PMI로 상호평가해요」 활동을 통해 각자의 작품에 대한 평가를 스스로 내리고 나서 팀별로 상호평가하게 된다. 그리고 각자 완성한 시화는 「내 이름을 걸고 평가해요」 활동을 통해 친구들의 작품에 대해 스스로 점수를 메겨가며 상호평가한다.

다 본시 교수-학습 과정안

<table>
<tr><td>일 시</td><td colspan="2">2015.10.28.(수)
6교시(13:00~13:40)</td><td>대 상</td><td colspan="2">2학년 1반
남:15, 여:14, 계:29명</td><td>지도 교사</td><td>최경민</td></tr>
<tr><td>단원</td><td colspan="3">이웃2. 마을과 사람들/우리가 꿈꾸는 마을</td><td>영역</td><td>바 · 슬생</td><td>장소</td><td>2-1</td></tr>
<tr><td>핵심어</td><td colspan="4">• 더 살기 좋은 마을, 장소, 시설물, 직업</td><td>교재</td><td colspan="2">이웃2 64쪽</td></tr>
<tr><td>학습 목표</td><td colspan="7">• 팀 활동을 통해 더 살기 좋은 우리 마을을 만들기 위해 필요한 것을 알 수 있다.
• 생각교환활동을 통해 더 살기 좋은 우리 동네 지도를 완성할 수 있다.</td></tr>
<tr><td rowspan="4">교수 · 학습 전략</td><td>학습모형</td><td colspan="2">팀 기반 학습법 & 액션 러닝 학습법</td><td rowspan="4">활동명 및 자료</td><td rowspan="2">도입</td><td colspan="2" rowspan="2">▷함께하는 골든벨
♠스토리텔링</td></tr>
<tr><td>학습집단</td><td colspan="2">전체(도입)–짝&팀(활동1)–팀&전체(활동2,3)</td></tr>
<tr><td>필수학습요소</td><td colspan="2">• 더 살기 좋은 마을을 위해 필요한 것기
• 우리 마을의 장소, 시설물, 직업군 알기</td><td>전개</td><td colspan="2">▷이젤패드 모으기
▷즐거운 생각교환
♠이젤패드, 포스트잇</td></tr>
<tr><td>필수학습요소 지도 방법</td><td colspan="2">• 나의 생각, 짝의 생각, 팀의 생각을 순서대로 함께 알아보면서 우리 마을에 필요한 장소, 시설물, 직업을 알아본다. 이를 바탕으로 우리 마을에 필요한 것을 팀별로 결정한다.</td><td>정리</td><td colspan="2">▷필요한 것 결정
▷만다라트 완성
♠만다라트, 지도</td></tr>
</table>

활동 단계	교수 · 학습 활동	시간(🕒), 자료(□) 인성(♡), 창의성(☘)
♣ 모두 참여해서 함께 모으는 골든벨	☼ **모두가 함께 참여하는 골든벨** "우리 마을에 산책로가 어디 있을까?" 로 스토리텔링 자료[1]을 활용하여 골든벨 대회 시작하기 자료[2]를 가지고 모두가 골든벨 대회에 참여하고, 각각의 문제에 대해 정답자의 수를 세어서 합산한다. 총 정답자의 수를 넘을 경우에는 반 전체 보상을 받는다. ***정답자만 계속 참여하는 기존 골든벨 대회의 단점을 보완한 활동임.** ***스토리텔링 형식으로 이야기를 이끌어가면서 진행함.**	🕒 **5분** [1] **PPT자료(총 5문제가 포함되어 있는 PPT자료)** [2] **골든벨 판** **♡모두가 참여하는 골든벨로 책임감을 가지고 적극 참여하게 된다.**

활동 단계	교수 · 학습 활동	시간(ㄴ), 자료(□) 인성(♡),창의성(☘)
♣ 학습문제를 확인해요	☼ **학습문제 확인하기** **(더 살기 좋은) 우리 동네를 만들기 위해 (필요한 것) 알아보기** ☼ **학습활동 순서 알아보기** 활동1. 일젤패드에 우리 동네에 필요한 것에 대한 생각 모으기 활동2. 즐거운 생각교환놀이로 다른 팀의 생각 알아보기 활동3. 내가 꿈꾸는 우리 마을을 위해 필요한 것 결정하기	☘( )안은 학생들이 직접 유추하게 한다. ㄴ 2분
♣ 활동1. 우리의 생각을 모아요	☼ **[활동1] 이젤패드에 살기 좋은 우리 동네를 위해 필요한 것들 모으기** 자료③을 활용하여 더 살기 좋은 우리 마을을 만들기 위해 필요한 것이 무엇인지, 장소, 시설물, 직업(사람)으로 구분하여 나의 생각 적기 자료③에 나의 생각을 적고, 짝과의 생각 모으기 자료④를 활용하여 더 살기 좋은 우리 마을을 만들기 위해 필요한 것이 무엇인지 팀의 생각을 자료⑤에 적어서 함께 모으기 ***팀별로 최대한 다양한 생각을 장소, 시설물, 직업으로 구분하여 모을 수 있도록 한다.**	ㄴ 13분 ③ 학습지 ④ 이젤패드 ⑤ 포스트-잇 ♡책임감을 가지고 몰입하게 됨.
♣ 활동2 우리의 생각을 즐겁게 교환해요	☼ **[활동2] 더 필요한 것에 대한 생각교환하기** 자료④를 활용하여 팀 간의 생각 교환놀이 하기 장소, 시설물, 직업으로 구분하여 순서대로 같은 종류별로 생각을 교환한다 팀원들은 1~6까지 숫자 중 서로 다른 숫자를 고른다. 선생님이 "만나세요"라는 말을 하면, 각 번호별로 지정된 팀으로 가서, 다른 팀원들의 생각을 확인한 후 교환하고 싶은 생각을 골라서 서로 생각을 교환해서 온다. 종류별로, 그리고 학습시간에 맞도록 횟수를 조정해준다. 생각을 모두 교환하고 온 뒤, 팀이 함께 모여서 새롭게 알게 된 것들이 무엇이 있는지 함께 확인하고 이야기를 나눈다. ***팀 간의 생각을 주고받는 활동으로 사고의 재 확산을 경함하게 되는 활동**	ㄴ 10분 ♡즐겁고 신나는 신체활동을 통하여 학습이 이루어지도록 한다. 신체활동은 뇌에 작극을 주어 기억력 향상에 도움이 된다. ☘다양한 의견으로 서로 커뮤니티가 일어나도록 하고 팀별로 생각을 공유하면서 창의성향상에 도움이 됨

활동 단계	교수 · 학습 활동	시간(ㄴ), 자료(□) 인성(♡),창의성(☘)
♣ 활동3 (정리) 만다 라트를 완성 하라 (가족 이란?)	☼ **[활동3] 더 살기 좋은 우리 동네를 위해 필요한 것 결정하기** 팀별로 모은 생각과 생각 교환 놀이를 통해 새롭게 알게 된 생각들을 보면서 우리 마을에 필요한 것이 무엇이 있는지 결정하기 자료④에 모인 생각을 보면서, 우리 마을에 필요한 것이 무엇이 있는지 8개를 선정하여 ⑦을 완성한다. 완성된 자료⑦을 칠판에 붙이고 함께 공유한다. 함께 공유 한 생각을 보면서 더 살기 좋은 우리 마을 지도를 새롭게 꾸며보기 자료 ⑧에 더 살기 좋은 우리 마을 지도를 새롭게 완성한다. 완성된 ⑧을 활용하여 다음 차시부터 직접 마을을 만들게 된다. ***완성된 자료 ⑦을 공유하기 전에 팀별로 나와서 왜 그것을 선택하였는지에 대한 발표시간을 주고 나서, 칠판에 붙여서 함께 공유할 수 있게 한다.** ***자료⑧을 활용한 더 살기 좋은 마을 만들기 활동은 수업 시간을 고려하여 이번 시간 마지막 활동으로 하거나 혹은 다음 시간 동기유발에 할 수 도 있음.**	ㄴ **8분** ⑦ **팀 만다라트** ⑧ **마을 지도** **☘다양한 아이디어 중에서 내가 꼭 실천할 수 있거나 실천하고 싶은 것을 선정하면서 의사결정을 하게 된다.** **♡모두가 적극 참여하는 적극성과 책임감을 가진다.**
♣ 과제 제시 차시 예고	☼ **과제제시** 오늘은 더 살기 좋은 우리 마을을 만들기 위해 필요한 것들이 무엇이 있는지 장소, 시설물, 직업으로 나누어서 알아보았습니다. 그리고 그것들을 바탕으로 새로운 마을 지도도 만들어보았습니다. 이것을 바탕으로 다음시간에는 직접 마을을 만들고, 우리만의 마을 이름도 지어보게 됩니다. 팀별로 준비물을 각자 정하도록 합니다. ☼ **차시예고** 다음시간에는 팀별로 새롭게 완성한 더 살기 좋은 우리 마을 지도에 따라 직접 마을을 만들게 됩니다. 각 팀별로 결정하고 정한 준비물을 모두 가지고 올 수 있도록 합니다.	ㄴ **2분** ⑨ **이웃 소책자**

칠판 활용 계획

단원: 이웃 2. 마을과 사람들
공부 할 문제: (더 살기 좋은) 우리 동네를 만들기 위해 (더 필요한 것)은 무엇일까요?

활동1 이젤패드에 생각 모으기
활동2 즐거운 생각교환 놀이
활동3 만다라트 & 마을지도 완성하기

시설물, 장소, 직업

자리 배치도

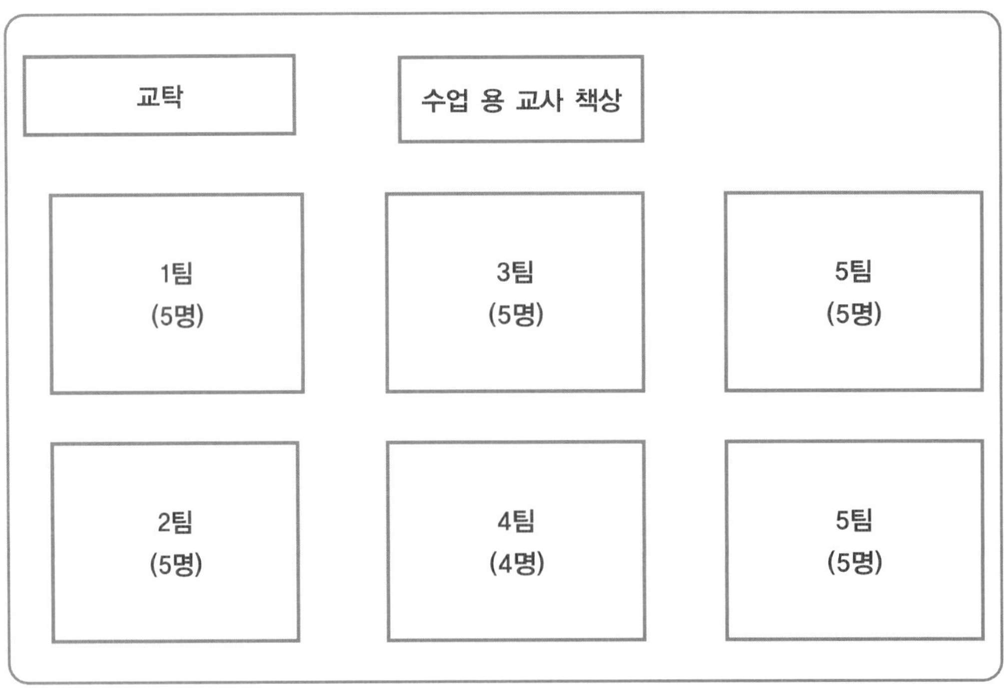

다 본시 교수-학습 평가 계획

평가 내용		더 살기 좋은 마을을 위해 필요한 것이 무엇인지 장소, 시설물, 직업으로 구분하여 다양하게 알고, 생각을 교환 할 수 있는가?
평가 방법		관찰평가
평가 척도	상	더 살기 좋은 우리 마을을 만들기 위해 필요한 것이 무엇인지, 장소, 시설물, 직업으로 구분하여 다양하게 생각해내고, 친구들과 생각을 교환한다.
	중	더 살기 좋은 우리 마을을 만들기 위해 필요한 것이 무엇인지 알고서 친구들과 생각을 잘 교환하지만, 장소, 시설물, 직업으로 구분하지 못한다.
	하	더 살기 좋은 우리 마을을 만들기 위해 필요한 것이 무엇인지 생각을 잘 하지 못하고, 친구들과 생각도 잘 교환하지 못한다.
평가의 유의점		- 아이들의 다양한 생각과 사고를 가져올 수 있도록 평가에 초점을 맞추기 보다는 엉뚱한 생각이라도 아이들의 이유를 들어보고 타당하다면 인정해주는 것이 좋다. - 아이들의 활동을 최대한 보장해주어야 한다. 누가 몇 개의 생각을 가지고 있고 생각해냈다는 것보다는 팀 전체의 활동 결과를 보고서 관찰평가를 해주어야 한다. - 이번 차시는 살기 좋은 마을을 직접 만들기 위해 필요한 것이 무엇인지 무엇인지 알게 하는 것이 목적이다. 즉, 다음 시간부터 이루어지는 마을 만들기 활동이 주목적이며, 그때 이루어지는 상호평가가 주된 평가 방법이이다. 그러므로 이번 시간에는 평가보다는 아이들의 자유로운 생각, 다양한 생각을 이끌어낼 수 있게 평가를 최대한 자제한다.

memo

부록2

클래스팅을 통한 학부모의 반응

이재희 엄마 오랜만에 고개를 내민 해 처럼 아이들 얼굴이 밝게 빛이나네요~~ 모티베이션을 최대 활용 할 수 있는 활동 시간으로 한 주를 마무리 하네요. 한 주도 다양한 경험과 활동으로 뜻 깊은 시간과 미찾샘께서는 다소 고단한 시간도 있었을 듯 하고 2-1반 친구들에게 좋은 추억들로 가득한 기억 될 시간들이네요. 모두들 한주 고생 많으셨어요!!
4월 17일

채린엄마 어젠 체육 못해 아쉬워 했는데 오늘은 넓은 운동장을 뛰어다니며 여러가지 놀이 체험을 했네요 ㅋㅋ 아~~ 내가 다 신난다~~~^^ 선생님 수고하셨어요~^^
4월 17일

정예성엄마 부모님 햇살 좋은 날에 우리 아이들에게 행복하고 신난 수업시간이 됐겠어요. 이번 한주도 고생하셨습니다.^^
4월 17일

신승엽 부모님 수업 재구성해서 가르치느라 힘드실텐데 아이들 보며 행복해 하시니 아이들도 더 없이 즐겁고 행복한 운동장 활동이 었을 것 같아요~^^
미찾샘~한 주도 수고 많으셨구요.. 모두 즐주 되세요~~*^^*
2 일 전

신승엽 부모님 승엽이가 수수께끼를 좋아해서 집에서 책 읽고 문제 내는 걸 자주 하는데.. 항상 같이 하진 못하지만요~^^;
아이들도 재미있는지 하나같이 적극적으로 활동 하네요~ Good!
미찾샘과 "행복한 거꾸로 교실" 파이팅입니다~^^♥
4월 16일

이재희 부모님 아이들의 높이 들어 올린 손 만큼 자신감과 열정으로 뜨거운 수업 시간이네요

이재희 부모님 봄의 생활 모습을 여러가지 방법으로 표현하는 재미있고 의미있는 시간을 가져서 재미 있었겠어요!!~~ 각자 표현했던 것들이 하나로 만나서 완성되는 결과물을 보고 성취감을 더 크게 느낄 수 있는 시간이었을 것 같아요. 미찾샘!! 2-1반 친구들 내일은 봄 햇살을 느낄 수 있는 포근한 하루가 되었으면 해요~
4월 14일

신승엽 부모님 이젠 진정 함께 활동 하는 2학년 1반 이이네요~ 아이들 활동 결과물로 꾸며진 교실 환경은 어느 반 보다도 자랑스럽고 멋진 것 같아요~^^ 모두가 점점 더더 발전 해나가는 2학년 1반 파이팅입니다~^^♥
4월 16일

신승엽 부모님 생각을 모으고 생각을 교환하며
친구들 생각과 의견을 공유하며
더 많은 것을 알고 느낄 수 있을 것 같아 좋은 활동인 것 같아요~^^
함께 열심히 활동하는 2학년 1반 파이팅입니다~^^♥
4월 9일

최예은엄마 부모님 아이들모두자신있게손을번쩍번쩍들며발표하는학습분위기너무좋네요선생님화이팅!!!
4월 8일

김동우엄마 부모님 학교가는 날을 ,학교 가는 시간을 기다리는 건 우리 동우만이 아니겠죠?!
매일 학교는 즐겁다며
2학년 1반이 좋다며
노래를 불러요~

4월 8일

이재희 부모님 진지하게 임하는 모습이 대견하고 자신의 마음도 들여다 볼 수 있고 서로의 마음을 이해하고 배려하는 소중한 시간이 되었겠어요!~ 행복한 2-1반 화이팅!!
4월 6일

신승엽 부모님 승엽이가 조가 바뀌고 한동안 힘들어 하는 것 같았는데..REACH로 용서하기 활동을 하며 좋아지고 있는 것 같습니다.
친구를 탓하고 원망하기 보다는 스스로 용서하고 스스로 반성하는 마음을 갖는 것이 중요한 것 같습니다.
아직은 좀 힘들고 어려워도 아이들의 긍정적인 생각을 위해 꼭! 필요한 활동이라 생각됩니다.
친구와 함께하니 즐겁고, 우리팀으로 인해 잘 할 수 있고, 우리반 이기에 행복한 2학년 1반이 되길 바랍니다~^^♥
4월 9일

신승엽 부모님 우리 2학년 1반 아이들이 만들어 가는 "거꾸로교실" 항상 응원하고 기대 하겠습니다.
살다보니 친구란 참 소중한 것 같습니다.
우리 아이들도 친구의 소중함을 알아서 서로 존중하고 사랑이 많은 친구들이 되길 바라고 원해요~^^♥
4월 4일

정예성엄마 우리친구들의 꿈이 꼭 이루어지길~~~

4월 2일

신승엽엄마 음악 때문에 그런지 뭉클 하기도 하고 미래에 훌륭하게 자란 아이들 모습이 그려지기도 하네요~**
아이들 그림과 글을 자세히 보니 재미있기도 하구요~ㅋ
... 더 보기
4월 3일

이재희 엄마 2-1반 친구들 이 시간을 통해서 꿈에 발짝 다가설 수 있는 소중한 시간을 가졌네요!
아름다운 꿈을 응원할께요~~!
4월 3일

이재희 엄마 오늘 "거꾸로교실의 마법을" 시청해야 겠어요^^
4월 3일

이재희 엄마 함께 나눌 수 있는 시간과 추억 선물해 주셔서 선생님!! 감사합니다.^^
4월 3일

이재희 엄마 미찾샘(미래 교실을 찾는 샘)!! 최경민 선생님도 응원합니다..
4월 3일

최경민 부모님들의 댓글에 힘을 얻어 오늘도 열심히 우리반 친구들을 위해 수업을 어떻게 하면 좋을지 고민하고 공부하고 있습니다.
4월 3일

최경민 미찾샘~~ 별명 지어 주어서 감사합니다~~ 앞으로 저를 소개할때 미찾샘이라고 소개를 해야 겠네요~~ 앞으로도 많은 댓글로 저에게 큰 힘이 되어주세요~` 감사합니다.
4월 3일

신승엽 부모님 선생님 별명 정말 딱! 이네요~ 멋져요~^^
선생님도 맘에 들어 하시니 앞으로 미찾샘이라 불러 드려야 겠어요~^^ㅎ
4월 4일

김영재엄마 아 선생님 이거 너무 좋네요 주위를 둘러보면 온통 네모난것들뿐인데~~~~~
영잰 네모난 꿈 꾸고 싶대요 □□□□□□□

4월 1일

박현진엄마 현진이가 엄청 좋아하네요. 즐거운 노래 좋아요

4월 1일

신승엽 부모님 친구들과 내 그림을 보며 노래도 따라 부르고 정말 재미있고 신기했다며 얘기 하더군요~
집에서 유투브로 보며 아이와 함께 따라 부르니 덩달아 재밌더라구요~^^ㅋ
재미있는 수업 함께 공유 할 수 있게 해주셔서 감사합니다~*^^*
4월 2일

신승엽 부모님 수업 시간이 즐겁다고 하니 더 바랄 나위가 없는 것 같아요~
오늘도 2학년 1반 행복하고 좋은 하루 만들길 바랍니다..^^♥
파이팅!!
4월 2일

맺음말

'미찾샘'…….

우리 반 한 학부모님께서 클래스팅에 올라오는 우리 교실에서 실제로 실천하고 있는 다양한 교수학습 활동을 보시고는 나에게 지어주신 별명이다. 미래의 교실을 찾는 선생님이라는 뜻의 '미찾샘' 별명을 보면서 미래의 교실, 학생들이 행복한 교실은 과연 어떠한 교실일까 생각을 하게 되었다. 미래의 교실, 학생이 행복한 교실에 대한 정답은 없을 것이다. 하지만 한 가지 분명한 것은 뛰어난 영상 편집 기술을 동원한 화려한 시각적 효과가 돋보이는 수업, 다양한 스마트 기기를 활용하는 모두가 신기해하는 스마트 수업이 행복한 교실, 미래의 교실은 아니라는 것이다.

그리고 책의 제목처럼 거꾸로 배움이 미래의 교실, 행복한 교실도 아닐 것이다. 책의 이론편에서도 말을 했듯이, 거꾸로 배움이라는 것은 그동안의 교사 중심의 암기식 수업을 학생 중심의 수업, 학생 배움 중심의 수업, 학생의 삶과 연관을 지을 수 있는 수업을 만들어가기 위한 하나의 수업 이론일 뿐이다. 그리고 그러한 수업 이론을 실제 적용하기 위하여 다양한 교수학습 방법을 적용한 학습 도구를 개발하고 실천하는 것이다. 이렇게 다양한 교수학습 방법, 도구를 개발하고 적용하는 것이 미래의 교실, 행복의 교실은 아니다. 이것은 다만 미래의 교실, 행복의 교실을 찾아가는 하나의 열쇠라고 생각을 한다.

그렇다면 우리가 찾고자 하는, 아니 내가 찾고자 하는 미래의 교실, 학생들이 행복한 교실은 무엇일까?

그건 바로 학생들의 웃음소리가 끊이지 않는 교실, 학생들의 토론소리가 끊이지 않는 교실, 학생 배움 중심의 다양한 활동이 지속되는 교실, 학생들의 삶과 함께하는 수업을 통해 학생들이 스스로 몰입하여 흥미를 가지고 참여할 수 있는 교실이 바로 미래의 교실, 행복한 교실이라는 생각을 한다. 그리고 이러한 미래의 교실, 행복한 교실을 찾아가기 위한 다양한 열쇠들 중의 하나로 나는 거꾸로 배움을 선택하였을 뿐이다.

이 책을 읽고 긍정적으로 생각을 하는 선생님, 나도 적용해보고 싶다는 선생님들께 이것만은 반드시 기억해야 한다고 말을 하고 싶다. 이 책에서 소개되는 다양한 교수학습 방법들은 수업을 바꾸고 싶은 선생님, 어떻게 수업을 하면 학생들이 즐겁게 참여를 할 수 있을지 고민을 하는 선생님들께 한 가지 수업 이론 및 방법이 아니라 다양한 교수학습 방법과 이론을 통해 학습과 배움이 이루어져야 함을 알게 해주기 위한 것이다. 그리고 학생 활동 중심 수업, 학생 배움 중심 수업의 한 가지 방법으로서, 그러한 수업을 하고 싶어하는 선생님들께 우리 교실에서 실천하는 교수학습 방법이 조금이나마 도움이 되었으면 하는 마음에 글을 쓰고, 소개하게 되었다.

현대의 시대는 한 명의 영웅, 한 명의 리더가 수백, 수천명의 사람들을 이끌어가는 산업시대가 아니다. 한 사람 한 사람이 모두 영웅이 될 수 있으며, 리더가 될 수 있는 시대이다. 우리 교사들도 그러한 생각을 가졌으면 한다. 누군가의 교수학습 이론, 누군가의 교수학습 방법, 누군가의 학습기술이 좋아보인다고 하여 그대로 배우고 적용하려는 교사가 아니라, 한 교실의 영웅으로서, 한 교실의 리더로서 자신만의 철학을 가지고, 기존 이론과 방법을 다양하게 활용하여 학습기술을 만들고, 적용해가는 자신만의 미래의 교실, 행복한 교실을 만들어갔으면 한다. 그러한 과정 중에서 이 책의 내용들이 선생님들의 미래의 교실, 행복한 교실을 찾아가는 여러 가지 열쇠 중에서 하나의 열쇠가 되었으면 하는 바람을 가진다.

이 시대의 모든 교사가 자기 자신만의 교육철학과 교육과정을 가지고, 우리 예쁜 아이들의 웃음소리, 행복이 넘쳐나는 교실을 만들기 위해 동료교사들과 함께 학습하면서 노력해나가기를 희망해본다. 모든 교사가 각자의 자리, 각자의 교실에서 영웅이 되고, 리더가 되는 날을 기대해본다.

마지막으로 이 책의 출판을 위해 모든 과정을 지켜봐주시고, 물심양면으로 도움을 주신 김규태 교수님, 그리고 힘이 들고 어려워 포기하고 싶은 순간마다 힘을 주어 다시 일어날 수 있게 해주는 나의 가장 소중한 가족인 최혜선 선생님과 나의 사랑스러운 두 딸 예슬·예진에게 감사와 사랑의 인사를 전하는 바이다.

참고문헌

강영하(2012). 초등학생의 학교 행복감 구성요인 탐색. **초등상담연구**, 11(2), 219-235.

고은현, 양성수(2012). 대학교 액션러닝 학습자의 성취목표지향성과 비인지적 학습성과와의 관계. **교육방법연구**, 24(2), 477-501.

구정화, 안금희, 송현순, 박새롬, 정수진(2013). **행복교육실현을 위한 국가·사회적 요구사항 분석 및 반영 방안 연구**. 교육부.

권재환, 김경희(2013). 대학생의 학업적 자기효능감이 학교생활적응에 미치는 영향: 자기조절학습 능력의 매개효과를 중심으로. **청소년문화포럼**, 35, 32-58.

권형자, 이정숙(2005). 정서지능 검사도구.

김신영, 백혜정(2008). 한국청소년행복지수 개발 연구. **한국사회학**, 42(6), 140-173.

김아영, 박인영(2001). 학업적 자기효능감 척도 개발 및 타당화 연구. **교육학연구**, 39(1), 95-123.

김종백, 김태은(2008). 학교행복 검사도구 개발 및 타당화. **교육심리연구**, 22(1), 259-279.

이정숙(2006). **정서지능, 발표불안, 정신건강이 학교적응에 미치는 영향**. 관동대학교, 박사학위논문.

김경현, 도은경(2009) 반성적 성찰활동에 기반 한 사이버 학습상담이 초등학생의 학습동기 및 학습 습관에 미치는 효과. **한국정보교육학회**, 13(2), 193-203.

김기열, 김종승, 이창훈, 허혜연, 김기수(2011). 코드를 주제로 한 STEAM 프로그램이 초등학생의 창의적 성향에 미치는 효과. **한국기술교육학회**, 13(1), 1-22.

김대현, 왕경순, 이경화, 이은화(1999). **프로젝트 학습의 운영**. 학지사

김덕호, 고동국, 한명재, 홍승호(2014). STEAM 프로그램을 적용한 과학수업이 초등학생의 창의성과 과학교과 흥미도에 미치는 영향. **과학교육연구**, 34(1), 43-54

김민정(2014). 팀기반 학습에서 평가대상과 평가주체가 학습자의 수업흥미도와 학업성취도에 미치는 영향. **학습자중심교과교육연구**, 14(11), 373-392.

김백희, 김병홍(2014). 플립드 러닝을 기반으로 한 역할 교체식 토의 수업 방안 연구. **우리말연구**, 37, 141-166.

김은영(2013). 참여자의 관점에서 본 학습포트폴리오 활동과 그 의미. **교육종합연구**, 11(2), 93-118.

김위찬(2005). **블루오션전략**. 서울: 교보문고.

김헌운, 엄우용(2012). 초등미술 감상중심 프로젝트학습에서 집단 구성방법에 따른 창의성 미 미술 감상능력의 차이. **아동교육**, 21(2), 91-103.

명지원(2014). 홀리스틱 교육의 시각에서 본 '꿈, 끼, 행복교육'. **홀리스틱교육연구**, 18(4), 85-107

민세기, 최유현(2009). 직관적 및 체계적 자유연상기법이 개념설계과정에서 고등학생 집단의 창의성 향상에 미치는 효과. **대한공업교육학회지**, 34(1), 129-154.

박태정, 차현진(2015). 거꾸로 교실의 교육적 활용가능성 탐색을 위한 교사 인식 조사. **한국컴퓨터교육학회,** 18(1), 81-97.

박상민(2014). 협동학습에 기반한 통합적 발표 토론 수업 연구. **사고와 표현,** 7(2), 7-44.

박혜옥, 최완식(2007). 프로젝트학습 수행에 영향을 미치는 요인에 관한 연구. **한국기술교육학회지,** 7(3), 190-209.

방진하, 이지현(2014). 플립드 러닝의 교육적 의미와 수업 설계에의 시사점 탐색. **한국교원교육연구,** 31(4), 299-319.

석임복(2008). 학습몰입의 성격 분석 연구: 학습동기, 학업성취도 및 Csikszentmihalyi의 몰입 모델 중심으로. **교육공학연구,** 24(1), 187-212.

송수지(2012). 성찰일지 적용 학습이 예비교사의 자기주도적 학습태도 및 학업성과에 미치는 효과. **기독교교육정보,** 35, 199-227

안도희, 김옥분(2009). 청소년의 학업 관련 태도 척도(SAAS-R)의 신뢰도와 타당도. **청소년학연구,** 16(1), 289-315.

양명희(2000). **자기조절학습 모형탐색과 타당화 연구**. 서울대학교 박사학위논문.

양영선, 허희옥, 김영수(2014). 팀프로젝트학습에서 학습자의 효능가과 스캐폴딩이 학습참여도와 성취도에 미치는 영향. **교육정보미디어연구,** 20(4), 495-519

엄미리, 박인우(2011). e-포트폴리오 성찰일지 작성활동의 학습효과에 영향을 미치는 학습자 관련 변인 탐색. **한국교육공학연구,** 27(1), 213-246.

우문식(2014). **행복4.0**. 서울: 물푸레.

윤남미(2013). 중학생의 공감능력과 자기효능감에 대한 액션러닝 기법을 활용한 독서토의 프로그램의 효과분석. **한국독서교육학회지,** 1(2), 93-112.

이경희, 김지연(2014). 대학생의 학업적 자기효능감, 학습동기, 수업만족도와 학업성취도 간의 관계에 관한 연구. Andragogy Today, 17(4), 33-57.

이경희, 손은경(2012). 유아놀이지도에 대한 팀 기반 학습의 효과. **사고개발,** 8(2), 151-170.

이동엽(2013). 플립드 러닝 교수학습 설계모형 탐구. **디지털정책연구,** 11(12), 83-92.

이미경, 이춘식(2010). 실과 목제품만들기 단원의 프로젝트 학습이 학생들의 창의성에 미치는 효과. **실과교육연구,** 16(1), 85-104

이부연(2013). 미술과 융합 STEAM교육을 통한 두뇌발달의 중요성에 관한 연구. **한국과학예수포럼,** 293-304.

이석재, 장유경, 이헌남, 박광엽(2003). 생애능력 측정도구 개발 연구-의사소통능력, 문제해결능력, 자기주도적 학습능력을 중심으로. **한국교육개발원 연구복고서(RR2003-15-03)**.

이안수(2012). 포트폴리오 체육수업이 초등학생의 탐구학습에 미치는 효과. **한국초등체육학회지,** 17(4) 41-56

이용숙(2004). 토의・토론 학습에서의 질문과 협동학습구조의 활용. **열린교육실행연구,** 7, 33-61.

이지연, 김영환, 김영배(2014). 학습자 중심 플립드러닝(Flipped Learning) 수업의 적용 사례. **교육공학연구, 30**(2), 163-191

임천택, 김은경(2013). 토의토론활동을 통한 초등학생의 자기주도 학습능력 신장 방안 연구. **어문학교육, 46**, 167-192

장경원, 고수일(2015), **액션러닝으로 수업하기**. 서울: 학지사.

장금성, 김남영, 박현영(2014). 액션러닝 교수설계에 의한 창의적 문제해결 교과의 학습성과, **간호행정학회지, 20**(5), 587-598

장선영(2014). 프로젝트 중심학습에서 학습자의 의사소통능력, 리더십, 비판적 사고력, 정보활용능력이 반성적 사고에 미치는 영향. **교육방법연구, 26**(3), 391-407

장승희(2010). 액션 러닝을 활용한 초등도덕과교육의 교수-학습 사례 연구. **교육과학연구,** 12(2), 249-268.

정옥분, 임정하, 정순화, 김리진, 윤정은(2012). 초등학생용 자기주도학습능력 척도개발과 타당화 연구. **인간발달연구, 19**(4), 227-245.

정지영, 김희화(2010). 한국 초등학생의 학업동기 척도개발에 관한 연구: 자기결정성 이론을 근거하여. **청소년학연구, 17**(11), 117-137.

조용재, 이은화(2013). **러닝 포트폴리오의 이해와 실제**. 서울: 학지사

조향숙, 김훈, 허준영(2012). **현장 적용 사례를 통한 융합인재교육(STEAM)의 이해**, 현안보고 OR 2012-02-02.

주영주,이광희,・이지현(2011). 초등학교 영어수업에서 성찰일지 작성여부와 소집단 구성방식에 따른 자기효능감과 쓰기성취도의 차이. **교과교육학연구,** 15(1), 45~63.

진영훈, 손정우(2011). 팀기반학습이 영재학생의 창의적 문제해결력에 미치는 영향. **영재교육연구,** 21(3), 703-718.

차명호, 이정애(2012). 주관적 흥미-학과 일치도, 학업적 자기효능감과 학과적응도 간의 관계. **직업교육연구, 31**(4), 227-243.

최영재, 이철현(2013). 실과 정보 영역의 STEAM 교육이 초등학생이 정의적 특성에 미치는 영향. **실과교육연구,** 19(2), 89-109

최보배, 최훈석(2008). 집단구성원의 사회적 동기와 보상 확실성이 집단창의성에 미치는 영향. **연차학술발표대회논문집**, 214-215.

하채연, 이수영(2014). 초등 과학 수업에서의 팀 기반 학습모형이 학업 성취도와 정서지능에 미치는 효과. **교육정보미디어연구,** 20(1), 1-26.

한영숙(2010). **문제유형별 외족보상과 내정동기가 주의 및 문제해결에 미치는 효과**. 대구대학교 박사학위논문.

한혜숙(2013). 팀기반학습에서의 동료평가: 학생들의 태도 및 학업성적에 미치는 영향. **한국교통대학교 논문집, 48**, 475-480.

홍광표(2014). 창의・인성 함양을 위한 사회과 블렌디드 액션러닝 프로그램 개발. **학습자중심교과교육연구,** 14(10), 451-477.

홍기칠(2014). 초등학생용 자기주도학습력 검사의 타당화. **사고개발, 10**(2), 1-30.

홍순천(2013). **초등 영재와 일반학생의 동기, 개인 창의성, 창의적분위기, 집단창의성의 관계**. 경북대학교 박사학위논문.

홍애순, 조규판(2014). 초등학생이 지각한 사회적지지, 학업적 자기효능감, 학교생활적응이 학교행복감 및 학업성취도에 미치는 영향. **학습자중심교과교육연구, 14**(1), 45-68.

황복선(2014). 학습 포트폴리오 체계의 적용이 교과목을 수강한 예비특수교사의 학습능력 인식 변화에 미치는 영향. **특수교육.** 13(1), 59-87.

Amabile, T. M., Hill, K. G., Hennessey, B. A., & Tighe, E. M. (1994). The work preference inventory: Assessing intrinsic and exrtinsic motivational orientations. *Journall of Personality and Social Psychology, 66*(5), 950-967.

마틴 셀리그만(2010). **낙관적 아이**. 김세영 옮김. 서울: 물푸레.

Chiappetta, E. L., & Koballa Jr., T. R. (2006). *Science instruction in the middle and secondary school*, 6th ed. Upper Saddle River, NJ: Pearson/Merrill Prentice Hall.

Csikszentmihalyi, M. (2004). **몰입, 미치도록 행복한 나를 만나다**. 서울: 한울림.

Guilford, J. R., & Hoepfner, R. (1971). *The analysis of intelligence*. New York: McFraw-Hill.

Hamdan, N., McKnight, P., Mcknight, K., & Arfstro,m K. M. (2013). The flipped learning model: Awhite paper based on the literature review titled 'A review of flipped learning', Pearson & flipped learning network & Georfe Mason university, Retrived April 3, 2014, from http: fln.schoolwores.net/cms/lib07/ VA01923112/Centricity/Domain/41 /Whitepaper_FlippedLearining.pdf.

제니 후퍼(2013). **아이의 행복 플로리시**. 우문식, 이명원, 허헌자 옮김. 서울: 물푸레.

제인 넬슨(2012). **긍정훈육**. 김선희 옮김. 서울: 프리미엄 북스.

Larry K. Michaelsen, Arletta B. Knight, L. Dee Fink. (2009). **팀기반 학습**(이영민, 전도근 역). 서울: 학지사.

Ryan., R. M. & Deci, E. L. (2000). Self-determination theory and the facilitation of intrisic motivation, social development, and well-being. American Psychologist, 55(1), 68-78.

Salovey. P., & Mayer. J. D. (1990). Emotional intelligence. Imagination, *Cognition and Personality, 9*, 185-211.

저자소개

최경민

현) 상모초등학교 담임교사 및 연구부장
경북 학생활동중심 수업 선도 교사
경북 구미 학생활동중심수업 컨설턴트
계명대학교 교육이론 및 정책 박사과정 수료

〈주요 저서〉

- 교육조직행동 척도(2015)

〈주요 논문〉

- 초등교사의 긍정심리자본과 학생 핵심역량 관계에서 학교조직몰입의 매개효과(학교사회복지, 2014)
- 초등교사의 긍정심리자본이 조직몰입에 미치는 영향: 행복과 직무스트레스의 매개효과(한국열린교육학회, 2015)

김규태

현) 계명대학교 사범대학 교육학과 조교수
교육부 교직발전기획단 위원(2013-2014)
한국교육개발원 자유학기제 컨설턴트(2013, 2014)

〈주요 저서〉

- 교육행정 및 교육경영(2014)
- 교육조직행동 척도(2015)
- 최근 교육학의 이해(2015) 등 다수

〈주요 논문〉

- 교육감의 행정행위와 책무성에 대한 학부모와 교원의 인식 분석(한국교육정치학회, 2015)
- 초등교사의 긍정심리자본이 조직몰입에 미치는 영향: 행복과 직무스트레스의 매개효과(한국열린교육학회, 2015)
- 교육감의 행정행위와 책무성에 대한 국가의 관여 방식과 기제에 관한 쟁점 분석(한국교육정치학회, 2014)
- 초등교사의 긍정심리자본과 학생 핵심역량 관계에서 학교조직몰입의 매개효과(학교사회복지, 2014) 등 다수

거꾸로 배움, 교실에서 찾은 아이들의 행복열쇠

1판 1쇄 인쇄 2016년 1월 18일
1판 1쇄 발행 2016년 1월 25일

지 은 이 - 최경민, 김규태
발 행 인 - 강 철 원
발 행 처 - 양 성 원
주 소 - 경기도 고양시 일산서구 송산로 18(구산동)
전 화 - 031-912-3301(代)
팩 스 - 031-912-3304
이 메 일 - tnwpub@naver.com
출판등록 - 2015년 8월 31일 제 2015-000211 호

ISBN 979-11-87118-14-5

정가 19,000원